D1686900

Kraichgau 1945
Kriegsende und Neubeginn
Band II
Augenzeugenberichte, Amtliche Dokumente

KRAICHGAU 1945
Kriegsende und Neubeginn

Band II

Augenzeugenberichte, Amtliche Dokumente

Arnold Scheuerbrandt
Doris Ebert
Bernd Röcker

Heimatverein Kraichgau e. V.
Sonderveröffentlichung Nr. 13

verlag regionalkultur
1996

Die Deutsche Bibliothek – CIP-Einheitsaufnahme

Kraichgau 1945 : Kriegsende und Neubeginn – Ubstadt-Weiher : Verl. Regionalkultur
  Bd. 2; Augenzeugenberichte, Amtliche Dokumente /Arnold Scheuerbrandt ... – 1996
    (Sonderveröffentlichung / Heimatverein Kraichgau e.V. ; Nr. 13)
    ISBN 3-929366-15-0
NE: Scheuerbrandt, Arnold; Heimatverein Kraichgau: Sonderveröffentlichung

Alle Rechte vorbehalten. Photomechanische Wiedergabe und die Einspeicherung und Verarbeitung in elektronischen Systemen nur mit ausdrücklicher Genehmigung durch die Herausgeber.

Herausgeber:	Heimatverein Kraichgau e. V., Geranienstraße 19, 75031 Eppingen
Redaktion:	Doris Ebert, Bernd Röcker, Dr. Arnold Scheuerbrandt
Herstellung, Vertrieb:	verlag regionalkultur, Stettfelder Straße 11, 76698 Ubstadt-Weiher Telefon (0 72 51) 6 97 23 • Fax 6 94 50
Lithos:	Repro-Studio Siewert GmbH
Druck:	KS Druck GmbH

Vorwort

Mehr als ein Jahr nach dem Erscheinen des ersten Teils der auf drei Bände angelegten Dokumentation "Der Kraichgau 1945 – Kriegsende und Neubeginn" liegt nun auch der zweite Band vor. Während der erste durch seine Dokumente und Fotos aus den Militärarchiven Deutschlands, Frankreichs und den USA dem Leser die Möglichkeit bietet, den Rückzug der deutschen Truppen durch den Kraichgau und die Besetzung des Kraichgaus durch die amerikanischen und französischen Einheiten im März und April 1945 aus der Sicht der Militärs nachzuvollziehen, vereinigt dieser zweite Band einerseits Augenzeugenberichte und Erinnerungen, andererseits Dokumente aus lokalen Archiven sowie Flugblätter, Zeitungsberichte, Fotos und andere Quellenzeugnisse aus der Zeit des Krieges, wobei der Schwerpunkt auf den letzten Kriegsmonaten liegt. Im Sinne einer "Geschichte von unten" versuchten die Herausgeber es dem Leser zu ermöglichen, anhand des ausgewählten Quellenmaterials nachzuerleben, wie die Menschen im Kraichgau den Krieg, vor allem aber die Besetzung durch die alliierten Truppen und das Kriegsende erlebt haben.

Die Dokumentation ist chronologisch in Themenblöcke gegliedert. Die Auswahl der Texte gestaltete sich schwieriger als ursprünglich angenommen. Die Erinnerungen, die zum großen Teil nach dem Aufruf in unserem Mitgliederinformationsheft "Kompaß des Kraichgaus" verfaßt und an uns geschickt wurden, schildern vielfach auch die Erlebnisse während des Krieges. Diese Erinnerungen mußten deshalb aufgeteilt und die einzelnen Teile den verschiedenen Themenblöcken zugeordnet werden. Eine weitere Schwierigkeit ergab sich daraus, daß in einzelnen Orten (wie z. B. Gondelsheim, Lobbach und Odenheim) sich Arbeitskreise bildeten, um in gemeinsamer "Erinnerungsarbeit" die örtlichen Geschehnisse aufzuarbeiten. Auch stellten uns einzelne Personen (wie z. B. Günter Walter aus Stetten a. H. oder Carlo Jung aus Königsbach-Stein) recht umfangreiche Manuskripte zur Verfügung, während aus einer großen Anzahl von Gemeinden keine Einsendungen erfolgten. Um eine möglichst große thematische Vielfalt und eine regionale Ausgewogenheit zu erreichen, war es notwendig, die vorhandene Sammlung von Augenzeugenberichten und Erinnerungen durch bereits in Ortschroniken, Tageszeitungen und anderen Publikationsorganen veröffentliche Berichte zu ergänzen. Andererseits waren Kürzungen notwendig, um Überschneidungen und Überlängen zu vermeiden. Die größeren Städte am Rande des Kraichgaus – wie Bruchsal, Pforzheim oder Heilbronn – fanden nur wenig Berücksichtigung, weil dort bereits umfangreiche Dokumentationen und Darstellungen zum Kriegsende erschienen sind.

Die Einführungen zu den einzelnen Themenblöcken wurden von den Herausgebern bewußt kurz gehalten. Sie führen nur die für das Verständnis der Texte nötigen Informationen auf. Die Augenzeugenberichte, Erinnerungen und Dokumente sollen möglichst für sich sprechen.

Das Literaturverzeichnis im Anhang enthält nur die für diesen Band benutzte Literatur. Eine vollständige Übersicht über Darstellungen des Krieges und des Kriegsendes in der lokalen und regionalen Literatur enthält der abschließende dritte Band, der die ersten Nachkriegsjahre behandelt.

Doris Ebert   *Bernd Röcker*   *Arnold Scheuerbrandt*

Inhalt

Kriegsalltag .... Seite 11
Kraichgauer Soldaten an allen Fronten 13
Fronturlauber 18
Gefangenschaft 21
Gefallene und Vermißte 25
Hitlerjugend und Flakhelfer – Jugend arbeitet für den Sieg 31
Frauen und Kinder 39
Luftschutz 62
Evakuierung und Umsiedlung 75
Fremdarbeiter, Kriegsgefangene 82
Arbeitslager 91
RAD-Lager Odenheim 98
Die Heeresmunitionsanstalt (HMA/Muna) Siegelsbach 99

Der Luftkrieg .... Seite 113
Luftkrieg über dem nordwestlichen Kraichgau 115
Luftkrieg im Landkreis Karlsruhe 121
Chronik des Luftkriegs im Kraichgau – April 1944 bis April 1945 123
Die schreckliche Nacht vom 24. auf den 25. April 1944,
Bombenangriff auf Pfinztal-Berghausen 123
11. Juli 1944, Bombenangriff auf Elsenz 123
Spätsommer 1944, „Räder müssen rollen für den Sieg" – Alliierter Luftangriff
auf einen Gefangenenzug zwischen Flehingen und Zaisenhausen 125
9. September 1944, Jagdbomberangriff auf den Personenzug zwischen
Sinsheim und Hoffenheim 126
Herbst 1944, Jagdbomberangriffe bei Hoffenheim 128
10. September 1944, Luftkampf über Kraichtal 128
Herbst 1944, Abschuß eines britischen Bombers über Gemarkung Mühlhausen 129
Winter 1944/45, Feindliche Flugzeuge über Stetten am Heuchelberg 129
Februar/März 1945, Jagdbomberangriffe auf Gondelsheim 131
2. Februar 1945, Die meisten retteten nur ihr Leben – Luftangriff auf Büchenau 132
25. Februar 1945, Luftangriff auf Heeresmunitionsanstalt (MUNA) Siegelsbach 133
Frühjahr 1945, Der Sulzfelder Eisenbahntunnel 133
1. März 1945, Zum ersten Mal richtige Angst – Ein Insasse des
Wehrmachtsgefängnisses berichtet über den Luftangriff auf Bruchsal 135
2. März 1945, Angriff auf Eppingen (Abschrift) 137
15., 18., und 24. März 1945, Mittags erschienen die Bomber am Himmel –
Jaboangriffe auf Graben und Neudorf 138
18. März und 5. April 1945, Stunden des Schreckens und Grauens –
Jaboangriffe auf Wilferdingen 140

20. März 1945, Bombeneinschlag tötete Frauen und Kleinkinder –
Sirenen warnten Jöhlinger nicht vor nahen Fliegern 140
24. März 1945, Jabo-Angriff auf Kloster Lobenfeld 141
27. März 1945, Tieffliegerangriff bei Langenzell 145
31. März 1945, Der schwere Luftangriff auf Weingarten 145
2. April 1945, Wasserschloß sank in Schutt und Asche – Luftangriff auf Menzingen 146
Aufzeichnungen v. 17./Flg.Verb.Geschw.2 148

Letzte Kriegsmonate .... Seite 149
Standgerichte und Erschießungen 151
Verordnung über die Einrichtung von Standgerichten 151
Der „Flaggenbefehl" des Reichsführers SS vom 3. April 1945 151
Aufruf des Gauleiters in schicksalhafter Stunde 152
Schwarzer Tag in Mühlhausens Geschichte 152
Fliegende Standgerichte und die kämpfende Truppe 155
Standgericht Neckargemünd 155
Sammlung von Versprengten in Lobenfeld 155
Erschießung eines Volkssturmmannes in Sinsheim 156
Gefangenenerschießung in Helmstadt 156
Standgericht in Stetten am Heuchelberg 157
Verhindertes Standgericht in Pforzheim 158
Reisen im Kraichgau kurz vor dem Einmarsch der Alliierten 158
Von Weinheim nach Mönchzell – Szenen aus dem März 1945 158
Gefährliche Reise von Heidelberg-Rohrbach nach Bahnbrücken – März 1945 159
Von Freudenstadt nach Lobenfeld – 23.–25. März 1945 162
Ein letzter Versuch – der Volkssturm 163
Volkssturm Jahrgang 1929, Waldwimmersbach 165
Zwölf Daisbacher Buben beim Volkssturm 165
Letzte Wochen vor der Besetzung 167
Die letzten Kriegsmonate in Odenheim 167
Kieselbronn im Frühjahr 1945 – Angriff auf Pforzheim am 23.2.1945 167
Stetten am Heuchelberg – Einberufung des Jahrgangs 1930 168
Stetten im Februar/März 1945 168
Letzte Kriegstage in Weingarten 169
Christbäume brachten Tod und Verderben – Rückblick einer Malschenberger Bürgerin ... 170
Mutige Tat rettete Eschelbach vor der Zerstörung 172

Das Kriegsende .... Seite 173
Als die Amerikaner kamen 175
Der Einmarsch der Amerikaner in Wiesloch, 1. April 1945 175
Tairnbach, Ostern 1945 177
Kämpfe in Eichtersheim und Michelfeld 179
Waldangelloch, Anfang Mai 1945 180

Einzug der Amerikaner in Hoffenheim, 1. April 1945 182
Hoffenheim im Schatten des Kriegsendes 183
Picknick auf dem Panzerturm – Einmarsch der Amerikaner in Hoffenheim am 1.4.1945 183
Dühren, Ostern 1945 184
Letzte Kriegstage in Lobenfeld 186
Kriegsende in Waldwimmersbach 189
Am 2. April 1945 wurde Sinsheim von den Amerikanern besetzt 191
Die letzten Kriegstage in Sinsheim, 30.3. – 2.4.1945 193
Kriegsende in Sinsheim 196
Weiße Fahne vor Hilsbach 196
Das Kriegsende in Steinsfurt 198
Helmhof, Untergimpern, Obergimpern – Ostern 1945 200
Siegelsbach entgeht – trotz MUNA – dem Beschuß 205
Das Kriegsende in Bad Rappenau 207
Berwangen Anfang April 1945 208
Das Leintal im April 1945 209

Franzosen im Kraichgau 212
Der erste Angriff scheiterte noch – Der Rheinübergang der Franzosen – 31.3.1945 212
Die 16. Volksgrenadierdivision (VGD) im Raum Pforzheim 214
Ostern 1945 in Ubstadt – Erinnerungen meiner Großmutter 217
Untergrombach am 5.4.1945 – Michaelskapelle vor großem Brand gerettet 220
Kriegsende in Neuthard – Ein zwölfjähriger Junge entrollt die weiße Fahne 221
Odenheim Ostern 1945 – Einmarsch der Amerikaner und Franzosen 222
Weingarten 223
Besetzung Heidelsheims am 3.4.1945 226
Kriegsende und Franzoseneinmarsch in Gondelsheim 228
Bahnbrücken – Schwere Tage im April 1945 235
Hoher Blutzoll bei der Verteidigung von Jöhlingen, 5. April 1945 236
Kriegsende in Rohrbach am Gießhübel 236
Unteröwisheim Ostersonntag 1945 – Junge Frau hißt die weiße Fahne auf dem Kirchturm 237
Kriegsende in Eppingen 238
Kämpfe in Königsbach – Erinnerungen eines damals Dreizehnjährigen 240
Der Tag X in Sulzfeld – 6. April 1945 245
Französischer Angriff auf die Festung Stetten – 4.–8. April 1945 247
Die Evakuierung Neuenbürgs im Frühjahr 1945 252

Reflexion 1995 .... Seite 255

Anhang .... Seite 258
Kraichgaukarten 258
Ortsregister 260
Quellen 262

Die Erde bebt noch von den Stiefeltritten.
Die Wiesen grünen wieder Jahr für Jahr.
Die Qualen bleiben, die wir einst erlitten,
ins Antlitz, in das Wesen eingeschnitten.
In unsren Träumen lebt noch oft, was war.

Das Blut versickerte, das wir vergossen.
Die Narben brennen noch und sind noch rot.
Die Tränen trockneten, die um uns flossen.
In Lust und Fluch und Lächeln eingeschlossen
begleitet uns, vertraut für immer, nun der Tod.

Die Städte bröckeln noch in grauen Nächten.
Der Wind weht Asche in den Blütenstaub
und das Geröchel der Erstickten aus den Schächten.
Doch auf den Märkten stehn die Selbstgerechten
und schreien, schreien ihre Ohren taub.

Die Sonne leuchtet wieder wie in Kindertagen.
Die Schatten fallen tief in uns hinein.
Sie überdunkeln unser helles Fragen.
Und auf den Hügeln, wo die Kreuze ragen,
wächst säfteschwer ein herber neuer Wein.

Wolfgang Bächler

Kriegsalltag

"Die Frage der Zukunft ist nicht, wie es den ausgebildeten Truppen, sondern wie es den unausgebildeten Zivilisten ergehen wird."

(Earl of Harlsbury, Vorsitzender der League of Nations, 1930)

Erinnerungen festzuhalten, bedeutet zum geringeren Teil die eigene Reflexion, die Aufarbeitung. In weitaus größerem Maße verbindet sich damit der Wunsch, Spätergeborenen Verhalten und Zeiterscheinungen zu erhellen, die in solchen Erlebnissen wurzeln, und – natürlich – die Hoffnung, nutzbare Erfahrungen weiterzugeben. Eine grundsätzliche Darstellung des Nationalsozialismus ist hier nicht angebracht. Mit Dokumenten zum Kriegsalltag sollen die besonderen Lebensumstände knapp angesprochen, der Hintergrund nur umrissen werden, vor dem die Erlebnisberichte stehen.

In der stark ländlich geprägten Kernlandschaft des Kraichgaus wurden die Kriegsereignisse anders wahrgenommen als in den großen Städten an deren Rand, die den Krieg viel früher zu spüren bekamen. Die Berührung zur Front erlebte jeder gleichermaßen durch eingezogene Familienangehörige. Doch schon eine Lebensmittelkarte für Fronturlauber gibt Gelegenheit, sich Unterschiede bewußt zu machen. Die Umrechnung der zugeteilten Rationen auf die Bezugstage, ohne andere Möglichkeiten zum Ausgleich, schließt den Gedanken an Verwöhnung des Urlaubers aus. Insofern ist eine Ausnahme-Raucherkarte für Frauen von Wehrmachtsangehörigen ein extremes Zugeständnis der Nationalsozialisten an die Durchhaltebereitschaft, erst recht, wenn man bedenkt, wie sehr rauchende Frauen in dieser Zeit verpönt waren. Berechtigungskarten für den Bezug zusätzlicher Lebensmittel gab es nur für Schwerstarbeiter und werdende und stillende Mütter. Ansonsten unterschied man Erwachsenen- und Kinderkarten. Was wann auf welchen Kartenabschnitt zugeteilt werden konnte, wurde einzeln bekannt gegeben. Die Ablieferungsvorschriften wiederum bezogen die Eigenversorgung der Produzenten ein. Wer Schlachtvieh und Hühner hielt, konnte einen bestimmten Anteil für sich und die Seinen verwenden. Manche Kontrolleure haben zu sehr unterschiedlichen Toleranzen beigetragen. Für Frauen mit kleinen Kindern hat die Evakuierung aus den Großstädten in ländliche Regionen wenigstens die Ernährung verbessert.

Der Fronturlauber auf dem Land war eine sonst bitter entbehrte, versierte Arbeitskraft. Es waren ja nur noch Frauen, alte Männer und Kinder zu Hause. Die halbwüchsigen Jungen wurden schon lange zur Wehrertüchtigung eingezogen, zu 'freiwilligen' Einsätzen abkommandiert. Die meisten dieser Kinder, von denen viele der Vorstellung folgten, ohne Rücksicht auf eigenes Wohl dem Vaterland dienen zu wollen, waren viel zu jung, um nicht bei Feindberührung in hilflose Erschütterung zu fallen. Die älteren Schüler, als Flakhelfer eingesetzt, empfanden zunächst eher die Herausforderung: technisch bei der Handhabung von Ortungs- und Luftabwehrgeräten, menschlich beim Umgang mit den Ausbildern, oft kriegsversehrten, hochdekorierten Offizieren, die für Fronteinsatz nicht mehr tauglich waren, solche Schulung aber gern übernahmen. Sie trafen lernbereite, aufgeschlossene junge Menschen, die sich durch Begegnung und Gemeinsamkeit mit den 'alten Kriegern' endlich erwachsen fühlten. Schwierig für die Lehrer, die Einsatzpausen in den Flakposten für die Fortsetzung des Schulunterrichts nutzen sollten. Sie standen für diese Aufgabe ja nur zur Verfügung, weil sie eben nicht kv (kriegsverwendungsfähig) waren.

Frauen ohne kleine Kinder waren dienstverpflichtet – vor allem zur Arbeit in kriegswichtigen Betrieben. Fremdarbeiter und Kriegsgefangene, die sonst die Arbeit der eingezogenen deutschen Männer übernehmen sollten, durften hier nicht beschäftigt werden. Jüngere Frauen wurden als Nachrichtenhelferinnen für die Truppenteile ausgebildet. Halbwüchsige Mädchen fanden Aufgaben im Haushalt und bei der Kinderbetreuung. Denn diese Gemeinsamkeit hämmerte die Propaganda Tag für Tag: Jeder kämpft – an der Westfront, an der Ostfront, an der Heimatfront. Und alles ist Schlacht – Erzeugung, Ablieferung, Sparen, Sammeln (ob Spenden, Altmaterial oder Kartoffelkäfer), jeder persönliche Einsatz. Die typische Familie, die in Bildergeschichten richtiges Verhalten in jeder Lage vorführte, sollten die aufgeweckten, doch gemütlichen Pfundigs sein. 'Pfundig' war ein Synonym für für patent/ 'knorke', unterschwellig suggerierte der Begriff auch viele Pfunde. Und so sahen Pfundigs auch aus. Identifikation? Für wen?

Die furchtbare Zerbombung der Städte ließ die Zivilbevölkerung den Betrieben und Behörden folgen, die längst in ländliche Bereiche ausgelagert waren. Die dirigistische Zuweisung nötigte zu rigider Raumbewirtschaftung. Nur Familienzusammenführung konnte Ausnahmen bewirken. Die Fliegergeschädigten fühlten sich 'wie die Flüchtlinge'. Der große Treck hatte ja schon begonnen. Wenn die Einberufung zur Wehrertüchtigung auch selbstverständlich Wäsche zum Wechseln forderte, – den Ausgebombten und Flüchtlingen konnte solcher Luxus nicht mehr zugestanden werden. Sie bekamen das Nötigste nur 'einfach', wenn denn der Bezugsschein überhaupt umsetzbar war. Und doch gab es bewegendere Sorge für alle, Ausgebombte, Evakuierte, Umsiedler, Eingeschlossene, Gefangene, Flüchtlinge: einander nicht zu verlieren.

Die immer dünner werdenden Zeitungen füllten sich täglich mehr mit Todesanzeigen. In Ortschroniken wie denen von Rinklingen (1969) und Remchingen (1993) hat Otto Bickel die Gefallenen und Vermißten beispielhaft mit Fotos, persönlichen Daten, Truppeneinheit, Ort oder Region des letzten Lebenszeichens dargestellt. Abseits von Zahlen werden da Schicksale ganzer Familien deutlich.

Die Probleme des Luftschutzes werden an Hand der Dokumente erläutert.

Das Verhältnis zu den Kriegsgefangenen in ländlichen Betrieben wird im breiten Spektrum der Berichte beredt geschildert, auch der Einsatz von Ostarbeitern und 'sonstigen' Ausländern – und das würdelose, unsäglich harte Leben der Zwangsarbeiter. Daß sich einige von ihnen nach dem Zusammenbruch schadlos halten wollten, wird in Band III Erwähnung finden (z. B. in der Eichmühle, in Odenheim, Eichelberg, im Raum Waibstadt und um Gochsheim).

'Stationen der Hölle' (J. Schätzle) jedoch waren das Dutzend Kraichgauer Außenkommandos des KZ Natzweiler. Die Karte des Vereins für Friedenspädagogik gibt den Überblick. Robert Wagner, Gauleiter und Reichsstatthalter in Baden, seit 1940 absoluter Herrscher der elsässischen Verwaltung, Rassist, fanatischer Germanisierer, unterhielt in Schirmeck, nördlich von Natzweiler, sein eigenes KZ für nicht kooperationswillige Elsässer, denn Natzweiler unterstand nicht seiner, sondern Himmlers Kontrolle. Doch einigte Wagner sich schließlich mit Himmler darauf, besonders Unbelehrbare nach Natzweiler zur Vernichtung zu bringen. Das Arbeitslager Vaihingen/Enz wurde Ende 1944 zum Krankenlager umgebaut. Gegen Kriegsende wurden auch Insassen der Lager Neckarelz, Neckargerach, Mannheim-Sandhofen dort aufgenommen. Nach einer teilweisen Evakuierung in den letzten Tagen des Krieges wurde das Lager Vaihingen am 7. April von US-Truppen befreit. Auch die anderen Kommandos wurden aufgelöst. Wohin kamen die Kranken und Siechen?

Auf die Heeresmunitionsanstalt (HMA oder Muna) in Siegelsbach richtete sich das besondere Interesse der amerikanischen Fliegereinsätze. Das Versteck im Wald bedeutete für die Luftaufklärung kein Hindernis!

Zeitgenössische Zeitungsberichte, Aufrufe in der Presse und Flugblätter sollen das Bild runden.

Hinter der oft kargen Dokumentation stehen Schicksale, die sich damals wenig artikulierten. Es gab zu viele, die ebenso litten. Und Kraft war nötig für jeden Tag.

Doris Ebert

Kraichgauer Soldaten an allen Fronten

Bekanntmachung.

Musterung der Geburtsjahrgänge 1908 und 1909.

Die Musterung der Wehrpflichtigen der Geburtsjahrgänge 1908 und 1909 der Gemeinden des Landkreises Karlsruhe findet wie folgt statt:

In Bretten im Saale der „Stadt Pforzheim"
am 14. 2. 40 für die Wehrpflichtigen aus den Gemeinden Bauerbach, Bretten, Büchig, Diedelsheim, Dürrenbüchig und Gölshausen;
am 15. 2. 40 aus den Gemeinden Flehingen, Zöhlingen, Rinklingen, Ruit, Sprantal und Wössingen.

Zur Musterung haben sämtliche Wehrpflichtige der Jahrgänge 1908 und 1909 zu erscheinen, die sich z. Zt. in den Gemeinden aufhalten.

Ein Wegzug eines Wehrpflichtigen kurz vor der Musterung oder seine Abwesenheit am Tage der Musterung bedarf der Zustimmung des Wehrbezirkskommandeurs; diese wird nur in ganz dringenden Fällen erteilt.

Zur Musterung sind Arbeitsbuch, Führerschein und Wehrpaß unbedingt mitzubringen.

Wer seiner Gestellung zur Musterung nicht nachkommt, macht sich strafbar.

Weitere Auskunft über die Musterung erteilt der Bürgermeister. (22409)

Karlsruhe, den 1. Februar 1940.

Der Landrat.

Bekanntmachung zur Musterung der Jahrgänge 1908 und 1909.

Behelfs-Musterungsausweis Landsturm 1944.

Musterung der Jahrgänge 1913–1916 in Grombach bei Sinsheim, drei der jungen Leute blieben in Rußland und Estland. (Foto: Utzmann)

Arbeitsamt Heidelberg
Nebenstelle Sinsheim
Gesch. Zeichen: 5103

Sinsheim, den 13. Juli 1943

An den

Herrn Bürgermeister

der Stadt

Sinsheim

Beilagen: -
Betrifft: Bedarf des Heeres u. der Luftwaffe
an Stabs - u. Sanitätshelferinnen.

Der obengenannte grosse Bedarf wurde bislang durch schärfste Auskämmung der Betriebe der privaten Wirtschaft sichergestellt. Eine weitere Auskämmung zur Deckung des erneut grossen Bedarfs (Gestellung von 25 Stabshelferinnen durch die Nebenstelle Sinsheim) ist nicht mehr möglich.

Die im Landkreis vorhandenen Verwaltungen und öffentlichen Betriebe wurden bislang in weitestem Masse von einer Auskämmung ausgenommen. Diese Ausnahme lässt sich nicht mehr aufrechterhalten.

Zur Aufbringung des Kontingents, das mir auferlegt wurde, sehe ich mich genötigt, aus Ihrer Verwaltung ____1____ weibliche Büroangestellte für den genannten Einsatz herauszuziehen.

Um unliebsame Störungen zu vermeiden, überlasse ich es Ihnen, mir die Kräfte zu benennen, die für diesen Einsatz von Ihnen freigestellt werden. Diese werden von mir auf Abruf dienstverpflichtet.

Bei der Auswahl bitte ich folgendes zu beachten:

1. Die bereitgestellten Kräfte müssen über 21 Jahre alt sein, da sie im Ausland zum Einsatz gelangen.
2. Die Kräfte müssen für diesen Einsatz tauglich und geeignet sein.

Diese Massnahme bedeutet ohne Zweifel für alle Betroffenen einen harten Eingriff. Den bestehenden Notwendigkeiten muss jedoch Rechnung getragen werden. Die Dienststellen in der Heimat haben Gelegenheit durch Einstellung von älteren, verheirateten Ersatzkräften, auch Halbtagskräften über die eintretenden Schwierigkeiten hinweg zu kommen.

Ich werde bemüht sein, geeignete Ersatzkräfte in genügender Anzahl bereitzustellen.

Ihre Meldungen bitte ich mir bis spätestens 18. d. M. hierher abzugeben. Von Einsprüchen bitte ich abzusehen, da der zwingende Charakter der Massnahme keine Möglichkeiten offen lässt.

Die Abrufe erfolgen jedoch so, dass unnötige Härten vermieden werden.

Im Auftrage:

Rekrutierung von Stabs- und Sanitätshelferinnen.

Berittener Sanitäter.

Unterarzt, 24 Jahre alt, ohne Vertretung, mit seiner Operationsmannschaft.

Berittene Truppe in Waibstadt.

Weihnachten – 20jährige vor dem Fronteinsatz.

Urlauber der drei Waffengattungen aus Eppingen (1944): Gefreiter und ROB-Feldwebel der Infanterie, Luftwaffen-Unteroffizier und Matrose der Kriegsmarine. (Kiehnle/Jehle)

Vater und Sohn in Uniform 1944.

Kriegsteilnehmer aus Hoffenheim
(nach Befragungen im Januar 1973, aus: W. Borgmeyer, 1973, S. 46)

Rußland	48	Kaukasus	2	Marseille	4	Krim	2
Moskau	10	Gomel	1	Holland	6	Griechenland	2
Woronesch	1	Memel	2	Brüssel	11	Nordafrika	11
Smolensk	2	Donbogen	1	CSSR	8	Tripolis	1
Schwarzes Meer	3	Norwegen	9	Polen	19	Kairo	3
Bessarabien	1	Narvik	4	Bukarest	1	Tobruk	3
Minsk	2	Nordkap	2	Ungarn	2	El Alamein	1
Orel	2	Dänemark	1	Jugoslawien	4	Tunesien	1
Stalingrad	7	Finnland	2	Italien	14	West-Virginia	1
Kiew	1	Frankreich	52	Monte Cassino	3	Eismeer	2
Stalino	1	Brest	2	Sizilien	4	Südatlantik	2
Leningrad	2	Le Havre	1	Po-Ebene	2		

Kraichgauer Soldaten zählten zu den höchstausgezeichneten: mit dem Ritterkreuz z. B. Flugzeugführer Karl Kern aus Sulzfeld, Major Wilhelm Bach aus Steinsfurt, Major Richard Essig aus Eichelberg, Rittmeister Otto Bierlin aus Ittlingen, Wilhelm Stein aus Sinsheim; mit den Schwertern zum Eichenlaub des Ritterkreuzes der jüngste General der Wehrmacht, Max Sachsenheimer aus Mühlbach.
Edmund Kiehnle

Max Sachsenheimer
(Mühlbach 1909 – Freiburg i.Br. 1973)

Der Wunsch, dem Vater als Architekt und Steinmetz zu folgen, ließ sich durch die Schwierigkeiten der Mühlbacher Steinindustrie nicht verwirklichen.
Max Sachsenheimer ging 1928, wie viele, zur Reichswehr. Der Frankreichfeldzug (Chemin des Dames) und seit Juni 1941 im wesentlichen der Krieg in Rußland (Staraja Russja, Bol Gorby, Jaswy-Demjansk) stellten 'Sachs' vor Aufgaben, die ihn, den Divisionskommandeur mit der Nachkampfspange, zum jüngsten General der Wehrmacht werden ließen. Nach dem Einsatz im Kampf um Schlesien und der Kapitulation geriet er in amerikanische Gefangenschaft. Der Neubeginn nach der Entlassung im April 1947 stellte ihn für seine Frau und vier Kinder vor ganz andere Aufgaben.

Empfang des Ritterkreuzträgers Hauptmann Wilhelm Stein bei der Stadt Sinsheim anläßlich der Verleihung seiner Ehrenbürgerschaft.

Fronturlauber

Kleiner Wehrmachtsfahrschein für Fronturlauber.

Der Bürgermeister　　　　　　　　Fürfeld, den 26. März 1940.
　　　　　　　　　　　　　　Landkreis Heilbronn a.N.

Urlaubsgesuch:

Die unterzeichnete Landwirts-Ehefrau Lina M a y e r geb. Hörsch in Fürfeld, wohnh. daselbst, bittet um Beurlaubung ihres Ehemannes Hermann M a y e r welcher sich bei der Einheit 14 Jnf.(Panz.Abw.)Ers.Komp.35 in Budweis-Vierhöf- --Adolf Hitler Kaserne- Postleitstelle Prag- befindet.

Unser landw. Betrieb umfasst 6, 56 ha. darunter 6 ha. Ackerland und 56 ar Wiesen. Der Viehstand beträgt: 4 Kühe, 6 Stück Jungvieh und 4 Schweine.
Zu der nunmehr bevorstehenden Frühjahrsfelderbestellung bedarf ich dringend seiner Hilfe, da es mir mit meinen 2 kleinen Kindern(1,& 3 J.) ~~nichtmöglichist~~ und eines poln. Landarbeiters nicht möglich ist,die Bestellung der Felder vorzunehmen, zumal die ungünstige Witterung im Spätjahr 1939 die Bestellung der Felder nicht in dem Umfang vorgenommen werden konnte, wie dies der Fall sein sollte.

Obwohl mein Ehemann einen 14 tätigen Urlaub hatte und heute wieder zurückkehren muss, so war es ihm infolge der schlechten Witterung nicht möglich, auch nur den erf. Kunstdünger auf die Grundstücke zu bringen, so dass nunmehr die volle Arbeiten von mir allein zu bewältigen wäre und hiezu ich nicht im Stande bin.

Jch bitte daher dringend, meinem Ehemann einen weiteren 14 tätigen Urlaub zu gewähren, so dass unsere Felderbestellung ordnungsmäßig durchgeführt werden kann .

　　　　　　　　　　　　　　t.

Dem
　Herrn Kreisbauernführer
　　　in H e i l b r o n n

erg. übersandt. Jch bitte das Gesuch als vordringlich zu behandeln, da es um einen schutzbedürftigen Betrieb handelt und die Angaben der Gesuchstellerin der Wahrheit entsprechen.

F.d.R.Der Ortsbauernführer:　　Fürfeld, den 26.März 1940.

Urlaubsgesuch für einen Soldaten zur Frühjahrsbestellung.

Auch dies ein Heimaturlauber – bei der Arbeit in seiner Landwirtschaft in Stetten a. H.

Auf Urlaub in Mannheim. (Bouffier)

Auf Urlaub bei Frau und Kindern in Sinsheim. (Eiermann)

Die Rationen eines Frontsoldaten für sieben Tage Heimaturlaub. (Stadtmuseum Sinsheim)

Gefangenschaft

Trotz allem: ein solcher Bescheid war fast eine Beruhigung. (Stadtmuseum Sinsheim)

O. Hartmann (Berwangen) zu Wehrkreiskommando V.

Der Vermißte war am 5. Mai 21 Jahre alt geworden. Diesem Bescheid war ein gleichlautender vom 30. März 1943 vorausgegangen. (Stadtmuseum Sinsheim)

Wehrkreiskommando V
Arbeitsstab Stalingrad

Stuttgart, den 18. Juni 1943

Frau
Margarete Hartmann
Berwangen Krs-Sinsheim

Sehr geehrte Frau Hartmann!

Die Feststellungen über den Verbleib der Angehörigen der ehem. 6. Armee haben ergeben, daß die Einheit Ihres **Sohnes**, des

Gefr. Otto Hartmann, Fp.Nr. 41 697 D

an den Kämpfen um Stalingrad beteiligt war. Nähere Nachricht liegt über ihn bis heute noch nicht vor. Die Ermittlungen über das Schicksal ihres **Sohnes** werden mit größtmöglicher Beschleunigung fortgeführt.
Alle Nachrichten über Ihren **Sohn**, die Sie etwa von anderer Seite erhalten, bitte ich an Wehrkreiskommando V, Arbeitsstab Stalingrad, Stuttgart einzusenden.
Ich hoffe, Ihnen bald weiteren Bescheid geben zu können.

Heil Hitler!

Major

Briefe aus der Gefangenschaft, die ihren Bestimmungsort erst mit dem Heimkehrer erreichten.

Meine liebe Ruth!

Eine geraume Zeit ist verstrichen, seitdem ich meinen letzten Brief an Dich in diesem Buch geschrieben habe. Es ist mir aber so schwer ums Herz, daß ich mich erleichtern muß, und die einzige Möglichkeit sehe ich eben darin, zur Feder zu greifen, um mit Dir auf diese Weise Zwiesprache zu halten.

Vor Weihnachten erhielt ich Deinen letzten Brief. Sicher kannst Du Dir vorstellen, wie niederdrückend es ist, über Weihnachten und Neujahr ohne eine Zeile von dem Menschen zu sein, der mir alles bedeutet. Nun warte ich Tag für Tag, ohne mir erklären zu können, warum Du mich vernachlässigst. Sicher hättest Du doch soviel Zeit, mir einige liebe Worte zu senden, wo Du doch ganz genau weißt, daß ich Dir stets schreibe, wenn es mir möglich ist. Oder solltest Du müde des langen Wartens sein? – Was sich eben am schwersten ertragen läßt, ist die Ungewißheit, das Warten auf irgend etwas, was da geschehen soll. Dieses Ungewisse zermürbt mich, zerrt an meiner Widerstandskraft, und wenn ich mir nicht immer wieder sagen würde, daß ich mich blindlings auf Dich verlassen kann, könnte ich verzweifeln. Dauernd muß man sich mit anhören, wie dieser und jener (und es sind nicht wenige) erzählt, daß er jahrelang einem Trugbild nachgegangen ist, das plötzlich wie eine Seifenblase zerplatze. Man kann sich dann wehren wie man will, unwillkürlich macht man sich Gedanken und fragt sich, ob es nicht möglich ist, daß man eines Tages selbst durch eine solche Enttäuschung erschüttert wird.

Glaube mir, mein Lieb, es würde mir sehr, sehr schwer fallen, aber ich würde es tragen als ein Mensch, der mit beiden Beinen auf der Erde steht und wäre bestrebt, keinen in mein Innerstes sehen zu lassen. Sicher wirst Du diese meine Gedanken nicht gut heißen, aber wie ich schon sagte, kann man sich schlecht wehren, wenn man zu allem Überfluß durch dieses Warten auf die Folter gespannt wird. Man grübelt stets nach einem Warum???

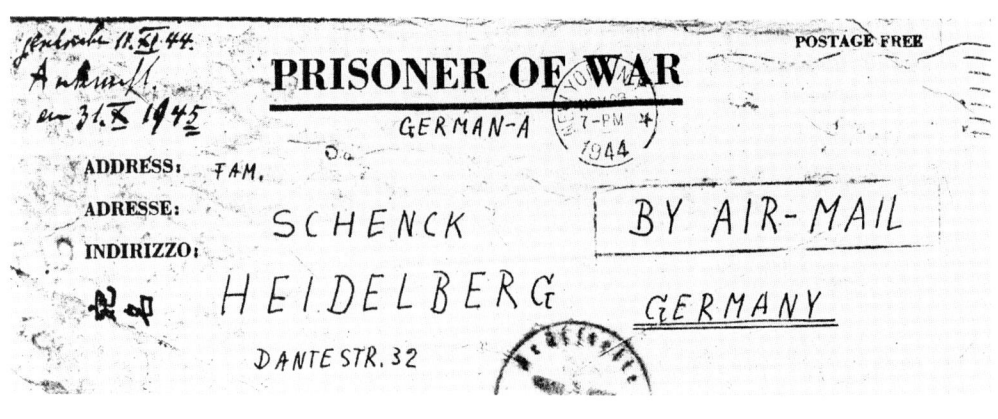

Weihnachtspost aus Amerika (Ankunft am 31.10.1945). (Stadtmuseum Sinsheim)

Meine Lieben!   11.11.1944

Ihr seht, daß es wieder möglich ist, Luftpostbriefe zu schicken, und so will ich versuchen, ob dieser Brief wohl noch zu Weihnachten Euch erreichen wird. Allerdings könnt Ihr nicht hoffen, öfters Luftpostbriefe zu erhalten, denn es ist für mich kein billiger Sport u. man muß das bißchen Geld, was man erhält, zusammenhalten. – Ich bin gespannt, welcher Weihnachtsbrief Euch richtig erreicht, der hier oder derjenige, den ich im September abgesandt habe. Nur hoffe ich, das wenigstens einer am Weihnachtsabend bei Euch auf dem Tische liegt und etwas von meinen Weihnachtsgedanken von dem weiten Amerika erzählt. Auch wir fangen hier allmählich an, an Weihnachten zu denken u. ich glaube sicher, daß auch dieses Weihnachten hier wieder dank der Bemühungen aller im Kameradenkreise schön wird, wie es eben in der Gefangenschaft möglich ist. Daß gerade dann meine Gedanken zu Euch in das herrlich geschmückte Weihnachtszimmer wandern werden, ist ganz klar u. ich hoffe, daß sie Euch wie immer in froher u. herzlicher Gemeinschaft ...

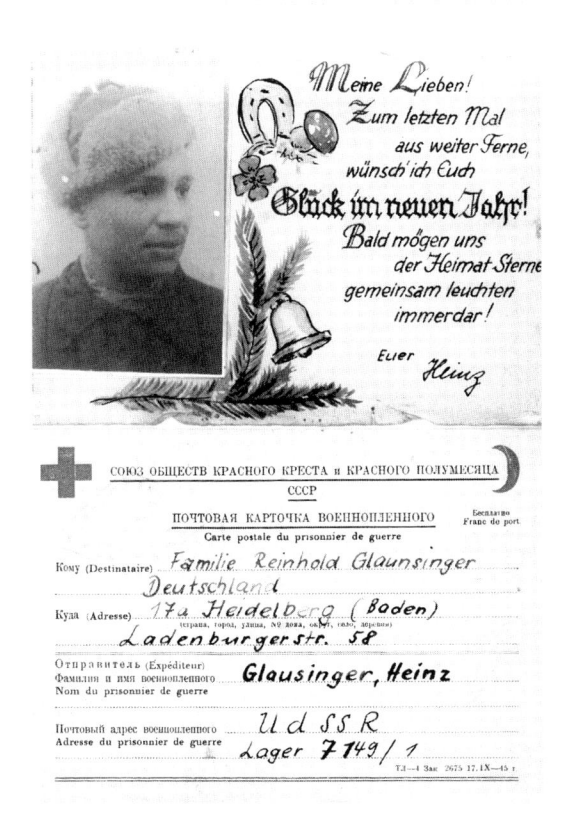

Neujahrskarte aus russischer Gefangenschaft.

Gefallene und Vermißte

Abschrift

Staudel
Oberleutnant u. Einheitsführer
F.P.Nr. 28834 C.   Jm Felde, den 24.7.1941.

Sehr verehrte Frau ▬▬▬▬ !

Ich erfülle hiermit die traurige Pflicht, Ihnen mitzuteilen, dass Ihr Sohn Richard in den Kämpfen bei Wydra bei Smolensk am 23. Juli 1941 in soldatischer Pflichterfüllung getreu seinem Fahneneid für Führer und Vaterland gefallen ist.

Ich spreche Ihnen, zugleich im Namen seiner Kameraden meine wärmste Anteilnahme aus. Wir alle werden ihm als einem treuen, guten Kamerad stets ein ehrendes Andenken bewahren. Mir selbst fehlt er bei uns ganz besonders, hatte er doch stets in meiner nächsten Nähe seinen Dienst auszuüben, wobei ich ihn besonders schätzen lernte. Dabei erhielt er auch, wenige Schritte neben mir, eine schwere Beinverwundung, an der er einige Stunden später starb. Vor seinem Abtransport trug er uns auf, Grüsse an seine Lieben, besonders an seine Frau zu bestellen.

Ich schreibe dies an Sie, sehr verehrte Frau ▬▬▬▬ da ich hörte dass die Frau Ihres Sohnes zur Zeit guter Hoffnung sei, um sie vor einer unvermittelten Mitteilung zu bewahren.

Möge uns die Gewissheit, dass Ihr Sohn sein Leben für die Grösse und den Bestand des deutschen Volkes und Reiches hingegeben hat, Ihnen ein Trost sein in dem schweren Leid, das Sie betroffen hat.

Über den Ort der Beisetzung erhalten Sie noch Mitteilung. Sämtliche Wertgegenstände sind abgenommen und werden Ihnen zugesandt.

Ich grüsse Sie in aufrichtigem Mitgefühl

gez. Staudel
Oberleutnant u. Einheitsführer.

Vorstehende Abschrift bestätigt!
Großgartach, den 8. September 1941.
Der Bürgermeister:

Benachrichtigung an die Mutter eines Gefallenen aus den ersten Kriegsjahren.

Abschrift.

Im Westen, 24. 1. 1945

Liebe Frau ▮ !

Ich muß Ihnen heute die tieftraurige Nachricht geben, daß Ihr lieber guter Mann, der Gefr. Jakob ▮ am 16.1.1945 für die Zukunft Großdeutschlands gefallen ist. Die Batterie war an diesem Tage etwa 10 km nordwestl. Bastogne eingesetzt, die feindl. Artillerie legte einen Feuerüberfall in die Stellung. Dabei traf ein großer Granatsplitter Ihren lieben Mann direkt am Kopf und riß ihm den halben Kopf weg. Der Tod ist natürlich auf der Stelle eingetreten und es ist sowohl für Sie, liebe Frau ▮, als auch für uns, beruhigend zu wissen, daß Ihr lieber Mann von seinem Tode nichts mehr gemerkt hat. Wir beerdigten unseren lieben Kameraden an der Kirche in Binsfeld, 7 km nördl. Klerf, in Luxemburg.

Ich spreche Ihnen im Namen der ganzen Batterie meine aufrichtigste Anteilnahme aus und versichere Ihnen, daß wir nicht nur mit Ihrem lb. Mann einen guten Kameraden verlieren, sondern man kann ruhig sagen, den besten. Unerschrocken und tapfer wie er als Mann gekämpft hat, so ist er auch gefallen. Sein Leben soll uns allen ein Vorbild sein, wir werden stets mit Stolz an ihn denken.

Seine Wertsachen gehen Ihnen mit sep. Post zu.

Indem ich Ihnen nochmals mein innigstes Beileid ausspreche grüsse ich Sie mit

Heil Hitler!

Ihr

Oblt. u. Battr. Chef.
gez. Unterschrift.

Diese Abschrift beglaubigt:
Fürfeld, den 2.3.1945
Der Bürgermeister:

Benachrichtigung an Angehörige von Gefallenen gegen Kriegsende.

```
Dienststelle der                          Jm Felde, den 20.2.45.
Feldpostnummer 41 613
```

Benachrichtigung.

Der   Walter ▓▓▓▓▓▓▓▓▓▓

Gefreiter   von der Einheit: 41 613

geb.am: 31.10.23   in: Fürfeld /Krs. Heilbronn

ist in: Westpreußen   am: 7. Februar 1945

durch: Pak - Volltreffer   gefallen.

Er ist der   Sohn

des: ▓▓▓▓▓▓▓▓▓▓   Beruf: Schreiner

Wohnort: Fürfeldt/Heilbronn ▓▓▓▓▓▓▓▓▓▓

(Unterschrift)
Oberleutnant u. Kompanie - Chef.

Benachrichtigung an Angehörige von Gefallenen. Nicht nur die extrem knappe Form ist eine Aussage zur Situation an der Front. Der Kompaniechef spart sich auch (vorschriftswidrig) den „deutschen Gruß".

Für Führer, Volk und Vaterland starben

Erwin Ruff, Uffz., Inh. des EK. 2. Kl. und sonst. Auszeichn., im Alter von 30 Jahren nach 7-jähriger treuer Pflichterfüllung. — Emilie Ruff, geb. Schwarz, mit Kindern Rosemarie und Erwin und Anverwandte. Feldrennach 4. April 1945. Trauerfeier 8. April 1945. 14 Uhr, in Feldrennach.

Walter Gengenbach, Uffz. in ein. Sturmgeschütz-Abt., Inh. vsch. Auszeichn., gef. 21. 1. 45 nach 5½ jähr. Kriegsdienstzeit. — Familie Karl Gengenbach, Arlinger, Brendstr. 57, Famil. Karl Gengenbach, Hamberg. Trauerfeier Sonntag, 8. 4. 45, vm. ½7 Uhr. i. Gemeindehaus Arlinger.

Robert Anselment, Oberleutn., Inh. des EK. 1. und 2. Kl. und and. Auszeichn., im Februar im Westen. — Die Gattin: Liselotte Anselment, geb. Siegele, mit Kindern Ursula und Rolf, die Mutter: Maria Anselment Wwe., für die Angehörig., zur Zeit Bauschlott bei Pforzheim, Pforzheimer Straße 1.

Emil Steffen, Gefr., geb. 20. 10. 1907, am 5. 2. 1945 im Osten, wie sein Bruder Willi. — Die Eltern: Ernst Steffen u. Frau Katharina, geb. Faas, und Geschwister. Schellbronn, 31. 3. 45.

Gottlob Stahl, Oberfeldwebel, Inh. versch. Auszeichn., geb. 1. 6. 13, gef. 28. 1. 45 im Südost. — Frau Liesel Stahl, geb. Halder, u. Sohn Heinz, die Eltern: Adolf und Elise Stahl. Oetisheim, 3. April 1945. Trauergottesdienst 8. April, 17.30 Uhr, in Enzberg.

Feindlichem Luftterror fielen zum Opfer

August König, Kreisjägermeister, geb. 2. 2. 1869. — Frau Elise König, geb. Ott, Familie Viktor Sauserotte, Familie Otto Heß. Pforzheim, 26. 3. 1945. Beerdigung fand in aller Stille statt.

Berta Parey, geb. Gerwig, geb. 13. 1. 1878, gef. 23. 2. 1945 in Pforzheim. — Karl Parey, z. Zt. Italien, und Frau Käthe, Margarete und Karlheinz Parey, zur Zeit Wilferdingen, Königsbacher Straße 20.

Frau Maria Wentz, geb. 6. 7. 08, Marianne Wentz, geb. 7. 6. 1925, gef. am 23. 2. 45 in Pforzheim. — Der Gatte: Hermann Wentz, z. Zeit Wehrmacht, Frau Marie Müller sowie Geschwister.

Emma Beckmann, geb. Heinz, 47 Jahre alt, gef. am 23. 2. 1945 in Pforzheim. — Lore Beckmann, Familien Max Waldhauer, Hermann Heinz, Erwin Heinz, Otto Kratochwille.

Todesanzeigen für Gefallene und Opfer von Bombenangriffen. Auch Frauen, die im Luftkrieg umkamen, wurden als „gefallen" gemeldet.

Einzelne Todesanzeigen gab es schließlich nicht mehr. Es fielen und starben zu viele – und die Zeitungen erschienen endlich nur noch als Einzelblattdrucke.

Ritterkreuzträger Major Bach gestorben
Der tapfere Held vom Halfaja-Paß

Steinsfurt. Die Angehörigen unseres Ritterkreuzträgers erhielten die schmerzliche Nachricht, daß Major Bach fern in Uebersee an den Folgen eines im Felde zugezogenen Leidens sein Leben für Deutschland gegeben hat. Damit hat ein Heldentum einen tragischen Abschluß gefunden, das reich an kämpferischen Erfolgen war.

Schon im ersten Weltkrieg mit dem E. K. I. u. II. ausgezeichnet, sehen wir den Verstorbenen an der Spitze seiner Kompanie den Frankreichfeldzug in diesem Kriege mitmachen und als Sieger in die Heimat zurückkehren. Aber größere Aufgaben standen ihm noch bevor, als seine Versetzung zum nordafrikanischen Kriegsschauplatz erfolgte. Direkt dem Generalfeldmarschall Rommel unterstellt, konnte der damalige Hauptmann Beispiele rücksichtslosen Einsatzes geben, die mit seiner tapferen Haltung am Halfaja-Paß ihre Krönung fanden. Von allen Verbindungen abgeschnitten, wehrte er eine übergroße Uebermacht des Feindes ab und vernichtete mit seiner Truppe zahlreiche Panzer bis die Verbindung wiederhergestellt war. Für seine Tapferkeit wurde er zunächst lobend im Wehrmachtbericht genannt und vom Führer mit dem Ritterkreuz ausgezeichnet. Ein kleiner Urlaub, bei dem er von seiner Heimatgemeinde festlich empfangen wurde, und an dem ihn die Beförderung zum Major erreichte, konnte er einige Tage nochmals im Kreise seiner Lieben verbringen. Niemand hatte geahnt, daß dieser Abschied ein Abschied für immer sein sollte. Bei der bald einsetzenden britischen Offensive erhielt Major Bach wieder den Befehl den Halfaja-Paß zu verteidigen, um die Lösung der Truppe vom Feinde zu ermöglichen. In vorgeschobenem Posten, fern aller Verbindungen mit einer kleinen Truppe, hielt er den Paß bis die letzte Patrone verschossen war, und erst nach Zerstörung aller Waffen entschloß er sich, vom Feinde unbesiegt, zur Uebergabe. In einer Rundfunkbetrachtung vom 6. Februar 1942 wurde darüber wörtlich gesagt: „Die gewaltigen Erfolge waren nur möglich durch die zähe Verteidigung des Halfaja-Passes durch Ritterkreuzträger Major Bach, der nicht nur größere Feindmächte band, sondern darüber hinaus durch Vernichtung feindlicher Tanks und Kampfwagen dem Feinde schwerste Verluste beibrachte und die Kapitulation erst dann anbot, als die letzte Munition verschossen und sämtliche schweren Waffen vernichtet waren. Major Bach mußte mit seinen Kameraden den Weg in die Gefangenschaft antreten und in Kanada ereilte ihn der Tod und erlöste ihn von seinem im Felde zugezogenen Leiden.

Mit der Witwe und ihren drei minderjährigen Söhnen trauern die betagten Eltern, eine Schwester und ein Bruder. Aber mit den Angehörigen trauert die ganze Heimatgemeinde Steinsfurt um ihren tapferen Sohn, den Schlichtheit, Tapferkeit und soldatische Ehre besonders auszeichnen. Als leuchtendes Beispiel aber wird er in seiner Heimatgemeinde weiterleben als der tapfere Held vom „Halfaja-Paß".

(Aufnahme: Tillmann-Matter.)

Ritterkreuzträger Major Bach aus Sinsheim-Steinsfurt – Würdigung anläßlich seines Todes.

Beileid des Führers
zum Tode des Ritterkreuzträgers Major Bach

Steinsfurt. Der Führer sandte an die Frau des verstorbenen Ritterkreuzträgers Major Bach folgendes Beileidstelegramm: „Zu dem schmerzlichen Verluste, der Sie durch den Tod Ihres Gatten betroffen hat, spreche ich Ihnen mein tiefstes Empfinden und Beileid aus. gez. Adolf Hitler." — In diesem Zusammenhang sei noch erwähnt, daß der Großdeutsche Rundfunk in seiner Sendung vom 7. Januar um 22 Uhr den Tod des Ritterkreuzträgers Major Bach bekanntgab und dabei betonte, daß allen Afrika-Kämpfern der Name des Verstorbenen bekannt und zu einem Begriff geworden ist.

„Mein Sohn ist gefallen für die wahnsinnige Politik eines Abenteurers"

Mein Bruder fiel mit 21 Jahren in Griechenland. Der Bürgermeister brachte die Todesnachricht. Seine Trostworte an die Familie: „Möge es Ihnen ein Trost sein, daß Ihr Sohn für die Größe und den Bestand des Großdeutschen Reiches gefallen ist." Die Antwort meines Vaters: „Mein Sohn ist gefallen für die wahnsinnige Politik eines Abenteurers." Der Bürgermeister ging wortlos. Später erfuhren wir, daß nur die Rücksicht auf den großen Schmerz um den Verlust des einzigen Sohnes uns vor Konsequenzen bewahrt hat.

Jedes Jahr war eine offizielle Trauerfeier für die Gefallenen der Gemeinde. Der Blockwart mußte bei den betroffenen Familien fragen, wieviele Plätze zu reservieren seien. Mein Vater reagierte sehr aggressiv, indem er sagte: „Ich würde mich schämen, wenn ich mich zu den Mördern meines Sohnes setzen würde." Auch in diesem Fall wurde die Äußerung nicht weitergetragen.

Toni Kugler (1995)

Leintal – Gefallene und Vermißte 1939–1945 (aus: Unser Leintal, 1951)

Gemeinde	Gefallene	Vermißte	zusammen	
Niederhofen	35	17	52	Bevölkerungszahl am 17.5.1939: 19 069 Einwohner
Frankenbach	145	87	232	
Fürfeld	27	16	43	
Stetten a.H.	49	31	80	Gefallene und Vermißte: 1 314 Einwohner
Großgartach	116	91	207	
Schwaigern	102	63	165	
Biberach	58	27	85	
Bonfeld	42	17	59	
Obereisesheim	64	26	90	
Kleingartach	31	15	46	
Massenbach	28	9	37	
Kirchhausen	60	21	81	
Schluchtern	27	30	57	
Untereisesheim	20	14	34	
Massenbachhausen	38	8	46	

Bad Rappenau (nach Michael Konnerth)

Stadtteil	Gefallene	Vermißte	zusammen
Bad Rappenau	97	70	167
Zimmerhof	5	1	6
Babstadt			25
Bonfeld	55	18	73
Fürfeld	32	18	50
Grombach			71
Heinsheim	35	13	48
Obergimpern	47	36	83
Treschklingen	10	7	17
Wollenberg	9	8	17

Hitlerjugend und Flakhelfer – Jugend arbeitet für den Sieg

An Kriege, Hermann
(Foto rechts)

Es ist angeordnet, daß der Jahrgang 1930/31 soweit Volksschulentlassen sofort zur Wehrertüchtigung herangezogen wird.

Sie haben sich also sofort bis spätestens am Freitag den 30. ds. Js. um 9 Uhr in Dillweissenstein zu stellen.
Befreiungsgesuche können in keinem Falle genehmigt werden.
Ausrüstung: Die Anreise erfolgt im Hitlerjugend Dienst-Anzug, wenn nicht vorhanden, wetterfeste Kleidung.
Mitzubringen sind: Wolldecke, Kochgeschirr, Essbesteck, Schuhputzzeug und Waschzeug, Schreibzeug, Ausweis, Wäsche zum Wechseln.
Abmeldebescheinigung G vom Ernährungsamt.

Der Bürgermeister

Einberufungsbefehl zum Wehrertüchtigungslager.

Der Jugendführer des Deutschen Reichs

Einberufungsbefehl!

Auf Grund des Gesetzes über die Hitler-Jugend vom 1. 12. 1936 (Reichsgesetzblatt 1936 Teil I und der dazu ergangenen I. und II. Durchführungsverordnung vom 25. 3. 1939 (Reichsgeset: Teil I Seite 709, 710) sowie meines Erlasses vom 27. 5. 1942 über die Wehrertüchtigung (Amtli richtenblatt Seite 69) wirst Du zur Erfüllung Deiner Jugenddienstpflicht zum Zwecke der W tigung zum

Wehrertüchtigungslager

für die Zeit vom 30. 7. bis 20. 8. 1944 aufen.

Anreise und Meldung im Lager muß am (siehe Einber.-Datum) bis spätestens 18 Uhr erfolgen.

Für die An- und Abreise gilt der unten anhängende Eisenbahnfahrausweis.   I. A.

Stuttgart, Datum des Poststempels.

Freiwilliger Kriegseinsatz steht im Vordergrund!

Der Sommerdienst 1944 unserer zehn- bis achtzehnjährigen Jugenddienstpflichtigen

Die Betonung des Reichsjugendführers Axmann in seiner Neujahrsansprache, daß die Jugend in Zukunft mit noch mehr Hingabe und Aktivität an die Lösung ihrer Kriegsaufgaben herangehen werde, findet ihren praktischen Niederschlag in den Arbeitsrichtlinien, die die Reichsjugendführung zum **Sommerdienst 1944 der deutschen Jugend** soeben aufgestellt hat.

Der Vorrang wird weiterhin dem **freiwilligen zusätzlichen Kriegseinsatz** der Jugenddienstpflichtigen, also der zehn- bis achtzehnjährigen Jungen und Mädel, eingeräumt. Dabei findet die besondere Lage der luftgefährdeten Gebiete sorgfältige Beachtung; hier regeln die HJ-Gebietsführer im Einvernehmen mit den Mädelführerinnen jeweils die Dienstdauer und Dienstzeit mit der Maßgabe, daß der Dienst in der Nähe der Wohnungen der Jugendlichen, soweit irgend möglich, stattfindet, damit nur ein kurzer Heimweg entsteht. Auch kann in stark luftgefährdeten Gebieten der Wochendienst ganz oder teilweise mit auf den Sonntag verlegt werden.

Am ersten Sonntagsdienst jedes Monats wird im Gemeinschaftsempfang eine **Reichssendung** abgehört, in der die gesamte deutsche Jugend angesprochen wird, und zwar zu dem jeweiligen besonderen Dienstthema des Monats. Es lautet für April: „Der Führer"; für Mai: „Adel der Arbeit"; für Juni: „Sommersonnenwende"; für Juli: „Kampf als Lebensgesetz" und für August: „Unsere Heimat Deutschland".

Die Arbeitsrichtlinien zeigen an vielen Beispielen, wie intensiv der zusätzliche Kriegseinsatz der Jugend erfolgen soll. So wurde für den **Jungmädel-** und den **Mädelbund** im Monat viermal Kriegseinsatz angesetzt. Je nach den örtlichen Notwendigkeiten und der Einsatzmöglichkeit werden die Mädel dabei zu **Spezialscharen zusammengefaßt**, etwa für die Betreuung der Frontsoldaten durch Briefwechsel oder der Fronturlauber durch gesellige Einladungen oder der Soldaten in den Lazaretten durch Vorlesen, Besorgungen und Briefeschreiben oder auch der Hinterbliebenen oder der Soldatengräber; Spezialscharen kommen aber auch für die Haushalthilfe bzw. zum Einsatz für Bombengeschädigte usw. in Betracht. Bei den Jungen liegt es ähnlich.

Erstmalig sollen im Sommer 1944 bei Bedarf reichseinheitliche **Kriegseinsatzlager der Jugend** veranstaltet werden.

Die **vormilitärische Wehrertüchtigung** spielt im übrigen HJ-Dienst die ihr gemäße hervorragende Rolle. Der Schieß- und Geländedienst als ihre Grundlage soll seine Krönung im **HJ-Geländewettkampf** finden. Die Parole der Wehrertüchtigung lautet: „Der beste Nachwuchs dem besten Soldaten". In diesem Zusammenhang ist die Anordnung des Reichsjugendführers auf Verstärkung der sportlichen Grundausbildung hervorzuheben, die neben der Wehrertüchtigung auch der **Erhaltung der beruflichen Leistungs- und der seelischen Spannkraft** dient.

Nicht zuletzt wird der HJ-Kriegseinsatz auch für das **Ordnungshilfswerk** nutzbar gemacht. In der HJ-Werkarbeit nämlich sollen für die Behelfsheime der Ausgebombten Haus- und Kleingeräte, die nicht serienmäßig hergestellt werden können, angefertigt werden, z. B. Kleiderbügel, kleine Küchengeräte, Scharniere usw. Außerdem wird während des ganzen Jahres Spielzeug, und zwar diesmal auch technisches Spielzeug in der Werkarbeit gebastelt werden, damit zu Weihnachten genügend Vorrat vorhanden ist.

Freiwilliger Kriegseinsatz steht im Vordergrund!
22.4.1944

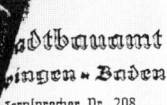

Stadtbauamt
Eppingen-Baden
Fernsprecher Nr. 208

Den 1. Juli 1942

An den Leiter

der Elsenzschule Herrn Prof. Harrer,

H i e r .

Jm Auftrage des Herrn Bürgermeister – Stellvertreter Hatz, teile ich Jhnen mit, dass die Schüler der Volksschule, sowie diejenigen der Elsenzschule, soweit dieselben hier wohnhaft sind, zum zweiten Male am Donnerstag, den 2. Juli d.Js. die Felder auf Gemarkung Epp. nach Kartoffelkäfern, Larven u. Liern abzusuchen verpflichtet sind. Die Lehrer u. Lehrerinnen sind als Kolonnenführer bestimmt. Die Schüler wollen auf Donnerstag nachmittag 6 Uhr an den Realschulplatz bestellt werden. Fehlende werden bestraft .

2. JULI 1942
Nr. 289

Schüler auf 17⁵⁵ bestellt.
H/z.

Einer der vielen Aufrufe zum „freiwilligen" Einsatz.

Eine Schulklasse fast geschlossen in Uniform.

Panzergräben im Elsaß

F: Herbst 1944 sind wir als Hitlerjungen mit der Eisenbahn von Neckargemünd nach Frankreich gefahren, nach St. Dié. Dort hatten wir kurzen Aufenthalt, wurden etwas verpflegt, dann ging es nach Fraize an der Zufahrt zur Paßstraße nach Colmar. – Übrigens sah ich kürzlich einen Film über das Kriegsgeschehen in Colmar, da wurde der Panzergraben gezeigt, den wir gebaut haben. – Wir sind mit dem Zug gefahren. Kurz vor St. Dié wurden wir von Tieffliegern angegriffen. Wir sprangen aus dem fahrenden Zug. Den Christe Rolf, den habe ich noch aus dem Zug geschubst, weil der nicht raus gewollt hat. Wir haben uns in alle Richtungen verteilt. Unser Zug wurde total zusammengeschossen. Dann war's still. Wir haben uns gesammelt und stellten fest, daß wir noch relatives Glück gehabt hatten. Wir hatten vier Tote, darunter ein Lobenfelder Junge, der Sohn von Anna Schmitt.

S: Vorher war in der Nähe ein Militärtransport beschossen worden. Dann kamen wir dran. Wir sind raus – wie der Otto gesagt hat – die Böschung runter. Unten war ein Graben mit Erlen, dann ein Kartoffelacker. Auf der anderen Seite war ein Bauernhof. Der Bauer kam, den sehe ich heute noch mit den Holzschuhen, und der hat uns wieder rausgejagt. Wir liefen in den Wald. Dann kamen die Flieger wieder. Da war ein kleiner Graben im Wiesental. Dort standen lauter Weidenbüsche. Da habe ich mich reingelegt und den Kopf ins Wasser getan. Wir waren 15, der Heiner 14 [Jahre alt].

F: Als es dunkel wurde, kamen Autos, die uns samt Gepäck aufluden. Dann kamen wir nach Plainfaing, das war der letzte Ort vor der Paßstraße. Danach sind wir jeden Tag nach Fraize gelaufen und haben den Panzergraben gebaut. Zuerst gruben wir Zwei-Mann-Löcher. Dann hoben wir den Graben aus. Auf einem Schuppendach saß einer mit einer Trompete. Der gab Alarm, damit wir rechtzeitig aus dem Graben kamen. Dort waren wir drei oder vier Wochen. – Jeden Tag arbeiteten wir dort und wurden von Tieffliegern attackiert. Wir sind dann in die Häuser. Die Franzosen haben uns oft abgewiesen. Einmal habe ich mich so an eine Tür geklammert, daß die auf ging, und ich bin in eine Wirtschaft reingefallen. Da drin waren zwei französische Polizeibeamte.

S: Ein anderes Mal hatte ich mich an eine Wand gedrückt. Auf einmal kam der Eigentümer heraus. „Seid ihr Buben Badener?" Da war das einer, der vom Ersten Weltkrieg dort geblieben ist. „Also, Buben, geht rein." Das hat uns gut getan.

F: Ich bin acht Tage früher weg, um die Jüngsten wegzuführen. Wir fuhren mit einem 1,5 t-Lastwagen die Vogesen hoch, immer Bewaffnete dabei. Wir haben uns alle wieder getroffen, bis auf den Fritz Specht, von dem wir nachher hörten, daß er bei dem Fliegerangriff bei St. Dié verwundet worden war. Übrigens war der gesamte HJ-Bann 110 (Heidelberg) ins Elsaß expediert worden. – Weiter ging's nach Colmar über Kaysersberg. Bei Tiefliegerangriffen sind wir immer in die Weinberge, haben uns flachgelegt, dann wieder weiter. In Colmar war ein unvorstellbares Chaos. Züge konnten nicht hinaus. Erst nachts um zwölf konnten wir nach Straßburg fahren. Viele Soldaten saßen im Zug. Von Straßburg an lag das ganze Elsaß im Nebel. Da hatten wir ein Riesenglück. So kamen wir sicher in Karlsruhe an. Nachts war dort ein Fliegerangriff, es hat auch gebrannt. Wir sind durch Karlsruhe durchgelaufen. In Durlach stiegen wir wieder ein, als schließlich ein Zug kam. Wir fuhren nach Neckargemünd und warteten dort auf den Bus nach Waldwimmersbach.

Gesprächsrunde zum Kriegsende im Pfarrhaus Waldwimmersbach im Februar 1995.
Teilnehmer u. a.:
Pfarrer Günter Schuler, Otto Fouquet (F), Heinrich Heißler (H), Adolf Saueressig (S)

HJ beim Ausheben von Panzergräben.

Durch Verwundungen nicht mehr frontverwendungsfähige Offiziere (ein Armamputierter) übernehmen die Ausbildung der HJ.
(beide Fotos: Bundesarchiv / Militärarchiv Freiburg i.Br. 87/58/25)

Nationalsozialistische Deutsche Arbeiterpartei
Hitler-Jugend, Bann Sinsheim (727)

Briefanschrift: K-Bannführer Zimmermann
Sinsheim a. d. Elsenz, Freitagsgasse 275
Fernsprech-Anschluß 418

Bankkonto: NSDAP, Hitler-Jugend, Bann Sinsheim 727
Bezirks-Sparkasse Sinsheim Nr. 460
Postscheckkonto: Karlsruhe Nr. 433 65

Sinsheim a. d. E., den 23.2.43

K_Bannführer Z/E
Zeichen und Datum sind bei der Antwort stets anzugeben

2 1. FEB. 1943

An den
Herrn Landrat des Kreises
S i n s h e i m

Betr. : Heranziehung Angehöriger der Hitler-Jugend zur Heimatflak.

Bei der Aufstellung der namentlichen Liste derjenigen Jungen
die zur Heimatflak im Notfall herangezogen werden sollen, sind
auch eine Anzahl von HJ-Führer dabei. Ich bitte, die nachstehend
aufgeführten Jungen von einer Heranziehung zu befreien, da sie
führend in der Hitler-Jugend tätig sind und z.Zt. ein größerer
Mangel an ausgebildeten Führern vorhanden ist. Ich nehme hierbei
Bezug auf den Schnellbrief des Reichsministers des Innern vom
25.1.43 Aktenzeichen: IR a 6050/43 Abs. 7 und III Abs. 4.
268 LW

- Hofmann Ludwig, Siegelsbach
- Willig Alfred, Neckarbischofsheim
- Zimber Elmar, Eppingen
- Müller Manfred, Neckarbischofsheim
- Gabel Julius, Obergimpern
- Neumann Friedrich, Sinsheim
- Renkert Oskar, Sinsheim
- Huber Hermann, Siegelsbach
- Obländer Heinz, Hoffenheim
- Vielhauer Fritz, Eppingen

H e i l H i t l e r !
Der K-Führer des Bannes 727

(W.Zimmermann)
Stammführer

Höflichkeitsformen fallen bei allen parteiamtlichen Schreiben fort!

Die Hitlerjugend wurde zur Heimatflak herangezogen. (GLA 377/18'795)

Heranziehung von Schülern zum Kriegshilfseinsatz der deutschen Jugend in der Luftwaffe

An
Herrn / ~~Frau/Fräulein~~ Albert Jann, Buchdrucker

in Sinsheim

(als Erziehungsberechtigten des nachstehend genannten Schülers)*)

Die deutsche Jugend der höheren und mittleren Schulen wird dazu aufgerufen, in einer ihren Kräften entsprechenden Weise bei der Luftverteidigung des Vaterlandes mitzuwirken, wie dies in anderen Ländern schon lange geschieht. Schüler bestimmter Klassen der genannten Schulen sollen als Luftwaffenhelfer für Hilfsdienste bei der Luftwaffe eingesetzt werden.

Hierfür wird der Schüler Peter Jann, geboren am 18.1.1928, der Kraichgau - Schule in Sinsheim auf Grund der Verordnung vom 7. Oktober 1938 (Reichsgesetzbl. I S. 1441) bis auf weiteres zum langfristigen Notdienst herangezogen und der Luftwaffe zur Dienstleistung zugewiesen.

Er hat sich am 10. Januar 1944 ~~XXX~~ um 1/2 9 Uhr in seiner Schule zu melden. Der Einsatz erfolgt vorläufig ~~am Schulort oder in dessen unmittelbarer Umgebung~~ / außerhalb des Schulorts **)

Die Schüler werden geschlossen der Einsatzstelle zugeführt.

Dieser Heranziehungsbescheid ist mitzubringen***).

Die umstehenden »Anordnungen« sind genau zu beachten.

Sinsheim, den 17. Dezember 1943.
(Ort)   (Datum)

Der Landrat

_____
(Unterschrift des Polizei-Präsidenten, Polizei-Direktors,
Oberbürgermeisters oder Landrats)

*) Bei Heimschülern, die im Heim wohnen, ist eine zweite Ausfertigung des Heranziehungsbescheids an den Leiter der Schule zu richten unter Streichung der eingeklammerten Zeile.
**) Nichtzutreffendes ist zu streichen. Als Einsatz außerhalb des Schulorts gilt jeder Einsatz, der außerhalb des Gemeindebezirkes des Schulortes bzw. weiter als eine Verkehrsstunde von der Schule entfernt erfolgt.
***) Bei Heimschülern ist auf der für den Erziehungsberechtigten bestimmten Ausfertigung des Heranziehungsbescheids diese Zeile zu streichen, da der Schulleiter diese Weisung für den Schüler erhält.

Der Heranziehungsbescheid geht an den Vater: Der künftige Luftwaffenhelfer und „Verteidiger des Vaterlandes" ist ja noch minderjährig. (Stadtmuseum Sinsheim)

Flakhelfer aus dem Kraichgau, sog. HJ-Flak, beim Waffenreinigen an einer 8,8-cm-Flugabwehrkanone, 1944. (Kiehnle/Jehle)

Auszeichnung bewährter Luftwaffenhelfer zum Führergeburtstag. (Bundesarchiv / Militärarchiv Freiburg i.Br. 78/50/2)

Ein 16jähriger Flakhelfer 1944; der Ausgehanzug ist eine Mischung aus Luftwaffen- und Hitlerjugend-Uniform. (Kiehnle/Jehle)

Frauen und Kinder

Alltag 1944/45 in der Dührener Mühle

Im Spätjahr 1944 wurde mein Mann (Jahrgang 1901) mit anderen älteren Bauern zum Volkssturm in die Vogesen eingezogen. Die Feldarbeit war uns Frauen überlassen. Noch im Dezember mußte mein Mann als Soldat in eine Fahrereinheit nach Büttelborn bei Darmstadt einrücken, da unsere Mühle schon zwei Jahre geschlossen und er auch nicht bei der Partei war. Mit meinem 76jährigen Schwiegervater war ich nun allein für den landwirtschaftlichen Betrieb verantwortlich. Leute waren genug in der Mühle, Verwandte aus Mannheim und Karlsruhe, die ausgebombt waren, aber lauter Frauen, die nicht viel helfen konnten.

Marie, unsere Russin, war bis jetzt willig und fleißig, und obwohl mir etwas bange war, dachte ich doch, die Abwesenheit meines Mannes würde sicher nur von kurzer Dauer sein. Denn daß es nicht mehr lange dauern konnte mit dem Krieg, sahen und hörten auch wir in unserer abgeschiedenen Mühle.

Da mein Mann seine Uhr vergessen hatte, fuhr ich im eiskalten Zug nach Büttelborn, jeden Augenblick gewärtig auf Tiefflieger und Bombenangriffe. Mein Mann war mehr erschrocken als erfreut, denn es war schwer, in dem von Soldaten überfüllten Ort Quartier zu bekommen. Bei der Rückfahrt mußte ich in Darmstadt wegen Luftalarm einige Stunden im Bunker sitzen. Ich war froh, als später ein Zug nach Heidelberg abfuhr, und so kam ich dann auch heil in Sinsheim an.

Unterdessen rückten die Amerikaner immer näher. Da sonst niemand da war, begann ich mit Marie, der Russin, die Frühjahrsbestellung auf den Feldern. Von meinem Mann hörten wir nichts mehr, und mein Schwiegervater wollte verzweifeln. Während wir Rüben heimfuhren vom Loch, kamen Tiefflieger. Wenn sie mit ihren Salven über uns hinwegbrausten, trieben wir die Kühe oft in einen Hohlweg. Im Förstel, dem Wald gegenüber der Mühle, hatten die Deutschen Minen gelegt. Vierzehn Tage vor Ostern, also vor dem Einzug der Amerikaner, warfen sie Bomben in den Wald, daß die Mühle erzitterte und sämtliche Fensterscheiben zerbrachen. Bei Tag war es unheimlich still, aber sobald die Nacht anbrach, war auf der Landstraße, die nur durch zwei Wiesen von unserem Anwesen getrennt lag, das wilde Heer los. Alle zurückflutenden Soldaten mit Pferden und Wagen und Autos schienen hier durchzugehen.

Acht Tage vor Ostern brachte mir der Polizeidiener vom Dorf einen jungen Polen mit den Worten: „Hier hast du Hilfe, daß du nicht mehr eggen mußt!" Im Augenblick war ich froh, aber es wäre besser gewesen, Stefan wäre nie in die Mühle gekommen. Er wiegelte unsere gute, anständige Marie auf, die drei Jahre bei uns war, und beide stellten sich gegen mich. In der Nacht kalbte eine Kuh, Stefan und Marie waren nicht zur Hilfe zu bewegen. So blieb das Kalb zu lange stecken und erstickte.

Inzwischen kamen der schwarze Karfreitag und Ostern. Abends vorher waren deutsche Offiziere in die Mühle gekommen. Mit ernster Miene verlangte der Hauptmann einen Karton und einen Bleistift. Sie wollten einen Gefechtsstand in unserer Mühle einrichten. Da trat ein Soldat in die Stube und meldete: „Panzer rollen auf Sinsheim vor." Da wandte sich der Offizier zu mir und sagte: „Wir müssen weiter. Das kann nur gut sein für Sie. Morgen sind die Amerikaner hier, vergeßt uns Deutsche nicht ganz."

In dieser Nacht hatte sich im Keller die ganze Einwohnerschaft der Mühle zusammengefunden: unsere Verwandten, mein Schwiegervater, ich mit meinem lieben dreijährigen Töchterchen, – in der anderen Ecke des Kellers Stefan und Marie. Gegen Morgen sahen wir durch das Kellerfenster den ersten amerikanischen Panzer vorsichtig drüben auf der Landstraße vorbeirollen, nachdem es die ganze Nacht geschossen hatte. Vom Panzer aus schossen sie herüber. Die Schüsse durchschlugen die Wände des Hauses und auch der Zimmer. Aber als von unserer Seite alles still blieb, fuhren sie weiter, ein Panzer nach dem anderen. Da wir dachten, die Gefahr sei jetzt vorüber, gingen wir in die Küche und ich machte Feuer. Da knallte es wieder rings um die Mühle. Sie hatten wohl den Rauch aus unserm Schornstein gesehen. Plötzlich rief einer: „Im Dorf brennt es!" Wir hätten gern gewußt, was los war. Seit die Amerikaner durchgezogen waren, herrschte eine unheimliche Stille. Man sah und hörte keinen einzigen Menschen. Wir warteten noch einen Tag. Da entdeckten der Pole und Marie, die sich nun vollkommen frei und als Sieger fühlten, einige hundert Meter von der Mühle auf der Landstraße ein zurückgelassenes deutsches Versorgungsauto. Sie schleppten nun herbei, was sie tragen konnten an Uniformen, Teppichen [Decken], Unterwäsche, Seife. Sogar eine Nähmaschine war in dem Auto. Wir Deutschen waren zu verängstigt, aber unserer Marie habe ich das alles gegönnt.

Hanna Dauth

Der Kraichgau vom 23.5.1944.

Der Kraichgau

„Mütter, ihr tragt das Vaterland!"
Feierstunde zum Muttertag in der Kreisstadt

Siehe, von allen Liedern nicht eines
Gilt dir, o Mutter! Dich zu preisen,
O glaubs, bin ich zu arm und zu reich.
Mörike.

Wenn wir im fünften Kriegsjahr an einem bestimmten Tag besonders unserer Mütter gedenken, so soll das eine Ehrung der deutschen Mutter sein, die gerade heute sich mehr denn je aktiv am Schicksalskampf des deutschen Volkes beteiligt. Wie reich ist der, der eine Mutter hat! Wieviel Liebe liegt in dem Wort: Mutter! Eine Dichterin sagte einmal: „Eine Mutter begeht nur das einzige Unrecht, zu sterben und dich zu verlassen". Solange sie lebt, gilt ihr Sorgen und Mühen nur ihren Kindern. Sie arbeitet, kämpft und leidet für sie. Erst, wenn die Mutter nicht mehr bei ihren Kindern ist, wissen sie, was sie für sie war. Vor der Mutter, der wir unser Sein verdanken, neigen wir uns in Ehrfurcht und schauen zu ihr, der großen Heldin, auf.

Durch das harte Kampfgeschehen an den Fronten beeindruckt, beging das deutsche Volk den Muttertag. In allen Ortsgruppen fanden schlichte Feierstunden statt. — Aus dem grauen Maitag traten wir in den festlich geschmückten Feierraum. Von rotem Grund grüßte die Lebensrune in den Saal. Wie der Baum seinen Aesten saft und Kraft zuströmen läßt, so scheut auch die Mutter nicht, alles zu geben, auf daß ihre Kinder wachsen und gedeihen.

Den Auftakt zur Feierstunde in der Kreisstadt bildete ein Musikstück, gespielt vom Bannorchester der HJ unter Leitung von Fräul. Weber - Heidelberg. Lieder und Gedichte zum Preis und Dank der Mutter gaben der Morgenfeier ein festliches Gepräge. Wie schon so oft, waren es der Chor der LBA Sinsheim mit seiner Leiterin, Mädelringführerin Vonhoff, und einige Mädel der LAB, die durch ihren guten Vortrag die Worte in die Herzen einschrieben und zum Gelingen der Feierstunde wesentlich beitrugen.

Die Ansprache von Ortsgruppenleiter Pg. Träubel stand im Mittelpunkt der Feier. Er sprach über den Sinn und die Bedeutung des Muttertages. Der Ortsgruppenleiter streifte kurz das unzertrennliche Verhältnis der Mutter zu ihren Kindern, die immer wieder, wenn sie in Not sind, zu ihr zurückkommen dürfen. Der Redner stellte die Aufgabe des Mannes, der das Leben der Seinen zu erhalten habe, dem Kampf der Frau und Mutter gegenüber. Die Mutter müsse dem Volke seine Kraft erhalten. Gerade im heutigen Ringen habe die deutsche Mutter schwer zu kämpfen. Schweigend erfülle sie ihre Pflicht, sie verzweifelt nicht, und wenn das unerbittliche Schicksal ihr Mann und Sohn raubt. Sie steht mit ihren Leistungen nicht hinter dem Manne. Sie ist tapfer und hart, mutig und treu. Das ganze deutsche Volk beugt sich an ihrem Ehrentag vor der deutschen Mutter, die des Volkes Ewigkeit trägt.

Mancher Soldat wird heute an seine Mutter denken, wie sie an ihn denkt. — Viele Mütter, die mit dem Ehrenkreuz ausgezeichnet sind, besuchten die Feierstunde im Stadtparksaal; und manche waren unter ihnen, die vielleicht schon eines ihrer geliebten Kinder hergeben mußten. Und doch sind sie tapfer und halten zu ihrem Führer und Volk. — Ein Musikstück ließ die sinnvolle und erhebende Feierstunde ausklingen.

G. N.

Tabakernte während des Krieges in Rohrbach bei Sinsheim.

„Sie sind eingeteilt zum Kriegseinsatz"

Die offizielle Frage, ob ich zur Jugendgruppe der Frauenschaft überwiesen werden wolle, beantwortete ich mit Nein. Einige Tage später legte man mir dazu ein Schriftstück zur Unterschrift vor. Da ich bei meiner Haltung bleiben wollte, unterschrieb ich. Dieses Schreiben lag überall vor, wo ich mich später um einen Arbeitsplatz bewarb.

Ich besuchte in Heidelberg die Handelsschule. Aufgrund des guten Abschlusses bot man mir in Heidelberg einen Arbeitsplatz an. Nichtsahnend lehnte ich ab, weil ich in Sinsheim eine Stelle wollte. Das war unmöglich. Wegen dieser Unterschrift konnte man für mich kein polizeiliches Führungszeugnis bekommen. Trotz totalem Kriegseinsatz bekam ich nirgends einen Arbeitsplatz. Ich mußte also mit aufdiktiertem Kriegseinsatz rechnen. Mein Vater durchschaute die Situation. Er mußte für die Landeslieferungsgenossenschaft Karlsruhe-Hagsfeld Militärarbeit machen. Er meldete mich pro forma als Mitarbeiterin an. Ich bekam eine schriftliche Bestätigung, daß ich zum totalen Kriegseinsatz nicht mehr frei sei.

Bei meiner Einbestellung zum Arbeitsamt Sinsheim zwecks Kriegseinsatz wurde folgendes Gespräch geführt:

„Sie sind vorgemerkt zum Kriegseinsatz."

Meine Antwort: „Reden Sie kein dummes Zeug."

Man machte mich aufmerksam, daß ich bei einer Behörde sei.

Meine Antwort: „Dann dürfen Sie nicht so dumm reden."

„Ihr Fall wurde dreifach überprüft, Sie können zu Hause abkommen."

Meine Antwort: „So lange mein Bruder zum Erschießen gut ist, lasse ich mir das nicht bieten. Aber vielleicht ist es für Sie interessant, wenn ich zu Hause eine wichtige Nachricht hole."

Nach Vorlegen meiner Karte war man erstaunt, daß man mich doch nicht einsetzen konnte. Meine große Freude, daß die braune Spitzelei mal nicht funktioniert hatte, konnte ich nicht verbergen. Meine Aufsässigkeit und vielleicht auch Frechheit, die ich bewußt an den Tag legte, brachten die Behörde soweit, daß man mich so schnell wie möglich los sein wollte. Ich wurde noch – nur zur Bestätigung – gefragt: „Sie sind doch in die Handelsschule gegangen?" Antwort: „Dessen erinnert man sich noch? Das finde ich aber sehr beachtlich."

So wurde ich nun in eine Klinik als Bürokraft überwiesen. Ich war glücklich, einen Arbeitsplatz zu haben. Aber das dicke Ende kam erst. Alle Schwestern waren Parteimitglieder und trugen das Parteiabzeichen. Ein einziges „Heil Hitler"-Gebrüll den ganzen Tag. Ich dachte nicht daran, mich anzupassen. Ich sagte stur zu mir selbst: Mir hat er kein Heil gebracht, und ich sage es nicht. Wiederholt wurde mir gesagt: „Der Deutsche grüßt mit 'Heil Hitler'". Ich sagte es trotzdem nicht. Der Gruß des Götz von Berlichingen drängte sich mir auf. Bald war bekannt, daß ich falsch singe. –

Für die kommende Weihnachtsfeier wurde ich von Frau Oberin gebeten, ein Gedicht vorzutragen – 'An den Führer' – sechs Strophen – welch eine Ironie! Ich lehnte ab mit der Bemerkung, daß ich eine Weihnachtsfeier in dieser Form nicht kenne. Man mußte es akzeptieren.

Ein anderes Beispiel: In unserer Klinik waren viele ausländische Patienten, darunter ein holländisches Ehepaar, d.h. der Mann war Patient, die Ehefrau arbeitete in der Zeit seines Klinikaufenthaltes als Zimmermädchen im Hause. Ein politischer Leiter (Goldfasan) lief selbst als Patient nur in Uniform herum. In seinem Zimmer hatte er ein großes Führerbild hängen. Dieses Zimmer lag im Arbeitsbereich von Frau Spierz, der Holländerin. Was den Mann veranlaßte, in Bezug auf Frau Spierz die Gestapo (Geheime Staatspolizei) zu aktivieren, entzieht sich meiner Kenntnis. Eines Tages kamen zwei Herren ins Büro, schlugen ihr Mantelrevers zurück: ein bestimmtes Abzeichen wies sie als Mitglieder der Gestapo aus. Sie wollten die Bürochefin sprechen. Nun hieß es für mich, die Ohren zu spitzen, denn von diesen Kerlen war nichts Gutes zu erwarten.

Die Holländerin sollte überwacht werden, bis man sie irgendwann beim Putzen des Zimmers dieses Spitzels reinlegen könne. Ich überlegte, was zu tun sei, um diese Frau vor Unheil zu bewahren. Es war für mich eine Gratwanderung. Man war vereidigt, also an die Schweigepflicht gebunden. Mußte ich meine Vereidigung auch bei solchen Verbrechern ernst nehmen? Mußte ich nicht in erster Linie einem Menschen helfen, der in Gefahr war? Nun mußte ich beobachten, mit wem diese Frau privat zusammenkam. Bald hatte ich ihre Freundin herausgefunden. Sie war im Nähzimmer der Klinik beschäftigt, eine sehr gläubige Frau. Da konnte man annehmen, daß sie nicht 'braun' war. Ich suchte ein Gespräch mit ihr und bat sie ganz eindringlich, Frau Spierz zu bitten, doch niemals zu reagieren, wenn dieser Patient oder auch andere Personen sie ausfragen oder unter irgendeinem Vorwand herausfordern sollten. Er hätte ja ganz einfach das Bild des Führers zum Anlaß eines Gesprächs nehmen können. Daß das Büropersonal eine gewisse Autorität genoß, war wohl der Grund, daß die Freundin mir keine Fragen stellte. Es tat sich Gott sei Dank nichts mehr; so hatte die Warnung wohl Schlimmeres verhütet.

Durch die unterschiedlichen politischen Auffassungen war das Arbeitsklima in der Klinik nicht gut. Dauernde Reibungen waren nicht zu vermeiden, denn ich konnte zu den fanatischen Äußerungen nicht schweigen. Ich wurde so beleidigt, daß ich mich entschloß, zu gehen. Ein Gespräch mit dem Chefarzt war erforderlich. Ich sagte ihm, daß ich hier nicht weiter arbeiten könne. Er war erstaunt und fragte nach den Ursachen. Ich erzählte ihm von den Schikanen und von den Gründen, weshalb ich nicht 'braun' war. Er bat mich zu bleiben. Schwester Frieda möge zu ihm kommen. Sie war über eine halbe Stunde beim Chef zum Gespräch und kam schließlich weinend aus dessen Zimmer. Seit diesem Zeitpunkt ging es soweit gut.

Toni Kugler (1995)

Gasthaus 'Zur Krone' in Rohrbach bei Sinsheim mit Einquartierung zum Kriegsende.

Kriegsjahre in Sinsheim aus der Sicht eines kleinen Jungen

Erster Luftangriff – Wir waren bei Königs in der Jahnstraße und spielten im Garten. Zwei Flugzeuge flogen eine Kurve über uns. Gleichzeitig fuhr der Zug in Richtung Heidelberg aus dem Bahnhof. Die beiden Flugzeuge flogen von beiden Seiten auf der geraden Strecke in Richtung Fohlenweide auf den Zug zu und schossen. Frau König holte uns ins Haus. Am nächsten Tag erfuhren wir, daß sich was Schlimmes zugetragen hat. Der Lokführer wurde getötet und der Zug fuhr führerlos durch den Hoffenheimer Bahnhof. Gute Bekannte meiner Eltern waren unter den Toten. Die Empörung, daß Zivilisten in einem Zug erschossen werden konnten, war groß. Später hatte dann jeder Zug am Ende einen Flak-Wagen. Bei jedem Zug, den ich sah, mußte ich nach dem Flak-Wagen schauen.

In der Schule – Der Lehrer lief oft während des Unterrichts in seinen Rohrstiefeln hin und her und schimpfte über Juden und Schwächlinge. Es war noch ein Halbjude in der Klasse. Weil er nie angesprochen wurde, tat er mir leid. Ich merkte, daß er sehr darunter litt. In der Pause stand er immer allein da. Wenn jemand mit ihm sprach, dann um ihn zu hänseln. Das war nach dem Krieg zunächst nicht anders.

Flugzeugabsturz – An einem schönen Sommernachmittag sah ich, wie ein Flugzeug abstürzte. Es erschien mir riesig groß. Es stürzte eigentlich nicht, sondern es trudelte langsam gegen die Erde. Ich kann mich erinnern, daß dann Motorräder und Autos in Richtung des Absturzes fuhren. Es muß südöstlich von Sinsheim gewesen sein.

Keller wird Wohnung – Unseren Gewölbekeller hatten wir als Schlafstelle eingerichtet. Zuletzt lebten wir fast nur noch im Keller. Die Betten waren unbequem und es war feucht. Für mich am Schlimmsten: es gab Spinnen.

Fliegeralarm – Dieses schaurige Geheule! So schnell wir konnten in den Keller! Wenn sich lange nichts tat, packte mich die Neugier und ich stahl mich hinaus bis zur Eingangstür. Weiter kam ich nicht, denn dort kam dann beides: die eigene Angst und meine Mutter.

Bombardierung Mannheims – Ich war bei der Oma in Heidelberg. Nachts Fliegeralarm. In den Keller, wo Bänke und Tische aufgebaut waren. Die Hausbewohner saßen sich gegenüber. Eine Stimmung zwischen Angst und Galgenhumor. Dies war eigentlich mein schlimmstes Kriegserlebnis. Man wußte, daß Mannheim bombardiert wurde. Es rummste ständig und die Erde bebte. Mein Magen verschloß sich, ich konnte die Suppe nicht verdauen. Zur Erheiterung der anderen sagte ich: Mein Bauch hat so eine Angst, daß die Suppe wackelt.

Unsere russischen Dienstmädchen – Als kinderreicher Familie wurde uns eine russische Haushaltshilfe zugeteilt. Eine kam aus dem Ruhrgebiet, wo es ihr schlecht ergangen war. Sie war unglaublich lieb zu uns. Unsere Mutter gab ihr an Kleidern, was sie ihr nur geben konnte. Es stellte sich dann heraus, daß sie im Ruhrgebiet geflohen war. Von der Behörde kam jemand und sagte meiner Mutter, daß sie wieder zurück muß. Meine Mutter kämpfte darum, daß sie bleiben konnte. Aber schließlich verlor sie. Es war ein tränenreiches Drama. Wir haben später oft darüber gesprochen. Eine andere Russin war blond und stabil. Ich sagte ihr manchmal: „Katja, wenn die Russen kommen, dann verstecke ich mich hinter Dir und schieß die Russen tot." Sie nahm es mit Humor. Nach dem Zusammenbruch sahen wir sie noch einige Male, sie war aber mehr mit ihren Vergnügungen beschäftigt und grüßte nur freundlich. Vermutlich hätte sie Schwierigkeiten mit den anderen Russen bekommen, wenn sie auf uns zugegangen wäre.

Das Lazarett – Die Volksschule in unmittelbarer Nähe wurde Lazarett. Meine Mutter freute sich über das Rote Kreuz, das auf's Dach gemalt wurde. Wir sahen oft, wie mit der Bahn Verwundetentransporte ankamen. Die Verbände noch blutig. Einmal wurden zwei abgeschossene Engländer untergebracht. Wir besuchten sie wie die deutschen Soldaten. Es war kein Unterschied in der Behandlung und auch keine Abtrennung festzustellen.

Der Bahnhof als Gefahr – Einmal kam ein Jabo-Angriff ganz überraschend. Unsere Mutter schnappte alle Kinder und warf uns in den Flur, sich selbst über uns. In den Keller konnten wir nicht mehr. Es gab mehrere Einschüsse mit Bordkanonen in verschiedenen Zimmern unseres Hauses. Am Tag vorher kreiste längere Zeit ein Aufklärungsflugzeug über dem Bahnhofsgelände. Da stand eine Lok unter dem vorstehenden Dach des Güterschuppens, eine oder zwei weitere waren in dem Lokschuppen bei der Drehscheibe gegenüber dem Kornhaus untergebracht. Ihre Kohlenwagen standen hinten heraus, weil sie nicht ganz in den Lokschuppen paßten. Genau dort, also am Güterschuppen und auf den Lokschuppen, wurden dann beim Angriff die Bomben abgeworfen.

Umzug in den Gewölbekeller – Die letzten Kriegstage verbrachten wir in einem großen Gewölbekeller in der Stiftsgasse. Es gab dort Tische und Bänke und auch Stühle. Geschlafen wurde überwiegend sitzend. Ich aß kaum noch was. Einer meiner Brüder hatte eine Mittelohrentzündung. Unsere Mutter mußte mit ihm – während Sinsheim beschossen wurde – einen Arzt aufsuchen. Eine kleine Schar junger Soldaten zog an dem großen Tor des Kellers vorbei. Sie zogen eine Kanone auf das Stift, um von dort Sinsheim zu verteidigen. Die Erwachsenen diskutierten leise über den Sinn dieser Maßnahme. Die jungen Soldaten beeilten sich, aber es herrschte eine Atmosphäre, wie z. B. heute bei einer THW-Übung.

Volker Teichert (1995)

Verwaltung, Kriegswirtschaft und Versorgung

Kriegsjahre in Rohrbach am Gießhübel

Ich darf vorausschicken, daß ich vom Juni 1941 (nach meiner Schulentlassung) bis zu meinem Ruhestand im Februar 1987 bei der Gemeindeverwaltung Rohrbach angestellt war. Ich habe so die Kriegszeit, also die Zeit der Lebensmittel- und Kleiderkarten, kurz die Rationierung aller Bedarfsgüter des täglichen Lebens, in allen Bereichen hautnah miterlebt. Jeder Soldat auf Urlaub ging zum Rathaus, um sich anzumelden und seine Lebensmittelkarten zu holen. Somit konnte ich als Leiterin der Kartenstelle jeden Soldaten mit Freude begrüßen. Das Abschiednehmen hingegen, die Rückkehr an die Front, war nicht erfreulich. Würde man diesen Mann je wiedersehen? Ich erinnere mich an so manchen Brief an die Gemeindeverwaltung mit der Nachricht vom Tode eines Soldaten. Es hieß da: 'Gefallen für Führer, Volk und Vaterland'. Diese Nachrichten und das Leid der betroffenen Familien gingen mir immer sehr zu Herzen.

Zu Beginn des Krieges waren polnische Landarbeiter nach Rohrbach gekommen, Ersatzarbeitskräfte für die zum Kriegsdienst einberufenen Männer. Sie waren in den landwirtschaftlichen Betrieben, in denen sie arbeiteten, auch untergebracht. Sie waren in sozialversicherungsrechtlicher Hinsicht deutschen Arbeitnehmern gleichgestellt (Für die eigenen Söhne und Töchter war dies nicht üblich). Deshalb zahlt die deutsche Rentenversicherung Renten und Rentenausgleichszahlungen an diese Personen bzw. an den polnischen Staat.

Nicht alle kehrten nach Kriegsende nach Polen zurück. Einige sind in Rohrbach und Umgebung mit deutschen Partnern verheiratet. Andere wanderten nach Amerika aus. Aufgrund ihres im allgemeinen guten Verhältnisses zur Rohrbacher Einwohnerschaft kam es bei Kriegsende nur vereinzelt zu unliebsamen Übergriffen. Diese wurden von einem französischen Offizier rasch unterbunden.

Diese Menschen, meist junge Männer und Frauen, waren nicht freiwillig nach Deutschland gekommen. Trotzdem mutet die Bezeichnung 'Zwangsarbeiter' mitunter eigentümlich an.

Bereits im Frühjahr 1942 wurde von der deutschen Luftwaffe im Gewann Forstwald der 'Eulenhorst' eingerichtet, eine Jägerleitstelle, die zunächst von Soldaten der Luftwaffe besetzt war. Für den technischen Dienst wurden diese später zeitweise durch Luftwaffennachrichtenhelferinnen ersetzt. Rohrbach war Garnison geworden. Dazu gehörte auch die gleichartige Einrichtung 'Krähenhorst' auf der Gemarkung Eppingen im Gewann Lohrbach.

Viele Familien aus bombengeschädigten Städten, insbesondere aus Karlsruhe und Mannheim, suchten und fanden Unterkunft bei Verwandten im Dorf. Auch Familien ohne verwandtschaftliche Bindungen waren einquartiert. Nach Kriegsende kehrten diese Familien bald in ihre Heimat zurück.

Mit dem Näherrücken der Westfront wurde von der Wehrmacht ein Altersheim aus dem Elsaß nach Rohrbach verlegt und im Schulhaus untergebracht. Nach Kriegsende erfolgte die Rückverlegung durch die französische Armee.

Emma Kuhmann (1995)

Der Landrat Sinsheim, den 4. September 1943.

Bürgermeisterversammlung.

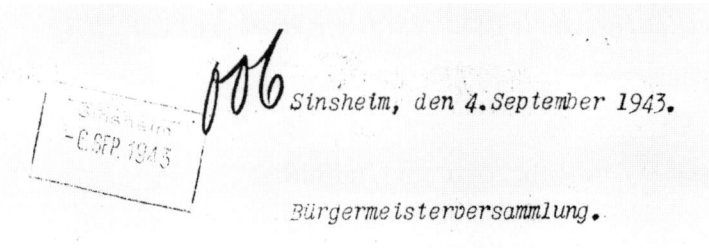

An die Herren Bürgermeister des Kreises.

Am Dienstag, den 14. September 1943, vormittags 9 Uhr findet im Saale der Reichskrone in Sinsheim eine Bürgermeisterversammlung statt, zu der auch die Ratschreiber zu erscheinen haben.

Ich lade hierzu die Herren Bürgermeister und Ratschreiber ein und erwarte vollzähliges und pünktliches Erscheinen.
Im Falle der Verhinderung des Bürgermeisters hat der gesetzliche Vertreter (Beigeordnete) an der Versammlung teilzunehmen.

Der Herr Minister des Innern wird im Verlauf der Versammlung zu den Bürgermeistern sprechen und sich diese vorstellen lassen.

Tagesordnung:

1. Unterbringung der Luftkriegsbetroffenen; Wohnraumlenkung und Reichsleistungsgesetz; Räumungsfamilienunterhalt.
2. Bestellung von Ersatzmännern für zum Wehrdienst eingezogene Gemeinderäte.
3. Ausbildung der örtlichen Luftschutzleiter in Luftschutzorten II. und III. Ordnung im Luftschutz.
4. Zusätzliche Aufbringung von Schlachtvieh.
5. Erlaß des Führers zur Ergänzung des Erlasses über die Ernennung der Beamten und die Beendigung des Beamtenverhältnisses vom 30.6.42 (RGBl. I S.153).
6. Ehrenkreuz der deutschen Mutter.
7. Dienst beim Wasserwirtschaftsamt Heidelberg.
8. Ausländische Arbeitskräfte (Russen u. Polen).
9. Beschleunigte Bearbeitung von Auskunftsersuchen des Reichsministers und Chefs der Reichskanzlei zu Hilfs- u. Unterstützungsgesuchen von Volksgenossen.
10. Nachteilige Beeinflussung der Volksstimmung durch Behördenangehörige.
11. Führung der Personenstandsbücher bei nachträglicher Eheschliessung.
12. Genehmigung zur Einrichtung oder Verlegung von Fernsprechanschlüssen für Gemeinden und Gemeindeverbände.

./.

Einladung des Sinsheimer Landrats an die Bürgermeister zur Information über Wohnraumbewirtschaftung, Luftschutz, Schlachtvieh usw. (Stadtarchiv Sinsheim)

DOPPEL

...ndrat des Kreises Sinsheim, den 1. Oktober 1942.
...insheim
(Kreisselbstverwaltung)

Kriegsbeitrag der Gemeinden für
das Rechnungsjahr 1942.

— 2 OKT. 1942

Mit Schreiben vom 7. Juli 1942 habe ich Ihnen den vorläufigen monatlichen Kriegsbeitrag für das Rechnungsjahr 1942 mitgeteilt. Nach der endgültigen Berechnung, wie sie mir der Herr Minister des Innern mitgeteilt hat, beträgt nunmehr der monatliche Kriegsbeitrag Ihrer Gemeinde:

4758.- RM; jährlich   57.096.- RM
Davon sind bis heute bezahlt 28.476.- RM
                Mithin Rest   28.620.- RM
Bis zum 5.d.Mts. sind insgesamt
6 Monatsraten fällig mit   28.548.- RM

Soweit die bisherigen Zahlungen unter diesem Betrag liegen, wollen Sie für pünktliche Überweisung des Unterschiedsbetrags an die Landkreiskasse Sorge tragen.

Ein Doppel dieses Schreibens liegt zur Verwendung bei der Gemeindekasse bei.

An den Herrn
Bürgermeister der Gemeinde

Rechnung über den Kriegskostenbeitrag der Gemeinde Sinsheim.

Die Postverhältnisse gegen Kriegsende

Mit fortschreitender Kriegsdauer waren in den Postverkehrseinrichtungen immer mehr Einschränkungen eingetreten. Der Bedarf an Omnibussen und Betriebskraftfahrzeugen für Kriegszwecke, für die Feldpost und für die Postversorgung in den eroberten Gebieten, der Mangel an Treibstoffen und Fahrzeugreifen führten schon seit Kriegsbeginn zur Einstellung von zur Personen- und Postbeförderung benutzten Kraftomnibuslinien [1,2]. Im Jahre 1944 wurden dann fast alle übrigen Kraftomnibuslinien der Reichspost eingestellt [3,4]. Mit Ablauf des 5. August 1944 waren die verbliebenen Kraftposten nicht mehr als öffentliche Verkehrsmittel anzusehen; sie dienten nur noch zur Beförderung der in kriegswichtigen Rüstungsbetrieben beschäftigten Arbeiterschaft. Nachdem schon 1942 die Versorgung der Landorte mit Landkraftposten weitgehend eingestellt worden war[5], beschränkte sich die Postbeförderung auf den kriegsbedingt ebenfalls eingeschränkten Eisenbahnverkehr, der abseits des Schienennetzes durch Botenposten zu Fuß oder mit dem Fahrrad sowie durch von der Reichspost verpflichtete Fuhrwerke, insbesondere Milchfuhrwerke, ergänzt wurde. Immer mehr Postfachkräfte wurden zur Wehrmacht eingezogen[6]. Die Postämter mußten mehr und mehr auf ungelernte Aushilfskräfte, oft dienstverpflichtete Frauen, zurückgreifen.

Aufgrund des Führererlasses über den totalen Kriegseinsatz vom 25. Juli 1944 schränkte Reichspostminister Ohnesorge am 14. August 1944 die Postdienstleistungen drastisch ein: Drucksachen, Geschäftspapiere, Warenproben, Mischsendungen, Päckchen, Postgüter und dringende Pakete wurden nicht mehr angenommen, die Annahme von Paketen wurde – ausgenommen der kriegsnotwendigste Verkehr – auf die Hälfte reduziert; die Briefzustellung wurde auf nur noch eine Werktagszustellung beschränkt, die Eilzustellung wurde ganz aufgehoben[7]. Doch auch diese Reduzierung konnte eine geordnete Betriebsorganisation nicht mehr sicherstellen. „Praktisch war aber seit dem Spätjahr 1944, als das Kampfgeschehen dem Bezirk der OPD Karlsruhe (Baden) immer näher rückte, von einer planmäßigen Dienstabwicklung keine Rede mehr. Die Postbeförderung wurde dauernd gehemmt, die Zerstörungen der Verkehrswege nahmen ständig zu, die Bombenschäden an den posteigenen Gebäuden wuchsen und von einer Wiederherstellung der Schäden, z.B. am Fernsprechnetz, konnte keine Rede mehr sein. ... Zahlreiche Arbeitskräfte wurden evakuiert, andere waren unter der Wucht der Ereignisse und der das Land überziehenden Kampfhandlungen versprengt. ... Die Ämter waren daher eines erheblichen Teils ihres Personals entblößt. ... Die Übersicht über Betrieb und Personal ging allmählich verloren und eine einheitliche Lenkung war nicht mehr möglich."[8]

Da die Postdienststellen „an ihren bisherigen Standorten nicht mehr arbeitsfähig waren, ging man dazu über, die wichtigsten Stellen auf das flache Land zu verlegen. Die Oberpostdirektion siedelte mit Teilen in das Bodenseegebiet über, die Telegraphenbauämter wurden in gewissem Umfang in den hinteren Odenwald verlegt, und die Postämter dezentralisierten ihren Betrieb durch Verlegung der nicht unbedingt an den Ort gebundenen Dienstzweige und Arbeitsplätze und versuchten, am Ausweichort weiterzuarbeiten."[9] So waren im April 1945 das Postamt Bruchsal nach Schabenhausen über Villingen (Schwarzw.), das Postamt Buchen (Odenw.) nach Stockach und die Bezirksnachsendestelle des Postamtes Heidelberg nach Oberuhldingen-Mühlhofen ausgewichen. „Die übrigen Ämter im feindbesetzten Teil des Bezirks, d.i.z.Z. das Gebiet nördlich der Linie Bühl (Baden) konnten bei dem überraschenden Feindeinbruch nicht mehr zurückgeführt werden."[10]

Ein letzter Versuch, wenigstens für kriegswichtige Kommunikation noch kalkulierbare Nachrichtenverkehrswege bereitzustellen, wurde noch im April 1945 unternommen: „Zur Beschleunigung der kriegswichtigen Briefpost werden im ganzen Reich Fernkurierposten mit Kraftfahrzeugen eingerichtet. Zunächst werden nur wenige Linien in Betrieb genommen. Die Ingangsetzung weiterer Linien hängt von der Menge des verfügbaren Treibstoffes ab."[11] Über diesen Kurierpostdienst durften Behörden, Dienststellen der NSDAP, deren Gliederungen und angeschlossene Verbände, Körperschaften des öffentlichen Rechts, Notare, Rechtsanwälte, Banken, Kreditinstitute, Versicherungsunternehmen und anerkannte Wirtschaftsbetriebe Briefe bis 500 g befördern. Die für Baden in Frage kommende Kurierpostlinie München–Nürnberg–Bamberg–Kronach–Saalfeld–Jena–Naumburg–Berlin konnte von berechtigten Teilnehmern aus Nordbaden wohl nicht mehr benutzt werden; denn Mitte April war dieses Gebiet schon 'feindbesetzt'.

Anmerkungen

(die sich im Manuskript auf ganz Nordbaden bezogen, wurden auf das in diesem Buch behandelte Gebiet verkürzt):

[1] Folgende Kraftomnibuslinien der Reichspost ... wurden vor 1944 stillgelegt:
Am 1.12.1939 die Linien Neulußheim–Speyer, Weinheim–Rippenweier, Rosenberg Oberwittstadt (Teilstrecke der Linie Buchen–Oberwittstadt) ...
am 17. 2.1941 die Linie Mudau–Buchen (Teilstrecke der Linie Eberbach–Strümpfelbrunn–Buchen);
am 20.10.1941 die Linie Rot–Malsch–St.Leon; ...
am 9. 3.1942 die Linie Mosbach–Buchen; ...
am 22.2.1943 die Linie Eberbach–Guttenbach–Schwanheim–Eberbach..

[2] Bericht der Postdirektion Karlsruhe, Abt. I, vom 15.2.1946, „Übersicht über die Entwicklung, den Aufbau und die nächsten Aufgaben des Postwesens im Reichspostdirektionsbezirk Karlsruhe (Baden)" in einem 1995 dem Generallandesarchiv übergebenen Aktenbestand.

[3] Die im Jahre 1944 eingestellten Linien: ...
am 7.7.1944 die Linien Neuhausen–Lehningen, Niefern–Öschelbronn, Merklingen–Weil der Stadt (Teilstrecke der Linie Pforzheim–Weil der Stadt), Pforzheim–Gräfenhausen, Eisingen–Stein (Teilstrecke der Linie Pforzheim–Stein) und Karlsruhe–Kirchfeldsiedlung;
am 1.8.1944 die Linie Pforzheim–Schömberg; ...
am 7.8.1944 die Linien Karlsruhe–Spöck, Karlsruhe–Eggenstein–Rußheim, Karlsruhe–Durlach (Teilstrecke der Linie Karlsruhe–Stupferich), Mingolsheim–Östringen, Sinsheim–Michelfeld, Sinsheim–Hilsbach, Sinsheim–Reichartshausen und Heidelberg–Gauangelloch; ...

[4] s. Anmerkung 2

[5] Einschränkungen der Landkraftpost des Postamtes Sinsheim: am 12.10.1941 Wegfall der 2. Werktagsfahrt; am 15.3.1942 Teilaufhebung; am 30.11.1942 Aufhebung (Karteikarte der Landkraftpost, Akten beim Postamt Mosbach) ...

[6] Nach dem Stand vom 30.9.1944 befanden sich im Land Baden von 12 121 männlichen Postfachkräften (Beamte, Angestellte, Arbeiter und Handwerker) 4 903 (= 40,5 %) bei der Wehrmacht (Bericht der OPD Karlsruhe zur Verfügung der Hauptverwaltung für das Post- und Fernmeldewesen des Vereinigten Wirtschaftsgebietes Frankfurt III F 8000-0 vom 26.11.1948 in einem 1995 dem Generallandesarchiv übergebenen Aktenbestand).

[7] Amtsblatt des Reichspostministeriums Nr. 77/1944, Berlin, 14. August 1044, Verfügung Nr. 258/1944: „Deutsche Reichspost und totaler Kriegseinsatz." Dazu Durchführungsbestimmungen für den OPD-Bezirk Karlsruhe in der Verfügung des Präsidenten der Reichspostdirektion – I B 6 2190-0 – vom 20.8.1944.

[8] Quelle wie Anm. 6

[9] wie Anm. 6

[10] Verfügung des Präsidenten der Reichspostdirektion Karlsruhe, 'z.Z. Radolfzell (Bodensee)', I A 2 vom 14.4.1945 an die Ämter des Bezirks.

[11] Verfügung des Präsidenten der RPD Karlsruhe, 'z.Z. Radolfzell (Bodensee)', – I a 6 2464-0 – vom 11.4.1945, „Einrichtung eines Kurierpostdienstes" an die Postämter des Bezirks.

Manfred Biedert (1995)

Nahrung ist Waffe!

Neben den Waffen des Soldaten sind unsere Nahrungsgüter mit eine entscheidende Waffe in dem großen Ringen um Lebensrecht und Lebensraum unseres Volkes.
Verwende sie sparsam und verhüte Verderb!

**Denk daran:
Nahrung ist Waffe!**

Nahrung ist Waffe.

Reichsfleischkarte.

Reichsbrotkarte.

Reichsmilchkarte.

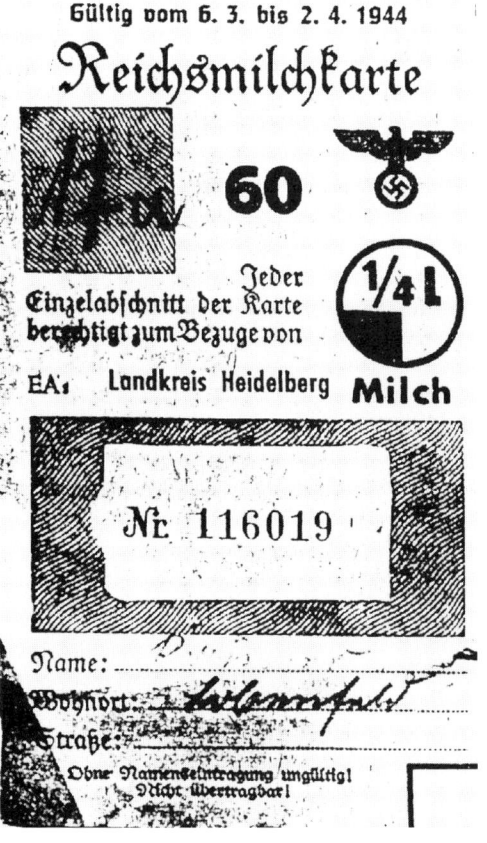

Abschrift.

**Milch-, Fett- u. Eierwirtschaftsverband
Nordbaden**

Karlsruhe, den 6. März 1946
Bo/Ge.

Rundschreiben Nr. 31/46

1. An die Herren Landräte Ernährungsämter Abt.B
zur Kenntnisnahme.

Betr.: Eierablieferung der Geflügelhalter.

Zufolge der neuen Anordnung des Landesernährungsamtes Nordbaden v. 4.3.1946 Gesch.Z.: II/680 wird die Mindestablieferung f die Zeit v. 1.10.45 - 13.10.46 wie folgt festgesetzt:

1.

Für jedes gehaltene Huhn mindestens   70 Eier
für jede gehaltene Ente mindestens   40 Eier

Die Ablieferung hat mit

16 Eier	in der Zeit vom	1.10.1945	-	31.3.46	)	
44 "	" " "	" " 1. 4.1946	-	30.6.46	)	je Huhn
10 "	" " "	" " 1. 7.1946	-	13.10.1946	)	
5 "	" " "	" " 1.10.1945	-	31.3.46	)	
30 "	" " "	" " 1. 4.1946	-	30.6.46	)	je Ente
5 "	" " "	" " 1. 7.1946	-	13.10.46	)	

zu erfolgen.

Bei der Festsetzung der ablieferungspflichtigen Hennen und Enten bleiben für jeden Haushaltangehörigen, welcher zum Betrieb des Geflügelhalters gehört, eine Ente oder ein Huhn frei. Die Legeleistung dieser freigestellten Tiere ist für den Eigenverbrauch der Selbstversorger bestimmt.

Zwerghühner, Perlhühner und Puten sind nicht ablieferungspflichtig. Die Halter von Zwerghühnern sind jedoch als Selbstversorger in der Weise zu betrachten, dass 2 Zwerghühner gleich einer Ente oder einem Huhn freizustellen sind. Bei gemischter Geflügelhaltung (Hühner-Enten- und Zwerghühner usw.) sind für die Selbstversorger zuerst solche Tiere freizustellen, die zur Eierablieferung nicht pflichtig sind. Nach diesem sind Enten und dann erst Hühner in Anrechnung zu bringen.

Eier der Ablieferungs- und nichtablieferungspflichtigen Geflügelarten, die von dem Geflügelhalter und dessen Haushaltangehörigen zum eigenen Verbrauch nicht benötigt werden, dürfen an andere Verbraucher nur gegen gültige Verbraucher-Ausweise abge werden.

Für Zuchtbetriebe gelten die vorgenannten Teilablieferungstermine nicht. Diese Betriebe erhalten Sonderanweisung.

Die Ablieferung kann erfolgen:

1.) an zugelassene Kennzeichnungsstellen, deren Sammelstelle oder Sammler gegen Eintragung der abgegebenen Eiermengen in den Ablieferungsnachweis,

2.) an Nichtselbstversorger, jedoch nur innerhalb der politischen Gemeinden gegen Abtrennung der betr. Anmelde- und Nummernabschnitte entsprechend der Aufrufe,

3.) gegen Bruteierbezugscheine für die darauf angegebene Menge,

4.) an Kranke gegen Krankenzusatzmarken.

./.

Eierbewirtschaftung.

Ein Markenkatalog für Gaststätten
Welche Fettmarken dürfen verlangt werden?

Die Markenanforderungen in den Gaststätten haben häufig zu Mißstimmigkeiten zwischen Gastwirten und Gästen geführt. Zum Teil liegt das an den Ansprüchen der Gäste, die vom Gastwirt Zauberei verlangen und sich nicht daran gewöhnen wollen, daß sie auch in der Gaststätte für ihre Marken nicht mehr verlangen können, als die tüchtige Hausfrau dafür bieten kann. Auch der Gastwirt bekommt für die Marken wie die Hausfrau nur das, was ihm zusteht. Andererseits muß zugegeben werden, daß in den Markenanforderungen manchmal erhebliche Unterschiede auftraten.

Mit einer neuen Anweisung des Leiters der Wirtschaftsgruppe Gaststättengewerbe, die am 25. Mai in Kraft tritt, wird ein **Markenkatalog** aufgestellt, der auf genauen Berechnungen sachverständiger Kreise beruht. Bis auf das letzte Gramm können auch hier keine verbindlichen Vorschriften gegeben werden, da die Verhältnisse in den Gaststätten verschieden sind und ein kleiner Spielraum notwendig ist. Im übrigen aber ist die Anordnung **verbindlich** und jede Ueberschreitung der Richtlinien **strafbar**.

Nach dem Katalog dürfen für Fleischspeisen, gekocht oder geschmort, für 50 g nur 5 g Fett gefordert werden, für 100 g 10 g Fett. Für 100 g gebratenes Fleisch darf die Fettmarkenforderung 10 bis 15 g betragen. Magerer Schweinebraten darf unabhängig von der Portionsgröße nur 5 erfordern, fetter Schweinebraten überhaupt keine. Für paniertes Steak sind 15 bis 20 g, für Schnitzel 10 bis 20 g, für Kotelett und Roastbeef 10 bis 15 g Fett vorgesehen, für Fleischragout, Gulasch, deutsches Beefsteak und Bratklops 10 g. Gebratene Fischfilets stehen in dem Katalog mit 15 bis 20 g Fett, Bratfisch mit 15 bis 20 g, gekochter Fisch mit 5 bis 10 g, Eierspeisen mit 15 bis 20 g. Für Gemüsegerichte und Eintopfgerichte mit und ohne Fleisch dürfen 5 bis 10 g gefordert werden, für Gemüse- oder Teigwarenbeilagen 5 g, für Brot-, Mehl- und Nährmittelgerichte 5 bis 10 g, Bratkartoffeln als selbständiges Gericht erfordern 10 bis 15 g, Wild 10 g Fettmarken. Gänse- und Entenbraten sind fettmarkenfrei. Ein gestrichenes und belegtes Brot wird mit 5 bis 10 g berechnet, das Gedeck mit zu 15 g und in Ausnahmefälle 20 g Fettmarken.

Der Katalog klärt dann noch weitere Markenabgaben, so dürfen für Suppen, Tunken und Gemüsegerichte Brotmarken nicht gefordert werden, für einen Teller Vollkornschrotsuppe jedoch 50 g. Werden Klopse und ähnliche Speisen unter Verwendung von Brot oder Mehl zubereitet, so dürfen 50 g Brotmarken gefordert werden, zur Herstellung von Klößen und anderen Gerichten ausschließlich auf Brot- oder oder Mehlbasis bis zu 100 g Brotmarken. Für das Panieren von Fleisch, Fisch usw. dürfen höchstens 20 g Brotmarken gefordert werden. Für einen Teller nährmittelhaltige Suppe dürfen Nährmittelmarken nicht verlangt werden. Ein nährmittelhaltiger Suppentopf mit etwa drei Tellern Inhalt ist gegen 25 g Nährmittel zu verabfolgen. Für eine nährmittelhaltige Nachspeise können ebenfalls 25 g verlangt werden, wenn die Portionen diese Forderung rechtfertigen. Im Rahmen des Gedecks können für einen Teller nährmittelhaltige Suppe und eine Portion Nachspeise zusammen 25 g Nährmittel gefordert werden. Für Tunken und Gemüsegerichte ist die Forderung von Nährmittelmarken nicht zulässig.

An Käsemarken dürfen grundsätzlich nicht mehr als 30 g gefordert werden. Die Portionen sind entsprechend zu gestalten, wobei darauf zu achten ist, daß Quark und Sauermilchkäse in entsprechend erhöhter Menge abgegeben wird.

Markenkatalog für Gaststätten.   *unten: Ausnahme-Raucherkarte.*

Sinsheim, Sonntag, 4. Juni 1944

KREISSTADT SINSHEIM

Die Ausnahme-Raucherkarte für Frauen von Wehrmachtangehörigen

Als besondere Vergünstigung für Frontkämpfer besteht die Regelung, daß auch weibliche Personen unter 25 Jahren und über 55 Jahre, die sonst Raucherkarten nicht erhalten, auf Antrag die Raucherkarte bekommen können, wenn sie nachweisen, daß ihr Ehemann oder mindestens ein unverheirateter Sohn einer Wehrmachteinheit mit Feldpostnummer angehört, bzw., wenn die Einheit eine Feldpostnummer nicht führt, kriegsmäßig eingesetzt ist. Da nun bei den Kartenstellen zu dieser Regelung immer wieder unbegründete Anträge, gestützt auf Verkennung der einschlägigen Bestimmungen, vorgelegt werden, gibt das OKW jetzt eine **Klarstellung** bekannt.

Es gelten danach als „kriegsmäßig eingesetzt" nicht alle Wehrmachteinheiten schlechthin, sondern nur solche, die im Heimatkriegsgebiet **kämpferische** Aufgaben zu erfüllen haben, z. B. Flakeinheiten der Luftwaffe und der Kriegsmarine. Ersatzeinheiten fallen nicht darunter. Der Reichswirtschaftsminister hat die Dienststellen angewiesen, bei der Ausgabe der Raucherkarten nicht kleinlich zu verfahren und auch in den Fällen auszugeben, in denen Wehrmachtangehörige infolge Verwundung oder Erkrankung aus der kämpfenden Truppe vorübergehend ausgeschieden sind und die Versagung der Raucherkarte eine unbillige Härte bedeuten würde. Verwundeten oder erkrankten Wehrmachtangehörigen jedoch, die zu einer Einheit des Ersatzheeres ohne kämpferische Aufgaben versetzt sind und mit einem Einsatz bei einer Feldeinheit nicht mehr rechnen können, können keine Bescheinigung zur Erlangung von Raucherkarten für ihre Frauen und Mütter ausgestellt werden.

Sinsheim, Dienstag, 23. Mai 1944

KREISSTADT SINSHEIM

Erzeugungs- und Ablieferungschlacht

Die Ausweitung des Kartoffelanbaues muß unter allen Umständen erreicht werden. Da Pflanzkartoffeln knapp sind, werden alle Bauern aufgefordert, Pflanzgut, das sie eingespart haben, an ihre nicht so gut versorgten Nachbarn oder den Händler weiterzugeben, der zweifellos noch Bedarf hat.

*

Es ist notwendig, schon jetzt an die **Sicherstellung der Winterversorgung mit Gemüse** zu denken. Dazu ist eine ausreichende Anpflanzung von Spätkohl einschl. Rosenkohl, Winterkohlrabi und Grünkohl notwendig. Besonderes Augenmerk ist der lückenlosen Bebauung aller Flächen durch Zwischen- und Nachkulturen zu widmen.

*

Zur **Erhöhung der Arbeitsfreudigkeit**, der Arbeitswilligkeit und damit der Arbeitsleistung der einheimischen Gefolgschaft sollen die Gefolgschaftsmitglieder an den Zucker-, Oel-, Flachs- und Wollprämien beteiligt werden.

*

Kaninfelle und Angorawolle sind **kriegswichtig**. Angorawolle wird für die Luftwaffe, Kaninfelle werden für die Versorgung des Ostheeres gebraucht. Sie müssen deshalb **restlos** abgeliefert werden. Selbst- oder Lohnverspinnung von Angorawolle ist verboten.

Alles ist Schlacht: Erzeugung, Ablieferung, Sparen, Sammeln, persönlicher Einsatz – und überall ist Front.

Sinsheim, Dienstag, 9. Mai 1944

KREISSTADT SINSHEIM

Das Kartoffelwirtschaftsjahr 1943/44

Auf der Reichstagung der Deutschen Stärke-Industrie in Posen nahm der Vorsitzende der Hauptvereinigung der deutschen Kartoffelwirtschaft, Bauer Kurt Hecht, Gelegenheit zu einem umfassenden Vortrag über das Kartoffelwirtschaftsjahr 1943/44. Er wies darauf hin, daß die geringere Kartoffelernte, besonders im Südosten und Osten, Schwierigkeiten mit sich brachte. Die Führung der Kartoffelwirtschaft sah sich daher zu Maßnahmen veranlaßt, die sowohl für Erzeuger und Verbraucher, als auch für die Kartoffelverarbeitungsbetriebe einschneidend waren. Die Landwirtschaft habe in laufenden Wirtschaftsjahr Leistungen vollbracht, die kaum jemals überboten werden können. Beispielsweise waren die übergebietlichen Speisekartoffel-Lieferungen 1943/44 ebenso groß wie in dem gleichen Zeitraum 1942/43. Bauer Hecht betonte, daß 73 vH. aller Versorgungsberechtigten mit Wintervorräten versorgt werden konnten. Von den verbleibenden 27 vH., die auf den laufenden Bezug angewiesen sind, konnten 82 vH. infolge fehlender Einkellerungsmöglichkeiten nicht mit Winterkartoffeln bevorratet werden. Zu der Pflanzkartoffelversorgung stellte er fest, daß trotz des geringeren Anfalls an Pflanzkartoffeln später Sorten die vom Reichsbauernführer geforderte Anbaufläche, vor allem im Westen und Südwesten des Reiches, unter allen Umständen erreicht werden müsse. Die angekündigten Lenkungsmaßnahmen für Pflanzkartoffeln sind inzwischen in Kraft getreten. Von größter Bedeutung war es für die Verarbeitungsindustrie, daß der Absatz zentral durch die Stärkeverkaufsgemeinschaft gelenkt wurde. Die kommende Kampagne soll wieder eine normale Verarbeitung bringen. Die richtige Lage der Einzugsgebiete spielt dabei im kommenden Herbst eine ganz bedeutende Rolle. Bei den Arbeiten für die Einzugsgebiete sollen die Betriebe beteiligt werden.

In allen Bereichen, wie hier bei der Kartoffelerzeugung, totale Bewirtschaftung – und trotzdem überall Lücken.

(Rückseite:)

Halt' Dir den Spiegel vor's Gesicht: Bist Du's oder bist Du's nicht?

Der lauerte überall... Kohlenklau, Symbol für Verschwendung.

„Pfundig verkohlt" sich selbst!

„Was hältst Du davon, Karl, wir müssen uns die Kohlen selber holen!"
„Was? Da gehe ich gleich mal hin! Wird wohl nur halb so schlimm sein."

„Sehen Sie, Herr Pfundig, mein Lieferwagen ist an der Front; ist er da nicht wichtiger?"

„Vater, das ist Sache!"
„Was sage ich immer — — alles halb so schlimm!"

Pfundigs.

Wer dies erfährt, wird seine Kohlen,
Wenn's not tut, künftig selber holen.

Unsere Armee braucht unzählige Wagen und Autos für Transport- und Versorgungszwecke. Alles dient dazu, Erleichterungen bei den Strapazen des Feldzuges zu schaffen.

Wer wird nicht auch auf manche Annehmlichkeit verzichten, wenn er daran denkt, welche Opfer der Soldat an der Front für uns bringt!

Kämpfende Kohle 1

Panzer
Wieviel Kohle ist nötig, um die undurchdringlichen Stahlplatten unserer Panzer und ihre mächtige Bewaffnung herzustellen! Zum Schmieden der Raupenketten braucht man Kohlenglut, und die starken Motoren werden mit Benzin und Benzol, also Kohleprodukten, getrieben.

Kämpfende Kohle.

```
              S c h u l a l t s t o f f s a m m l u n g
              ===============================================
                    1.Jahresdrittel 1944
                    -.-.-.-.-.-.-.-.-.-.-.-
                   Lumpen    Knochen    Papier    Schrott    Metalle
Gesammelt wurden: ----------------------------------------------------
     Klasse 1 :   217,5      70,5        77       353         2 Gummi
     Klasse 2 :   185,5      45         509       388        11 Kupfer
     Klasse 3 :   246        40,5       353       722,5       3 Zink  22,5 Gummi
     Klasse 4 :    83         --         95       276,5       1 Gummi
     Klasse 5 :    18         --         22        64         1 Messing
                  -------------------------------------------------
                  750.-      156.-     1056.-    1804.-      15.-25,5 Gummi
                                                             50 Hasenfelle
                                                              2 Leder
```

Gesamtpunktzahl: 8 269.-

Durchschnittspunktzahl je Schüler: 62,56

Die drei besten Sammler sind :

     1.Habermann Albert aus Klasse 3 mit 475 P.

     2.Steidle Hellmut aus Klasse 3 mit 475 P.

     3.Greiner Rolf   aus Klasse 2 mit 391 P.

Nicht gesammelt haben:

Klasse 1: Dörner, Fundis Herbert, Krüger Hellmut, Müller Günter, Nagel Roland, Zaiß Horst, Deuscher Waltraut, Ebs Erika, Gebhard Gisela, Hering Ute, Weißer Ingeborg, Zorn Irene.
     /=24%/

Klasse 2: Herbel Rudi, Kissel Ottmar, Ochs Bruno, Pfäffle Heinz, Zaiß Arnold, Förster Ruth, Häffner Marianne.
     /=19%/

Klasse 3: Guggolz Walter, Maier Egon, Wein Erich, Orth Elisabeth, Willemann Edeltrut.   /=10%/

Klasse 4: Ebert, Eisele, Lieb Rudi, Rau, Schilling, Müller Inge.
     /=24%/

Klasse 5: Lampert, Maier, Müller, Gebhard Inge.
     /=33%/

Die Altmaterialsammlung darf auch im 2.Jahresdrittel 1944 (Mai-August) nicht vernachlässigt werden. Die Durchschnittspunktzahl ist dem letzten Jahresdrittel 1943 gegenüber von 30,7 auf 62,56 erhöht worden. Auch diese Leistung kann und muß bis August überboten werden.

Auch die Schulen waren eng in die Kriegswirtschaft eingebunden, wie hier bei der Altstoffsammlung in Eppingen.

Die Urkunde zur Metallspende des deutschen Volkes zum Geburtstag des Führers im Kriegsjahr 1940, die jedem für seine Spende ausgehändigt wird. — Weltbild (M).

Metallspende des deutschen Volkes zum Geburtstag des Führers im Kriegsjahr 1940

Im Namen des Führers danke ich für die opferbereite Beteiligung an dieser Spende.

Hermann Göring
Generalfeldmarschall

Die Metallaktion begonnen!

Die schönste Geburtstagsgabe für den Führer.

Generalfeldmarschall Hermann Göring hat das deutsche Volk zur Metallspende aufgerufen, die alle entbehrlichen Gegenstände aus Kupfer, Messing, Bronze, Blei, Zinn, Nickel und Neusilber (Neusilber-Alpacca), nicht jedoch Gold, Silber, Eisen, Zink, die Leichtmetalle, Aluminium und Magnesium in einer vom 26. März bis 6. April laufenden Sammelaktion erfassen soll.

Diese freiwillige Metallspende, die das sinnvolle Geburtstagsgeschenk des deutschen Volkes für den Führer am 20. April dieses Jahres werden soll, gehört zu der im Kriege besonders wichtigen Vorsorge. Trotz umfassender Vorratswirtschaft mit Metallen müssen wir im Kriege darauf bedacht sein, alle Möglichkeiten, die nationale Reserve an Metallen zu stärken, auszuschöpfen, um damit auch den allerhöchsten Anforderungen gewachsen zu sein. Diese Metallreserve kann garnicht groß genug sein! Die Metallspende ist daher eine unmittelbare Antwort, die das deutsche Volk auf die heimtückischen Angriffe unserer Feinde erteilt, die uns mit ihren Blockadeversuchen glauben beeindrucken zu können. Solchen Versuchen setzen wir die geeinte Kraft des Volkes gegenüber und führen der Reichsverteidigung alles Entbehrliche an Metallen zu: Die Front kämpft und siegt, die Heimat arbeitet und opfert!

Wie viele Metalle liegen in Millionen Haushalten und Betrieben ohne praktische Zweckbestimmung nutzlos herum.

Da gibt es Dosen und Schalen, Vasen und Kannen, Tabletts und Untersätze, Küchen- und Raucherräte, Becher und Krüge, Teller und Schüsseln, Figuren und Plaketten, Ständer, Halter und Leisten und viele andere Dinge mehr, die irgendwo vielleicht verstauben und keinerlei Nutzen mehr stiften. Wie können sie aber durch die Hand des Arbeiters zu kriegswichtigem Zweck für das gesamte Volk nutzbar gemacht werden! Es sollen jedoch nur Gegenstände, die entbehrlich sind, den Sammelstellen abgegeben werden. Gegenstände des täglichen Bedarfs, die ersetzt werden müßten, werden nicht erfaßt, ebenso auch nicht wertvolle Kunstgegenstände, deren Metallwert in keinem Verhältnis zum Kunstwert steht. Jeder bestimmt dabei selbst, was für ihn entbehrlich ist — er denkt aber auch daran, daß die Metallspende eine Aktion ist, die als freiwilliges Opfer gewertet sein will. Die Durchführung der Sammelaktion liegt in den Händen der Ortsgruppen der NSDAP. Diese geben nähere Auskunft über die Sammelstellen und vermitteln auch in Fällen, wo das Heranbringen der Metalle Schwierigkeiten bereitet, hierfür die nötige Hilfe.

Beherzige jeder nochmals die Worte, die Generalfeldmarschall Göring bei seinem Aufruf zur Metallspende an das deutsche Volk richtete: „Wir wollen dem Führer durch die Tat danken für alles, was er Volk und Reich gegeben hat. Die Spende ist die schönste Geburtstagsgabe für den Führer. Gebe jeder Volksgenosse hierzu freudig seinen Beitrag. Er hilft damit dem Führer in seinem Kampf um Deutschlands Freiheit."

Metallsammlung.

```
1. An -         An die
                Reichsstelle für Metalle,
                Hauptabteilung M.
                
                Berlin W 35
                Standartenstr. 3

       Die Büste Grossh. Friedrich I. und die Gedenktafeln am
       
       Grossherzog Friedrich und Kriegerdenkmal von 1870/71
       
       sind abgenommen und im Rathause in Eppingen zur Abholung
       
       aufbewahrt. Büste und Tafeln bestehen aus Bronze und
       
       wiegen 110 und 102 = 212 kg.
       
       Das Denkmal wurde im Jahre 1914 errichtet. Entwurf und
       
       Modell fertigte Bildhauer Föry + aus Karlsruhe, den
       
       Guss fertigte die Bronzegiesserei "Keim" in München.
                                           J.V.
                                           Fritz
                                                I.Beigeordneter
2.- An den
     Herrn Landrat in Sinsheim, zur Kenntnis.
```

Ablieferung der Denkmäler.

Meldebogen zur Erfassung der Bronzeglocken, die später eingeschmolzen werden sollten.

Glockenabnahme in Schwaigern.

Betr.: Zweite Reifensammlung.

Gemäß der 2. Anordnung des Herrn Reichskommissars für die Preisbildung vom 19. November 1940 zur Regelung der Entschädigung für abgelieferte Fahrzeug-Kautschuk-Bereifungen sind zu zahlen:

1. Für **fabrikneue, nicht montierte Reifen**   Listenpreis vom 1. September 1938 abzüglich 10%.
2. für **montierte, nicht gefahrene Decken** und **Schläuche** mit einem Gebrauchswert von mindestens 90% die unter 1. genannten Preise (also Listenpreis ./. 10%) **abzüglich 10%**.
3. für **runderneuerte, unbenutzte Decken** die in der Anordnung über Höchstpreise für die Runderneuerung von Kraftfahrzeugdecken vom 5. August 1939 festgesetzten Höchstpreise.
4. für **nicht mehr vollwertige Decken (einschliesslich der runderneuerten gebrauchten)** mit einem Gebrauchswert von mindestens
   - **75%** die unter 1. genannten Preise (also Listenpreis ./. 10%) **abzüglich 25%**
   - **50%** die unter 1. genannten Preise (also Listenpreis ./. 10%) **abzüglich 60%**
   - **35%** (Listenpreis ./. 90%) = **10%**
5. für **nicht mehr vollwertige Schläuche** mit einem Gebrauchswert von mindestens
   50% die unter 1. genannten Preise (also Listenpreis ./. 10%) **abzüglich 60%**
6. für **nicht mehr vollwertige Wulst- und Felgenbänder** die unter 1. genannten Preise (also Listenpreis ./. 10%) **abzüglich 60%**
7. für **Altgummi** 50% der in der Anordnung 54 der Reichsstelle für Kautschuk vom 15. April 1940 festgesetzten Höchstpreise, das sind
   - für Decken   RM 2.75 je %/o kg
   - für Schläuche rot   RM 11.50 je %/o kg
   - für Schläuche schwarz RM 8.— je %/o kg
   - für Bänder   RM 2.50 je %/o kg

Entschädigungsbeträge unter RM 1.— werden nicht ausgezahlt.

Laut Runderlaß der Reichsstelle für Kautschuk und Asbest vom 10. Oktober 1940 ist die Schätzung endgültig.

K-0171

Gummireifensammlung.

Sammlung von Generatorholz.

Robert Reinig
Sägewerk, Oelmühle und Holzhandlung
Sinsheim (Elsenz)
Bankkonten: Bezirkssparkasse Sinsheim, Volksbank Sinsheim / Postscheck-Konto: Karlsruhe Nr. 765 72
Fernruf Nr. 279 / R B Nr. 0/0711/5001

Sinsheim, den 23. November 1944

An den
Herrn Bürgermeister
der S t a d t
S i n s h e i m a. Els.

Betrifft: Abfuhr von Generatorholz

Der Reichsbevollmächtigte für die Holzbringung beim Reichsforstmeister in Berlin W 8 hat durch Rundschreiben vom 18.10.44 angeordnet, dass, um die Belieferung des Tankholzes sicherzustelle das Generatorholz bevorzugt abzuführen ist. Durch die schlechten, Beifuhr von Generatorholz einzelner Gemeinden bin ich gezwungen, meine Tankholzaufbereitungsmaschinen in den nächsten Tagen stillzulegen, dadurch kann ich meine Verpflichtungen der Wehrmacht und der Firma Heinr. Lanz A.G. in Mannheim gegenüber nicht mehr erfüllen.
   Jch bitte Sie nochmals dringendst sofort alles daran zu setzen, dass das Holz auf die Fahrstrasse geschafft wird. Bis spätestens 30. November 1944 wollen Sie mir melden, was Sie unternommen haben und welche Bauern und Landwirte sich geweigert haben das ihnen zugewiesene Generatorholz herauszuschaffen, damit ich diese Leute weitermelden kann. Durch das Hinausziehen der Beifuhr des Generatorholzes ist im Bereich Sinsheim eine äusserst schwierige Lage entstanden, deren Verantwortung ich nicht mehr weiter übernehmen kann. Das Tankholz wird dringend von der Wehrmacht und Rüstungsbetrieb gebraucht. Jch bin deshalb gezwungen spätestens am 30.11.44 an den Reichsbevollmächtigten für die Holzbringung in Berlin Bericht zu erstatten.

Heil Hitler!
Robert Reinig

Werkzeug-Ablieferung.

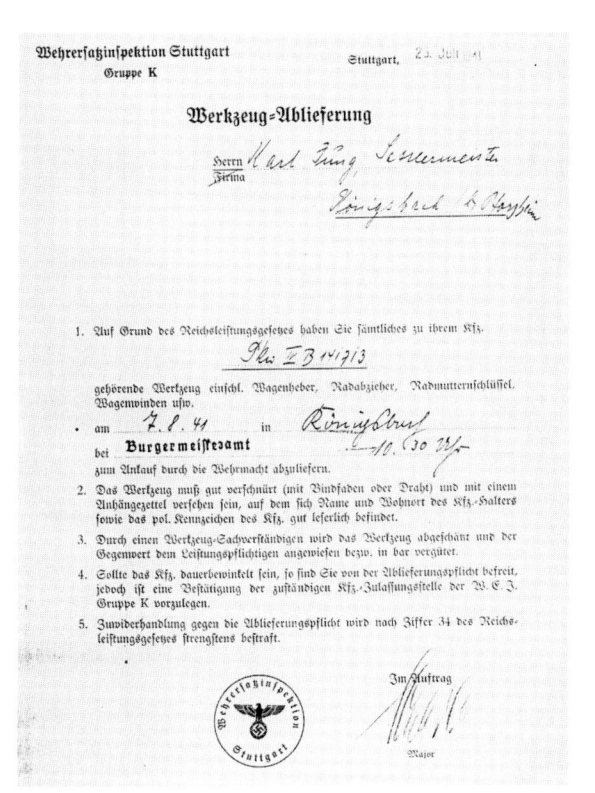

Schließungsbescheid für den 'Badischen Hof' in Grombach bei Sinsheim – ein Beispiel für die totale Bewirtschaftung

Der totale Krieg erfordert den Einsatz aller in der Nation verfügbaren Kräfte für ein Ziel, die schnellmöglichste Erringung des Endsieges. Um arbeitsfähige Männer und Frauen für dieses Ziel einsetzen zu können, müssen alle irgendwie entbehrlichen Betriebe geschlossen werden. Dies bedeutet im Einzelfalle ein schweres Opfer, das der Betroffene der Allgemeinheit bringt.

Nach gemeinsamer Prüfung durch die Stellen des Staates, der Partei und der Organisation der gewerblichen Wirtschaft verfüge ich auf Grund der Verordnung zur Freimachung von Arbeitskräften für den kriegswichtigen Einsatz vom 29. Januar 1943 (RGBl. I Seite 75) und der dazu ergangenen Erlasse des Herrn Reichwirtschaftsministers über den umfassenden Einsatz der arbeitsfähigen Männer und Frauen für Aufgaben der Reichsverteidigung unter Hinweis auf die Strafvorschrift in § 2 der oben angeführten Verordnung die Schließung I h r e s B e t r i e b e s mit Ablauf des 2 7. M ä r z 1 9 4 3.

Die Berechtigung zur Führung Ihres Unternehmens bleibt Ihnen erhalten.

Innerhalb von 3 Tagen nach Eingang dieses Schreibens haben Sie dem für Sie zuständigen Arbeitsamt die in Ihrem Betrieb tätigen Arbeitskräfte (Inhaber und mitarbeitende Familienangehörige sind mit anzugeben) unter Angabe von Name, Geburtstag, Beruf und Stellung im Betrieb mitzuteilen. Bei Teilstillegung ist in gleicher Weise dem Arbeitsamt eine Liste der freigesetzten Arbeitskräfte mit den gleichen Angaben einzureichen; eine Umsetzung der in dem stillgelegten Teil des Betriebes freigesetzten Arbeitskräfte in den übrigen Betrieb darf ohne Zustimmung des Arbeitsamtes nicht erfolgen.

Die Beendigung des Arbeitsverhältnisses richtet sich nach der Verordnung über die Stillegung von Betrieben zur Freimachung von Arbeitskräften vom 21. März 1940 (RGBl. I Seite 544), d. h. das Arbeitsverhältnis endigt mit dem Zeitpunkt der Stillegung. Werden für die innere kaufmännische Geschäftsabwicklung noch einzelne Gefolgschaftsmitglieder weiter benötigt, so wird für diese Gefolgschaftsmitglieder eine Nachfrist von einer Woche ohne besonderen Antrag gewährt. Die Gefolgschaftsmitglieder, für die diese Nachfrist beansprucht wird, sind in der Meldung an das Arbeitsamt besonders zu vermerken. In besonders gelagerten Fällen kann eine längere Nachfrist gewährt werden. Hierzu bedarf es jedoch eines besonderen, eingehend begründeten Antrages, der bei der zuständigen Industrie- und Handelskammer einzureichen ist; eine Doppelschrift dieses Antrages ist dem zuständigen Arbeitsamt einzureichen. In beiden Fällen gilt als Zeitpunkt der Beendigung des Arbeitsverhältnisses das Ende der Nachfrist. Die Nachfrist gilt nicht für den Verkauf, sondern nur für die innere Abwicklung des Betriebes.

Für die in Ihrem Betrieb vorhandenen Waren gilt die Anordnung über die Verwertung von Waren geschlossener Betriebe vom 23. Januar 1943 (Deutscher Reichs- und Preußischer Staatsanzeiger Nr. 25 vom 1. Februar 1943). Nach dieser Anordnung ist es insbesondere verboten, ohne Genehmigung der für die Verwertung zuständigen Stellen Waren aus dem geschlossenen Betrieb zu veräußern, zu erwerben oder zu entnehmen oder für den geschlossenen Betrieb zu erwerben. Ein Abdruck der Anordnung ist angeschlossen. Vom Zeitpunkt der Zustellung dieses Bescheides an bis zum Zeitpunkt der verfügten Stillegung Ihres Betriebes dürfen Sie, soweit es sich um nichtbewirtschaftete Waren handelt, täglich insgesamt mengen- und wertmäßig nicht mehr verkaufen, als dem durchschnittlichen Tagesumsatz im Vormonat entspricht; auf die hierzu ergangene allgemeine Anordnung vom 23. Februar 1943 wird verwiesen.

Innerhalb von 3 Tagen nach der Schließung des Betriebes ist weiter von Ihnen die erfolgte Betriebsschließung schriftlich der Wirtschaftskammer Baden, Karlsruhe, Karlstraße 10, zu melden. Elsässische Betriebe melden an die Nebenstelle Elsaß der Wirtschaftskammer Baden, Straßburg, Gutenbergplatz 10. Mit der Meldung ist ein Verzeichnis der im Zeitpunkt der Schließung vorhandenen Waren (Warengruppen) mit Einschluß der Roh- und Hilfsstoffe sowie der Bezugsberechtigungen (auch der Bezugsscheinguthaben oder -schulden oder Kontingentsquoten) einzureichen. Sie sind ferner verpflichtet, unverzüglich Ihre Lieferanten und die Dienststellen, die Ihnen Kontingente zuteilen, über die Schließung Ihres Betriebes zu unterrichten. Auf den anliegenden Abdruck der Anordnung über die Verwertung von Waren geschlossener Betriebe wird auch hierzu verwiesen.

Die vorhandenen Kohlenbestände sind unter Angabe der Kohlensorte (Steinkohle, Braunkohlen-Briketts oder Koks) dem zuständigen Wirtschaftsamt zu melden.

Auf Grund des § 3 Abs. 3, des § 15 Abs. 1 Nr. 15 und des § 25 des Reichleistungsgesetzes vom 1. September 1939 (RGBl. I Seite 1645) und der auf Grund der gemäß der Bekanntmachung vom 13. Oktober 1939 (RGBl. I Seite 2034) erteilten Ermächtigung werden die zu Ihrem geschlossenen Betrieb gehörigen

a) Schreibmaschinen,
b) andere Büromaschinen,
c) Büromöbel (Schreibtische, Arbeitstische, Schreibmaschinentische, Registraturschränke, Aktenständer, Spezialtische für Buchungsmaschinen, Registratur- und Karteibehälter, Spezialbürolampen),
d) Waagen

beschlagnahmt. Schreibmaschinen, die für geschäftliche wie für private Zwecke benutzt worden sind, gelten als zum Betrieb gehörig. Der Betriebsinhaber hat die hierdurch beschlagnahmten Gegenstände dem Landeswirtschaftsamt in Karlsruhe innerhalb von 3 Tagen nach Schließung zu melden. Bei Schreibmaschinen und Büromaschinen ist Anzahl, Marke, Typ und Gebrauchsdauer anzugeben.

Weiter sind dem Landeswirtschaftsamt innerhalb von 3 Tagen nach Schließung sämtliche Lastkraftwagen, Zugmaschinen, Anhänger und Elektrofahrzeuge zu melden unter Angaben in Tragfähigkeit, Herstellerfirma, Baujahr, Kennzeichen und Erhaltungszustand. Auf der Meldung ist zu vermerken, ob das Fahrzeug bewinkelt oder unbewinkelt ist.

Die durch die Schließung freiwerdenden Räume sind der zuständigen unteren Verwaltungsbehörde (in Baden Landrat oder Oberbürgermeister, im Elsaß Landkommissar oder Oberstadtkommissar, zu melden. Eine Verfügung über die Räume ist nur mit Zustimmung ... [Text zerstört]

Allgemein ist zu beachten, daß die Versäumnis einer Meldepflicht oder die Einreichung unrichtiger oder unvollständiger Meldungen auf Grund der Verordnung über die Auskunftspflicht bestraft wird.

Ich weise noch darauf hin, daß ein besonderer Antrag erforderlich ist:
a) für Mietbeihilfe für den Betrieb des Gaststätten- und Beherbergungsgewerbes bei der Wirtschaftskammer Baden – Abteilung Fremdenverkehr – Unterabteilung Gaststätten- und Beherbergungsgewerbe, Karlsruhe, Karlstr. 10,
b) für Dienstverpflichtetenunterstützung bei dem zuständigen Arbeitsamt,
c) für Beihilfe nach den Richtlinien der Reichsgruppe Fremdenverkehr über die Gemeinschaftshilfe bei der zuständigen Wirtschaftskammer (wie bei a).
Für die elsässischen Betriebe sind die Anträge allgemein bei der Nebenstelle Elsaß der Wirtschaftskammer Baden – Abteilung Fremdenverkehr – Unterabteilung Gaststätten- und Beherbergungsgewerbe, Straßburg, Gutenbergplatz 10, zu stellen.

Auskünfte erteilen außer den bereits erwähnten Dienststellen der fachlichen Organisation der gewerblichen Wirtschaft auch die Industrie- und Handelskammern. Über die Verwertung von Waren, Meldung von Bezugsberechtigungen usw. geben auch die Wirtschaftsämter Auskunft.

Die geschlossenen Betriebe werden durch einen besonderen Aushang kenntlich gemacht, der den Geschäftsinhabern durch die Propagandadienststellen der Partei zugestellt wird.

Ein Beschwerdeverfahren gegen diesen Schließungsbescheid ist nicht vorgesehen.

In Vertretung:	Stempel: *Landeswirtschaftsamt Karlsruhe*
gez. Dr. Eustachi	Beglaubigt: *(Angestellter)*

Luftschutz

Überlegungen zum Luftschutz und seine Organisation sind keineswegs eine Folge des Zweiten Weltkrieges. Bereits 1931 veröffentlichte der Reichsverband der Deutschen Industrie das erste Merkblatt zum industriellen Luftschutz in Übereinstimmung mit der Pariser Vereinbarung über Luftfahrt von 1926 (und Artikel 198 des Versailler Vertrages). Die Luftausrüstung der europäischen Staaten, die Schutzlosigkeit Deutschlands und die besonders sensiblen Gebiete sind genau vermerkt. Vertrauliche Fragebogen zum Stand der Werks-LS-Maßnahmen, Stand Ende Dezember 1937, überraschen dann nicht mehr. Ein undatiertes Luftschutzmerkblatt mit Hakenkreuz folgt den technischen und organisatorischen Festsetzungen von 1931, nur ist die Beteiligung des Einzelnen jetzt nicht mehr freiwillig.

Im Luftschutzbeirat des kommunalen Bereichs kooperieren Kommune, Feuerwehr, Rotes Kreuz, Technische Nothilfe, Wirtschaft usw. unter der Leitung des örtlichen Polizeiverwalters.

Wesentliches Problem der kriegswichtigen Werke und öffentlichen Betriebe ist, ausreichende Schutzräume und Unterstände in unmittelbarer Nähe bereitzustellen, damit gleichzeitig Arbeitsunterbrechungen gering zu halten.

Wichtig für die Minimierung der Ausfallzeiten ist die Anerkennung als Herausnahmebetrieb, denn das bedeutet Unabhängigkeit von der allgemeinen Alarmierung, eigene Entscheidung über die Dauer der Arbeitsunterbrechung.

Die Probleme potenzierten sich mit zunehmender Dichte der Luftangriffe, zumal die britischen und amerikanischen Flugzeuge bald von französischen Stationen starteten und der Voralarm damit seine Wirksamkeit einbüßte. Insofern ist die Vorstellung, Schulkinder bei Fliegeralarm zu ihrer Sicherheit auf einen Heimweg von bis zu 15 Minuten zu schicken, zu dieser Zeit kaum noch denkbar.

Rivalitäten der Organisationen und Zuständigkeiten blühten trotz der enormen Betriebserschwernisse. So klagen Ende Februar 1945 Betriebsführer und WLS-Leiter der Kettenfabrik Hetzin über „Schwierigkeiten mit der DAF (Deutsche Arbeitsfront) bei der Bestrafung von Gefolgschaftsmitgliedern, die sich gegen LS-Vorschriften vergangen haben". Sicher muß hier auch das Bestreben der politischen Instanzen, die Kontrolle zu behalten, gesehen werden – wie ja auch die im Führererlaß zur Bildung des Volkssturms (25.9.1944) zitierte Ehrenpflicht der NSDAP, ihre Organisationen als Hauptträger des Kampfes einzusetzen, nur notdürftig verbrämt, daß man der Generalität nicht mehr vertraute.

Natürlich gab es auch im Reichsluftschutzbund Lehrgänge, Urkunden und eigene Ehrenzeichen.

(Umfangreiches Material zum Werksluftschutz (WLS) stellte Herr Axel Beuttenmüller, Bretten, zur Verfügung. Die Auswahl ergab sich bei der Bearbeitung.)

Abbildung rechts: Die konkreten Bedingungen der Luftschutzmaßnahmen wurden zwischen Unternehmen und Behörden oft mühsam ausgehandelt: Ohne die Anerkennung als Herausnahmebetrieb war Weiterarbeit bei Fliegeralarm nur mit ausdrücklicher Genehmigung der WLS-Bereichsstelle Baden bzw. des Luftgaukommandos VII möglich. Der örtliche Luftschutzleiter war nicht befugt, solche Genehmigungen zu erteilen (Bescheid vom 5.10.44). 220 Personen konnten bei der Brettener Firma Mellert in sicheren Schutzräumen untergebracht werden. Die restlichen 146 Belegschaftsmitglieder (nach Abzug von Nachtschicht, Halbtagsfrauen und Kranken) wurden durch Ordner in benachbarte Hohlwege geführt (19.10.44). Noch im Februar 1945 bemüht Mellert sich nachdrücklich um Sonderbewilligung von 5 t Zement und 250 kg Eisen zur Sicherung der Eingänge eines fast fertigen Stollens.

Anschrift: Josef Mellert, Bretten (Baden)

Josef Mellert
Fabrik für Feinmechanik
Kunstharz- u. Bakelite-Preßwerk

An den
Herrn Bürgermeister Dr. Orth
als örtlicher Luftschutzleiter

B r e t t e n

Eingegangen 3. OKT. 1944 Beantw.

Fernruf: S. A. 223
Telegramm-Adresse: Mellert Bretten
Postscheck-Konto: Karlsruhe Nr. 79
Banken: Deutsche Bank, Depositenkasse Bretten
Volksbank e. G. m. b. H. Bretten
Reichsbank-Girokonto Bruchsal 531/824

(17a) Bretten (Baden), 26.9.44 RM/Hg.

Betr.: dort. Anordnung vom 15.9.44.

Ich beziehe mich auf Ihre obige Anordnung und die mit Ihnen in der Angelegenheit gehabte Unterredung.

Wie schon dargelegt, habe ich für meinen Betrieb am 12.4.bzw.24.4.44 Antrag gestellt auf "Herausnahme" aus den allgemeinen Luftschutzbestimmungen. Diesem Antrag dürfte wohl stattgegeben werden, denn ich habe Aufforderung erhalten, für den Luftgau die folgenden Unterlagen beizubringen: (am 1.9.44 abgegangen)

1.) Ausführlicher Fragebogen über eingesetzte Arbeitskräfte, Größe und Art der Luftschutzräume, über meine verschiedenen Fertigungen mit ihren Dringlichkeitsstufen.
2.) Karte 1:25 000 mit rot eingezeichnetem Werk.
3.) Stadtplan mit rot eingezeichnetem Werk.
4.) Werksplan mit Erläuterung der Gebäude und Gefahrenstellen.
5.) Angaben über Telefonverhältnisse wegen Anschluß an Warnzentrale.

Inzwischen meldete sich bei mir ein Beamter des Telefonamts, um die Frage des Anschlusses an die Warnzentrale zu prüfen. Diese Anlage wurde in der Weise festgelegt, daß für mein Werk ein Anschluß parallel zur städt. Warnleitung gelegt werden soll. Mit der Ausführung der Anlage ist bereits begonnen.

Ich entnehme daraus, daß mein Betrieb in Kürze (nach Fertigstellung des Warnanschlusses) zum

"Herausnahmebetrieb"

erklärt wird und damit die Berechtigung und Verpflichtung hat, während des Luftalarms weiterzuarbeiten und erst die Schutzräume aufsuchen, wenn nach meinem pflichtmäßigem Ermessen unmittelbare Gefahr für mein Werk besteht.

Ich habe bei Luftalarm schon bisher nach diesem Prinzip gehandelt und bitte, zu genehmigen, daß mein Betrieb dabei bleiben kann und von Ihrer vorstehenden Anordnung ausgenommen wird. Es wäre kaum durchführbar, jetzt bei Luftalarm sofort zu schließen, evtl.sogar die Belegschaft nach Hause zu entlassen und nach einigen Wochen wieder die Ordnung herstellen zu wollen.

Ihrer Entscheidung sehe ich ehestens entgegen und zeichne mit

Heil Hitler !
gez.Josef Mellert.

Briefwechsel der Firma Mellert, Bretten, zum Luftschutz.

CARL NEFF

HERD-UND BACKOFEN-FABRIK

An die
Reichsgruppe Jndustrie-Werk-
luftschutz,
Bereichsstelle Baden

K a r l s r u h e
Karlstraße 6

Ein 25. SEP. 1944
Beantw.:

RF Nr. 0/0721/5248

18/He.

BRETTEN (BADEN)
22. September 1944

Der Bürgermeister hat als örtlicher Luftschutzleiter unterm 15.9.44 beiliegende Verordnung an uns erlassen, die im Widerspruch steht mit einer Anordnung des Ortsstellenleiters des Werkluftschutzes in Bretten, der das Hauptgewicht auf den Werkalarm gelegt hat.

Jch habe es für meine Firma ebenfalls als richtig empfunden aufgrund Jhres Geheim-Schreibens v. 25.8.44, Rundschreiben 5/44, Seite 9, Absatz K 1, erst bei erhöhter Luftgefahr, d.h. unmittelbarer Luftbedrohung Werkalarm zu geben. Hier muß eine endgültige Klärung ohne Widersprüche sofort geschaffen werden.

Der völlige Arbeitsausfall während dem Hauptalarm scheint mir unbedingt untragbar zu sein.

Wir hatten so schon Ausfälle in einem Umfang, daß sie nicht eingeholt werden können.

Sollte Jhre Anweisung betreffs Weiterarbeit bei Fliegeralarm in kriegswichtigen Betrieben nur Geltung haben für sogenannte Herausnahmebetriebe, so bitte ich dies unmißverständlich mitzuteilen und gleichzeitig meinem Antrag statt zu geben meinen Betrieb zum Herausnahmebetrieb zu erklären, da wir 100 %-ig in das Jägerprogramm eingeschaltet sind und zwar für 2 Flugzeugtypen mit höchster Dringlichkeit innerhalb des Jägerprogrammes.

Das Schreiben des Herrn Bürgermeister lege ich hier bei.

Heil Hitler!

1 Anlage

Im Juli 1944 hatte die WLS-Bezirksstelle Mittelbaden der Reichsgruppe Industrie –Bauberatung– die Firma Neff in Bretten besichtigt und einen Maßnahmenkatalog zusammengestellt.

Im November moniert Neff unzureichende Klarheit über die Bauvorschriften und drängt zur Sicherheit der Beschäftigten zur Eile. Eine weitere Besichtigung zum Jahresende führt zu neuen Plänen: Errichtung einer Stollenanlage im Steinbruch beim Kleinkaliberschießstand südlich der Bahnanlage für ca. 100 Personen (mit eigenen Arbeitskräften), und Bau eines Splitterschutzgrabens auf einem 500 m entfernten Mietgrundstück. Vorhandene betonierte Stützmauern sollen verwendet werden. (4.12.1944)

Bericht:

über Überprüfung nach Luftangriff auf Bretten
am 16.3.1945.

Die Stadt Bretten wurde am 16.3.1945 in der Zeit von 8.22- 8,25 von mehreren Jagdbombern angegriffen. Klares sonniges Wetter.
<u>Angriffsziel</u>: Bahnanlagen.

1.) <u>Firma C. Beuttenmüller</u>, Bretten (Herr Beuttenmüller führte mich)
   2 Sprengbomben in den Nordbau, Hauptfertigungsbau.
   1 Gefallener im Luftschutzraum.
   Maschinenschaden gering..
   Gesamtschadenshöhe: 50.000 RM.

2.) <u>Carl Neff, Bretten</u>.
   Ich traf nur Herrn Schallam.
   3 schwere Sprengbomben mit starker Wirkung; Schutzräume durchschlagen.
   2 Gefallene W.L.S.-Angehörige
   1 Gefallener nicht dem Werkluftschutz Angehöriger } außerhalb d. Schutzräume
   3 Verwundete
   Gesamtschadenshöhe: 200 000 RM.

Bretten, den 17. März 1945. v.T./B.-

[Unterschrift]

Der Beauftragte der WLS-Bezirksstelle, der die Schäden des Angriffs am 16. März aufgenommen hat, kondoliert am 23.3. zu den Verlusten bei den Angriffen am 16. und am 21. März 1945, verbindet damit jedoch einen energischen Hinweis auf WLS-Richtlinien. Danach sind Luftangriffsschäden zu melden: sofort mündlich/fernmündlich dem örtlichen Luftschutzleiter und der WLS-Bezirksstelle, schriftlich spätestens am Tag nach dem Angriff 'auf vorgeschriebenem Formular in je 1-facher Ausfertigung' unmittelbar an den WLS-Bereich Baden der Reichsgruppe Industrie in Heidelberg, den WLS-Bezirk Mittelbaden in Bretten, die WLS-Ortsstelle und an den örtlichen Luftschutzleiter. Durchschläge dieser Zurechtweisung gehen an den Bürgermeister als örtlichem Luftschutzleiter, den Landrat und die WLS-Ortsstelle.

```
Rüstungskommando Mannheim          Mhm.-Seckenheim, den 12.2.1944.
des Reichsministers für            Li./Oh.
Rüstung und Kriegsproduktion
Az. 40c10 Nr. 5177/44 -o-Ic

Betr.: Einsatz der Kräfte in der Partei und im Werkluftschutz.

An alle W-Betriebe (Wehrmacht).

              R u n d s c h r e i b e n    Nr. 10

Die Betriebe werden gebeten, falls ihnen wichtige Arbeitskräfte
für den Einsatz im Luftschutz-Dienste der NSDAP entzogen werden
sollen, sich an das Rü Kdo zu wenden. Wenn dadurch die Fertigung
gefährdet wird, setzt sich Rü Kdo mit der Werkluftschutz-Bereichs-
oder Bezirksstelle in Verbindung, damit im Einvernehmen mit der
Partei eine beiden Teilen gerecht werdende Regelung erzielt wer-
den kann.

Sämtliche Angehörigen des Werkluftschutzes müssen den Betrieben
verbleiben und sind andernfalls den Werken wieder zur Verfügung
zu stellen.
                              I.A.
```

Die Koordinierung der einsatzbewußten (sicher auch gelegentlich profilierungsfreudigen) Instanzen erreichten die Verantwortlichen mit Druck oder Sensibilität.

Abschrift [die ungenaue Rechtschreibung folgt dem Original]

Akten-Vermerk über eine Besprechung am 10. Oktober 1944
9 Uhr vormittags bis 12.30 Uhr in der Spinnerei u. Weberei Ettlingen.

Die Besprechung fand statt auf Veranlassung der Firma Deutsche-Waffen und Munitionsfabrik (Direktor Dr. Busse) in Ettlingen, in der Firma Spinnerei und Weberei Ettlingen.
Anwesend waren: Der Bürgermeister als örtlicher Luftschutzleiter Ettlingen, die Betriebsführer der 3 Firmen Spinnerei und Weberei, V.D.M.-Sintermetallwerke und Deutsche-Waffen und Munitionsfabriken A.G., Ettlingen, sowie der Unterzeichnente als Vertreter der Werkluftschutz-Bezirksstelle Mittelbaden. Die Besprechung leitete Herr Dir. Rumbke von der Firma Spinnerei u. Weberei Ettlingen (als Hausherr). Er gab an die Anwesenden 2 Merkblätter heraus.
1. Vorschlag für die Zusammenarbeit im Werkluftschutz zwischen Firma Spinnerei und Weberei, Firma V.D.M.-Sintermetallwerke und Firma Deutsche-Waffen und Munitionsfabriken A.G., Werk Ettlingen.
2. Über die jetzige Lage im Werkluftschutz der 3 getrennten Firmen. (Oberes und unteres Werk getrennt).
Die 3 Werke im Albtal werden sich luftschutzmäßig zusammenschließen und hinsichtlich der Warnung eine Einheit bilden.
(Auch einheitliche Beobachter). Die drei Werke wollen einheitlich Werksalarm geben und hierfür eine gemeinsame LS-Zentrale (Befehlsstelle) bilden.

Die Warnmeldungen erhalten sie von der Warnvermittlungsstelle Ettlingen. Es wurde darüber geklagt, daß die Warnmeldungen oft zu spät ankommen.

Hinsichtlich der Stärken wurde festgestellt, daß die Absicht besteht, die Nachtschichten zu verstärken um die zur Zeit sehr starken Tagsschichten zu verkleinern.

Dir. Dr. Busse stellte fest, daß das bei der D.W.M. nicht nötig sei, da im oberen und unteren Werk im gesamten nicht mehr als 600–700 Gefolgschaftsmitglieder gleichzeitig anwesend sind. Es wurde dann festgestellt, daß die Schutzraumfrage völlig ungenügend ist und die Gefolgschaften sich bei Fliegeralarm in den Werken nicht sicher fühlen.

Der Eingabe der Deutschen-Waffen und Munitionsfabriken einen Bunker zu bauen ist nicht entsprochen worden.

Ebenso wurde der Bau eines Stollen abgelehnt und bleibt daher nichts anderes übrig, als die Gefolgschaft bei Gefahr in die benachbarten Wälder zu entlassen. Es besteht aber trotzdem die Absicht eine erneute Eingabe zu machen wegen Anlage eines Stollens.

Zu dieser Frage führte die Spinnerei folgendes aus:

Die Anlage von Deckungsgräben muß sich nach den Bestimmungen richten nur Gräben für je 50 Mann 500 metr. vom Werk entfernt zu errichten.

Da das Gelände stark ansteigt, werden sehr lange Anmarschzeiten benötigt.

Unterzeichneter trug ferner Erfahrungen vom Stollenbau und Erfahrungen vom Angriff auf die Firma Daimler-Benz A.G. in Gaggenau vor und schilderte, wie sich voraussichtlich ein Tagesangriff auf das Albtal (unteres und oberes Werk) abwickeln und vollziehen würde.

Wenn die Gefolgschaftsmitglieder in den Werken in nur splitter- und trümmersicheren Schutzräumen bleiben, werden zweifellos starke Verluste eintreten.

Vorsorglich erhob der Unterzeichnete Einspruch gegen eine Vermehrung der Gefolgschaft unter den oben genannten Schutzraumverhältnissen.

Der Betriebsführer der Firma V.D.M.-Sintermetallwerke machte den Vorschlag für die Übergangszeit an den bewaldeten Bergabhängen kleine Deckungslöcher für etwa 3-5 Mann (weit auseinandergezogen) zu beschaffen.

Der Unterzeichnete stimmte, da ein besserer Schutz der Gefolgschaft erfolgen muß, diesem Vorschlag zu, wies aber ausdrücklich darauf hin, daß eine Belegung mit Bomben der Berghänge ebenfalls zu erwarten sei.

Anschließend an die Besprechung wurden 3 Steinbrüche nördlich und ein Steinbruch südlich der Alb für die Zwecke der Anlegung von Stollen besichtigt. Für das untere Werk kommen 2 Steinbrüche nördlich der Alb in Frage von denen jedoch einer wegen zu brüchigem Gestein von vorne herein ausscheidet. Für das Obere Werk käme je ein Steinbruch nördlich und südlich der Alb in Frage.

Es wurde aber ausdrücklich festgestellt, daß zunächst ein Geologe zur Beratung hinzuzuziehen wäre, da die Erlaubnis zum Bau erst eingeholt werden muß.

Der Unterzeichnete steht auf dem Standpunkt, daß zum Schutze der Gefolgschaft unbedingt etwas geschehen muß, da mit Angriff zu rechnen ist, können die Dinge so wie sie jetzt liegen nicht bleiben. Evtl. muß durch entsprechende Auflage an die Betriebe herangetreten werden, daß Schutzraum für die Gefolgschaft geschaffen wird, da sonst die Weiterarbeit der Betriebe in Frage gestellt werden könnte.

Der örtliche Luftschutzleiter (Bürgermeister von Ettlingen) steht auf dem selben Standpunkt.

Karlsruhe, den 16. Oktober 1944 v. T./G. -
(Unterschrift)

Teilnahmebestätigung an der Luftschutzausbildung, in diesem Fall schon 1937, also zwei Jahre vor Kriegsbeginn.

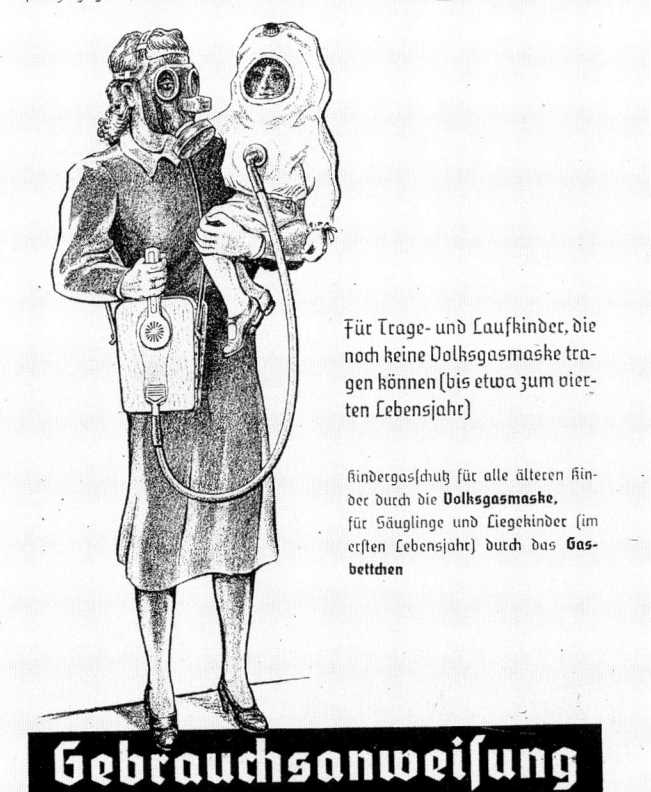

Gebrauchsanweisung zur Anwendung von Gasjäckchen für Kinder.

Schulamt Sinsheim zur Sicherung des Lebens der Schulkinder
(Abschrift)

[an das]
Schulamt
Eppingen a.E.

Eppingen, den 11.4.44.

Luftschutz
Hier: Sicherung des Lebens der Schulkinder.

Die ungemein starke Entfaltung der feindlichen Fliegertätigkeit nunmehr auch im engeren Gebiet unserer Heimat Eppingen, insbesondere die Geschehnisse der letzten Wochen, das Überfliegen der Stadt durch Bomber am hellen Tag auf dem Ein- u. Ausflug sind Anlaß auf die auch für Eppingen neuerdings wesentlich erhöhte Luftgefahr und damit verbundenen größeren Lebensgefahr für die Schulkinder pflichtgemäß hinzuweisen.

Da wir trotz erhöhter Gefahr immer noch der Luftschutzzone 3 angehören, kann für die Schule das, was bisher geschah, um die Lebensgefahr der Schulkinder zu bannen, nicht mehr als zeitgemäß und der wesentlich erhöhten Gefahr entsprechend angesehen werden. Die Luftschutzräume [...] sind aber nach dem Urteil des zuständigen Luftschutzleiters [...] unzureichend. Aus demselben Grunde scheint es unmöglich zu sein, daß wir im Falle eintretender Gefahr rechtzeitig, etwa durch Voralarm gewarnt, unsere wenn auch ungenügenden Luftschutzräume aufsuchen können.

Dennoch würde die Möglichkeit des rechtzeitigen Beziehens der Luftschutzräume die Lebensgefahr für die Kinder einigermaßen vermindern. Das könnte aber nur bei rechtzeitigem Voralarm erfolgen. Dieser müßte behördlicherseits erst noch veranlaßt werden. Eine andere Möglichkeit, das Leben der Schulkinder weitergehend zu sichern, wäre bei rechtzeitiger Warnung das Heimschicken der Kinder, um eine Massierung in den ungenügenden Schutzräumen zu verhindern.

Die Möglichkeiten eines Voralarms sind m.E. durchaus gegeben. Er könnte sowohl seitens der hiesigen Besatzung (Flak) als wahrscheinlich auch von Sinsheim aus gegeben werden.

Bei rechtzeitigem Eintreten des Voralarms könnten die Kinder die elterlichen Wohnungen sehr wohl erreichen, da kaum mehr als 15 Minuten auch für entferntestliegende Behausungen in Eppingen nötig sind.

Ich möchte hier aber auch noch auf ein Gefahrenmoment hinweisen, dessen Eintritt durchaus im Bereich der Möglichkeiten liegt. Es betrifft den Klassenwechsel. In diesem Falle wäre eine Unterbringung in unseren Kellerräumen selbst <u>ohne weiteres</u> eine Gefahr, weil eine genügende Durchlüftung dann nicht möglich wäre, da in diesem Falle über 500 Kinder zusammengepfercht werden müßten.

Die geschilderten Verhältnisse sind örtlicher Natur; mich aber treibt die Sorge um das Leben der Kinder wegen der erhöhten Gefahr. Es ist klar, daß die vorliegenden augenblicklichen Gefahren eine drängende Not darstellen, die ausgleichende, ausreichende Gegenmaßnahmen erforderlich macht.

Ich bitte das Kreisschulamt unterstützend einzugreifen.

1 Durchschlag an das Bürgermeisteramt, hier.

Kath. Stadtpfarramt
Eppingen.

Eppingen, den 1. Mai 1940.

Luftschutzplan
================================

der katholischen Stadtkirche in Eppingen.

Die kath. Stadtkirche ist in den Jahren 1435 – 1445 gebaut. Sie ist 35 m lang und 13 m breit. Die Höhe des Kirchenschiffs beträgt 13 m, die Höhe des Turmes 53 m.

I. "Betriebsführer" und Luftschutzleiter ist Stadtpfarrer Emil Thoma

II. Angaben über die "im Betrieb beschäftigten Personen".
   A. "Gesamtgefolgschaft": je nach Gottesdienst sind etwa 20 – 350 Personen gleichzeitig anwesend.
   B. Einsatzgruppe
      a. Betriebsordner: Stadtpfarrer Emil Thoma
      b. Betriebsfeuerwehr:
         1. Mesner Franz Schellenschmitt
         2. Kirchenschweizer Simon Kares
         3. Vorstand des Kirchenchores Otto Wieser
      c. Betriebssanitätstrupp
         1. Krankenschwester Oberin Theodula
         2. Krankenschwester Merizzia
         3. Kirchensteuererheber Richard Wieser
         4. und 5. zwei junge Burschen oder Mädchen
         6., 7. und 8. drei anwesende Männer oder Frauen
      d. Melder:
         2 – 4 Ministranten (Knaben)

III. Betriebsfremde Personen:
   Das sind die oben genannten etwa 20 – 350 Gottesdienstbesucher

IV. Luftschutzbauten:
   A. Die Kellerräume des St. Josephshauses
   B. Das untere Turmgeschoß, dessen Mauern etwa 1,5 m stark sind.
   C. Der Kellerraum im Städtischen N.S.V. Kindergarten.

V. Luftschutzgerät:
   Vorhanden sind bzw. können beschafft werden: Feuerpatscher, Äxte, Leinen, Sandkisten, Wassereimer, Wasserzapfstelle mit Schlauch, Handfeuerlöscher Minimax.

VI. Für nachbarliche Hilfe möge das Bürgermeisteramt die Nachbarn beauftragen.

Katholisches Stadtpfarramt Eppingen zur Organisation des Luftschutzes.

Luftschutz auf dem Dorf

Der damalige Bürgermeister von Waldwimmersbach war zugleich Ortsgruppenleiter. Und ich war damals Luftschutz-Untergruppenführer. In dieser Funktion hatte ich Lehrer Arnold abgelöst, weil der eingezogen wurde. Der Bürgermeister hatte mich gebeten: „Horch, du könntest doch das Ämtl übernehmen." Die Aufgabe war Verdunkelungskontrolle. Das hat mir als jungem Kerl natürlich Spaß gemacht, mit ihm zusammen da herumzugehen. Und wenn wir irgendwo klopften, hat man schon das Geschrei gehört: „Hab' ich dir nicht gesagt, du sollst das Loch zumachen ..."

Man hat damals auch gemeint, man könnte die Amerikaner aufhalten, indem man zwischen Kirche und dem Haus gegenüber einen Panzergraben anlegte.

Im Dorf lag eine Kraftfahrzeugstaffel. In jeder Scheune standen Lastwagen.

Bei den Kontrollgängen standen wir mal am Pfarrhaus und haben uns unterhalten, ob der Amerikaner so bald kommt. Da habe ich zum Bürgermeister gesagt: „Hast du das nicht gesehen? Da ist doch ein Panzerspähwagen von außen rein, hat beim Brunnen gedreht und ist wieder raus! Hast du das nicht gesehen?" Das war nachts, ein oder zwei Tage vor dem Einzug. Da waren die schon da. Da war ein solches Durcheinander. Der amerikanische Panzerspähwagen hatte sich anscheinend durchgeschmuggelt und war gar nicht beachtet worden. Wir waren sicher, jetzt dauert es nicht mehr lange.

Noch zum Fliegeralarm: Wenn damals Alarm kam, wurde das in Waldwimmersbach gar nicht ernst genommen. Man hatte hier gar keine Angst wie in der Stadt. Die Leute haben sich gesagt: Was wollen die in so einem Dörfchen? Es gab zwei ausgebaute Bierkeller als Luftschutzräume. Wir selbst sind zum ersten Mal in den Bierkeller gegangen an dem Morgen, als die Amerikaner kamen.

Franz Kresser, Gesprächsrunde zum Kriegsende, Ev. Pfarrh. Waldwimmersbach, 27.2.1995

'Wir werden damit fertig!' – Propaganda zum Luftkrieg, hier in Form einer Broschüre mit Anweisungen zum Umgang mit Brandbomben.

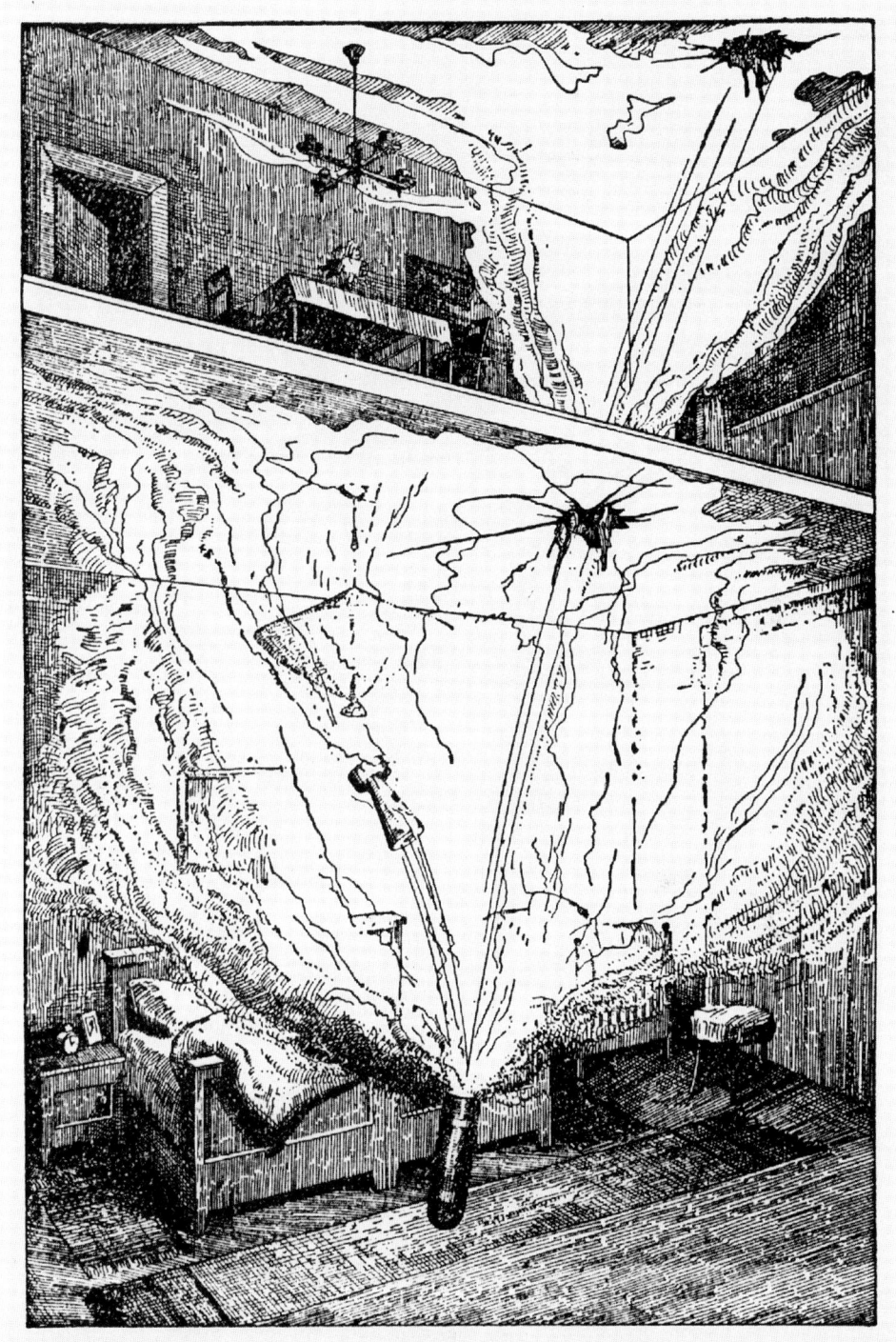

Die Phosphorbrandbombe 14 kg durchschlägt mehrere Stockwerke und schießt dabei 3 bis 4 Liter Brandmasse nach hinten heraus. Dabei in den ersten Sekunden starke Feuer- und Rauchentwicklung. Alle durchschlagenen Räume sind betroffen.

Minuten nach dem Aufschlag: An den Wänden, Möbelstücken und auf dem Fußboden kleben ruhig brennende Fladen der Brandmasse, die sich aber mit dem Strahl der Luftschutzhandspritze oder Sand leicht ablöschen lassen. Zuerst werden Gardinen, Betten und Polstermöbel gelöscht. Die Fladen an den Wänden, der Decke, an glatten Möbelflächen und auf dem Fußboden löscht man zuletzt.

Evakuierung und Umsiedlung

Abschrift

Der Landrat Sinsheim, den 1. Juni 1943
E i l t s e h r ! Umquartierung wegen Luftgefährdung
3 Anlagen und Bombenschäden.

An die Herren Bürgermeister des Landkreises.

Der Feind setzt seine Terrorangriffe auf deutsche Städte fort. Die Zahl der Obdachlosen ist daher immer im Zunehmen. Aufgabe der Behörden und Partei ist es, Maßnahmen zu treffen, um jederzeit für die Aufnahme der Obdachlosen usw. vorbereitet zu sein. Auf Weisung des Herrn Ministers des Innern ist daher mit Beschleunigung festzustellen, wieviel Unterbringungsraum jetzt noch zur Verfügung steht. Die letzten Erhebungen wurden aufgrund meiner Rundverfügung vom 30.6.1942, betr. Unterbringung von Obdachlosen aus Luftschutzgründen, angestellt. Ich unterstelle, daß die zu führenden Quartierlisten auf dem Laufenden gehalten sind. Trifft meine Unterstellung zu, werden in der Zwischenzeit wohl wesentliche Veränderungen durch Besetzung von Quartieren durch Obdachlose oder sonstige Personenkreise (beispielsweise ausländische Arbeitskräfte) vorgenommen worden sein. Aber selbst dann, wenn die Fortführung der Quartierlisten laufend erfolgte, dürfte eine Überprüfung dringend notwendig sein. Ich ordne daher eine erneute Feststellung an. Dabei ist festzustellen, wieviele Personen getrennt nach

Kindern (männlich und weiblich)
Erwachsenen (männlich und weiblich)
Müttern mit Säugling
Müttern mit 1 Kind
Müttern mit 2 Kindern
Müttern mit 3 Kindern
Müttern mit 4 und mehr Kindern

in ihrer Gemeinde aufgenommen werden können. Quartiere für Mütter mit Kleinkindern müssen unbedingt heizbar sein. Nach Möglichkeit sollte für diese auch Kochgelegenheit vorhanden sein. Gemeinsame Benützung der Küche des Quartiergebers kann als Kochgelegenheit angesehen werden, wenn von vornherein feststeht, daß dadurch keine Streitigkeiten entstehen werden. Zur Berichterstattung ist der anliegende Berichtsentwurf zu verwenden; die Zweitschrift ist für die dortigen Akten bestimmt.
Gleichzeitig teile ich mit, daß das Land Baden (und somit auch der Landkreis Sinsheim) nur noch Aufnahmegebiet aus den Entsendegauen

Baden selbst
K ö l n – A a c h e n und
W e s t f a l e n – S ü d

ist.
Aus anderen Gauen können somit keine Personen mehr aufgenommen werden, es sei denn im Wege der <u>Verwandtenhilfe</u>*. Diese wird vorbereitet mit Hilfe der von den NSV-Ortsgruppen zu beziehenden Verwandten-Meldekarte, mittels der der Nachweis geführt wird,*

daß die betreffenden Verwandten zur Aufnahme bereit und in der Lage sind. Die NSV-Ortsgruppe des Aufnahmeorts bestätigt auf der Meldekarte die Erklärung der Aufnahmebereitschaft und setzt die Aufnahmegemeindebehörde in Kenntnis, damit die betreffende Verwandtenunterkunft nicht anderweitig in Anspruch genommen wird. Durch die Vorlage der Meldekarte am Heimatort wird die Hilfe bei notwendig werdender Abreise durch die NSV und Gemeindebehörde sichergestellt. In den durch die Gemeindebehörde (der entsendenden Gemeinde) auszustellenden Abreisebescheinigungen soll der Aufnahmeort auf Grund der Meldekarte vermerkt werden. Zuziehende Obdachlose, die nicht mittels Sammeltransport zureisen, müssen also im Besitze einer Abreisebescheinigung sein.

Um einen ungeregelten Zustrom in die übrigen Gebiete zu verhindern, wird die Bevölkerung der luftbedrohten Gebiete durch ein vom Hauptamt für Volkswohlfahrt herausgegebenes Merkblatt unterrichtet. Ein Abdruck des Merkblattes liegt zur Kenntnisnahme bei.

Da sich in den Gemeinden des Landkreises Sinsheim auch Personen aus anderen als den obenangeführten Gauen aufhalten, sollen die (Verwandtenverschickte ausgenommen) umquartiert werden, wie mir heute die Kreisamtsleitung der NSV in Sinsheim mitteilte. Es ist deshalb noch ein weiterer Bericht darüber vorzulegen, welche Personen hier in Frage kommen. Die einzelnen Personen sind mit Namen, Geburtsdatum, Beruf, früherer Wohnsitz mit Straßenangabe und Hausnummer sowie Entsendegau und der Tag und der Grund der Zureise aufzuführen. Es handelt sich also hier um solche Personen, die „w i l d" zugereist sind.

Auf den Runderlaß des Reichsministers des Innern vom 7.5.42 – I Ra 1332/II/42-220 U, abgedruckt im Mbl iV.S.995 u.BaVBl.S.349 betr. Heimreise für nach Bombenangriffen umquartierte Personen, weise ich zur Beachtung erneut hin.

Bis spätestens 15. Juni ds. Js. muß ich dem Herrn Minister des Innern die Anzahl der noch zur Verfügung stehenden Quartiere melden. Ich bitte daher, die erforderlichen Feststellungen so zu beschleunigen, daß sie mir <u>bis spätestens 12. Juni</u> ds. Js. vorliegen.

Besonders möchte ich noch darauf hinweisen, dass nur solche Quartiere zu melden sind, die auch im Ernstfalle in Anspruch genommen werden können und zwar für längere Dauer. Es hat keinen Zweck hohe Zahlen zu melden, mit denen praktisch nichts anzufangen ist. An der Opferwilligkeit der Bevölkerung fehlt es bestimmt nicht. Den Obdachlosen usw. sollen aber doch nur Quartiere zugewiesen werden, in denen sie sich auch wohlfühlen. Es dürfte sich also nicht jedes freie Quartier zur Aufnahme eignen. Betten von Soldaten und Arbeitsmaiden usw., die zum Haushalt gehören und hier ihren Urlaub verbringen, werden wohl nicht als verfügbar anzusehen sein, wenn nicht noch Ersatz vorhanden ist. Andererseits muß aber Wohnungsinhabern die Aufnahme von Obdachlosen usw. zugemutet werden, die hierzu in der Lage sind, also über genügend geeignete Räumlichkeiten und Betten verfügen.

Die Erhebungen werden zweckmässig durch die Herren Beigeordneten und Gemeinderäte vorgenommen. Es müssen also Hausbesuche vorgenommen werden, um sich ein objektives Bild von den zur Verfügung stehenden Räumlichkeiten und Betten zu machen. Vom grünen Tisch aus ist eine derartige Arbeit undenkbar. Wenn bei den Feststellungen noch Frauenschaftsmitglieder mitwirken könnten, würde ich dies begrüßen. <u>Ich bitte also nochmals die Erhebungen so zu beschleunigen, dass mir die verlangten Berichte bis spätestens 12. Juni ds.Js. vorliegen.</u>

Schäfer

Eppingen – Beschlagnahme von Wohnraum für Evakuierte.

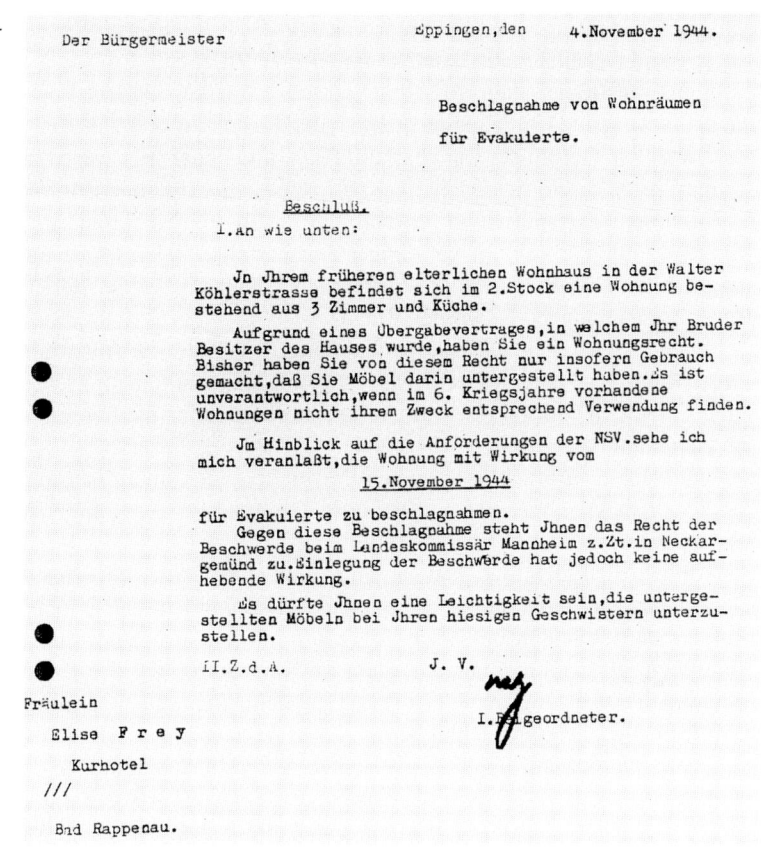

Der Bürgermeister   Eppingen, den   4. November 1944.

Beschlagnahme von Wohnräumen
für Evakuierte.

Beschluß.

I. An wie unten:

In Jhrem früheren elterlichen Wohnhaus in der Walter Köhlerstrasse befindet sich im 2. Stock eine Wohnung bestehend aus 3 Zimmer und Küche.

Aufgrund eines Übergabevertrages, in welchem Jhr Bruder Besitzer des Hauses wurde, haben Sie ein Wohnungsrecht. Bisher haben Sie von diesem Recht nur insofern Gebrauch gemacht, daß Sie Möbel darin untergestellt haben. Es ist unverantwortlich, wenn im 6. Kriegsjahre vorhandene Wohnungen nicht ihrem Zweck entsprechend Verwendung finden.

Jm Hinblick auf die Anforderungen der NSV. sehe ich mich veranlaßt, die Wohnung mit Wirkung vom

15. November 1944

für Evakuierte zu beschlagnahmen.

Gegen diese Beschlagnahme steht Jhnen das Recht der Beschwerde beim Landeskommissär Mannheim z.Zt. in Neckargemünd zu. Einlegung der Beschwerde hat jedoch keine aufhebende Wirkung.

Es dürfte Jhnen eine Leichtigkeit sein, die untergestellten Möbeln bei Jhren hiesigen Geschwistern unterzustellen.

II. Z.d.A.   J. V.

                                 I. Beigeordneter.

Fräulein
    Elise **Frey**
    Kurhotel
    ///
    Bad Rappenau.

Ausgebombt in Mannheim – Neubeginn in Waibstadt

Ich bin 1920 geboren. Meine Jungmädchenzeit in Mannheim war leider nicht unbeschwert. Der erste Schatten war der frühe Tod meines geliebten Vaters. Der Zweite Weltkrieg wurde ein harter Einschnitt auch in meiner Ausbildung an der Freien Akademie zur Kunstgewerblerin, denn ich wurde kriegsdienstverpflichtet. Nun stand ich tagsüber als technische Zeichnerin am großen Zeichenbrett. Die Nächte verbrachte ich oft mit Mutter und Tante bei Fliegeralarm im Luftschutzkeller. Die Angst saß uns allen im Nacken.

Immer grausamer wurde dieser Krieg. Immer öfter heulten in der Heimat die Sirenen, immer schwerer litten die Städte unter den Luftangriffen. Am 6. September 1943 hat es auch uns getroffen. Für einige Tage hatten wir einen Schlafplatz im nahen Luftschutzbunker gehabt, hatten wieder einige Nächte durchschlafen können – aber nicht an diesem 6. September. Eine Bombe traf den Bunker, die Toilettenkanalisation lief über, der Gestank war unvorstellbar, der Bunker überfüllt mit Menschen in Angst. Zum Glück gab es keine Verletzten.

Als wir in den frühen Morgenstunden mit unseren Koffern den Bunker verließen, war die aufgehende Sonne verdunkelt. Mannheim stand in Flammen. Der Rauch ließ das Tageslicht nicht durch. Traurige Anblicke von Verletzten oder Ausgebombten vor ihrer letzten Habe bedrückten unseren Heimweg. Ein heulender großer Hund vor einer Hausruine ließ uns die Straßenseite wechseln. Das war unser Glück. Das ausgebrannte Haus stürzte plötzlich in sich zusammen und hätte uns alle drei unter sich begraben. Auch unser Retter, der Hund, der wohl das Knistern im Gebälk erspürt hatte, konnte noch entfliehen.

In unserer Straße sahen wir schon von ferne Wasserschläuche liegen. Dann standen wir zunächst fassungslos vor den noch qualmenden Resten unseres schönen Heimes. Aber wir waren unverletzt, ein Gefühl der Dankbarkeit! Ärzte und Feuerwehr waren in dieser Nacht in pausenlosem Einsatz und leisteten Übermenschliches, leider oft ohne Hoffnung.

An diesem Tag spürten wir etwas bitter die Ironie des Schicksals, denn noch im Lauf des Morgens rollte der von uns vor einiger Zeit bestellte kleine Möbelwagen vor unseren Schuttberg. Er hätte die besten Möbelstücke nach Waibstadt bringen sollen, wo meiner Mutter ein leeres Zimmer angeboten worden war.

In den ersten Tagen nach diesem Großangriff wurden die Ausgebombten von der NSV versorgt. Man saß an langen Tischen auf langen Bänken auf einem großen Platz. Plötzlich rief ein älterer Mann: „Das ist fast wie ein Volksfest, für mich ist die Kriegsangst in der Stadt zu Ende, ich zieh' aufs Land!"

Vier Nächte verbrachten wir noch im Bunker, aber zukunftshoffend, wußten wir doch ein Städtchen im Kraichgau, wo eine liebe alte Frau und ein Leerzimmer auf uns warteten. Und das war in Waibstadt.

Arm wie die Flüchtlinge kamen wir an, und es brauchte Jahre, bis wir eingewachsen waren. Doch nie haben Mutter und Tante geklagt. Viele Behörden- und Bittgänge machten mürbe. Aber einige Familien halfen uns, auch als Protestanten in Waibstadt Fuß zu fassen. Diesen lieben Menschen sei auch hier nochmals gedankt. Nun spürten wir den Krieg nicht mehr so hart. Wir lebten in dieser ländlichen Gegend ruhiger. Niemand mußte mehr hungern, und in den Nächten konnte man wieder durchschlafen.

Ungewohnt war für mich das Aufstehen vor 5 Uhr morgens, um den Frühzug nach Heidelberg zu erreichen, wohin mein Arbeitsplatz verlegt worden war. Zwar wurde der Zug manchmal durch Tiefflieger beschossen; aber ich selbst erlebte zum Glück nie Verletzte oder gar Tote.

Lotte Schenck

Eppingen – Beschlagnahme von Wohnraum für Evakuierte.

Antrag auf Entschädigung nach der Kriegssachschädenverordnung.

Für Gebäudeschäden und Hausratschäden oder Nutzungsschäden ist jeweils ein gesonderter Antrag zu stellen.

Mannheim, den .... 194...

Auf Grund der Kriegssachschädenverordnung vom 30. November 1940 (RGBl. I. S. 1547) beantrage ich Entschädigung nach den Vorschriften dieser Verordnung für meinen nachstehend dargelegten Kriegssachschaden.

I. Geschädigter (Vor- und Zuname): *Carrie Born Wtw.*

geboren am *25. April 84* in *Heidelberg* Beruf: *Kommanditistin der Fa. Rotten Born*

Wohnung vor Eintritt des Schadens (Ort, Straße, Haus-Nr., Stockw., Vorderh., Hinterh.): *Mannheim Sophienstr. 22*

Preis der monatlichen Miete (nur anzugeben, wenn größerer Gebäude-, Hausrat- oder Nutzungsschaden geltend gemacht wird): RM. *225,- ohne Heizungskosten*

Größe der Wohnung: *7* Zimmer, *1* Küche, *1* Bad, *1* Mansarde, *1* Keller

Letzter Umzug am: .... ausgeführt von: ....

Jetzige Wohnung nach Räumung der bisherigen Wohnung: *Sophienstr. 22* Monatl. Mietpreis: RM ....

Staatsangehörigkeit: *deutsch* / Jude: ja-nein / ledig, ~~verh.~~, -verw., ~~geschieden~~

verheiratet mit: .... seit: ....

Zahl und Alter der im Haushalt lebenden Kinder: a) männlich .... Alter: ....
b) weiblich *1* Alter: *28 Jahre*

Wer gehört sonst noch dem Haushalt an: *Frl. Emmy Zetter*

Postscheckkonto des Geschädigten: .... Sparkassenkonto: .... Bankkonto: ....

II. **Art und Umfang des Schadens:**

1. Schadensort: *Mannheim* Straße Nr.: *Sophienstr. 22*
2. Zeitpunkt des Schadenereignisses: *5/6. IX. 43*
3. Angabe der Ursache des Schadens (wie Brandbomben, Sprengbomben, Flak, Löschwasser) unter gleichzeitiger Schilderung des Sachverhalts: *Brandbomben, da die Rauchentwicklung so stark war konnte nichts aus der Wohnung geborgen werden.*
4. Kenntnis von dem Schaden habe ich am: *6. IX. 43* erhalten.
5. Ist aus Anlaß des gleichen Schadenereignisses schon früher ein Entschädigungsantrag gestellt worden? *Nein*
Wenn ja: Wann wurde der Antrag gestellt? .... Von wem? ....
6. Hat der Geschädigte früher schon einen anderen Fliegerschaden erlitten? *Nein*
Wann? .... Wo? ....

Entschädigungsantrag. (Stadtmuseum Sinsheim)

Bezugsberechtigung für zugeteilte Kleidung, Bettwäsche nach Totalschaden. Anspruch bestand z. B. gerade auf eine Garnitur Leibwäsche (keiner auf die damals für absolut selbstverständlich gehaltene Corsage!). (Stadtmuseum Sinsheim)

Zeitungsartikel 'Der große Treck' (erste Flüchtlinge 1944).

Sinsheim, Mittwoch, 31. Mai 1944

KREISSTADT SINSHEIM

Der große Treck

Hunderte von Leiterwagen rollen vorüber, hochbeladen und mit Fellen bespannt gegen Wind und Wetter. Hunderttausende von Volksdeutschen sind im großen Treck vom Schwarzen Meer aufgebrochen, um in ihr Mutterland nach hartem Siedlerschicksal im Osten wieder zurückzukehren. In Reih und Glied mit der übrigen Kolonne fährt der Wagen des Deutschen Roten Kreuzes. DRK.-Schwesternhelferinnen, die durch Schlamm und Eis über die zerrissenen Landstraßen des Ostens den großen Treck vom Siedlerdorf herbegleiten, erfüllen hier eine zwar schöne, doch nicht immer leichte Aufgabe. Aus der runden Wagenöffnung lacht ein verstaubtes, rußiges Gesicht heraus: „Ich habe gerade auf der Feuerstelle Wasser heißgemacht — unser erstes Mädel ist geboren, sieben Buben sind schon vorher unterwegs auf die Welt gekommen!" DRK.-Schwesternhelferinnen müssen hier Arzt und Krankenschwester in einer Person sein. Doch Schwester Paula ist nach einem Bandenüberfall noch mehr für die Umsiedler geworden. Das war so: Sie lag nachts neben den Wöchnerinnen, neben fiebernden Kindern und Greisen, als die Wagen plötzlich von Banditen umstellt und angehalten wurden. Zwanzig Personen hockten eng um Schwester Paula. Da hörte man draußen schreien: „Ihr habt doch eine deutsche Schwester da drinnen — raus!"

„Wir brauchen sie für unsere Kranken!" Ehe wir Schwester Paula zurückhalten konnten, war sie schon aus dem Wagen gerutscht. Das Herz mag ihr wohl bis zum Halse geschlagen haben. Schwester Paula konnte etwas Russisch. Während ihres Einsatzes hatte sie es gelernt. Ruhig und unerschrocken sprach sie mit den Banditen. Ihre Geistesgegenwart ließ sie im rechten Augenblick das Richtige sagen und tun. Nach wenigen Minuten konnte der Wagen unbehindert weiterfahren.

Am kommenden Sonntag ist die dritte diesjährige Haussammlung des Deutschen Roten Kreuzes. Da wollen wir zeigen, daß wir Verständnis haben für die wertvolle Arbeit, die dort für unser Volk geleistet wird und wollen selbst nach Kräften mithelfen.

Reichskommiffar für die Feftigung Deutfchen Volkstums
Volksdeutfche Mittelftelle
Lagerführung.

Umfiedlungslager Nr. 5
Sießen, Krs. Saulgau

V

Entlaffungs - Urlaubsfchein

für / die RD-Umsiedlerfamilie

Reinke	, Rudolf	geb.	17.11.11.	Ums. Nr.	168817
"	Johanna	"	30.11.18.	" "	18
"	Friedhold	"	8. 3.44	" "	
Unrath	Friedrich	"	9.11.87	" "	168851
"	Maria	"	23. 9.19	" "	52

wird /werden am 31.8.1944 aus dem Umsiedlungslager Nr. 5 Sießen, Kreis Saulgau, zum Arbeits= einfatz nach

Gemeinde Fürfeld
Kreis Heilbronn

zum

entlaffen.

Die Obengenannten find / nicht / im Befitze der 4. Reichskleiderkarte, der Raucher= und der Seifenkarte. Eine Befcheinigung für die Lebensmittelabmeldung wurde ausgehändigt / folgt nach.

[Stempel: Umsiedlungslager Nr. 5 Kreis Saulgau]   [Unterschrift]
                                                                    Lagerführer.

Der unterzeichnete Arbeitgeber befcheinigt, daß die feinem Betrieb unterftellte Umfiedlerfamilie 2 Wohn= räume mit Küche bezw. Kochgelegenheit hat, und daß die nötigen Einrichtungsgegenftände vorhanden find.

Mit dem Entlaffungstage aus dem Lager unterftehen alle Umfiedler der Betreuung des Höheren ᛋᛋ= und Polizeiführers Südweft in Stuttgart=O, Gänsheideftraße 26.

Für alle Betreuungsangelegenheiten ift die oben genannte Stelle in Stuttgart zuftändig. Umbefetzungen find nicht ftatthaft.

[Unterschrift]
Unterfchrift des Arbeitgebers.

O/0878

Entlassungsschein für Umsiedlerfamilie aus Bessarabien.

Fremdarbeiter, Kriegsgefangene

Stifterhof bis Anfang 1945

Im Stifterhof erreichten die Ereignisse des Zweiten Weltkrieges ihren Höhepunkt gegen Ende des Krieges. Mit der im Jahre 1933 einsetzenden, politisch bedingten, ansteigenden Konjunktur waren die Landarbeiter des Hofes zur Industrie abgewandert. Otto Braun, der von der Süddeutschen Zucker AG Waghäusel von 1926 bis 1942 als Verwalter eingesetzt war, mußte ausländische Saisonarbeiter einstellen, und zwar 1938 aus Norditalien und ein Jahr danach aus Jugoslawien. Diese Arbeiter waren fleißig, die Erträge blieben auf der gewohnten Höhe.

Das änderte sich schlagartig, als die Hofverwaltung gezwungen wurde, Süditaliener zu beschäftigen. Diesen sagte die Arbeit auf dem schweren Eichelberger Boden nicht zu. Der Ernteertrag ging beträchtlich zurück; dafür zeigten sich die Italiener, die sich auf das Achsenbündnis Adolf Hitlers mit Benito Mussolini beriefen, maßlos anspruchsvoll hinsichtlich Unterbringung und Verpflegung. Als eines Nachts feindliche Flieger unser Gebiet überflogen, gaben die Italiener Lichtsignale. Prompt fielen Bomben in der Nähe des Hofes. Von der Polizei ins Verhör genommen, verweigerten die Italiener die Arbeit. Der Sinsheimer Landrat ließ die Rädelsführer verhaften.

Die ersten Polen waren bereits im ersten Kriegsjahr kurz vor Weihnachten gekommen und die ersten Russen im Frühjahr 1942. Die meisten Fremdarbeiter, wie sie offiziell bezeichnet wurden, hatten ihre Heimat in der Nähe von Leningrad. Nach dem 22. Juni 1941, dem Tag der Kriegserklärung gegen Rußland, wurden fast durchweg Zwangsarbeiter aus dem Osten beschäftigt. Die Leistung, besonders der Russen und Ukrainer, war anerkannt gut.

Kurt Emmerich (1995)

Liste der „ausländischen Arbeiter und Kriegsgefangenen" für Sinsheim. (Stadtarchiv Sinsheim)

```
Der Bürgermeister                           Sinsheim, den 10. Mai 1943
    der Gemeinde
    S i n s h e i m
                                            Erfassung der ausl.Arbeiter
                                            und Kriegsgefangenen.

            In der Gemeinde Sinsheim sind z.Zt. ausl. Arbeiter und Krieg
    gefangene eingesetzt:
            --          sowjetische Kriegsgefangene
            49          nichtsowjetische              (franz.)
            13          Ostarbeiter-Männer-
            15             "        -Frauen-
            24          Polen-Männer-
            23            "   -Frauen-
            18          Ukrainer-Männer-
             8             "     -Frauen-
             3          Sonstige ausl.Arbeiter-Männer-
             1             "      "      "    -Frauen-
Insgesamt  154          ausl.Arbeiter u.Kriegsgefangene.
```

Tiefenbach mit Stifterhof (oben rechts im Bild). (Air Photo Library, University of Keele).

Erinnerungen an den Stifterhof Anfang 1945

Der Besuch in einem Museum für russische Volkskunst in St. Petersburg im vergangenen Jahr weckte Erinnerungen an ein Erlebnis im Frühjahr 1945:

Im Dorf war bekannt geworden, daß ein Transport russischer Kriegsgefangener im Stifterhof untergebracht worden sei und daß diese Gefangenen unter großem Hunger litten.

Aus den Ermahnungen der besorgten Großmutter, wegen der Tiefflieger das 'Höhle' nicht zu verlassen, machte sich eine neugierige Elfjährige nichts. Im Schurz einen Knorzen Brot und einige Kartoffeln, machte ich mich auf den Weg zum Stifterhof. Mein Großvater August Vogel und meine Brüder August und Otto hatten mich ab und zu zum Futterholen mitgenommen. Dadurch kannte ich die Schleichwege. Über den Bäcker-Frank-Buckel, den Kappelberg und auf Umwegen über die Taubenklinge kam ich beim Stifterhof an. Ein Wachsoldat erlaubte mir, das Mitgebrachte einem Gefangenen zu geben. Zwei- oder dreimal habe ich diese Besuche wiederholt. Der Gefangene ließ dann durchblicken, daß sie wieder weiter transportiert werden würden und gab mir ein altes Tuch, in das etwas eingewickelt war.

Auf dem Heimweg setzte ich mich voller Erwartung auf einen Grenzstein und wickelte das Tuch auseinander. War ich überrascht! Der Inhalt war ein buntbemalter Vogel, zusammengesetzt aus ganz dünnen Holzspänen, und eine bewegliche Schlange aus kleinen Holzklötzchen.

Der Abtransport der Gefangenen ist wenige Tage nach meinem Besuch erfolgt. Haben die Gefangenen wohl das Kriegsende und somit ihre Befreiung erlebt? Haben sie nach der Befreiung ihre Heimat, ihre Eltern und ihre Geschwister wiedergesehen? Oder wurden sie, wie immer wieder gemunkelt wurde, direkt nach Sibirien transportiert?

Die beiden Holzfiguren stehen noch heute bei mir in einer Vitrine und erinnern an menschliches Schicksal und an eine schreckliche Zeit. *Rita Beuse (1995)*

...szug aus dem Schreiben des Reichsarbeitsministers III b 18171/39

Berlin, den 30. September 1939.

---

1. Den in der Land- und Forstwirtschaft eingesetzten Kriegsgefangenen ist freie Unterkunft und Verpflegung zu gewähren. Bei einer Unterbringung und Beköstigung ausserhalb des Betriebes sind die hiefür entstehenden Kosten vom Betriebsführer zu tragen. Wird die Unterkunft und Verpflegung ganz oder teilweise von der Wehrmacht übernommen, so hat der Betriebsführer hierfür folgende Entschädigungssätze an die Wehrmacht zu zahlen:

   a) für Verpflegung täglich   1.20 RM
      Morgenkost -.20 RM
      Mittagskost -.60 RM
      Abendkost -.40 RM
   b) für Unterkunft täglich   -.20 RM im Sommer
                                 -.40 RM im Winter.

2. Daneben sind für jeden mit Zeitlohnarbeit beschäftigten Kriegsgefangenen im ganzen Reichsgebiet folgende Barbeträge an die zuständigen Stellen der Wehrmacht abzuführen:
      je Arbeitsstunde   -.06 RM.
      je Arbeitstag   -.54 RM
      je Arbeitsmonat   13.50 RM.

3. Für jeden mit Stücklohnarbeit beschäftigten Kriegsgefangenen sind 80% der tariflichen, beim Fehlen einer tariflichen Regelung 80% der ortsüblichen Akkordlöhne zu zahlen. Wenn bestehende Tarifordnungen der Akkordberechnung den tariflichen Zeitlohn zu Grunde legen, so tritt an die Stelle der tariflichen Zeitlohnsätze ein reichseinheitlicher Stundenlohn von -.32 RM. Von den auf Grund dieser Basis errechneten Akkordverdiensten sind 80% zu zahlen.

Von dem Gesamtverdienst sind für Unterkunft und Verpflegung die von d... Wehrmacht für die Bewertung dieser Leistungen festgesetzten Sätze in Abzug zu bringen, wenn Verpflegung und Unterkunft vom Betriebe gestel... werden.

Die Kriegsgefangenen sollen nach Möglichkeit im Akkord beschäftigt we... den.

In Vertretung
gez. Dr. Syrup.

Richtwerte für Verpflegung, Unterkunft und Arbeitszeit.

Waffengebrauch gegenüber flüchtigen Kriegsgefangenen.

Waffengebrauch der Pol. gegenüber flü... tigen Kriegsgefangenen.

Rd.d.R.F.SS.&.Ch.d.Dt.Pol.im RMdJv. 27.7.42 O Kdo I Ausb.(3b)Nr.71=6/42
Die Dienstanweisung über den Waffengebrauch der Pol.Beamten v.2.8.1939 MBliV.S.1636 wird für die Dauer des Krieges durch folgende Bestimmungen ergänzt.
Gegenüber Kriegsgefangenen sind die Pol.Beamten ausser den in der vorgenannten Dienstanweisung bezeichneten Fällen in rechtmässiger Ausübung ihres Dienstes zum Waffengebrauch befugt.

1. Zum Anhalten eines flüchtigen oder zur Vereitelung der Flucht eines bereits wieder festgenommenen entweichenden Kriegsgefangenen.
2. Beim Schusswaffengebrauch sind die im Abschnitt F der Dienstanweisung festgelegten allgemeinen Bestimmungen zu beachten.
3. Auf flüchtige sowjetische Kriegsgefangene ist ohne vorherigen Anruf zu schiessen.

Warnschüsse sind in keinem Falle abzugeben.

Die Androhung des Schusswaffengebrauchs im Falle eines Fluchtversuchs gemäss Abschn.A.Ziff.I letzter Absatz hat erforderlichenfalls durch Zeichensprache zu erfolgen.

Die Pistole ist auf Streife geladen und gesichert zu tragen.

Nach Beendigung der Streife ist die Pistole zu entladen.

Mosbach, den 12. Oktober 1944.

Eppingen

Die französischen Kriegsgefangenen waren im Gefängnis untergebracht. Sie hatten zwar eine gutmütige Wachmannschaft, aber die Verpflegung war eintönig und nicht die beste. Deshalb teilten die Maurer bei der Synagoge ihr Vesper mit den Gefangenen, worauf eine bekannte braune Stimme aus dem Fenster der benachbarten Volksschule rief: „Ihr Kommunisten, ihr habt doch den Franzosen kein Essen und Trinken zu geben!" Von unten brüllte prompt ein Maurer zurück: „Verschwind', du Hitlersbankert, sunschd kumm i nuff un hag'd dei Riewe ab." Anders reagierte der Inspektor des ebenfalls benachbarten Amtsgerichts, der selbst Soldat gewesen war. Er kümmerte sich um die amtliche Verpflegung der Kriegsgefangenen, die daraufhin etwas besser wurde.

Von in Siegelsbach Arbeitenden wird bekannt, daß sie ihr Vesper mit Leuten in gestreiftem Anzug, die dort im Arbeitseinsatz sind, teilen, weshalb man ein Arbeitslager oder die Zweigstelle eines KZ in der Nähe vermutete.

Wegen verbotener gottesdienstlicher Betreuung polnischer Fremdarbeiter war der katholische Stadtpfarrer Emil Thoma aus Eppingen am 2. Juli 1941 verhaftet und am 12. September in das Konzentrationslager Dachau eingeliefert worden. Er kehrte erst am 28. März 1945 zurück.

Edmund Kiehnle

Als Holzhauer im Eppinger Wald

1945 arbeitete ich im Eppinger Wald als Holzhauer. Ich war mit meinen sechzehn Jahren der jüngste Waldarbeiter unter den deutschen Männern. Den größten Teil der Waldarbeiter stellten die Kriegsgefangenen und Deportierten verschiedener Nationen. Forstmeister Stoll vom Eppinger Forstamt diente als Offizier bei der Luftwaffe. Es gelang ihm, für die Stadt Eppingen zusätzlich fünfzehn russische Kriegsgefangene freizustellen. Sie bewohnten den Aufenthaltsraum der Zichorienfabrik, und zwei Wachmänner, Luftwaffensoldaten, bewohnten einen kleineren Raum. Morgens um 7 Uhr setzte sich unser Zug Richtung Wald in Bewegung. Damals lag ziemlich viel Schnee, und der Winter war recht kalt. Voraus gingen der Rottenführer Hermann Wittmer (*1895) und einer der Wachmänner. Dann kamen die fünfzehn Russen und der zweite Wachmann, zuletzt wir Deutschen: Wilhelm Frank (* 1888), August Schmitt (*1890) und ich. Die Männer waren zu alt, um Soldaten zu sein. Nur ich mußte täglich gewärtig sein, den Stellungsbefehl zu erhalten. Das war nun die Rotte, die in der Abteilung 28 Holz machte. Da die Wachmänner weiter nichts zu tun hatten, als auf die Russen aufzupassen, sie zu bewachen, fiel es schwer auf sie, als drei Russen flüchteten. Die beiden Soldaten wurden zur Ostfront abkommandiert und ein anderer Wachmann wurde geschickt. Dieser Mann war ein Tscheche, ein sogenannter Hiwi (Hilfswilliger). Er trug Luftwaffenuniform, nur hatte er auf der rechten Brusttasche keinen Hoheitsadler. Er hieß Karel Hudjetschek und sprach einwandfreies Deutsch. Da Karel auch russisch sprach, konnte er den anderen Russen eindringlich klar machen, daß Flucht so ziemlich der sicherste Weg zum Tod sei. Aber die Männer hatten Angst vor dem Kriegsende, das früher oder später kommen mußte. Unter den Russen war einer, der Michel, der einigermaßen deutsch sprach und der sagte einmal: „Wenn russische Armee kommen, Hitler alle russisch Gefangene kaputt machen."

Nachdem der Rummel um die Flucht der Russen vorbei war, kamen noch zwei Eppinger Waldarbeiter zu unserer Rotte: Otto Rüdinger (* 1903) und Ludwig Götz (* 1882). Otto war gehbehindert und deshalb vom Militär freigestellt. Die Russen waren fleißige Leute. Je zwei Mann schafften am Tag zwei Ster Brennholz. So viel hatten in den vorhergehenden Wintern weder Polen noch Franzosen zwischen die Stickel gebracht, obwohl die immer bessere Behandlung und Verpflegung gehabt hatten. Die Russen taten einem wirklich leid. Die deutschen Arbeiter in der Zichorienfabrik erlaubten ihnen, Zuckerrüben an den Koksfeuerungen zu braten, denn nur mit dieser Zunahrung waren die armen Kerle in der Lage, solche Leistung im Wald zu vollbringen. Die Rüben brachten ihnen die deutschen Arbeiter von der Eisenbahn herüber, denn wenn Zichorienwurzeln entladen wurden, kamen Zuckerrüben auf die Güterwagen. Die unmenschlichen Befehle gegen die Russen konnte man nicht befolgen, zumal wenn man mit ihnen zusammenarbeitete.

In jener Zeit war das Brot, das man beim Bäcker kaufte, kaum noch genießbar. Ich ließ mir von meiner Mutter einen Brei aus Maisschrot und Maisgrieß kochen und nahm den in einem 1 1/2-Liter-Kännchen mit in den Wald. Das ganze Kännchen konnte ich nicht leer essen, aber die Russen waren froh über den Rest. Jeden Tag durfte ein anderer das Kännchen leeren. Ganz froh waren sie, wenn jemand zu Hause eine Arbeit hatte, zu der er einen zweiten Mann brauchte. Der Wachmann gab dann einen Gefangenen frei. Ich brauchte öfters einen, um unser Brennholz zu zerkleinern und auf den Speicher zu schaffen oder einen Garten umzugraben, da ich auch in den Gärten meiner Tanten zu tun hatte. Die Onkel und mein Vater waren Soldaten, so war man um so einen Gefangenen froh. Wenn wir am Abend fertig waren, hat meine Mutter es immer wieder fertig gebracht, zu einer Pfanne voller Bratkartoffeln oder einer Schüssel Kartoffelsalat ein Stück Wurst zu beschaffen. Ihr lag daran, daß ein Mann, der bei uns gearbeitet hatte, auch anständig essen konnte. Die Mutter arbeitete damals in einer Zigarrenfabrik, wo sie jeden Monat 50 Stumpen erhielt, und wenn sie dann so einem armen Kerl zum Abschluß ein Päckchen Stumpen gab, war der selig.

Vom Wald brachte ich abends manchmal ein Bund Besenreisig mit nach Hause, das ich von jungen Birken geschnitten hatte. Hier war ich im Vorteil mit meiner Jugend. Das Besenreisig war vor allem bei Bauern begehrt, und wenn ein Waldarbeiter wußte, wo ganz junge Birken wuchsen, schnitt er die ab und tauschte sie gegen Lebensmittel oder anderes, was man sonst nicht mehr kriegte. Ich war gelenkig und bestieg die Birken und schnitt die geeigneten Zweige ab. Ich trug Bündel Besenreisig heim, aus denen ich am Abend zwölf bis fünfzehn Besen band. Doch dazu mußte ich mir auch ein Bündel Korbweiden besorgen. Die Weiden machte ich biegsam, und damit habe ich Besen gebunden, denn Draht bekam man nicht. Besenreisig schneiden und Weiden holen war natürlich verboten, aber den Begriff 'Stehlen' verwendete man dafür nicht, man nannte es Organisieren, und alle Welt organisierte damals. Neben diversen Lebensmitteln ließ ich mir schon mal Rohtabak geben. Dachreiter nannte man ihn. Die Raucher griffen zu diesem unfermentierten Tabak nur, wenn sie sonst gar nichts mehr hatten. Unsere Russen hatten fast nie zu rauchen, und sie rauchten doch auch gern. Um jede Kippe waren sie froh. So dachte ich mir, dem Michel, der mir damals meistens half, dem bring' ich ein Bündel Rohtabak, dann hat er für einige Zeit zu rauchen. Der Michel hat sich gefreut, und ich dachte: Nun bist du Tabakkapitalist unter deinen Kameraden. Aber ich täuschte mich. Michel legte das Bündel auf den Lagertisch und verteilte den Tabak, Blatt um Blatt, unter seinen Kameraden. Und als die letzten Blätter nicht mehr für alle reichten, wurden sie zerteilt. Sie machten tatsächlich Kommunistles. Ich war später auch Gefangener, aber eine solche Kameradschaft habe ich nicht kennengelernt.

Karel Hudjetschek, der Hiwi, der die Russen bewachte, war ein intelligenter Mann, der viel wußte und gut erzählen konnte. Eine Marotte hatte auch er: er trank gern Schnaps. Da Schnaps eine Art Schwarzhandelswährung war, konnte man ihn sich nicht so leicht beschaffen. Karel fand da einen Ausweg. Wie alle Soldaten, die längere Zeit an einem Platz stationiert waren, suchte sich auch Karel ein sogenanntes Bratkartoffelverhältnis. Einem hübschen jungen Burschen in schmucker Luftwaffenuniform fiel es nicht schwer, sich ein Mädchen anzulachen, ein

Mädchen aus einem Bauernhaus, wo Lebensmittel immer noch vorhanden waren. Der Vertrag war einfach: Das Mädchen hatte einen Liebhaber und der junge Mann genug zu essen. Karel fand auch das.

Eines Morgens, als es in den Wald ging, trug ein Russe einen großen Topf, wie man ihn früher zum Wäschekochen auf dem Herd hatte. Ein anderer Russe trug eine große emaillierte Schüssel, wieder einer eine etwas kleinere. Die anderen trugen Flaschen. Im Wald sahen wir, daß Karel schon länger drei größere Steine gerichtet hatte. Der Topf paßte genau drauf. Dann machte er Feuer zwischen den Steinen, damit er später Glut hatte. Dann legte er einen Stein in den Topf. Danach nahm er die Flaschen, in denen Most war, den er von seinem Liebchen hatte. Karel leerte etwa zehn Flaschen Most in den Topf, so viel, daß der Stein oben noch aus dem Most herausschaute. Dann stellte er die kleinere Schüssel auf den Stein im Topf. In die größere Schüssel, die über den Topfrand hinausragte, tat er etwas Wasser aus einer Pfütze und füllte sie vollends mit Schnee. Wir begriffen langsam, wozu Karel den Mordshafen und die Schüsseln in den Wald schleppen ließ: er baute sich eine Schnapsbrennerei. Abgedichtet wurde der Topfrand mit Hilfe einer Mullbinde, die mit Mehl und Wasser getränkt war. Der Mann stellte den Hafen auf die Glut und paßte auf, daß das Brenngut nicht zu heiß wurde. Wenn sich nun der Most im Topf erhitzte, schlug sich der Dampf an der eiskalten größeren Schüssel ab und tropfte in die kleinere. Der Tscheche hatte alles im Griff. Er saß am Feuer, von wo er die Gefangenen im Auge hatte, sein Karabiner lehnte an einem Baum und sein Schnapsbrenngerät hatte er vor sich. Seine Freundin gab ihm täglich ein gutes Vesper mit. Da konnte seinetwegen der Krieg so lange gehen, wie er wollte.

Manfred Pfefferle (1994)

Kriegsgefangener bei Bauernfamilie in Zaisenhausen.

Der 'Franzosen-Albert' – Eine wahre Geschichte aus der Kriegszeit

Nach dem Frankreichfeldzug im Jahre 1940 wurde eine Gruppe kriegsgefangener französischer Soldaten auch in das Kraichgaudorf Gondelsheim gebracht und den Landwirten und Handwerkern zugeteilt. Anfangs bestand ihre Bewachung aus einem älteren Soldaten, der mit seinem 'Kaiser-Wilhelm-Gedächtnis-Rock' und dem langen Karabiner wie aus dem Ersten Weltkrieg übriggeblieben schien. Später übernahm diese Aufgabe ein Bürger, der Maler Adolf. Sie bestand eigentlich nur darin, morgens ihre Unterkunft aufzuschließen und abends wieder abzuschließen. Diese Unterkunft war der Saal des ehemaligen Gasthauses 'Zur Krone'. Von hier aus gingen die Männer zu ihren Arbeitsstellen im Dorf.

Da sie von 1940 bis 1945 im Ort waren, gehörten sie oft schon zu ihren Familien, und viele hatten es sehr gut getroffen mit ihrem 'patron'. Den älteren Bauern waren sie eine willkommene Hilfe, besonders wenn der Jungbauer selbst im Krieg war. Für diese Kriegsgefangenen war der Krieg zu Ende, und sie warteten nur noch auf ihre Heimkehr.

Und doch floh einmal eine Gruppe von vier Gefangenen in Richtung Heimat. Der Schwanenwirt Christian, selbst einmal im Ersten Weltkrieg aus französischer Gefangenschaft geflüchtet, meinte enttäuscht zu seinem Nachbarn: „Des Rindvieh, warum hat meiner das nicht vorher gesagt, ich hätte ihm doch einen Schinken mitgegeben!"

Bei der Feldarbeit wurde natürlich auch mal Pause gemacht, und der Mostkrug – zur Kühlung in feuchte Tücher eingepackt – machte die Runde. Der Bauer Jakob St. reichte 'seinem' Franzosen den mitgebrachten Mostkrug: „Da, sauf!" Der meinte sicher, das deutsche Wort für 'soif' (Durst) gehört zu haben und teilte beim nächsten Durstgefühl ernsthaft der erstaunten Bäuerin mit: „Ich 'abe Sauf!"

Besonders gut getroffen hatte es wohl auch Albert Baylou, ein kräftiger junger Mann mit einem freundlichen runden Gesicht, in dem meist eine Pfeife steckte. Er stammte aus Larreule nicht weit von Lourdes und war Dorfschmied. Sein patron, der Wagnermeister Lansche, hatte ihn angefordert und mit ihm das Glückslos gezogen. Er war nämlich, wie der Meister, ein großer Tüftler, und die beiden bauten in den folgenden Kriegsjahren Anhänger für Autos und Schlepper, Bandsägemaschinen und für die Bauern die hölzernen Wagenräder mit Eisenreifen, die man heute so gern als Dekoration in die Vorgärten stellt.

Albert besaß bald das volle Vertrauen des Meisters, nachdem sie beim ersten Vesper erkannten, daß sie denselben Vornamen trugen und in ihren Ansichten nicht so weit voneinander entfernt waren, wie es die Politiker auf beiden Seiten gern gehabt hätten.

Die Herstellung der genannten Güter war in jenen Tagen mit großen Schwierigkeiten verbunden. Der Juniorchef war Soldat in Rußland, die Gesellen ebenfalls eingezogen, nur Lehrlinge waren noch da. Material war knapp und konnte oft nur im Kompensationsgeschäft besorgt werden. Ein neuer Anhänger-Aufbau konnte nur hergestellt werden, wenn der Besteller auch Holz, einige Pfund Nägel, Gummireifen oder Tabakbüschel usw. lieferte. Mitunter war als Zahlungsmittel auch ein Fäßchen Wein aus dem Schwäbischen möglich. Das wurde dann dort abgeholt, und Albert war dabei, trank er doch – wen wundert's – auch hier mal gern einen Vin rouge.

Der Meister erlaubte ihm sogar, was eigentlich streng verboten war, mit dem Auto allein kurze Strecken zu fahren, um etwas zu besorgen oder in den umliegenden Wäldern Nutzholz auszusuchen. Dem zehnjährigen Enkel des Meisters brachte Albert auf einem Feldweg mit der NSU-Quick das Motorradfahren bei und zeigte ihm eines seiner Geheimnisse: Im Griff seines Rasierpinsels lagen viele fein säuberlich zusammengerollte ausländische Geldscheine.

Brennholz spielte in damaliger Zeit für die Heizung die wesentliche Rolle, denn Kohle gab es nur für kriegswichtige Zwecke und Ölheizung war noch unbekannt. Den Bürgern wurde das Holz zugeteilt. Zusätzlich wurden auch die alten Obstbäume der Brennholzverwertung zugeführt. Dann war die mit einem Dieselmotor angetriebene fahrbare Bandsägemaschine, eine vielverkaufte Eigenkonstruktion des Meisters, oft von früh bis spät mit Albert am Steuer unterwegs, um die schweren Holzstämme in handliche Rollen zu sägen. So kannte er und kannte ihn das ganze Dorf.

Am Tisch in der Küche der Familie wurden die Neuigkeiten besprochen, und sie wurden immer trauriger, wenn schon wieder ein ehemaliger Lehrling als Soldat gefallen war, oder als Willi, der Kupferschmied, die Nachricht erhielt, daß sein Sohn als Fallschirmjäger auf Kreta den Tod gefunden hatte. Und gerade mit Willi, der noch so schöne kupferne Pfannen, Bettflaschen und ganze Schnaps-Destillieranlagen herstellen konnte, verband ihn eine herzliche Freundschaft.

Albert verstand fast alles, er besaß zudem ein Wörterbuch, das er oft benutzte, aber das Wort 'ebbes' konnte er nicht finden. Es hat lange gedauert, bis er „ja, ja, s'isch ebbes" verstand. Diese Redensart im Sinne von 'welch eine schlimme Zeit' fand immer mehr Berechtigung, bis dann auch der Tag kam, an welchem sich Albert von allen ihm wert gewordenen Menschen verabschieden mußte. Alle französischen Kriegsgefangenen wurden unter Bewachung nach Stuttgart verbracht.

Der Kanonendonner war näher gekommen, tieffliegende Jagdbomber hatten das Dorf angegriffen und mehrere Häuser und die Kirche zerstört. Was noch von dem schönen Bruchsal übriggeblieben war, war bereits von der französischen Armee besetzt. Einige Tage lag das Dorf unter Beschuß. Die schweren alten Dreschmaschinen wurden von Wehrmachtssoldaten als Panzersperre am Ortseingang aufgestellt, und ein Panzerfahrzeug bereitete sich vor dem Haus des Meisters auf die Verteidigung vor, weil der Sprit ausgegangen war. Albert Lansche suchte noch seinen letzten Reservekanister mit Benzin, gab ihn dem Panzerkommandanten mit der flehentlichen Bitte: „Mensch, fahrt noch so weit ihr kommt und macht kein Unglück hier!" – Auch die Panzersperren wurden von beherzten Bürgern wieder beiseitegeschoben. Dafür wurden sie eingesperrt und wären von einem Standgericht fast verurteilt worden, wenn noch Zeit geblieben wäre.

Während der zunehmenden Beschießungen hatte der Gutspächter Horsch, ein würdiger alter Herr, die Nachbarn eingeladen, in seinem tiefen Gewölbekeller Schutz zu suchen. Hier saßen nun Frauen, Kinder und Greise und bangten. Von draußen hörte man Granateinschläge. Die Schießerei nahm zu und ebbte dann plötzlich ab. Motorgeräusche, fremde Stimmen – heraus aus dem Keller! Alle mußten sich an die Wand stellen. Mißtrauische marokkanische Schützen mit großen braunen Umhängen durchsuchten die Umgegend nach deutschen Soldaten. Was dann folgte, macht keiner Armee der Welt Ehre. Die Frauen wurden in die Wohnräume verschleppt, Uhren und Ringe verschwanden in den Kapuzen, der Herr Gutspächter fingerte umständlich am Verschluß seiner goldenen Uhrkette, ein schneller Griff des Soldaten, ein kurzer Ruck und die Uhr gehörte ihm. Der alte Herr verstand die Welt nicht mehr, aber ein scharfer Blick auf ihn und das Maschinengewehr ließen ihn wieder in die Reihe der anderen zurücktreten.

Mitten in den Wirren der ersten Besatzungstage stand plötzlich Albert Baylou da und hatte seinem runden Gesicht das schönste Lächeln aufgesetzt, als er alle wohlbehalten vor sich sah. Er war durch die Frontlinie und Wälder geeilt, nachdem er erfahren hatte, daß die Gegend bereits französisch besetzt sei. – Erschrocken hörte er von den Ereignissen: „Drüben im Gasthaus 'Zum Ochsen' haben sie einen jungen Leutnant vom Keller herausgeholt, erschossen und breitgetreten, weil er sich fanatisch verteidigt hatte. Mich wollten sie dreimal erschießen. Ich mußte den Verteilerfinger vom Auto herausgeben, den ich ausgebaut hatte. Dann war unser Auto weg, Motorrad weg, alle Viecher im Hof erschossen, im Keller mit Maschinenpistolen die Mostfässer durchlöchert und alles über die Vorräte und Notbetten laufen lassen. Eine Flasche französischen Kognaks war der Anlaß, mich wieder an die Wand zu stellen, dabei war der gar nicht von mir! Und die Frauen ..."

Albert war sehr ernst geworden. „Wo ist der französische Commandant? Ich gehe zu ihm!" Er ließ sich nicht zurückhalten. Es dauerte zwei Stunden, bis er von der französischen Kommandatur im Schloß der Grafen Douglas zurückkam – aber wie verändert, blaß und ernst. Er habe sich beim Kommandanten melden lassen. Dann habe er ihm von den Kriegsgefangenen hier am Ort erzählt, auch daß sie gut behandelt worden seien. Er aber sei bestürzt über das, was er hier gesehen und gehört habe. – Und der Kommandant? – Der glaubte ihm das nicht. Es kann nicht sein, und wenn schon ... – „Ich soll sofort verschwinden, nach Frankreich! Und wenn nicht in zwei Stunden parti, werde ich erschossen!!" – „Geh'," sagte beruhigend Meister Lansche, „Geh', wir kommen schon durch! Wir haben den Krieg überstanden, und hoffentlich kommen auch meine wieder zurück."

Horst Münz, 1995

Erinnerungen der Theatergruppe 'Sellemools', Eschelbronn

[...] Christa berichtete vom Angriff der alliierten Flieger am 13. März 1945 auf Eschelbronn, auf seinen Bahnhof und den dort wartenden Zug. Sieben Tote, vermutlich lauter Frauen, waren zu beklagen. Christa selbst war während jenes Angriffs bei einer Freundin, während ihre Mutter die Großmutter besuchte. Nach dem Angriff eilte Christas Mutter in tiefer Sorge um ihre Tochter nach Hause. Unterwegs rief ihr eine Einwohnerin zu: „In eurem Garten, unter den Tannen, liegt ein totes Mädchen!"

Die Sorge, die Angst, die Christas Mutter auf dem Weg nach Hause empfunden haben mußte, ist mit Worten nicht zu beschreiben, glaubte sie doch, daß es sich bei dem toten Kind unter den Tannen um ihre Christa handeln würde.

Es war nicht Christa, es war die kleine Tochter einer russischen Familie, Zwangsarbeiter, die im Wiesental in einer Baracke in der Nähe von Christas Haus wohnten.

Christas Bericht hat mich nächtelang beschäftigt. Da lebte ein kleines Mädchen ganz in unserer Nähe, ein Kind in unserem Alter, und wir wußten nichts davon. Wie hat das Kind gelebt, wie kam es hierher? [...] Ich mußte wissen, wer das tote Kind war, wie es hieß, wie alt es war, woher es kam [...].

Ich habe herausgefunden, was ich wissen wollte: Das Kind hieß Sophie Adamschefski, hatte am 6. Juli Geburtstag und stammte aus Woczin in Rußland. [...]

Marliese Echner-Klingmann in RNZ 22./23.4.1995

Brieffragment einer ehemaligen Zwangsarbeiterin

.... Sohn arbeiten traktor Dominium. Frau arbaiten zu hause 2 kinder musen kochen, waszen imd garten arbaiten. Mitek haben 25 ar von Dominium. Liebe Erika Du musen vil arbaiten zukerriben haken. Ich bin zu weid für Eppingn kan net helfen Dich. blos Ich Denken zu Eppingen, das ist so weit zu fahren. und taier aur so jeden tage Ich kuken die Grupenbild Frau Doll schiken zu mich. Tausen mal Denke schon dafür. Liebe Familie Ich bin zufreden das zu Eich sreiben. Lui David zu mich auch eine Bref schreiben Lui, ich bin wohnen bei Krakau zu hause 1946 Jahre komen aine Bref won Lui Dauid zu mich. Lorsch net schreiben. Lieben Familie Doll und Erika Ich Winszen vil grusen ganzen Familie und 100 Jahre leben nicht wergesen Eich.
Deine Maria.

Ehemalige Zwangsarbeiterin erinnert sich an Bretten

Anna Karpenko, die heute im ukrainischen Makejewka im Donezgebiet lebt, wo Bergbau und Schwerindustrie vorherrschen, war 1942 als Zwangsarbeiterin nach Deutschland gekommen und hatte drei Jahre in Bretten gelebt und bei der ehemaligen Firma Beuttenmüller gearbeitet. [...] Aus eigenem Antrieb hat sie den Kontakt zur Familie Beuttenmüller und ihren damaligen Freundinnen gesucht und über die deutsche Botschaft die Hilfe der Stadt Bretten gefunden. [...] Hier ihr Brief [Auszüge aus der Übersetzung]:

Ich war fünfzehneinhalb, als ich nach Bretten kam. Wir wurden in geschlossenen Güterwaggons transportiert. Nur manchmal wurden die Türen geöffnet und wir bekamen Wasser. Da es damals sehr heiß war, wurden in der Nähe der Grenze die Türen auch während der Fahrt geöffnet. Niemand wußte, wohin man uns bringt. [...] Heute hätte ich die damalige graue Stadt Bretten wahrscheinlich nicht erkannt. Aber einige Brettener bestimmt, obwohl fünfzig Jahre vergangen sind. [...] Drei Jahre wohnte ich im Lager der Stadt Bretten. Die Bürger der Stadt halfen, wo und womit sie konnten. Obwohl sie selbst über Karten (Marken) versorgt wurden. Sie schenkten uns Kleidung, Schuhe, Strümpfe. Im Lager bekamen wir nur einen karierten Kittel, den wir zur Arbeit trugen. Wenn man bei jemandem zu Hause arbeiten mußte, hat man sich sauber gekleidet und da hat man gern gearbeitet, mit voller Hingabe, sowohl zu Hause als auch auf den Feldern. Und nach fünfzig Jahren bedanke ich mich bei den Menschen Ihrer Stadt dafür, daß sie uns das Leben erleichtert haben [...]. Nach Ende des Krieges habe ich von Süd nach Ost fast alles zu Fuß durchlaufen und habe gesehen, welche Spuren der Krieg in Ihrem Land hinterlassen hat. Damals dachte ich, jetzt wird es nie wieder Krieg geben. [...] ...möchte ich allen Bürgern der Stadt Bretten und meinen guten Freunden alles Gute wünschen: Glück, Güte und Wohlergehen [...] Es soll immer Frieden auf unserer Erde sein. *In: BNN, 21.8.1995*

Arbeitslager

„Im schönsten Wiesengrunde ..." – Das Arbeitslager Neckarbischofsheim

Es ist fast so etwas wie exterritoriales Gebiet: Da steht auf Waibstadter Gemarkung mitten in der Landschaft der Bahnhof Neckarbischofsheim-Nord. Am Fuß des Bahndammes, den man beim Bau des Bahnhofes in den Jahren 1902/03 verbreitert hat, liegen verloren ein paar Häuser: der Waibstadter Ortsteil Bernau. Teilweise bildet der Schwarzbach die Gemarkungsgrenze, so daß die wenigen Häuser, die jenseits des Baches liegen, teils zu Waibstadt und teils zu Neckarbischofsheim gehören. Letztere tragen seit ein paar Jahren den Namen 'Schwarzbachsiedlung'.

Um diese Feinheiten der Grenzziehung am Nordbahnhof hat man sich im September 1944 wenig gekümmert, als auf dem Reichsbahnhof, wie er damals offiziell genannt wurde, Fertigteile für Betonbaracken ausgeladen wurden. Innerhalb eines Monats entstand das 'Arbeitslager Neckarbischofsheim', das auf beiden Seiten des Baches errichtet wurde. Nachdem die Anlage mit Stacheldraht eingezäunt war, zogen die Bewohner ein. In ihrer blau-weiß gestreiften Kleidung waren sie unschwer als Häftlinge zu identifizieren. Im Wiesengrund hatte sich eine Metastase des Konzentrationslagers Natzweiler-Struthof im Elsaß gebildet.

Das Konzentrationslager Natzweiler-Struthof lag auf einem Gipfel der Vogesen etwa 50 km südwestlich von Straßburg. Die landschaftlich wunderschöne Lage mit einem großartigen Blick über die Bergwelt der Vogesen stand in einem „tragischen Kontrast ... zu der Atmosphäre des

Ehemalige Konzentrationslager in Baden-Württemberg

Nach Daten von J. Schätzle: Stationen zur Hölle.
Konzentrationslager in Baden-Württemberg 1933–1945.
Frankfurt/M. 1974.

○ Außenkommando von Dachau
● Außenkommando von Natzweiler
□ Außenkommando von Schirmeck
■ Außenkommando von Buchenwald
△ Außenkommando von Sachsenhausen
▲ KZ Heuberg–Kuhberg–Welzheim–Kislau–Ankenbuk

◇ Arbeitserziehungslager
◆ SS-Abfertigungslager
∗ Strafanstalten
III Zwangsarbeitslager
∪ Sammellager für Juden
∩ Mischlingslager

© Verein für Friedenspädagogik Tübingen e.V.

Karte ehemaliger Arbeits- und Konzentrationslager in Baden-Württemberg.
(Verein für Friedenspädagogik Tübingen e. V.)

Wahnsinns, in der wir von nun an leben sollten und die so war, daß sich in einer Nacht drei von uns erhängten," wie es in einem Bericht des politischen Häftlings Dr. Ragot heißt [1]. Natzweiler-Struthof war das einzige Vernichtungslager auf französischem Boden.

Zunächst wurden im Winter 1940/41 in der Nähe des Hotels Struthof, wo auch im Sommer 1943 eine Gaskammer gebaut wurde, die ersten Behelfsbaracken errichtet, in denen 300 deutsche Häftlinge untergebracht wurden [2]. Das eigentliche Lager entstand 800 m vom Strufhof entfernt und wurde am 1. Mai 1942 offiziell eröffnet [3]. Es war ursprünglich für 1500 Häftlinge geplant. Zu Beginn des Jahres 1944 lag ihre Zahl noch unter 4000 und stieg dann bis Ende 1944 auf fast 7000 an [4], vor allem durch die Evakuierung der Gefängnisse in Epinal, Nancy und Belfort. Aber auch aus Rennes kamen Häftlinge [5].

Die Lage des Konzentrationslagers wurde gewählt, um vor allem die Granitvorkommen dieser Gegend auszubeuten. Infolgedessen waren sehr viele Häftlinge in dem Steinbruch oberhalb des Lagers eingesetzt. Andere arbeiteten im Straßenbau, in der Rüstungsindustrie oder im Lager selbst. Zahlreiche Gefangene wurden für medizinische Experimente der 'Reichsuniversität' Straßburg mißbraucht [6]. Ziel des Lagers war optimale Ausbeutung der Arbeitskraft bei gleichzeitiger Vernichtung der Gefangenen durch Arbeit.

Unmittelbar vor dem Lagertor wurde eine Villa mit Schwimmbad für den Lagerkommandanten errichtet. Das Lager erhielt im Spätjahr 1943 ein Krematorium, um die vielen Toten rascher beseitigen zu können. Über die Zahl der Toten im Konzentrationslager Natzweiler-Struthof gibt es unterschiedliche Aussagen. Während der Tod vor allem französischer Häftlinge genau eingetragen wurde, verschwanden Russen, Zigeuner, Juden oder 'Angehörige minderwertiger Rassen', ohne eine Spur zu hinterlassen [7]. Darum wird die Zahl der Toten sehr vage mit „mehrere Tausend" angegeben [8].

Die Häftlinge des Lagers stammten nicht nur aus Frankreich. Es waren auch Niederländer, Belgier, Luxemburger, Tschechen und Deutsche unter ihnen, um nur die am meisten vertretenen Nationen zu nennen [9], und natürlich auch Zigeuner und Juden, letztere vor allem für medizinische Experimente der 'Reichsuniversität' Straßburg.

Als die alliierte Front im Jahr 1944 näher rückte, wurde das Lager im August 1944 zur Kampfzone erklärt. Am 31. August wurde mit der Evakuierung des Konzentrationslagers Natzweiler-Struthof begonnen, das im September aufgelöste wurde [10]. Die Häftlinge wurden nach Dachau und in Lager in Württemberg und Baden verlegt, u. a. auch in das am 21. März 1944 errichtete Außenkommando Neckarelz [11], dem das ab September 1944 errichtete Lager Neckarbischofsheim als Unterkommando angegliedert wurde [12].

Die Entstehung des Lagers Neckarelz und seiner Unterkommandos stand im Zusammenhang mit dem Verlagerungsprojekt 'Goldfisch'. Als die deutsche Rüstungsindustrie mit fortschreitender Kriegsdauer immer stärker durch Luftangriffe bedroht wurde, begann man, nach unterirdischen Verlagerungsmöglichkeiten zu suchen. In diesem Zusammenhang wurde das Reichsluftfahrtministerium schon früh auf die Gipsgrube 'Friede' in Obrigheim aufmerksam. Die Grube, in der die Heidelberger Portland-Zementwerke Gips abbauten, wies eine unterirdische Fläche von etwa 50 000 m² auf [13]. Da die Stollenanlage außerdem verkehrsgünstig lag und leicht auszubauen war, wurde im Frühjahr 1944 beschlossen, das Preßwerk Sindelfingen und das Flugzeugmotorenwerk Genshagen des Daimler-Benz-Konzerns nach Obrigheim zu verlegen [14]. Für den Ausbau der Zufahrt und der Fertigungsflächen waren KZ-Häftlinge vorgesehen. Die ersten 500 Männer aus dem Konzentrationslager Dachau trafen im März 1944 ein. Von seiten der SS erhielt das Projekt die Codebezeichnung 'A 8'. Von den Reichsbehörden wurde für das Daimler-Benz-Zweigwerk Obrigheim der Deckname 'Goldfisch' gewählt [15].

Die ersten Häftlinge wurden in der Schule Neckarelz untergebracht, die zum Konzentrationslager umfunktioniert wurde. Da jedoch der Bedarf an Arbeitskräften ständig stieg, entstand in den folgenden Monaten ein Kranz von Unterkommandos um das Außenkommando Neckarelz. Im Mai kamen aus dem Konzentrationslager Oranienburg weitere 500–700 Häftlinge in das neu eingerichtete Lager Neckargerach [16]. Weitere Lager in Mosbach und Neckarelz ('Neckarelz II') kamen hinzu. Im Juli 1944 war der B   . es Projekts 'Goldfisch' bereits auf über 1800 Arbeitskräfte angewachsen. Von diesen waren 1360, also fast drei Viertel, Häftlinge [17]. Aber bereits einen Monat später war deren Zahl auf über 2500 angestiegen. Zusätzlich entstanden neue Lager in Neckarbischofsheim, Asbach und Bad Rappenau [18]. Das Lager Neckarelz mit seinen Unterkommandos entwickelte sich zum größten Außenkommando des Konzentrationslagers Natzweiler-Struthof [19]. Da es der lokalen SS-Bauorganisation nicht gelang, in ausreichendem Umfang für die vielen Menschen Baracken zu errichten, wurden Baufachleute der OT (Organisation Todt) hinzugezogen [20]. [...]

Im September 1944 wurde damit begonnen, auf dem Reichsbahnhof Neckarbischofsheim Material für 'etwa 16 große Baracken ... für Arbeiter, die in der Rüstung unserer Gegend arbeiten'[26], auszuladen. Häftlinge aus dem Lager Neckarelz begannen, das Lager Neckarbischofsheim zu errichten. Täglich fuhren die Gefangenen mit der Bahn die 22 km bis zum Reichsbahnhof Neckarbischofsheim, um im Wiesental die ersten Baracken zu errichten [27]. Nach deren Aufstellung wurde das Lager mit einem Vorauskommando von 85 Häftlingen belegt, obwohl es noch keine Aborte und Waschgelegenheiten gab, die Küche noch nicht eingerichtet war und die Baracken weder Fenster noch elektrisches Licht hatten. Das Lager wurde durch die neuen Häftlinge weiter ausgebaut. Geplant war die Errichtung von 15 Unterkunfts- und drei Abort- und Waschbaracken, sowie einer Trafo- und Pumpstation, die das Lager mit Wasser versorgen sollte. Zum Lager gehörten außerdem eine Wirtschafts-, eine Verwaltungs- und eine Revierbaracke. Das Projekt wurde jedoch nicht mehr in dem geplanten Umfang verwirklicht. Sechs der Unterkunftsbaracken (2 und 9–12), die Revierbaracke, zwei der Abort- und Waschbaracken, sowie die Trafo- und Pumpstation wurden nicht gebaut. Die Unterkunftsbaracke Nr. 6 wurde zur Werkstatt umfunktioniert. Außerdem wurde dort die Pumpstation untergebracht.

Die Baracken, die heute noch stehen, sind etwa 25 m lang und 10 m breit. Die Wirtschaftsbaracke maß 33 x 10 m. Die Wasch- und Abortbaracke war kleiner. Die beiden Teile des Lagers verband ein Steg, der zwischen der Verwaltungs- und der Wirtschaftsbaracke den Schwarzbach überquerte. Ein zweiter Steg war geplant, wurde aber nicht mehr gebaut. Da die Federführung für die Errichtung des Lagers bei der OT lag, ist in offiziellen Schreiben entweder von der OT-Baustelle Neckarbischofsheim oder von der OT-Baustelle beim Bahnhof Neckarbischofsheim Reichsbahn die Rede [28].

Da das Gelände östlich der Landesstraße, die Neckarbischofsheim mit dem Nordbahnhof verbindet, sumpfig war, war es anfangs der 30er Jahre drainiert worden. Nach der Belegung des Lagers wurden die damals gezogenen Gräben durch Gefangene erneut freigemacht, um einer eventuellen Überschwemmung des Lagers vorzubeugen. Die Baracken selbst mußten wegen des schlechten Untergrundes auf Betonpfählen gegründet werden. Eine in Neckarbischofsheim ansässige Firma verlegte Wasser- und Abwasserrohre und goß die Betonplatten, jedoch – wie es damals üblich war – ohne jede Armierung. Stützen, Seitenwände und Decken wurden aus sehr stabilen Betonfertigteilen errichtet.

Die Zahl der Insassen des Lagers wird mit 80–120 angegeben [29], dürfte aber mit Sicherheit höher gewesen sein. Es waren – soweit das heute noch feststellbar ist – Deutsche, Franzosen, Russen, Polen, Belgier und Zigeuner [30]. Brot, Fleisch und Milch für die Verpflegung der Wachmannschaft wurde zweimal in der Woche in Neckarbischofsheim von jeweils zwei Gefangenen unter Bewachung eingekauft. Da die Lagerküche noch nicht fertiggestellt war, wurde das Essen für die Häftlinge mit dem Lkw ins Lager gebracht [31]. Die Verpflegung der Gefangenen bestand aus etwas Marmelade, Wurst und Margarine, aus einem Getränk, das sich Kaffee nannte, Brot und einer dünnen Suppe aus Kartoffeln und verschiedenen Rübenarten [32]. „Das Doppelte von dem, was wir erhielten, wäre selbst für einen Mann, der nicht gearbeitet hätte, zu wenig gewesen", sagte ein Gefangener über die Essensrationen [33]. Die Wachmannschaft für das Außenkommando Neckarelz und seine Unterkommandos bildeten Soldaten der Luftwaffe, die im September 1944 in die SS übernommen wurden [34].

Da es sich bei dem Lager Neckarbischofsheim um ein Arbeitslager handelte, kamen Häftlinge, die nicht nur vorübergehend erkrankt oder arbeitsunfähig waren, in das Konzentrationslager Dachau [35] und ab Ende Oktober/Anfang November 1944 in das Sterbelager Vaihingen an der Enz [36]. Die frei werdenden Plätze wurden sofort wieder aufgefüllt. Außerdem wurden je nach Bedarf Häftlinge zwischen den einzelnen Kommandos ausgetauscht [37].

Da zwischen Siegelsbach, Neckarbischofsheim-Nord und Neckarelz sogenannte kriegswichtige Güter transportiert wurden, waren die Bahnstrecke und vor allem der Bahnhof Neckarbischofsheim-Nord wiederholt Ziel von Tieffliegerangriffen. In Siegelsbach wurde in der Heeresmunitionsanstalt (HMA) Artilleriemunition hergestellt. Außerdem wurden dort V 2-Raketen zwischengelagert. Tag und Nacht fuhren die Güterzüge. Allein Ende 1944 wurden von der Bahn monatlich zwischen 15000 und 25000 Tonnen Güter für die HMA befördert [38]. Darum haben die Züge auch in der Regel Flak-Geschütze mit sich geführt.

Am 27. Mai 1944 wurde bei einem Tieffliegerangriff der Lokomotivführer Philipp Utz aus Neckarelz um die Mittagszeit getötet [39]. Am 15. Oktober wurde am Vormittag ein weiterer Zug angegriffen. Während die Güterzuglokomotive ›durch feindliche Tiefflieger unbrauchbar ge-

Skizze des Arbeitslagers Neckarbischofsheim.

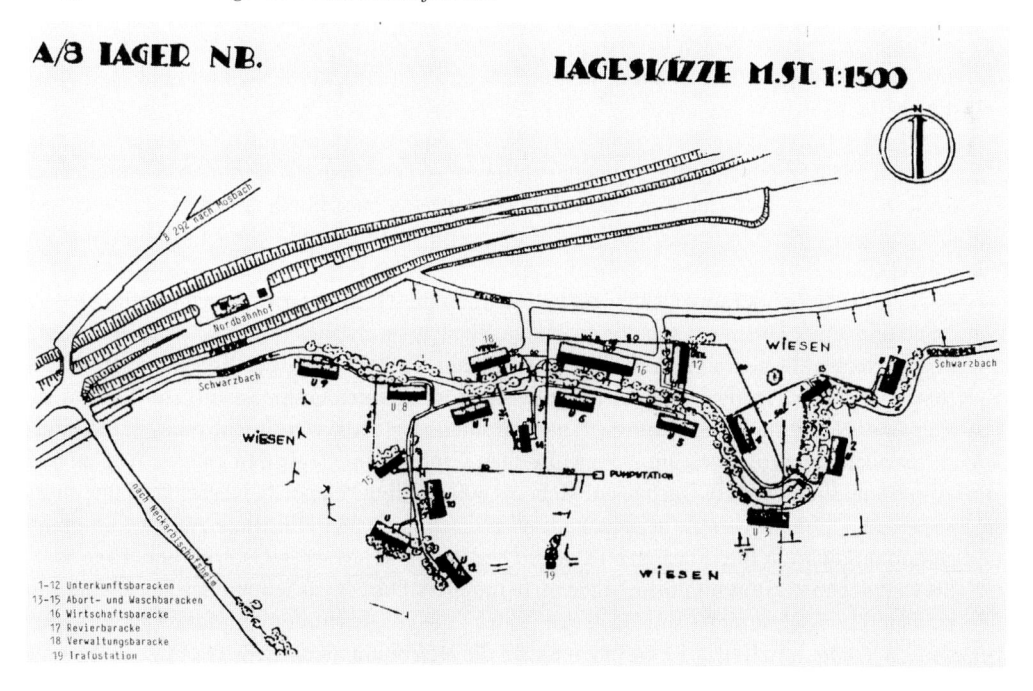

schossen' wurde, gab es weder Tote noch Verletzte, obwohl zu dem Zug sechs Güterwagen mit italienischen Gefangenen gehörten. Sie hatten nicht – wie das deutsche Zugpersonal – die Möglichkeit, in Deckung zu gehen [40]. Die Gefangenen waren als Arbeitskräfte für die HMA in Siegelsbach bestimmt.

Folgenschwerer verlief ein Angriff am 25. November. Dabei wurden drei 'Schutzhäftlinge', die beiden Polen Stephan Guzek und Jan Sliwinski und der Russe Johann Janeschewski getötet [41]. Bei Fliegeralarm mußten die im Lager anwesenden Häftlinge die Baracken verlassen und sich auf den in Richtung Neckarbischofsheim liegenden Feldern verteilen. Man wollte damit offensichtlich verhindern, daß bei Angriffen auf den Nordbahnhof durch Bomben, die in das Lager fielen, Häftlinge getötet wurden. Das Gelände, das durch den Schwarzbach, die Bahnlinie und die Straße in Richtung Neckarbischofsheim begrenzt wird, wurde dabei durch eine Postenkette abgesichert [42]. Ob die drei Häftlinge inner- oder außerhalb des Lagers getötet wurden, läßt sich nicht mehr feststellen. Sie wurden noch am gleichen Tag auf dem jüdischen Friedhof in Binau beerdigt [43], wo jeweils mehrere tote Häftlinge in einem Grab beigesetzt wurden. Ab Herbst 1944 diente dieser Friedhof als Begräbnisplatz für KZ-Häftlinge [44]. Vorher waren die Toten des Lagers Neckarelz und seiner Unterkommandos im Krematorium in Heidelberg verbrannt und die Urnen auf dem Friedhof in Heidelberg-Kirchheim beigesetzt worden. Wegen Treibstoffmangels und allgemeiner Transportschwierigkeiten wurde dann verboten, die toten Häftlinge zu den Krematorien zu bringen. Sie sollten vielmehr auf den örtlichen Friedhöfen begraben werden, „wenn möglich, an einer abgelegenen Stelle" [45]. Aus diesem Grund wurde der jüdische Friedhof in Binau zum Friedhof des Konzentrationslagers umfunktioniert. Über 200 Tote wurden dort von Oktober 1944 bis März 1945 begraben. Heute erinnert auf dem Friedhof ein Gedenkstein an die umgekommenen Häftlinge des Lagers Neckarelz und seiner Unterkommandos.

Die Häftlinge des Neckarbischofsheimer Lagers waren im Barackenbau beschäftigt. Außerdem arbeiteten sie im Daimler-Benz-Zweigwerk (Goldfisch) in Obrigheim und im Hauptwirtschaftslager II der Waffen-SS in Siegelsbach [46].

Der direkte Kontakt zwischen Deutschen und den Häftlingen war verboten. Alle Anweisungen liefen über die Kapos, die ebenfalls Häftlinge waren. Ihre Aufgabe bestand darin, die anderen Häftlinge zu beaufsichtigen und zu 'disziplinieren' [47]. Zur Disziplinierung gehörte, daß die Gefangenen geschlagen wurden bei den Appellen, auf dem Weg zur Arbeit und bei der Arbeit selbst [48].

In Neckarbischofsheim wurden zwei russische Gefangene erwischt, als sie von einem bereits abgeernteten Weißrübenacker einige liegengebliebene Weißrüben und Rübenreste mitnahmen. Ein Kapo zwang sie, ihre Beute auf den Boden zu werfen, anschließend schlug er einen der Gefangenen mit einer Gerte ins Gesicht [49]. Dies gehörte zu den üblichen Disziplinierungsmaßnahmen.

Als die alliierte Front immer näher rückte, wurden die Häftlinge des Konzentrationslagers Neckarelz und seiner Unterkommandos evakuiert. Zunächst wurden deren Gefangene Ende März 1945 nach Neckarelz gebracht. Von dort begann dann am 28. März der Todesmarsch in das Konzentrationslager Dachau. Die Häftlinge wurden in mehrere Gruppen aufgeteilt und marschierten über Neuenstadt und Kupferzell nach Waldenburg. Dort wurden die meisten in Güterwagen verladen und erreichten am 2. April Dachau. Eine Gruppe legte den ganzen Weg zu Fuß zurück und kam Ende April in Dachau an. Mehr als 600 Häftlinge kamen bei dieser Evakuierungsmaßnahme ums Leben [50]. Im Lager Neckarelz I blieben noch 887 Häftlinge zurück, die krank und gehunfähig waren. Ihre Fahrt nach Dachau endete am 31. März in Osterburken. Eine Weiterfahrt war wegen zerstörter Gleisanlagen nicht möglich. Die SS verließ mit den Lebensmitteln den Transport und setzte sich nach Dachau ab. Vier Tage später wurden die Häftlinge von amerikanischen Truppen befreit. 41 von ihnen haben die Befreiung nicht mehr erlebt [51].

Anmerkungen:

[1] Comité national pour l'érection et la conservation d'un mémorial de la déportation au Struthof (Hg.): K.Z.Lager Natzweiler-Struthof. Aus dem Französischen übersetzt von Barbara Faust (zitiert: K.Z. Lager Natzweiler-Struthof), 2.A., 1964, S.53.
[2] ebd., S.51
[3] Herwart Vorländer (Hg.): Nationalsozialistische Konzentrationslager im Dienst der totalen Kriegführung – Sieben württembergische Außenkommandos des Konzentrationslagers Natzweiler/Struthof. Veröffentlichungen der Kommission für geschichtliche Landeskunde in Baden-Württemberg, Reihe B Forschungen, 91. Band. Stuttgart, 1978, (zitiert: Vorländer), S.2
[4] K.Z.Lager Natzweiler-Struthof, S.50
[5] ebd., S.53
[6] Vorländer, S.6: „Eugen Kogon zählt Natzweiler neben Auschwitz, Buchenwald, Dachau, Ravensbrück und Sachsenhausen zu den Lagern, in denen die schrecklichsten Experimente gemacht wurden."
[7] K.Z.Lager Natzweiler-Struthof, S.50
[8] ebd.
[9] Vorländer, S.3, Anm. 8
[10] ebd., S.9
[11] Julius Schätzle: Stationen zur Hölle – Konzentrationslager in Baden und Württemberg 1933 – 1945, Frankfurt 1980, 2.A., S.180
Michael Schmid: GOLDFISCH, Gesellschaft mit beschränkter Haftung. – Eine Lokalhistorie zum Umgang mit Menschen. In: Hamburger Stiftung für Sozialgeschichte des 20. Jahrhunderts (Hg.): Das Daimler-Benz-Buch. Ein Rüstungskonzern im 'Tausendjährigen Reich', (zitiert: Schmid), S.493: Das Lager Neckarelz mit seinen Unterkommandos entwickelte sich in den folgenden Monaten zum größten Außenkommando des KZ Natzweiler mit zeitweise über 3000 Häftlingen.
[12] Wer sich eingehender über das Konzentrationslager Natzweiler-Struthof informieren möchte, sei außerdem verwiesen auf Jürgen Ziegler: Mitten unter uns – Natzweiler-Struthof: Spuren eines Konzentrationslagers. Hamburg, 1986.
[13] Rainer Fröbe: Wie wir den alten Ägyptern. – Die Verlegung des Daimler-Benz-Flugzeugmotorenwerks Genshagen nach Obrigheim am Neckar 1944/45. In: Das Daimler-Benz-Buch (FN 11). (Zitiert: Fröbe), S.401
[14] ebd., S.402
[15] ebd., S.402 f.
[16] Das Lager Neckargerach war ein ehemaliges Reichsarbeitsdienstlager.
[17] Fröbe, S.427
[18] Fröbe und Schmid
[19] Schmid, S.493
[20] Fröbe, S.427
[26] Schreiben Nr.1214/44 vom 11.10.1944. SWEG-Archiv, Dörzbach
[27] Studienkreis Deutscher Widerstand (Hg.): Heimatgeschichtlicher Wegweiser zu den Stätten des Widerstandes und der Verfolgung 1933–1945. Bd.5 Baden-Württemberg I, Regierungsbezirke Karlsruhe und Stuttgart. 1991. (Zitiert: Heimatgeschichtlicher Wegweiser), S.137
[28] z.B. wie FN 26; Schreiben der Bahnverwaltung Neckarbischofsheim-Stadt vom 22.11.1944. SWEG-Archiv, Dörzbach
[29] Im Lager Neckarelz I standen für die etwa 1000 Gefangenen 330 m^2 Fläche zur Verfügung, je Häftling also 0,33 m^2. Damit man so viele Menschen auf einer so geringen Fläche unterbringen konnte, schliefen sie auf einer dreistöckigen Holzvorrichtung (Schmid, S.502).
Außerdem konnte bei Schichtbetrieb jeder Liegeplatz doppelt genutzt werden (Fröbe, S.408).
Selbst wenn man im Lager Neckarbischofsheim 80–120 Gefangene in nur einer Baracke untergebracht hätte, wäre jedem mehr als das Dreifache der Fläche zugekommen, die den Häftlingen in Neckarelz zustand. Dies ist bei dem ständigen Mangel an Unterkunftsräumen kaum vorstellbar. Meines Erachtens ist deswegen von einer stärkeren Belegung des Lagers Neckarbischofsheim auszugehen.
[30] Information durch Zeitzeugen. Unter den Gefangenen soll sich auch der Bürgermeister von Brüssel befunden haben.
[31] Information durch einen Zeitzeugen
[32] Schmid, S.503
[33] ebd.
[34] Heimatgeschichtlicher Wegweiser, S.100/2
[35] Schmid, S.504
[36] Heimatgeschichtlicher Wegweiser, S.137/2
[37] ebd., S.137; Schmid, S.489
[38] Hans Markus Beisel: Die Eisenbahn in Neckarbischofsheim. In: Villa Biscovesheim – Neckarbischofsheim, 988–1988. Neckarbischofsheim, 1988. S.264
[39] Sterberegister der Stadt Waibstadt Nr.21/1944
[40] Schreiben Nr.1223/44 vom 15.10.1944. SWEG-Archiv, Dörzbach
[41] Sterberegister der Stadt Waibstadt Nr.34-36/1944
[42] Information durch einen Zeitzeugen
[43] Sterberegister der auf dem hiesigen jüdischen Friedhof beerdigten K.Z.Häftlinge der Gemeinde Binau. Schreiben des Bürgermeisteramtes Binau an das Standesamt Neckarelz vom 11.12.1946.
[44] Heimatgeschichtlicher Wegweiser, S.88/1
[45] K.Z.Lager Natzweiler-Struthof, S.75 f.
[46] Heimatgeschichtlicher Wegweiser, S.137/1
[47] Fröbe, S.437
[48] Schmid, S.504
[49] Information durch einen Zeitzeugen
[50] Schmid, S.508
[51] ebd.

Peter Beisel (1995)

RAD-Lager Odenheim

Der Schwerpunkt der Aktivitäten in diesem Lager wurde immer mehr auf die vormilitärische Ausbildung und die Vorbereitung auf den Kriegseinsatz gelegt. Schon im Sommer 1939 war der Odenheimer Arbeitsdienst für mehrere Monate an den Westwall abkommandiert worden, um dort Erdbunker zu bauen. Im gleichen Jahr waren viele Arbeitsdienstmänner zur Wehrmacht eingezogen worden.

Als das Lager im Laufe des Jahres 1940 wieder seinen vollen Betrieb aufgenommen hatte, entschloß sich die RAD-Leitung, dorfwärts einige Baracken als Lager II anzubauen.

Nach dessen Fertigstellung wurde im Lager I, dem sogenannten Führerlager, das Führungspersonal für Arbeitsdiensteinheiten ausgebildet, während im Lager II die neueingezogenen Arbeitsdienstmänner in drei Zügen ihre vormilitärische Ausbildung erhielten.

Im Gefolge zunehmender Luftangriffe wurde im Oktober 1944 die Württembergische RAD-Gauleitung von Stuttgart nach Odenheim verlegt, und zwar ins Schulhaus. Aus den Klassenzimmern wurden RAD-Diensträume und in den Schulhof wurden Wohnbaracken gestellt. Der Unterricht fiel von nun an aus. Gelegentlich gab ein RAD-Mann im Casino des Lagers Unterricht für die Unterdorfkinder.

Je heftiger der Krieg Deutschland überzog, umso mehr strömten jetzt auch Flüchtlinge, oftmals Angehörige von RAD-Männern, ins Lager, wo man inzwischen zusätzliche Baracken im Innenraum aufgestellt hatte.

Glück hatte das Odenheimer Lager, was die Luftangriffe anging. Lediglich einmal wurde aus einem alliierten Flugzeug ins Lager geschossen; man kam mit dem Schrecken davon. Allerdings wurde im Frühjahr 1945 das Proviantfahrzeug des RAD beim Beladen vor der Metzgerei Weisemann aus der Luft angegriffen, wobei die Pferde getroffen wurden, so daß nun Pferdefleisch auf den Speiseplan der RAD-Küche kam.

Heimatkundlicher Arbeitskreis Odenheim, Kurt Fay (1995)

Das Reichsarbeitsdienst-Lager in Odenheim.

Die Heeresmunitionsanstalt (HMA/Muna) Siegelsbach

Der Zweite Weltkrieg und die Vorbereitungen dazu setzten in Siegelsbach eine Entwicklung in Gang, die noch heute für die Geschichte des Ortes mitbestimmend ist. Anfang 1938 waren mehrere Wehrmachtsoffiziere auf dem Rathaus erschienen und hatten dem damaligen Bürgermeister Riemer eröffnet, daß im Schlagwald im Westen des Ortes eine Munitionsanstalt errichtet werden solle. Riemer hatte das mit allen Mitteln abzuwenden versucht, jedoch vergeblich. Die Gemeinde mußte ihren dortigen Waldbesitz verkaufen, noch im gleichen Jahr begannen die Vermessungsarbeiten und im folgenden auch schon der Bau der ersten Anlagen. Etwa 200 ha umfaßte das Waldgelände, allerdings nur zu einem Teil auf Siegelsbacher Gemarkung, der Rest war Obergimperner bzw. Wagenbacher Besitz.

Der Aufbau ging zügig voran, schon am 23. November 1940 traf der erste Wagen mit Munition in der Muna ein. Es waren Rohlinge von Artilleriegranaten, die hier fertiggestellt und gelagert wurden. Neben Infanteriemunition kamen ab 1944 auch die V-Waffen hinzu, Hitlers Wunderwaffen, die den Krieg noch zu seinen Gunsten entscheiden sollten. Auch sie kamen in Teilen an, mit der Bahn, gut getarnt und zumeist bei Nacht. Flugkörper, Sprengsätze (Elefanten genannt) und Zünder wurden getrennt gelagert.

Da die Raketen für einen einzelnen geschlossenen Güterwagen zu lang waren, wurden sie auf offenen Rungenwagen so transportiert, daß die (unscharfen) Köpfe zweier Raketen in einen zwischen beiden Wagen hängenden dritten hineinragten. Sämtliche Wagen waren mit Wagendecken verschlossen, selbst dem Begleitpersonal war zumindest anfangs nicht bekannt, was da transportiert wurde. Einmal allerdings entgleiste auf dem Bahnhof Obergimpern eine solche Dreiereinheit und die Raketen kullerten auf dem Bahnsteig herum. Da mag der Schreck groß gewesen sein! Wachmannschaften aus der Muna waren schnellstens zur Stelle und wenig später auch die Heidelberger Gestapo. Offensichtlich vermutete man hinter dem Zwischenfall Sabotage; schuld war jedoch nur die Unzulänglichkeit der Bahnanlagen.

'Tarnzüge' hießen die V 2-Transporte. Damit sie gar nicht erst bis zum Bahnhof Siegelsbach fahren mußten, wurde im Juli 1944 zwischen Obergimpern und Siegelsbach innerhalb der Waldstrecke eine Weiche in das Hauptgleis eingebaut, so daß die Züge direkt ins Südlager (auch Sonderlager genannt) gefahren werden konnten, wo die Raketen gelagert und fertiggestellt wurden.

Irgendwelche Zahlen, etwa über die Menge der hier fertiggestellten V 2-Geschosse, existieren nicht mehr. Auch über die sonstigen Munitionstransporte gibt es nur noch wenige Angaben. Lediglich für die Zeit von August bis Dezember 1944 sind noch genaue Zahlen vorhanden. Sie sollen hier folgen, um einen Einblick in den Umfang der Produktion zu geben.

Munitionstransporte von und zur HMA Siegelsbach Ende 1944

August	Versand:	15 536 t	Empfang:	10 222 t	zusammen:	25 758 t
September		11 478 t		15 729 t		27 207 t
Oktober		11 475 t		9 836 t		21 311 t
November		8 162 t		6 127 t		14 289 t
Dezember		6 542 t		1 387 t		7 929 t
	zusammen:	53 193 t	zusammen:	43 301 t	zusammen:	96 494 t

Die meisten Transporte gingen von der Muna direkt an die Front, ohne daß der genaue Bestimmungsort bekannt war. Bei einer für den 20. Juni 1944 bekannten Zugbildungsanordnung mit dem Ziel Südosten handelte es sich um einen Zug aus 25 geschlossenen Güterwagen mit je

15 Tonnen Munition, einem Packwagen und drei Schutzwagen. Das waren leere Wagen, die zwischen Dampflok und Munitionswagen eingestellt wurden, um bei Funkenflug Schlimmeres zu verhüten. Die Tarnzüge führten oft auch Flakwagen mit, offene Güterwagen mit Vierlingsflak

Daß der Umgang mit der hochbrisanten Fracht nicht unproblematisch war, läßt sich leicht denken. Das Personal der Nebenbahn, das die Züge von der Muna zum Reichsbahnhof Neckarbischofsheim fahren mußte, gewöhnte sich mit der Zeit daran, nicht so jedoch die Reichsbahnbediensteten. Im Dezember 1944 beklagte sich jedenfalls die Verwaltung der Nebenbahn bei der Reichsbahn, daß sich bei Rangierarbeiten nie ein Reichsbahnbediensteter sehen lasse, und „wenn mal während einer Fliegergefahr zufällig ein Munz (Munitionszug) oder einzelne Muniwagen in Neckarbischofsheim stehen, dann glauben die Herren, wir müßten alles liegen und stehen lassen und schnellstens die Muniwagen wegholen: sie haben also bei jeder Gelegenheit die Hosen voll".

Annähernd 2000 Personen waren in der Muna beschäftigt, ein buntes Völkergemisch, wie es nur ein Krieg zusammenwürfeln kann: KHD-(Kriegshilfsdienst-)Maiden, russische Kriegsgefangene, Italiener, Holländer, Belgier, Franzosen, Polen, dazu Wehrmachtsstrafgefangene, eine Wachkompanie, Offiziere und Unteroffiziere, Feuerwerker und viele Handwerker. Soweit sie nicht im Dorf und in der näheren Umgebung wohnten, waren sie in Barackenlagern innerhalb und außerhalb des Waldes untergebracht. Ein kleiner Teil der Gebäude diente nach dem Krieg Heimatvertriebenen als Notunterkunft. *Rudolf Petzold (1986, S.106–109)*

Luftbild der Heeresmunitionsanstalt (HMA/Muna) Siegelsbach.
(US 7 GR 67A 9Feb.45 F 24//23.500)

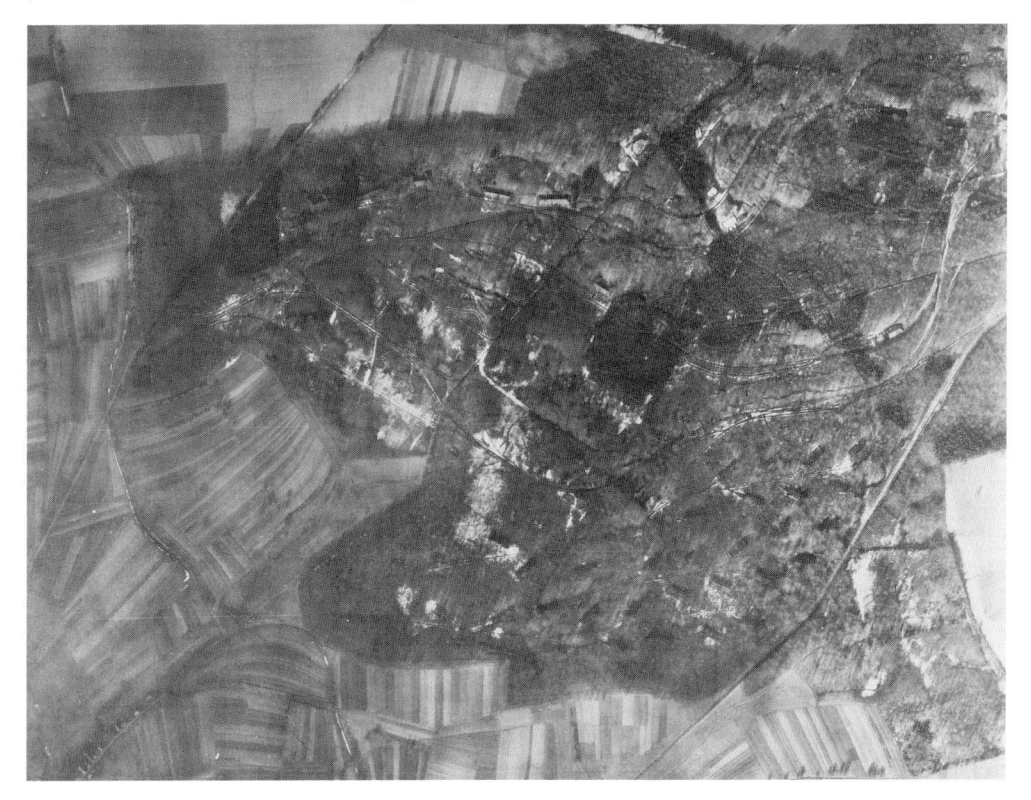

Wer nicht mitmacht – ist gegen uns!

Der Terror des Feindes wütet an den Grenzen des Reiches, jede Stadt und jede Ortschaft im Westen ist eine schreiende Anklage gegen den barbarischen Feind. Tote Frauen und Kinder fordern von uns Rache!

Wir beugen uns nicht!

Männer und Frauen der Heimat werden im Bombenhagel zu Soldaten. Jungen und Mädel bewähren sich in heldischer Tat.
Wo sich der Stahl solcher Haltung härtet, wird auch die Schlacke ausgeschieden — eine Schlacke des schlechten Charakters, der feigen Gesinnung!

Immer können wir sie finden —
die Lauen und die Feigen!

Immer schon hängen sie ihr Fähnchen nach dem Wind!

Im ersten Weltkrieg schrieen sie „Hurra", als es noch vorwärts ging, und „Ende um jeden Preis", als der Jude die Fronten verriet.

Unter fremder Besatzung konnte man ihrer Meinung nach „auch leben"!

Die Systemzeit kümmerte sie nicht, wenn sie nur satt zu essen hatten.

Niemals haben sie das Opfer gekannt, das aus der Bereitschaft gegeben wird, und niemals den Glauben, der uns alle zur unüberwindlichen Gemeinschaft verbindet!

Wer nicht mitmacht, ist gegen uns .

Frauen und Mädchen!

Seid auch jetzt so tapfer und treu wie bisher. Um ihre Kinder und euch zu schützen, erfüllen Millionen Soldaten vorbildlich und dem Beispiel der Väter würdig, ihre Pflicht. Wie überall unter Menschen gibt es jedoch auch hier Feige und Schwächlinge. Jenen Drückebergern, die sich unter irgendeinem Vorwand nach hinten begeben, muß hart entgegengetreten werden. Auch für uns im Westen gilt, was der Reichsführer SS und Oberbefehlshaber des Ersatzheeres, Heinrich Himmler, angesichts des bolschewistischen Massenansturms den Frauen und Mädchen der Ostgaue zurief:

„Männer, die sich von der Front entfernen, verdienen von der Heimat kein Stück Brot. Gerade die deutschen Frauen und Mädchen sind berufen, diese Männer an ihrer Ehre zu packen, zur Pflicht zu rufen, ihnen statt Mitleid Verachtung entgegenzubringen und hartnäckige Feiglinge mit dem Scheuerlappen zur Front zu hauen."

So wollen wir es halten!

Dann wird der Ansturm des Gegners an unserem unerschütterlichen Willen, abermals zu kapitulieren, zerbrechen. Auch unsere Feinde können den Krieg nicht unendlich lange mehr fortsetzen. Ihre Sorgen sind in vieler Hinsicht heute schon größer als die unserigen, in ihrem Rücken brodeln Chaos und Anarchie, ihre Völker beginnen es satt zu werden, ohne erkennbare Ziele, nur für jüdische Interessen, Ströme von Blut zu vergießen.

Wir hingegen verteidigen unser Alles!
Für uns geht es um das Leben!

In diesem Kampf blicken wir in unerschütterlichem

Vertrauen auf unseren Führer Adolf Hitler

Er ist der einzige Mann, der die Gefahr des Bolschewismus, ob sie vom Osten oder auf Schleichwegen vom Westen kommt, bannen kann.

Daß die Vorsehung unserem Volke in schwerster Not und Bedrängnis diesen Mann schenkte, daß sie ihn in Stunden äußerster Gefahr erhielt und bewahrte, gibt uns die Überzeugung und das Wissen, daß unser Kampf nicht vergeblich sein kann. Wir wissen:

Am Ende unseres tapferen Ringens steht unser Sieg!

Heil Hitler!

gez. **R. Wagner**
Gauleiter und Reichsstatthalter

Frauen und Mädchen.

Der Kreis Sinsheim stets opferbereit
Eppingen beim 3. Opfersonntag an der Spitze der Kreisstatistik

So wie unsere tapferen Feldgrauen draußen an den Fronten Tag für Tag bereit sind, dem Vaterland ihr Opfer darzubringen, so steht auch die Heimat fest entschlossen, immer bereit, ihre Pflicht gemäß dem Willen des Führers zu erfüllen. Sie gibt nicht nur ihre besten Kräfte an den Stätten der Arbeit, um Höchstleistungen der Produktion hervorzubringen und damit Deutschlands wirtschaftliche Macht nach innen und außen zu stärken, sondern sie ist darüber hinaus auch jederzeit gerne bereit, dort mitzuhelfen, wo Not am Mann ist, wo der Einzelne der Hilfe der Gemeinschaft bedarf, wo es gilt wahren Tatsozialismus zu bezeugen. Den besten Gradmesser für den Einsatz der Gemeinschaft in diesem Sinne stellte das Kriegs-WHW dar. Hier zeigt es sich, ob der Einzelne die neue Zeit versteht und ob die Gemeinschaft bestrebt ist, die großen sozialistischen Forderungen unserer Tage zu erfüllen. Daß dem so ist, davon künden die Ergebnisse der jeweiligen Sammlungen, die sich stetig steigern. Auch die Volksgenossenschaft des Kreises Sinsheim steht dabei in ihrem opferwilligen Einsatz nicht zurück, wie man wieder aus nachstehenden statistischen Angaben ersehen kann.

Die 3. Reichsstraßensammlung erbrachte ein Gesamtergebnis von 8114,12 RM. Die Spitze der Erfolgsstatistik nehmen ein

Ges.-Spende pro Kopf Rpf
1. Siegelsbach mit 413,73 RM 55,83
2. Stebbach mit 155,32 RM 28,44
3. Hasselbach mit 47,15 RM 26,04

Der 3. Opfersonntag schloß mit einem Ergebnis von 11862,75 RM ab. Der Durchschnitt auf den Kopf der Bevölkerung betrug 23,14 Pfg. Weit über dem Durchschnitt standen

Ges.-Spende pro Kopf Rpf
1. Eppingen mit 1672,05 RM 49,41
2. Stebbach mit 218,65 RM 40,04
3. Hasselbach mit 68,50 RM 37,84
4. Michelfeld mit 378,15 RM 33,14
5. Siegelsbach mit 243,— RM 32,79

Daß auch die Zukunft die Volksgenossen im Kreis Sinsheim mit ihrem angemessenen Opfer stets bereit findet, ist eine Selbstverständlichkeit.

„Völker befreit man nicht durch Nichtstun, sondern durch Opfer". Ein Wort des Führers, das in schlichter Selbstverständlichkeit eine ewige gültige Wahrheit ausspricht und die nur theoretische Willenskraft aber praktische Tatenschwäche unserer Gegner treffend kennzeichnet.

Auch das WHW ist eine Befreiung, eine Befreiung unserer minderbemittelten Volksgenossen von Hunger und Kälte. Der Ritter, der sie ihm erficht, ist der Sammler mit der Liste und Büchse. Ritterlich setzt er sich ein für den Kameraden. Das Schwert das er dabei führt, aber drückt ihm die deutsche Volksgemeinschaft in die Hand, indem sie nach bestem Können spendet.

Auch das Sammeln selbst ist eine Schlacht. Sie ist eine fröhliche, wenn mit Humor auf beiden Seiten gesammelt und gespendet wird, wenn der Sammler mit demselben frohen Gesicht sein Scherflein fordert, mit dem der Volksgenosse seinen Geldbeutel zieht. Gerade weil wir freiwillig spenden, wollen wir uns des Vertrauens würdig erweisen, das der Führer in unseren Opfersinn setzt. Und empfangen wir den Sammler stets als das, was er ist: Ritter für die nationale Solidarität und Ritter für den nationalen Sozialismus!

Zeitungsartikel in „Der Kraichgau": Kreis Sinsheim stets opferbereit, 29.11.40.

Zum restlosen Einsatz bereit
Mitgliederversammlung der Ortsgruppe Eppingen der NSDAP

Nach längerer Sommerpause folgte, nachdem in den letzten Monaten regelmäßig Zellensprechabende stattgefunden hatten, eine Vollmitgliederversammlung. Es kann gesagt werden, daß verschwindend wenige Parteigenossen und Parteigenossinnen der Versammlung ferngeblieben sind. Dies stellte auch Ortsgruppenleiter Hatz bei seiner Ansprache mit Genugtuung und großer Freude fest. Grund genug war ja vorhanden, um das, was in dieser Versammlung zur Sprache kommen würde, sich nicht entgehen zu lassen.

Zunächst gab der Ortsgruppenleiter eine Uebersicht über die von ihm getroffenen Maßnahmen zum Schutz der Bevölkerung gegen Terrorangriffe. Er geißelte besonders scharf die Volksgenossen, die einen andern, welcher sich bei Alarm in allen Punkten luftschutzmäßig verhält, als überängstlich hinstellen, ihn womöglich noch auslachen und sich als „Held" herausstellen möchten. All das, was ein Volksgenosse fürsorglich selbst rettet und sicherstellt, wird er wahrscheinlich später noch besitzen und der, der sich darauf verläßt, alles wieder ersetzt zu erhalten, wird sich täuschen. Den fliegergeschädigten Volksgenossen wird geholfen, doch ist die Hilfe keinesfalls so groß, daß alles, was vernichtet wird, ersetzt werden kann. Also ist Vorsorge und Selbsthilfe keine Feigheit, sondern derjenige, der diese vorsorglichen Maßnahmen bagatellisiert und auf die leichte Schulter nimmt, ist ein dummer Kerl.

In ernsten Worten schilderte der Ortsgruppenleiter die augenblickliche Kriegslage und in wirklich drastischen Beispielen führte er den Zuhörern vor Augen, was kommen kann, wenn das deutsche Volk versagt. Gerade die Parteigenossen und Parteigenossinnen sollen heute diejenigen sein, die die Schwachen, Mißmutigen aufrütteln, belehren und an ihre Pflicht erinnern. Er meinte, es habe keinen Zweck und keinen Wert, wie es jetzt schon einige versuchen würden, sich zu verkriechen und den Kopf in den Sand zu stecken, um einer gewissen Menschensorte dadurch im Stillen und Geheimen ihre Sympathie zu bekunden. Der echte Nationalsozialist und der, der es mit seinem Eid auf den Führer ernst nimmt, steht und fällt mit der Idee. Das deutsche Volk wird siegen und man wird sich jene, die heute glauben, Morgenluft zu wittern, genau merken.

Die große Verantwortung, die heute ein Ortsgruppenleiter und zugleich Bürgermeister zu tragen habe, sei nicht gering. Kaum einer, der es nicht selbst miterlebt hat, kann es beurteilen, wie schwer es jetzt z. B. ist und wieviele Nerven es kostet, den Angehörigen Trauerbotschaften zu überbringen oder den Eltern mitteilen zu müssen, daß wieder eines ihrer Kinder oder Angehörigen zum Heeresdienst oder irgendeiner anderen Dienstleistung herangezogen werden muß. Mit Recht appellierte Ortsgruppenleiter Hatz an die Parteigenossen und -genossinnen, mitzuhelfen, ihm die Arbeit, die an und für sich schon schwer genug sei, nicht noch schwerer zu machen. Sie müßten verstehen und einsehen, daß alle Maßnahmen, die heute getroffen werden müssen, einzig und allein zum Wohl unseres Vaterlandes sind. Daß Ortsgruppenleiter Hatz von Herz zu Herzen gesprochen hatte und daß seine Worte auf fruchtbaren Boden gefallen sind, bewies der spontane Beifall am Schluß seiner Ansprache. Einmütig war bei allen Zuhörern der Wunsch: „Wir wollen helfen, nicht zurückstehen und unsere Pflicht erfüllen!"

Zeitungsartikel in „Der Kraichgau": Zum restlosen Einsatz bereit, 5.9.44.

Front und Heimat
Soldatenzeitung des Gaues Schwaben

Nummer 100
Einzelpreis 20 Pfg.

100

12. März 1945

DER FÜHRER SPRACH!

Indem wir eine so verschworene Gemeinschaft bilden, können wir mit Recht vor den Allmächtigen treten und ihn um seine Gnade und seinen Segen bitten. Denn mehr kann ein Volk nicht mehr tun, als daß jeder, der kämpfen kann, kämpft, und jeder, der arbeiten kann, arbeitet, und alle gemeinsam opfern, nur von dem einen Gedanken erfüllt, die Freiheit, die nationale Ehre und damit die Zukunft des Lebens sicher zustellen.

Am 30. Januar 1945.

Herausgegeben von Karl Wahl

Führersprüche am „Tag der Bewegung" 1945!

Pforzheimer Anzeiger

Freitag, den 6. April 1945 — Tageszeitung für nationalsozialistische Weltanschauung — 72. Jahrgang – Nr. 70

Einzelverkaufspreis 10 Pfg.

Einziges amtliches Verkündigungsblatt für den Amtsbezirk Pforzheim

Volk, an den Feind!

Gute Beobachtung schwächt den Gegner. — Noch ehe die Waffen zu sprechen beginnen und die Feindmassen sich in Bewegung setzen, gehen einem Angriff tausend Einzelheiten an Vorbereitungen voraus, die unserer Beobachtung unterliegen. Luftaufklärung, Späh- und Stoßtruppunternehmungen, Einschießen der Artillerie, Bereitstellungen von den kleinsten Kampfgruppen bis zum massierten Panzeraufmarsch leiten einen Angriff ein und lassen die Feindabsichten erkennen, wenn gut beobachtet wird. Diese Tatsache gilt es zu nützen.

Noch ehe die Waffen zu sprechen beginnen, muß unsere Gegenwaffe eingesetzt werden, die lautlos und unsichtbar handelt, um den Feindabsichten zuvorzukommen, entgegenzuwirken und sie noch im Keime zu ersticken. Das ist die Beobachtung.

Träger der Beobachtung ist tags und nachts der Posten, der Sicherer, der Gefechtsvorposten, die Ortssicherung. Von ihren wachsamen Augen hängt es ab, ob ein Unternehmen des Feindes rechtzeitig erkannt wird.

Aber auch jeder einzelne von uns kann dem Feinde durch ständige Beobachtung dort schlagkräftig begegnen, wo Feindkräfte durchgebrochen sind. Durch einen organisierten Postendienst müssen rechtzeitig alle verdächtigen Bewegungen der nächsten militärischen Dienststelle gemeldet werden, der gewissenhaften Beobachtung darf nichts entgehen. Dadurch wird die Gefahr der Ueberrumpelung gebannt. Die notwendigen Abwehrmaßnahmen können frühzeitig ergriffen werden. Dann überrascht der Feind nicht uns, sondern wir überfallen ihn. Aus diesen Umständen erwächst die große Verantwortung jedes Beobachters.

Wer abwartet und erst handelt, wenn ihn der Feind dazu zwingt, ist im Nachteil. Die gute Beobachtung ist offensiv, sie schwächt den Gegner, beunruhigt ihn, macht ihn unsicher und treibt ihn schließlich in die Abwehr.

So wird das Auge und damit das Fernglas zur Waffe. Jede Annäherungsmöglichkeit, jeder Baum, jeder Strauch, jede Mulde wird durchdrungen, kein Weg bleibt unbeobachtet. Vogel- und Tierwelt müssen für den Feind zum Verräter werden. Jeder Laut, jedes Geräusch muß erkundet, des nachts jeder Lichtschein erforscht werden. Keine Bewegung darf unbehelligt bleiben. Dazu muß sich in diese Beobachtungskette die größte Front einreihen, in der der Soldat wie landeskundiger Volkssturm steht, der das Gelände genauestens kennt und mit den Eigenheiten der Natur vertraut ist. Leitsätze:

1. Regelmäßigen Beobachtungsdienst einrichten!
2. Beobachtungsabschnitte einteilen!
3. Auswahl der Beobachtungsstellen nach bester Geländesicht!
4. Genau beobachten, gewissenhaft melden, möglichst schriftlich.
5. Sicherstellen, daß die Beobachtungsergebnisse auf kürzestem

Pforzheimer Anzeiger: Volk an den Feind.

26. April 1944.

<u>Beschluß!</u>

      Feindpropaganda durch Abwurf von
      Flugblättern, Bezugsberechtigungen
      und Propagandapackungen mit Lebens-
      und Genußmitteln aus Flugzeugen oder
      Ballonen.

I. An: - wie unten-

 In der Nacht vom 24./25.4.1944 wurden auf der ganzen Gemarkung Eppingen aus Flugzeugen, vermutlich englischer Nationalität, Feindflugblätter und Bezugsberechtigungen abgeworfen.
 Die Flugblätter haben folgende Titel:
a). 259 Stück " Brot für alle hat der Osten",
b)...22 " " Volk am Abgrund",
c)....7 " " Luftpost 10.April 1944",
d)....5 " "• Behandlung deutscher Kriegsgefangener",
e)....4 " " Abwehr feindlicher Propaganda",
f)....3 " "Churchill's neue Warnung".
 Angeschlossen sind:
a) sämtliche erfaßten Feindflugblätter,
b) ein Durchschlag der Meldung an die Kriminalpolizeileitstelle,
c) 6 Reisemarken.
II. Zu den Akten.

      J.V.

      1. Beigeordneter.

Statistik zum Flugblattabwurf.

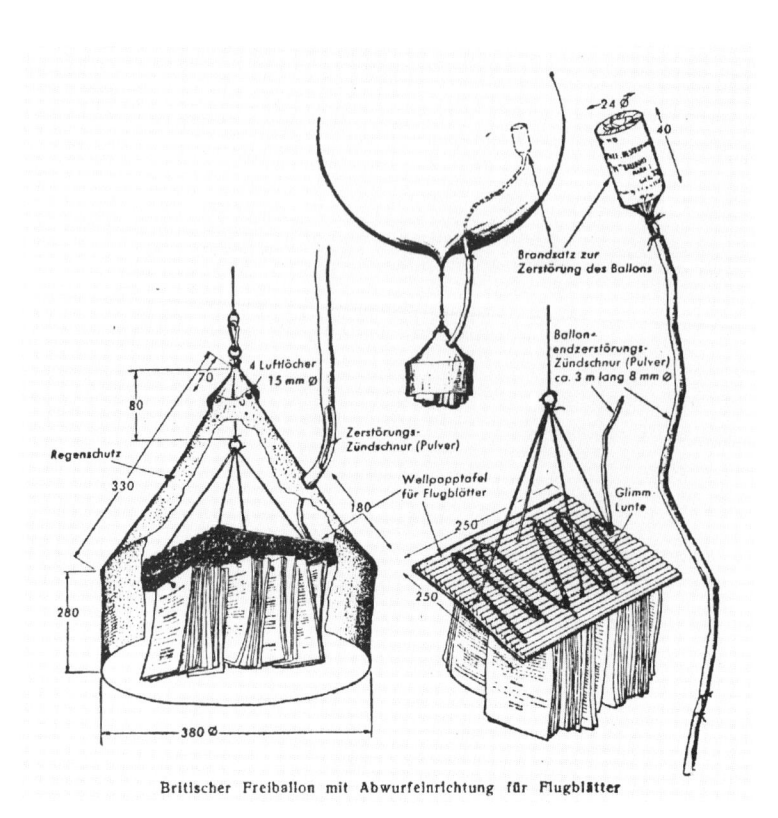

Britischer Freiballon mit Abwurfeinrichtung für Flugblätter.

Britischer Freiballon mit Abwurfeinrichtung für Flugblätter

Sein erster Einsatz ... und sein letzter.

'Passierschein'.

ER HAT EUCH SCHON DAMALS BELOGEN

Am 6. Oktober 1939 gab Hitler die gesamten deutschen Verluste im Feldzug gegen Polen bekannt: 10 572 Tote, 30 322 Verwundete und 3 409 Vermisste.

Vier Monate danach, im Februar 1940, beklagte sich das Oberkommando des Heeres in dem umstehend wiedergegebenen Schriftstück, dass es noch nicht die wahren Verlustziffern für diesen Feldzug erhalten habe.

ER HAT EUCH SEITDEM WEITER BELOGEN

Nach den folgenden Feldzügen liess er diese Zahlen veröffentlichen:

Norwegischer Feldzug ... 2 600 Tote

Feldzug im Westen { 27 000 ... Tote / 111 034 ... Verwundete / 183 84 ... Vermisste

Balkan- und Kreta-Feldzug { 1 465 ... Tote / 3 752 ... Verwundete / 525 ... Vermisste

Russischer Feldzug (22.VI.–1.XII.1941) { 162 314 ... Tote / 571 767 ... Verwundete / 33 334 ... Vermisste

Diese Zahlen sind genau so falsch wie die des Polenfeldzuges.

UND ER WIRD EUCH AUCH IN ZUKUNFT BELÜGEN

Seit Dezember ist das deutsche Ostheer unter dem Druck der Roten Armee in einer Tiefe bis zu 400 Kilometern zurückgegangen. Hinter ihm blieben nicht nur Hunderttausende von Toten liegen, sondern auch zahllose Verwundete, die im Schnee erfroren. Und Tausenden, die zurückkamen, mussten die erfrorenen Glieder amputiert werden. Sie werden weder unter den Toten, noch unter den Verwundeten, noch unter den Vermissten aufgeführt, aber sie fehlen in der Armee.

Jetzt plant Hitler eine neue Frühjahrsoffensive in Russland, die noch blutiger werden wird als die des vergangenen Jahres. Wenn er es schon bisher nicht wagen konnte, Euch die Wahrheit zu sagen, wird er sie Euch in Zukunft sagen?

„In der Grösse der Lüge liegt immer ein gewisser Faktor des Geglaubtwerdens." Adolf Hitler
„Mein Kampf", 10. Kapitel.

Er hat Euch belogen...

He earns 15 Dollars a week and risks his neck

JOB ON TWO FRONTS

He makes 45 Dollars a week and is safe at home

Job on two fronts – ein deutsches Flugblatt für die US-Truppen.

Take a Look at These Figures

ETO

7 days of fighting	$ 15.00
Saturday	00.00
Sunday	00.00
Overtime	00.00
	$ 15.00

Your job: Privation and death

HOME FRONT

5 working days	$ 20.00
Saturday	6.00
Sunday	9.00
Overtime	10.00
	$ 45.00

His job: a safe pleasant life

Who wants the war in Europe to last?

You or he?

S K J 2006

Rückseite des Flugblatts 'Job on two fronts'.

Der Luftkrieg

Die Briten nahmen den verheerenden deutschen Luftangriff auf die Innenstadt von Rotterdam (14.5.1940) zum Anlaß, den schon am 11.5.1940 gefaßten Beschluß des von Winston Churchill (Premier- und Verteidigungsminister seit 10.5.1940) geleiteten Kriegskabinetts über strategische Bombenangriffe auf deutsche Gebiete östlich des Rheins in die Tat umzusetzen. In der Nacht vom 15. auf 16.5.1940 begann dann der Luftkrieg der Royal Air Force (RAF) gegen Deutschland (s. Kurowski, 1977, S.231 ff). Zunächst erfolgten nun auch in Südwestdeutschland vereinzelte Bombenabwürfe, u. a. im nördlichen Umland von Karlsruhe. In der Nacht vom 16. auf 17.12.1940 wurde Mannheim als erste deutsche Großstadt von einem Flächenangriff der RAF getroffen.

Nach Beginn des Rußlandfeldzuges (22.6.1941) nahmen im Zusammenhang mit der Unterstützung der Sowjetunion die britischen Luftangriffe auf das deutsche Bahnnetz zu, ebenso die Bombardierungen bedeutender deutscher Großstädte, vor allem nachdem Luftmarschall Harris ab 1942 Flächenangriffe auf deutsche Städte anordnete. Bei dem ersten gegen Karlsruhe gerichteten Großangriff wurde am 3.9.1942 u. a. Berghausen getroffen. Bis ins Frühjahr 1944 hinein blieben dann der Kraichgau, aber auch die größeren Städte an seinen Rändern, von schweren Luftangriffen weitgehend verschont. Doch bereits ab Februar 1943 beteiligte sich die seit Juli 1942 in England stationierte US-Luftwaffe (8. US-AF) an den mittels Luftbildaufklärung exakt vorbereiteten Bombenangriffen, nach der Landung der alliierten Streitkräfte an der Normandieküste (6.6.1944) zunehmend auch von Ostfrankreich aus. Während die Briten nachts angriffen, führten die Amerikaner durchweg „Tagespräzisionsangriffe" durch. Die Zunahme der alliierten Luftangriffe im westlichen und mittleren Teil des Deutschen Reiches wurde v. a. dadurch begünstigt, daß die Zahl der deutschen Jagdflugzeuge schon seit Sommer 1941 durch Verluste bzw. Verlagerung von Maschinen in verschiedene Frontgebiete beträchtlich reduziert worden war. Spätestens seit der Landung der Amerikaner und Briten an der Normandieküste war die Luftüberlegenheit der Alliierten gesichert. Ab August 1944 stellten v. a. die von ostfranzösischen Flugplätzen (u. a. Raum Nancy und Metz) aus operierenden Jagdbomber vom Typ P 47 „Thunderbolt" (Donnerkeil) eine schnell wachsende Gefahrenquelle dar, auch für die Bevölkerung des flachen Landes im deutschen Südwesten – eine Bedrohung, die bis zum Kriegsende mächtig zunahm. Besonders in den letzten Kriegsmonaten wurden nicht nur Verkehrslinien, v. a. Eisenbahnstrecken, sowie Züge bzw. Kraftfahrzeuge, darunter auch Sanitätsautos, attackiert, sondern auch einzelne Radfahrer, Fußgänger und auf dem Feld arbeitende Bäuerinnen oder alte Bauern, obwohl laut Haager Landkriegsordnung von 1899 das Schießen auf Zivilisten streng untersagt war und ist. Schließlich war es nahezu unmöglich, sich tagsüber im Freien zu bewegen. Lediglich Waldstücke oder Hohlwege konnten einen gewissen Schutz vor Jabos bieten.

Man schätzt, daß rund 80 % der durch Luftangriffe bedingten Menschenverluste und Sachschäden im deutschen Südwesten zwischen März 1944 und dem Kriegsende (Anfang April 1945) erfolgten. Offizielle Berichte über die Luftangriffe, etwa in den Zeitungen, wurden vermieden (Ausnahme: Bruchsal, s. Bläsi, 1995). Selbst gezielte schwere Angriffe auf die benachbarten Großstädte Mannheim (7.12.1942, 6.9. und v. a. 18.11.1943, 12.5.1944), Karlsruhe (v. a. 4.12.1944) und Stuttgart (insgesamt 53 Angriffe ab 22.11.1942, besonders 25., 26. und 29.7.1944) fanden selten Erwähnung. Das Fotografieren der zerstörten oder beschädigten Gebäude war seitens des Staates strengstens untersagt worden.

Von den an den Rändern des Kraichgaus gelegenen Städten und Verkehrsknoten wurden v. a. Heilbronn (bes. 4.12.1944, mindestens 7 147 Tote), Pforzheim (23.2.1945, mindestens 17.000

Tote) und Bruchsal (1.3.1945, rd. 1.000 Tote) schwer getroffen. Ihre Stadtkerne lagen danach weitgehend in Schutt und Asche, zahlreiche Einwohner, aber auch Besucher der drei Städte verloren ihr Leben. Vielen älteren Bewohnern der umliegenden Gemeinden sind die Angriffe noch in Erinnerung, das Dröhnen der Bomber, das Donnern der explodierenden Bomben, der weithin sichtbare Feuerschein und später die Aufnahme der ausgebombten Überlebenden. Da für diese verheerenden Angriffe ausführliche Schilderungen vorliegen (Bläsi, 1995, Schmalcker-Wyrich, 1963), werden sie in nachfolgenden Berichten nur knapp erwähnt.

Mehrmals wurden jedoch auch Dörfer im damals noch von der Landwirtschaft geprägten Kraichgau bzw. in der östlichen Oberrheinebene von Bomben getroffen, so z.B. Grötzingen und Berghausen (24./25.4.1944 beim zweiten Großangriff auf Karlsruhe), Wiesental (21.1.1945), Büchenau (2.2.1945) oder die Zuckerfabrik Waghäusel, die am 24./25.4.1944 zu 90 % zerstört wurde. Ziel von zwei schweren Luftangriffen (am 25.2. und 2.3.1945) war auch die große seit 23.11.1940 produzierende Munitionsfabrik (MUNA) zwischen Siegelsbach und Obergimpern. Von Bomben getroffen wurden auch Dörfer wie Elsenz (11.7.1944), Zuzenhausen (27.12.1944), Jöhlingen (20.3.194), Weingarten (31.3./1.4.1945), Wilferdingen (18.3. – 9 Tote – und 5.4.1945 – 16 Tote). Häufig galten die Angriffe v. a. den durch den Kraichgau, die östliche Oberrheinebene bzw. das Neckartal verlaufenden z. T. kriegswichtigen Bahnlinien und den Güter- und Personenzügen, u. a. bei Hoffenheim (9.9.1944), Wössingen (9.9.1944) und Gondelsheim (21.3.1945). Attackiert wurden auch wichtige Eisenbahnbrücken (z.B. in Neckargemünd bereits ab Mai 1942), Tunnel (wie der Sulzfelder Tunnel, v.a. März 1945) und Bahnhöfe wie z. B. in Dürrenbüchig (28.12.1944), Bruchsal (12.12.1944, 30.1.1945 und v.a. 1.3.1945), Bretten (besonders ab 2.2.1945), Eschelbronn (13.3.1945) und Graben-Neudorf (8. und 22.12.1944, v.a. 24.3,1945). Etliche Kraichgauer Orte erlebten auch noch in den letzten Kriegstagen Luftangriffe, die ihre Einnahme durch amerikanische oder französische Truppen vorbereiteten, so etwa im Falle von Eppingen (1.4.1945).

Von den Jagdbombern gemieden wurden die Feldflugplätze, so z.B. in der Rheinebene bei Kirrlach (heute z. T. Gewerbegebiet, s. Bläsi, 1995, S.37 ff) oder im Elsenztal östlich Sinsheim (heute z. T. Industriegebiet bzw. Segelflugplatz), auf denen kurzfristig (Dez. 1944 – März 1945 bzw. Okt. 1944 – Jan. 1945) deutsche Jagdflugzeuge stationiert waren. Die Leitstelle für die deutschen Nachtjäger aus Kitzingen, Großsachsenheim, Schwäbisch Hall–Hessental, Neubiberg bei München und Heilfingen und bald auch für die allgemeine Funküberwachung in Südwestdeutschland befand sich seit 1942 in Eppingen. Der kontrollierte Nahbereich umfaßte einen Radius von 60 km, der Großbereich Eppingen bis 250 km, damit konnten Bewegungen im Luftraum bis Nancy (bevorzugte Einflugrichtung aus Frankreich) und München erfaßt werden (Kiehnle, 1985).

Die deutsche Luftverteidigung, die ab 1943 kaum noch in Erscheinung trat, war überfordert. Es mangelte an einsatzfähigen Maschinen, an Treibstoff und v. a. schon ab Sommer 1942 an ausgebildeten Piloten. Trotzdem kam es in den letzten Kriegsjahren auch über dem Kraichgau zu mehreren Luftgefechten, so über den Gemarkungen von Gondelsheim und Diedelsheim (14.10.1943), über dem Gebiet der heutigen Stadt Kraichtal (10.9.1944) oder über dem Angelbachtal (19.3.1945). Auch durch die zunehmend von Hilfswilligen (Hiwis) und aus 14–15jährigen Buben, den Flakhelfern, gebildete deutsche Flugabwehr holte feindliche Flugzeuge vom Himmel (s. a. Bläsi, 1995, S.32 ff. u. Huber, 1995, S. 25 ff.). Übergriffe gegen gefangengenommene 'Luftgangster' gab es zwar ab und zu, doch sehr selten endeten sie mit dem Tode der Betroffenen, wie im Falle von einigen englischen und kanadischen Fliegern, die beim Angriff auf Pforzheim abgeschossen und anschließend, vorwiegend von Pforzheimern, in den benachbarten Orten Dillweißenstein und Huchenfeld exekutiert wurden (s. Pforzheimer Zeitung vom 17.4.1985)

Arnold Scheuerbrandt

Das zerstörte Mannheim aus der Luft fotografiert, 23. März 1945.
(403 3431 106G/5063 23-Mar-45 F/36 – RP Stuttgart)

Luftkrieg über dem nordwestlichen Kraichgau

„Dicke Autos in Theodor-Siegfried 8" tönte es aus dem Lautsprecher des Rundfunkgerätes, wenn alliierte Bomberverbände in den Kriegsjahren 1943–45 über den nördlichen Kraichgau hinwegflogen. Wer einen Rundfunkempfänger mit Langwellenteil hatte und über die von der deutschen Luftverteidigung benutzte codierte Landkarte verfügte, konnte mühelos die Flugbewegungen der amerikanischen und britischen Geschwader im deutschen Luftraum verfolgen. Mühlhausen lag genau auf der Grenze der sog. Jagdtrapeze Theodor-Siegfried und Ulrich-Siegfried. Rettigheim war dem Sektor Ulrich-Siegfried 2 zugeteilt. Der Verfasser kann sich noch gut an die Stimme der Nachrichtenhelferin zurückerinnern. Gab das uniformierte Luftwaffenmädel durch: „Dicke Autos in Quelle-Paula und Richard-Paula, Caruso fünf", dann wußte der Hörer, was los war. Es bedeutete, daß die viermotorigen Bomber über dem Moselgebiet in Richtung Südosten flogen. Fuhr die weibliche Stimme etwas später fort: „Terror in Theodor-Richard, Sperriegel vorlegen!", dann vernahm man bis in unseren Raum die Bombenexplosionen und das Flakfeuer von Mannheim-Ludwigshafen. Einwohner, die nur über einen einfachen Volksempfänger mit Mittelwelle verfügten, hörten stündlich die sogenannte Luftlagemeldung. Lautete diese „Über dem Reichsgebiet befindet sich kein feindlicher Kampfverband", so atmete alles auf. Gab der Sprecher aber durch: „Starke feindliche Kampfverbände im Anflug auf Südwestdeutschland", legte sich Beklommenheit auf die lauschenden Menschen.

In den kleineren Dörfern wurde im Gegensatz zu den Städten und großen Dorfgemeinden meistens kein Luftalarm gegeben, da man in der Regel nicht mit massierten Angriffen zu rechnen hatte. Ein Rathausbediensteter zog manchmal mit einer Handsirene durch das Dorf und ließ diese zum Vergnügen der ihn begleitenden Dorfjugend an verschiedenen Stellen aufheulen. In den Keller ging hier fast niemand. Örtliche Vertreter des Reichsluftschutzbundes überprüften gelegentlich die Einhaltung der Verdunkelungsvorschriften. Mit Sand gefüllte Tüten, einige Eimer voll Wasser, eine Handspritze und eine Feuerpatsche sollten eigentlich auf jedem Speicherboden zur Brandbekämpfung bereitstehen. In landwirtschaftlichen Anwesen ließen sich diese Regeln nur bedingt befolgen, da der Speicherraum zur Lagerung von Getreide benötigt wurde.

Die 'Dicken Autos' waren bei Tage viermotorige amerikanische Bomber, bei Nacht englische Kampfflugzeuge. Die US-Luftwaffe, die grundsätzlich die Tagesangriffe gegen die deutschen Städte durchführte, setzte ihre sogenannten „Fliegenden Festungen" vom Typ B 17 ein. Daneben flog noch die ebenfalls viermotorige Liberator. Die Maschinen waren zum Schutz gegen Jagdflugzeuge stark armiert. Ab 1944 flogen sie oft unter dem Begleitschutz der doppelrumpfigen Lightning-Langstreckenjäger. Diese hatten die Aufgabe, angreifende deutsche Jagdflugzeuge in Luftkämpfe zu verwickeln und sie so von den Bombern abzuhalten.

Bei Nacht kamen die 'Dicken Autos' der Engländer, wie die viermotorigen Großbomber der Royal Air Force in der deutschen Code-Sprache hießen.

Die britischen Kampfflugzeuge der Typen Lancaster und Halifax flogen ihre Angriffe in der Regel mit sieben Mann Besatzung. Die mit sechs Maschinengewehren ausgestattete Halifax war in der Lage, 5890 kg Bomben mitzuführen. Die modernere, mit zehn Maschinengewehren bewaffnete Lancaster schleppte 9980 kg der tödlichen Last zum Ziel. Sehr oft versuchte ein einzelnes Störflugzeug nachts die Kraichgaubewohner vom Schlaf abzuhalten. Der zweimotorige englische Schnellbomber, der sogenannte „Bombenkarle", warf, wenn er irgendwo Licht sah, eine zumeist daneben gehende Bombe ab und flog weiter.

Die deutsche Luftwaffe war über dem Kraichgau in den Jahren 1943 und 1944 gelegentlich, 1945 kaum noch zu sehen. Die schwachen, im Westen des Reichsgebiets verbliebenen Jagdverbände versuchten, unterstützt durch Einheiten der Flakartillerie, die angreifenden alliierten Bomberverbände zu bekämpfen. Jagdflugzeuge vom Typ Me (Messerschmidt) 109, Jagdeinsitzer, Me 110, Jagdzweisitzer, Zerstörer genannt, sowie der Jagdeinsitzer Focke-Wulf warfen sich, zahlenmäßig hoffnungslos unterlegen, den feindlichen Bomberströmen entgegen. Mehrmals wurden hoch über unserem Raum Luftkämpfe beobachtet. Nachts suchten Scheinwerfer den Himmel ab. Die Bedienungsmannschaften setzten sich zum Teil aus russischen Hiwis zusammen. Dies waren sowjetische Kriegsgefangene, die sich freiwillig zur Flak gemeldet hatten.

Wurde ein Flakscheinwerfer aus der Luft beschossen, durfte die Bedienungsmannschaft ihn nicht abschalten. Dies wäre, wie ein Unteroffizier und Führer einer aus sowjetischen Hiwis bestehenden Scheinwerfermannschaft an der B 293 westlich von Eppingen nach dem Beschuß seines Gerätes erklärte, „Feigheit vor dem Feinde". Ab und zu gelang es, einen englischen Bomber anzustrahlen. War ein Nachtjäger über dem Kraichgau im Einsatz, so griff der das erkannte Objekt an.

Flakartillerie war auf unseren Hügeln selten postiert. Sie stand im Umkreis der Großstädte. Als Nachtjäger war die Me 110 über unseren Dörfern im Einsatz. Das Flugzeug verfügte über zwei Bordkanonen und fünf Maschinengewehre. [...]

Die Zahl der deutschen Luftsiege nahm ab. Die jungen, hinzugekommenen Piloten wurden nach einer Kurzausbildung, ohne solides fliegerisches Können, eingesetzt. In Bretten stürzte eine abgeschossene Me 109 in die Neff-Werke. Der Pilot war tot. Bei Sulzfeld schmierte ein Jäger ab, wie es in der Fliegersprache hieß. Der Unteroffizier kam verwundet mit dem Fallschirm herunter. Bei Eppingen zerschellte ebenfalls ein deutsches Jagdflugzeug am Boden. Der

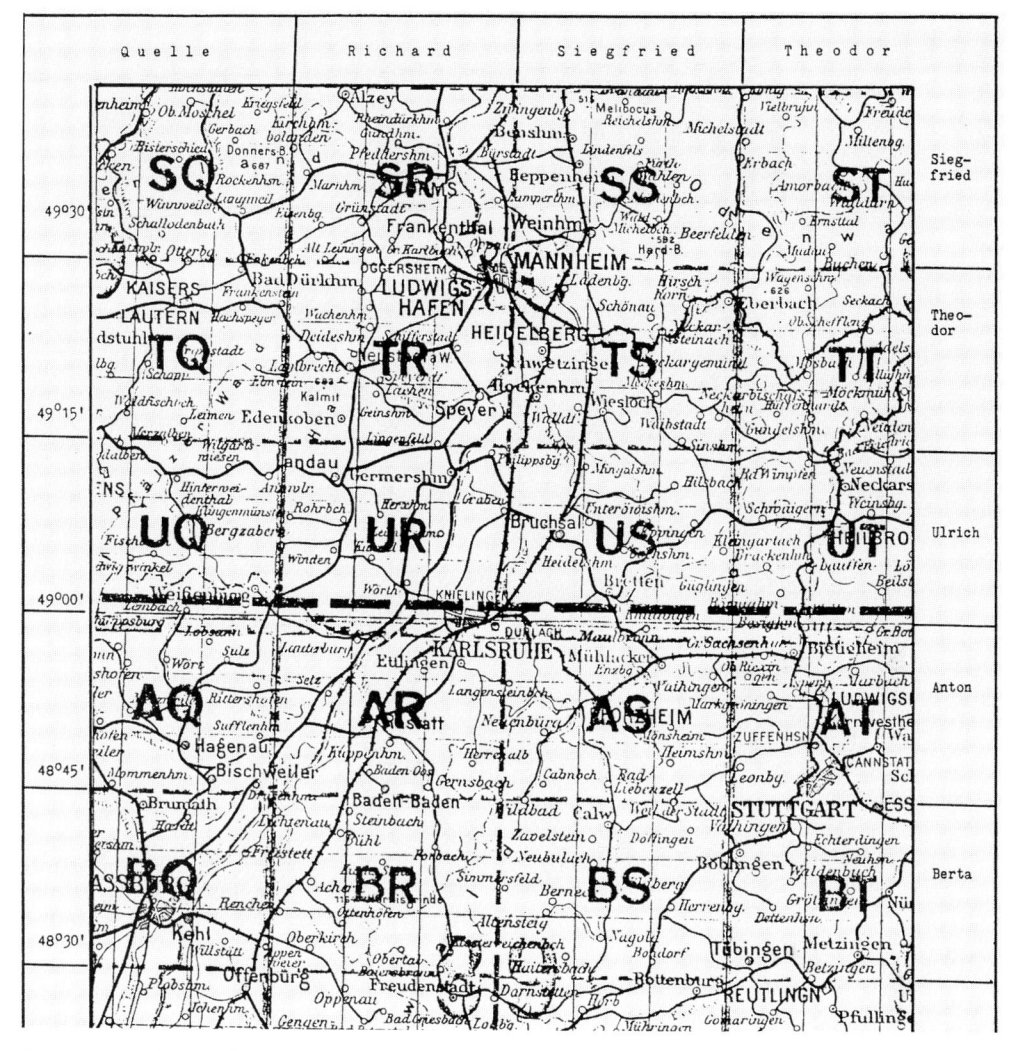

Karte zur Luftverteidigung. (Aus: Bläsi, 1995, S.35)

abgesprungene Flugzeugführer landete fluchend. Er soll behauptet haben, von deutscher Flak getroffen worden zu sein.

Die B 17-Maschinen mit ihren neun Mann Besatzung und 10–13 Maschinengewehren schleppten nahezu täglich 7985 kg Bomben pro Flugzeug zu einem deutschen Zielobjekt. Sie konnten dank des wirkungsvollen Jagdschutzes, genau wie die Liberators, die jeweils 4000 kg Bomben mitführten, immer ungehinderter unsere Gegend überfliegen. Lediglich die Flaksperriegel der Großstädte machten ihnen noch zu schaffen. Nach der Statistik kam auf 700 abgefeuerte Flakgranaten ein Abschuß. Eine Großstadt, wie das am Rande des Kraichgaus gelegene Karlsruhe, wurde von ca. 100 Luftabwehrgeschützen verteidigt. Flugzeuge, die durch das Flakfeuer beschädigt worden waren, versuchten, ihre Flugtauglichkeit durch Gewichtsverminderung zu bewahren. Sie führten ungezielte Notabwürfe durch. [...]

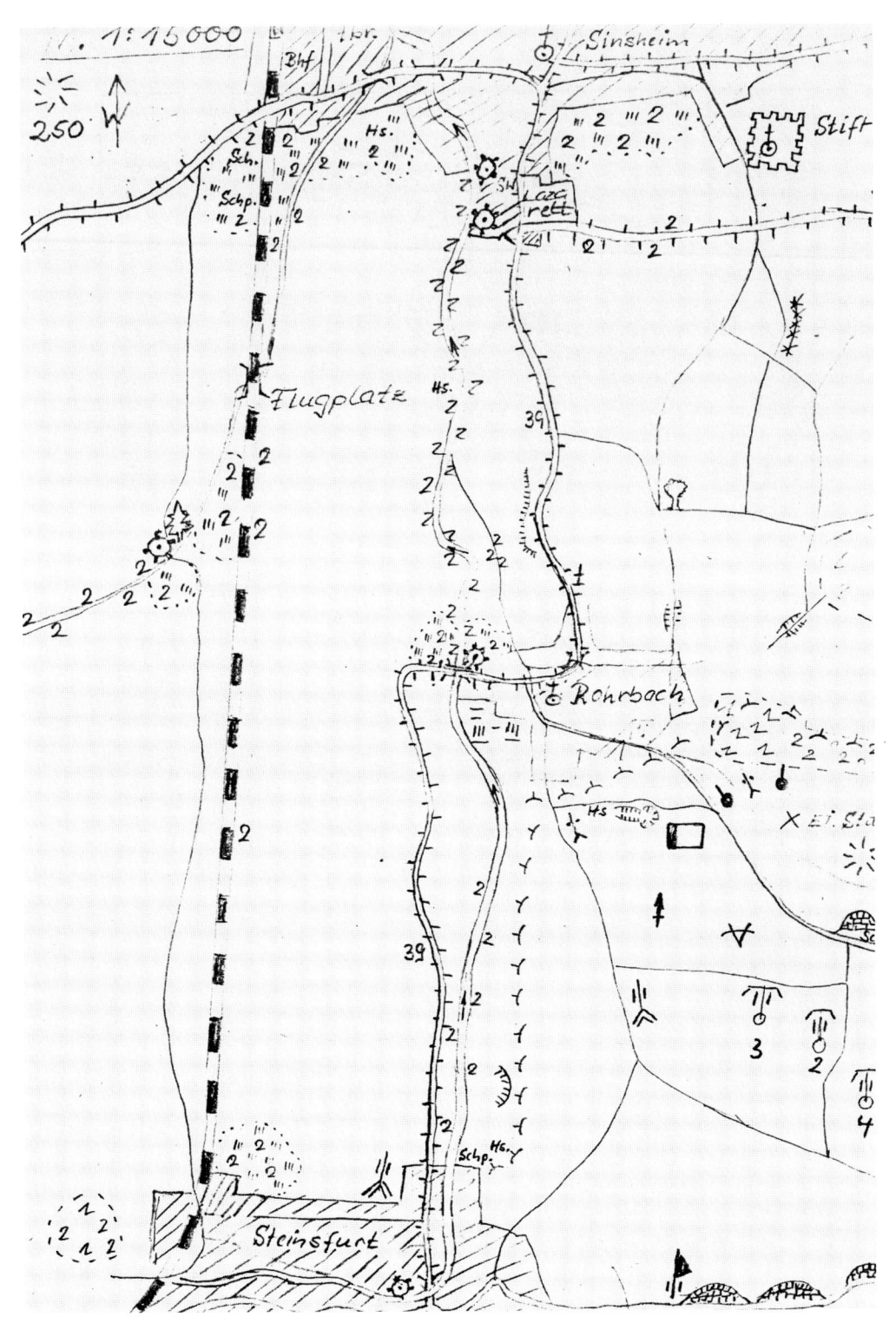

Kartenskizze des Sinsheimer Flugplatzes, Ende 1944. (Sammlung R. Eiermann)

Flugplatz Sinsheim, Luftbildaufnahme. (University of Keele)

Karl Schubert aus Sinsheim vor einer Schulmaschine auf den Flugplatz in Sinsheim, Ende 1944.

Die Begleitjäger der 'Dicken Autos', im deutschen Luftwaffencode 'Indianer' genannt, schossen nur selten auf Menschen, die sich im Freien aufhielten. Ganz anders verhielten sich die alliierten Jagdbomber. Diese Flugzeuge, zumeist von den Typen Thunderbolt und Mustang, waren im Frühjahr 1945 nahezu täglich in unserem Luftraum. Von ihren in Frankreich gelegenen Flugplätzen aus flogen sie mehrere Einsätze am Tag. Sie machten im Kraichgau Jagd auf alles, was sich bewegte. [...]

Maschinen des Typs Me 262, des ersten einsatzfähigen deutschen Düsenflugzeuges, wurden kurz vor dem Einmarsch der US-Truppen vereinzelt in unserem Luftraum wahrgenommen. Die für die damalige Zeit sagenhaft hohe Geschwindigkeit dieser Maschinen beeindruckte die Betrachter sichtlich. Der Pilot eines abgeschossenen Lightning-Begleitjägers war von der Leistungsfähigkeit des deutschen Flugzeuges, das ihn heruntergeholt hatte, total überrascht. Der US-Major äußerte den dringenden Wunsch, vor seinem Abtransport in ein Kriegsgefangenenlager ein solches Wunderflugzeug aus der Nähe sehen zu dürfen. ... Die offensichtliche Luftüberlegenheit der Alliierten leitete in der Bevölkerung einen Umdenkprozeß ein. Der über Jahre hinweg bei vielen verbreitete, felsenfeste Glaube an den Endsieg der deutschen Waffen geriet bei den meisten ins Wanken. [...]

Im April 1945 schwieg der Sender der deutschen Luftverteidigung. Die Codebezeichnung Theodor-Siegfried 8 wurde nicht mehr benötigt. [...]

Wegen der ständigen feindlichen Luftpräsenz hielt man Beerdigungen in den Kraichgaudörfern nur noch nach Einbruch der Dunkelheit ab. In manchen Kirchengemeinden verlegte man die Gottesdienstzeiten in die frühen Morgenstunden, um den Tieffliegern keine Menschenansammlungen zu präsentieren.

Gerhard Höflin (1995, S. 120 ff)

Luftkrieg im Landkreis Karlsruhe

Noch bevor mit Mannheim am 16. Dezember 1940 die erste deutsche Stadt systematisch von den Briten bombardiert wurde, fielen am 12. September 1940 Bomben auf die Gemarkung Liedolsheim. Sie verfehlten jedoch ihr Ziel oder sollten es verfehlen, und richteten lediglich geringen Flurschaden an. Am 20. September und 29. Oktober wurden auf Blankenloch insgesamt 8 Spreng- und 34 Brandbomben abgeworfen. Linkenheim, Spöck und Staffort am 7. November, Leopoldshafen und erneut Linkenheim am 3. Dezember sowie Völkersbach am 17. Dezember waren neben Neureut die nächsten Ziele, wobei überall lediglich Flur- und Waldschaden entstand.

Die zu Kriegsbeginn im Gegensatz zu den Jahren 1944/45 geringe Zahl der alliierten Luftangriffe auf deutsches Gebiet ist auch auf die intakten deutschen Verteidigungslinien entlang des Westwalls mit Flakstellungen, Scheinwerfern, Flugmeldeposten, Horchgeräten und Jägerflugplätzen zurückzuführen. Bereits im Jahr 1941 erhöhte sich die Zahl der Luftangriffe auf die Kreisgemeinden von 10 (1940) auf 60, wobei sich die Ziele der Alliierten eindeutig in der Hardt und im Pfinztal konzentrierten. Flüge weiter in das Landesinnere, in das Walzbach- bzw. Albtal und nach Bretten waren noch die Ausnahme. [...]

1942/43 nahm die Zahl der Luftangriffe mit 35 bzw. 2 an der Zahl zwar deutlich ab. Jedoch belegen die von den örtlichen Luftschutzstellen gemachten Meldungen nach einem Angriff die deutlich gestiegene Zahl der abgeworfenen Bomben und gleichzeitig eine merklich höhere Anzahl zerstörter oder beschädigter Häuser in den Gemeinden. In Linkenheim forderte ein Angriff am 14. Februar 1942 ein erstes Todesopfer, als im Ort vier Wohnhäuser getroffen wurden.

Am 3. September 1942 flog die britische Royal Air Force ihren ersten Großangriff auf die Stadt Karlsruhe, bei dem 73 Tote und 711 Verletzte zu beklagen waren. Im Zuge dieses Angriffs wurden auch die nahe an Karlsruhe liegenden Gemeinden Berghausen, Forchheim, Eggenstein, Ettlingenweier und Neureut mit Bomben belegt. 1943 kehrte für die Stadt und den Landkreis Karlsruhe so etwas wie die Ruhe vor dem Sturm ein. Die Angriffe der Alliierten konzentrierten sich auf deutsche Großstädte im Ruhrgebiet und auf Hamburg. Bei Überfliegen der Gemarkung Hochstetten am 6. September 1943 wurde ein Flugzeug mit sechs Mann Besatzung abgeschossen, von denen sich lediglich zwei mit dem Fallschirm retten konnten und in Gefangenschaft gerieten. Im Februar 1944 begann die Stationierung der amerikanischen Luftflotte auf englischem Boden. Sie führte zu verstärkten Angriffen. [...]

Züge der Reichsbahn waren nicht selten Ziel alliierter Bomber. Am 9. September 1944 wurde ein Zug von Karlsruhe nach Heilbronn von Tieffliegern angegriffen. Auf Wössinger Gemarkung starben 13 Menschen, auch gerade auf dem Feld arbeitende Landwirte. Bei Flehingen bombardierten die Alliierten ebenfalls 1944 aus Versehen einen Zug, in dem russische Kriegsgefangene in ein örtliches Lager gebracht werden sollten.

Am 22. Dezember 1944 wurde ein auf dem Bahnhof Graben-Neudorf stehender Personenzug von zwölf vermutlich amerikanischen Flugzeugen angegriffen, wobei der Angriff so unvermutet kam, daß kein Alarm gegeben werden konnte. Mehrere Sprengbomben und anschließender Bordwaffenbeschuß hinterließen 26 Tote, darunter 14 Zivilisten, sowie 39 zumeist schwer Verletzte.

In dieser Phase des Krieges waren durch die fast täglichen Angriffe die Verbindungswege sowie Telefonleitungen von den Landgemeinden nach Karlsruhe unterbrochen. Der Gendarmeriemeister von Graben bemerkte in seinem Bericht über den Angriff: „Vom Bürgermeisteramt Graben wurde nach dem Luftangriff bei der Standortkommandantur Bruchsal sofort Hilfe zum Abtransport der Verwundeten angefordert, die auch zugesagt wurde, vermutlich aber an anderer

Bomben fallen auf Bruchsal; 1. März 1945. (US Air Force, Photo No. 56559 AC)

Stelle, wegen hier nicht bekannter Gründe, scheiterte. Es ist nicht ausgeschlossen, daß die Hilfeleistung von Bruchsal aus an der Zuständigkeitsfrage scheiterte, da Graben nicht zu dessen Kreis zählte. Von Karlsruhe konnte Hilfe nicht angefordert werden, da die Telefonleitung nach dort gestört ist."

Nur sechs Tage später ereignete sich in Dürrenbüchig, einer sonst vom Krieg verschont gebliebenen Gemeinde, der gleiche Zwischenfall. Der auf dem dortigen Bahnhof wartende Personenzug wurde mit vier Sprengbomben angegriffen, die zehn Tote und 60 Verletzte, darunter 48 Zivilisten forderten.

Bereits Ende 1944 häuften sich die Angriffe ganz massiv und betrafen nun auch den ganzen alten Landkreis Karlsruhe. Vom 11. bis 30. Dezember 1944 verbrachte die Bevölkerung von Mörsch bis Bauerbach und von Schielberg bis Rußheim an elf Tagen jeweils mehrere Stunden in den Luftschutzräumen. Neben ordnungsgemäßen Meldungen über die Ereignisse vermischte sich bisweilen der Durchhaltewille mit einer Vorahnung auf noch bevorstehende schwere Wochen und Monate. So schrieb der Forchheimer Bürgermeister am 17. Dezember 1944: „Ich gebe dem Herrn Landrat davon Kenntnis, daß von Samstag auf Sonntag nachts (16./17.12.1944) Forchheim von feindlicher Artillerie beschossen wurde. Personenverluste entstanden nicht, dagegen leichte Gebäudeschäden ... trotzdem hoffe ich, daß das Dorf auch weiterhin von der Kriegsfurie verschont bleibt."

In den letzten Kriegsmonaten von Januar bis April 1945 häuften sich nochmals die Schrekkensmeldungen aus den Gemeinden. Vom 2. Februar bis zum 1. April wurde an 36 Tagen Luftalarm ausgelöst, wobei der Brettener Raum nun die Hauptlast des Luftkrieges im Landkreis Karlsruhe zu tragen hatte. Allein 15 der 21 Angriffe auf Bretten ereigneten sich im Jahr 1945.

Der letzte Luftangriff erfolgte in zwei Schüben am 1. April 1945, als französische Truppen im Raum Waghäusel und Philippsburg bereits auf deutschem Boden standen. Um 11.24 Uhr überflogen 16 Flugzeuge Bretten, warfen insgesamt 18 Sprengbomben ab und beschossen auch das mit einem Roten Kreuz versehene Schulgebäude. Noch einmal wurden drei Tote, 20 Verletzte, 72 Obdachlose, sowie eine ganze Reihe zum Teil total zerstörter Häuser registriert. Am 6. April wurde Bretten dann von den Franzosen besetzt.

Bernd Breitkopf-Lippik (in: BNN, 23.2.1995)

Chronik des Luftkriegs im Kraichgau
April 1944 bis April 1945

Die schreckliche Nacht vom 24. auf den 25. April 1944
Bombenangriff auf Berghausen

Wohl keiner der älteren Berghausener hat sie vergessen, jene schreckliche Nacht auf den 25. April 1944. Im Morgengrauen bot sich ein furchtbares Bild der Zerstörung. Über ein Drittel des Dorfes war eingeäschert, überall Trümmer, verkohlte Möbelreste, Tierleichen – und stechender Phosphorgeruch. Das Stunden zuvor mit einem dichten Bombenteppich der Alliierten belegte 3 100-Seelen-Dorf wurde, bis dahin weitestgehend verschont, von der Brutalität des Krieges förmlich überrollt. Vornehmlich in Mitleidenschaft gezogen wurde das Oberdorf, ab der Brückstraße in Richtung Söllingen sowie zwischen Pfinz und Hopfenberg. Die traurige Bilanz des traurigsten Kapitels der nunmehr 1223jährigen Ortsgeschichte sind drei Tote (erstickt und verbrannt) sowie großer materieller Schaden. [...]

Nach 23 Uhr ertönte Voralarm, gleich darauf Vollalarm. „Alles ging rasend schnell," erzählt Helmut Müller, der heutige Berghausener Ortsvorsteher, „am Himmel standen bereits die grünen Leuchtsignale, Christbäume genannt, mit denen die Flieger ihre Wurfziele beleuchteten." Bevor viele, darunter auch Helmut Müller mit seiner jüngeren Schwester und seiner Mutter, die schützenden Keller erreichten, fielen die ersten Brandbomben. An diesem Tag, so weiß man mit Sicherheit, galt der Großangriff dem zehn Kilometer entfernten Karlsruhe. Vorherrschender Westwind jedoch hatte die Leuchtzeichen nach Nordosten abgetrieben.

Klaus Bucher, dessen elterliches Haus unbeschädigt blieb, erlebte, wie bei der ersten Angriffswelle des Fliegerverbandes in Ostrichtung Berghausen und auch Teile von Söllingen den zerstörerischen Bombenhagel abbekamen. Weiter oben im Pfinztal zogen die Bomber dann eine Schleife, kamen zurück und luden erneut ihre tödliche Fracht ab. Was dann für das nördliche Berghausen vorgesehen war (es blieb unbeschadet), ging auf den Fluren des Hummelbergs nieder. Klaus Bucher weiß das deshalb so genau, weil dort die Kinder bei der Bombensuche mithalfen.

Noch heute zeugen im Pfinztaldorf an der Karlsruher Straße in Richtung Söllingen die überwucherten Grundmauern des ebenfalls abgebrannten Hauses von dem großen Luftangriff, bei dem – wie durch Gotteshand geleitet – Rathaus, Martinskirche, evangelisches Pfarrhaus und Oberlinhaus, die zum zerbombten Ortsteil gehörten, verschont blieben. Vorbildlich sei die Hilfsbereitschaft für die Obdachlosen gewesen, erinnern sich die Menschen. Man rückte zusammen, teilte das Alltägliche miteinander.

Emil Ehrler (in: BNN, 25.4.1994)

11. Juli 1944
Bombenangriff auf Elsenz

Am 11. Juli 1944 mußte Elsenz seinen schlimmsten Bombenangriff erleben. Bei dem Fliegerangriff der Alliierten kamen sieben Elsenzer Bürger auf tragische Weise ums Leben.

Tragisch war sicher das Schicksal der Familie Hockenberger. Der Vater kämpfte an der Front, Mutter Lydia und die älteste, aber erst fünfjährige Tochter Margot mußten bei dem Bombardement ihr Leben lassen. Die beiden einzigen Überlebenden, die Kleinkinder Harald und Sonja

Hockenberger, fand man total verängstigt in ihrem Wohngebäude, sich unter einem Tisch verkriechend. [...]

Der heutige Elsenzer Ortsvorsteher Reinhold Maier, am 11. Juli 1944 gerade 14 Jahre alt, erinnert sich an das schreckliche Ereignis: „Bei jedem Alarm mußten wir uns im Erdgeschoß der Grundschule versammeln. So war es auch an jenem denkwürdigen 11. Juli. Es dürfte 11.25 Uhr gewesen sein. Bei trübem Wetter flogen ganze Verbände über Elsenz. Alarm wurde gegeben. Wir hörten einen riesigen Knall, daß der ganze Ort gebebt und gescheppert hat. Unser Lehrer konnte uns nicht mehr halten. Wir sind nach Hause gesprungen. Beim Röhrich (jetzt Weberstraße) sind wir wegen Trümmern und Bombentrichtern bereits nicht mehr durchgekommen. Das Anwesen Heinrich Bucher mit Scheune und Stallungen war zusammengestürzt. Ich konnte sehen, wie das Vieh von den zusammengestürzten Gebäudeteilen zugedeckt wurde. Es war grausam.

Reinhold Maier schätzt, daß 16–18 Bomben auf Elsenz niedergeprasselt sind. Sie hatten ein Gewicht von ca. 2 ½ Zentnern. „Aufgrund dieser schrecklichen Ereignisse flohen in den folgenden Monaten alle Elsenzer mit ihren Kindern bei jedem Alarm ins Freie und suchten in Hohlwegen Schutz."

Reinhold Maier (in: Stadtanzeiger Eppingen, 15.7.1994)

Bombengeschädigte Häuser in Elsenz.

Spätsommer 1944
„Räder müssen rollen für den Sieg" – Alliierter Luftangriff auf einen Gefangenenzug zwischen Flehingen und Zaisenhausen

Friedlich lagen im fünften Kriegsjahr 1944 – es war im Spätsommer – die uralten Dörfer Flehingen-Sickingen und Zaisenhausen, angebunden an den zweigleisigen Schienenstrang der Kraichgaubahn. Die Bahnlinie hatte strategische Bedeutung, wurde im West-Ost-Verkehr und umgekehrt täglich rund um die Uhr benutzt und war von Kriegseinwirkungen bis dahin fast unberührt geblieben. Nun rückten die Alliierten an allen Fronten vor, und die Jagdbomber vom Typ Thunderbolt begannen, sich weit ins Hinterland hineinzuwagen. Lohnende Ziele suchten sich die Jagdbomberpiloten aus. Dazu gehörte auch unsere Eisenbahn, die im Dienste des Militärs Transportleistungen erbrachte. An den Schlepptendern der kohlebefeuerten Lokomotiven war in großen weißen Lettern der Leitspruch 'Räder müssen rollen für den Sieg' aufgemalt.

Die Kraichgaubewohner vermißten seit geraumer Zeit die Anwesenheit der deutschen Luftwaffe am Himmel. So war es nicht verwunderlich, daß die Bahnhofsleute in Flehingen im Nu auf den Bahnsteig rannten, als Flugmotorenlärm zu hören war. „Da, im Staffelflug – endlich wieder deutsche Jagdflugzeuge, Me 109, am Himmel," krakeelte der Stationsvorsteher. Der Flugweg der vermeintlichen deutschen Himmelsstürmer zielte anscheinend in die Ferne. Schlagartig jedoch, wie im Übungsflug, stürzten die Tiefflieger über den Sickinger Wald, als sie einen fahrenden Zug der Kraichgaubahn entdeckten. Es donnerten die Bordwaffen. Fassungslos, von dem Donner erschreckt, waren alle Bahnleute an den Geleisen zwischen Flehingen und Zaisenhausen. Nur allmählich begriffen sie, daß es sich um einen feindlichen Fliegerangriff gehandelt haben mußte. Minuten darauf fuhr der Güterzug in den Flehinger Bahnhof ein. Was war geschehen? Die Gewalt der Bordwaffen hatte Löcher in den Tender gerissen, das Kesselspeisewasser rann aus der Lok. Schwer getroffen war der Packwagen, in dem das Zugpersonal, russische Kriegsgefangene und deren Bewacher Platz genommen hatten.

Das Gefangenenlager war unterhalb des Bahnwärterhauses Treutle eingerichtet. Die Gefangenen sollten von Oberbauarbeiten in ihr Lager zurück. Augenblicklich mußte gehandelt werden, denn der Wassermangel im Kessel hätte zur Explosion führen können. Es war ein Durcheinanderbrüllen, deutsche und russische Laute „raus, raus, dawei, dawei", so hörte es sich an. Erst jetzt sahen die Bahnleute, daß noch ein russischer Gefangener auf dem Boden lag. Er war tot. Er war vielleicht siebzehn oder achtzehn Jahre alt. Ob sein Tod damals beklagt wurde? Sein schäbiger Brotbeutel hing zerschlissen an seinem durchschossenen Leib. Die Habe des Jungen bestand aus ein paar überreifen Gurken, die er wohl irgendwo mitgenommen und in seinem Beutel verstaut hatte. Sein Blut und die glitschigen, zerfetzten Reste seiner wahrscheinlichen Abendmahlzeit im Lager klebten an Wänden und Decke des Packwagens.

Die Russen mußten ihren toten Kameraden zurücklassen. Sie wurden von den Wachsoldaten in ihre Lager in Sickingen getrieben. Der deutschen Bevölkerung war verboten, Kriegsgefangenen etwas zukommen zu lassen. Aber so manche erbarmungsvolle Mutter, die in der Nähe der Bahngeleise wohnte, die vielleicht selbst einen Sohn in der Gefangenschaft hatte, stellte, von der Bewachung unerkannt, einen Topf gekochter Kartoffeln am Bahndamm ab, über den sich die Kriegsgefangenen verstohlen hermachten.

Walter Pfefferle (1987)

9. September 1944
Jagdbomberangriff auf den Personenzug zwischen Sinsheim und Hoffenheim

Der 9. September 1944 ist ein herrlicher, sonniger Samstag, Grund für die überwiegend nur noch aus Frauen, Kindern und älteren Männern bestehende Bevölkerung, eine kleine 'Organisierungsreise' über das Wochenende zu Verwandten oder Bekannten in die nähere Umgebung zu machen. Eine Gruppe Reisender wartet am Bahnhof Sinsheim auf den Nahverkehrszug, im damaligen Sprachgebrauch 'Arbeiterzug' genannt, nach Heidelberg. Die Menschen stehen in Erwartung des Zuges beisammen und unterhalten sich über ihre Alltagssorgen, als auch schon aus Richtung Steinsfurt der Rauch der Lokomotive die Ankunft des Zuges ankündigt. Die Schranken am Bahnübergang nach Weiler schließen sich, und fauchend, zischend und quietschend fährt das Züglein kurz vor 15.30 Uhr in die Station Sinsheim ein.

Die Ankommenden steigen eilends aus, und die Wegreisenden verabschieden sich von ihren Angehörigen an der Sperre, denn für den Zutritt zum Bahnsteig mußte man damals als Nichtreisender noch eine Bahnsteigkarte lösen. Der diensttuende Beamte gibt das Zeichen zur Abfahrt, und mit einem kurzen Pfiff der Lokomotive setzt sich der Zug pünktlich um 15.30 Uhr wieder in Bewegung in Richtung Hoffenheim. Die Reisenden winken noch den zurückbleibenden Angehörigen, verstauen ihr Gepäck, dieweil der Zug über die Bahnbrücke an der Dührener Straße rumpelt und damit bereits mitten durch die Wiesen und Felder rechts und links der Bahnlinie fährt. In der Ferne, in Richtung Förstelwald, zeigt sich die Spitze des Dührener Kirchleins, und an der gegenüberliegenden Seite tauchen der Frankenhof und die BEBEG auf. Die Reisenden unterhalten sich angeregt, indessen draußen die herrliche, sonnenüberflutete Landschaft vorüberzieht.

Ein junger Flakhelfer, gerade 16 Jahre alt und die einzige Militärperson unter den Reisenden, der nach einem vierzehntägigen Heimaturlaub in seiner Heimatstadt Sinsheim wieder zu seiner Flakbatterie nach Ludwigshafen-Oggersheim zurück muß, verstaut seinen Luftwaffenrucksack neben sich auf der Sitzbank und unterhält sich dabei mit den beiden ihm gegenüber sitzenden Reisenden, Vater und Sohn, ebenfalls aus Sinsheim, die er gut kennt. Eigentlich hätte er auch mit einem späteren Zug fahren können, da er erst um 22 Uhr bei seiner Einheit sein mußte. Da aber Mannheim am Tag zuvor bombardiert worden war und er wegen der weiteren Zugverbindung ab Heidelberg Bedenken hatte, nahm er im Eifer der eingedrillten Pflichterfüllung vorsichtshalber diesen früheren Zug, und das sollte diesem jungen Menschen zum Lebensschicksal werden.

Das Züglein, Lokomotive mit Kohlenwagen, einem Gepäck- und drei Personenwagen im Schlepp, dampft indessen in voller Fahrt am Bahnwärterhäuschen bei der Fohlenweide vorbei in die leichte Rechtskurve auf Hoffenheim zu. An der Gemarkungsgrenze Sinsheim-Hoffenheim, beim Dielwäldchen, führt die Strecke durch einen kleinen Einschnitt, vorbei am Hoffenheimer Bahnwärterhaus. Bevor der Zug jedoch in diesen Einschnitt fährt, überstürzen sich die Ereignisse in Sekundenschnelle.

Der junge Flakhelfer berichtete später: „Die Schaffnerin kontrollierte meine Fahrkarte, und ich bat sie noch um Auskunft, wie ich am besten Mannheim/Ludwigshafen und dann noch Oggersheim erreichen könne, als der mir gegenüber sitzende Mitreisende aufgeschreckt mit beiden Armen zum Fenster in Richtung Daisbach zeigte mit dem entsetzten Schrei 'Was ist denn das?'. Alle schauten wir wie elektrisiert in die angezeigte Richtung. Ich war im Flugzeugerkennungsdienst ausgebildet, und ich erkannte sofort drei amerikanische Thunderbolt-Jagdbomber, die im Tiefflug auf unseren Zug zukamen. Die Katastrophe kam wie ein Blitz über uns. Das dröhnende Geräusch der Flugzeugmotoren vermischte sich mit dem tödlichen Rattern der Bordkanone. Splitternde explodierende Geschosse, schreiende Menschen, die blutüberströmt durch die Wagen taumelten oder übereinander fielen, ließen Sekunden zur Hölle werden. Mein junger Freund gegenüber ließ sich blitzschnell unter die Sitzbank fallen und blieb dadurch unverletzt. Seinem Vater, der neben ihm saß, rief er noch zu: 'Mir ist nichts passiert!' Aber der konnte ihm keine Antwort mehr geben – er lag, tödlich getroffen, blutüberströmt auf der Bank. Ich selbst versuchte auch noch, unter der Bank in Deckung zu gehen, erhielt jedoch im Fallen Splitter in den Rücken und erlitt eine schwere Wirbelsäulenverletzung. Mehr konnte ich nicht wahrnehmen."

Das tragische Geschehen spielt sich in Sekundenschnelle ab: Die Lokomotive erhält mehrere Treffer, der Dampf aus dem Kessel entweicht zischend nach allen Seiten. Der Heizer ist sofort tot, der Lokführer bleibt schwerverletzt im Führerhaus liegen, und der Zug bewegt sich führerlos immer langsamer in Richtung Bahnhof Hoffenheim.

Dort beobachtet der Hoffenheimer Bahnhofsvorsteher Egidius Karl entsetzt das Geschehen und sieht den Zug langsam auf die Station zukommen. Er reagiert geistesgegenwärtig und stellt die Weichen um, so daß der Zug auf Gleis 1 einrollt. Er springt auf die Lok und bringt sie zum Stehen. Aufgeschreckt von den Flugzeugen und der Schießerei finden sich schnell die ersten Helfer am Bahnhof ein. Die Verletzten kommen in den kleinen Wartesaal des Bahnhofes und in die naheliegende Gastwirtschaft, wo sie notdürftig von Hoffenheimer Helfern versorgt werden.

In kürzester Zeit treffen die Sinsheimer Ärzte Dr. Bell, Dr. Schulz und Dr. Fischer ein. Zahlreiche Menschen versammeln sich am Bahnhof. Viele auswärtige Bewohner, vor allem aus Sinsheim und den an der Strecke liegenden Orten, kommen per Fahrrad, um Gewißheit über das Schicksal von Angehörigen, die im Zug waren, zu erlangen. Nach erster Versorgung werden die Schwerverletzten in die Chirurgische Klinik nach Heidelberg gebracht.

Dreizehn Menschen können nur tot aus dem Zug geholt werden oder sterben noch am Bahnhof in Hoffenheim, weitere fünf in der Klinik in Heidelberg. Die Zahl der Verletzten konnte nicht mehr ermittelt werden. Sicher waren es mehr als die Toten. Diese werden zunächst in der Güterhalle und am anderen Tag (Sonntag) im naheliegenden damaligen Schulhaus aufgebahrt und dann in ihre Heimatorte überführt. Unter den Toten befinden sich die Schaffnerin, der Heizer, der Lokführer, drei Personen aus Bammental und vier aus Sinsheim sowie acht weitere, nicht bekannte Reisende.

Günter Kern, der junge Flakhelfer, ist mehrfach verletzt. Er verbringt über zwei Jahre in Lazaretten und Krankenhäusern und hat bis heute schwer an den Folgen zu tragen. Daß er überhaupt mit dem Leben davon kommt, verdankt er der ärztlichen Kunst des berühmten Heidelberger Chirurgen Professor Bauer, der ihn wie einen Sohn behandelt und versorgt.

Wenn diese Ereignisse auch nur als lokale Randgeschehnisse zu werten sind, so müssen sie doch als Symptom des folgenden mörderischen 'totalen Endkampfes' gesehen werden.

Wilhelm Bauer (in: RNZ, 9.9.1994)

Todesanzeige.

Unsagbar und hart hat das Schicksal in unser Leben gegriffen u. meine liebe treusorgende Frau, uns. herzensgute Mutter, Tochter, Schwester und Schwägerin

Maria Eißler geb. Fischer

beim feindlichen Terrorangriff im Alter von 31 Jahren allzu früh von uns genommen.

In tiefem Leid: Friedrich Eißler, Sparkassenleiter mit Kindern Lore u. Waltraud, u. allen Angehörigen.

Sinsheim, 9. September 1944.

Beerdigung heute, den 12. 9. um 14.30 Uhr von der Friedhofkapelle Sinsheim aus.

Herbst 1944
Jagdbomberangriffe bei Hoffenheim –
Erinnerungen eines damals Achtjährigen

Ich bin 1936 in Karlsruhe geboren worden, ging in Hoffenheim, Lkrs. Sinsheim, wo mein Vater im Krieg Bahnhofsvorsteher war, zur Schule [...] Ich erinnere mich noch an die deutschen Flugzeuge bei Sinsheim. Die Piloten waren sehr jung. Sie sollten den Zug, der jeden Nachmittag durch Hoffenheim kam, – wir nannten ihn den 'Eppinger' – schützen.

Einen Nachmittag im Spätsommer 1944 kann ich bis heute nicht vergessen. Es war grauenhaft, als Herr Egidius Karl (aus Grombach stammend), der damals auf dem Hoffenheimer Bahnhof tätig war, den heranschleichenden Zug zum Stehen brachte. Amerikanische Flugzeuge hatten den Zug beschossen, Lokführer, Heizer und viele Passagiere waren tot oder verwundet. In der Güterhalle gegenüber dem Bahnhof lagen alle Leichen. Frauen aus dem Dorf mußten die Leichen waschen und die Verwundeten versorgen so gut es ging. Ein junger Mann namens Kern, der aus Sinsheim stammte, war schwer verwundet worden. Er bekam meine Wolldecke [...]

Ich erinnere mich auch an den Tag, als Bauer Schiele mit seinem Gespann auf der Elsenzbrücke von Tieffliegern erschossen wurde [...] Eine Bombe schlug in die katholische Kirche ein. Ich erinnere mich an die 'Inbrandsetzung' der Güterhalle durch ein mit Bomben beladenes deutsches Militärfahrzeug. Auch da hat Herr Egidius Karl Hervorragendes geleistet. Ahnungslos näherte er sich mit anderen Dörflern und löschte den Brand rechtzeitig, sonst wäre wohl im weiten Umkreis kein Stein auf dem anderen geblieben.

Fritz Jakob, Bäckereibesitzer 'i.R.' in Grootfontein (SW-Afrika), brieflich im August 1994

10. September 1944
Luftkampf über Kraichtal

Am 10.9.1944 tobte im Luftraum über dem südlichen Gebiet der heutigen Stadt Kraichtal ein heftiger Luftkampf. Ein bereits dezimierter amerikanischer Kampfverband von ca. 25 Maschinen befand sich auf dem Heimflug in Richtung Nordwest. Zwei deutsche Jagdflugzeuge näherten sich rasch. Ungeachtet des massiven Abwehrfeuers griffen die beiden Deutschen an. Es gelang ihnen, einen Bomber zu beschädigen. Er blieb hinter dem Geschwader zurück und versuchte, sich allein der pausenlosen Angriffe zu erwehren. Das Flugzeug bekam Treffer auf Treffer. Schließlich stieg die Besatzung aus und überließ die Maschine ihrem Schicksal. An weißen Fallschirmen schwebten die Bomberpiloten zur Erde. Mit Kleinkalibergewehren bewaffnete Jugendliche, unterstützt durch ältere Männer und einen Polizisten, nahmen bei Zaisenhausen einen der Amerikaner gefangen. Er wurde durch polnische Landarbeiter mit Händeschütteln und Zigaretten begrüßt. Der fast zwei Meter lange Mann hatte noch die Fliegerhaube auf dem Kopf. Seine Pistole hatte er weggeworfen. [...]

Ein damals in der Presse veröffentlichtes Foto heizte die feindselige Stimmung gegenüber den Piloten stark an. Das Bild zeigte einen abgesprungenen Amerikaner. Auf dem Rücken seiner Bomberjacke stand gedruckt in großen Buchstaben das Wort „murderer". Der Text unter dem Bild war entsprechend. Er suggerierte dem Leser, daß dieser Soldat als Mörder hierher geflogen war. Die Erzählungen der aus den umliegenden Großstädten in die Kraichgaudörfer evakuierten Frauen und Kinder taten ein übriges.

Gerhard Höflin (1995, S. 123f)

Herbst 1944
Abschuß eines britischen Bombers über Gemarkung Mühlhausen

In einer Nacht des Jahres 1944, zur Zeit der Tabakernte, etwa gegen 23 Uhr, vernahm man in Mühlhausen, Tairnbach und Umgebung wieder den Lärm überfliegender Bomberformationen. Plötzlich wurde das gleichförmige Brummen durch den Knall von Explosionen unterbrochen. Viele Menschen eilten an die Fenster. Ein greller Lichtschein erhellte vorübergehend den nachtschwarzen Himmel. Ein brennendes Flugzeug kam herunter. Dann erfolgte ein fürchterliches Krachen. Ein britischer Großbomber war im Mühlhauser Gewann Gutenberg-Massenbach aufgeschlagen. Die Flugzeugtrümmer lagen weithin verstreut. Mit einer Mischung aus Mitleid und Schadenfreude betrachteten die herbeigeeilten Einwohner aus Mühlhausen, Tairnbach, Rotenberg, Eichtersheim und anderen Orten die toten Besatzungsmitglieder. Im noch erhaltenen Vorderteil der Maschine hingen zwei Mann tot in den Gurten. Ein Zeitzeuge glaubt, noch Stöhnen vernommen zu haben. Wegen der explodierenden Bordmunition wagte er nicht, in das Cockpit einzusteigen. Ein Toter lag auf dem Gebiet der Brüningstraße, ein anderer Soldat sterbend auf dem Areal der heutigen Oberen Mühlstraße. „Jesus, Mary," soll er mehrmals, kaum hörbar, geflüstert haben.

Im einige hundert Meter entfernt aufgeschlagenen Heckteil fand man die Leiche des Heckschützen. Ein Mann war rechtzeitig abgesprungen. Sein Fallschirm hatte sich gerade noch geöffnet. Er trieb über Rotenberg hinweg und landete beim Galgenwäldchen. Dort wurde er vom Rauenberger Ortspolizisten gefangengenommen. Aus den Personalpapieren der Fliegersoldaten ging hervor, daß sie aus Kanada, Neuseeland und England stammten. Einer hatte am Vortag Geburtstag gefeiert. Ein Glückwunschtelegramm aus der fernen Heimat trug er bei sich.

Nach parteiamtlicher Meinung waren die Gefallenen 'Luftgangster', die bei ihrem Angriff, vermutlich in Mannheim, unschuldige Frauen, Greise und Kinder getötet hatten. Deshalb wurde ihnen kein ehrenvolles Begräbnis zuteil. Man verscharrte sie zwar nicht in einem Acker, wie von gewisser Seite angeregt, sondern begrub sie auf dem Mühlhauser Friedhof ohne staatliches oder kirchliches Zeremoniell. Nach Kriegsende wurden die Leichen auf Geheiß der Besatzungsbehörden exhumiert und an hier nicht bekannte Orte überführt.

Gerhard Höflin (1995, S. 124f)

Winter 1944/45
Feindliche Flugzeuge über Stetten am Heuchelberg

24. Dezember 1944. Beim Brühlgraben ist eine große Eisfläche entstanden, verursacht durch eine verstopfte Drainage. Die ganze Dorfjugend ist mit Schlittschuhen auf dem Eis. Selten war es am Heiligabend schon so winterlich. Die Bomber, die mit Kondensstreifen über uns nach Osten fliegen, stören uns nicht. Eine eigenartige Einstellung hat sich breit gemacht: Wir Dorfbewohner nehmen das hin als interessantes Geschehen, das uns selbst jedoch nicht betrifft. Die Bomben fallen ja auf die großen Städte – kurz, wir sind zu Zuschauern geworden. Wenn die Erde bebt, wissen wir: Jetzt haben sie ihr Ziel erreicht. Nach einiger Zeit fliegen sie wieder zurück. Immer das gleiche. Wir ahnen nicht, daß man uns auch aus 10 km Höhe auf der gleißenden Fläche erkennen kann.

Einem Bomber scheint es ein willkommenes Ziel zu sein, eine verklemmte Ladung loszuwerden, die sich im Zielgebiet nicht gelöst hat. Plötzlich erfüllt ein Rauschen die Luft. Wir sehen etwas herunter fallen und rennen um unser Leben. An die Bachböschung gepreßt erwarten wir die Detonationen. Es passiert keinem etwas, doch überall brennen grelle Magnesiumfeuer auf. Auch die Eisfläche wird getroffen.

Nachdem sich die Aufregung gelegt hat, wird die Sache untersucht: Etwa 500 Stabbrandbomben sind niedergegangen. Viele liegen als Blindgänger herum. Einer entdeckt, wie man sie zur Explosion bringen kann. Von einem erhöhten Platz muß man sie senkrecht auf den harten Grund werfen, schon zischen sie los. Einer greift sich an die Brust – kurz vor dem Erlöschen ist eine Sprengladung in der Brandbombe hochgegangen. Zum Glück sitzen die Splitter nicht tief. Nicht auszudenken, wenn die Bomben auch nur 250 m weiter westlich niedergegangen wären. Dann hätten wir an diesem Abend keinen Christbaum mehr anzuzünden brauchen...

13. Januar 1945. Ein herrlicher Wintertag, alles schneebedeckt, kalt. Ich helfe beim Onkel Heu häckseln. Plötzlich ein paar Detonationen hoch in der Luft. Wir rennen ins Freie und sehen ein einmotoriges Flugzeug, dann ein Aufblitzen in der Sonne, als die Kanzel herausfliegt, und jetzt baumelt der Pilot an einem Fallschirm herunter. Die führerlose Maschine beginnt zu spinnen. Sie kurvt, sie steigt, fällt wieder und verschwindet hinter dem Mühlwald. Dicht beim Horkgraben bohrt sie sich in den weichen Wiesenboden. Es sind wenige Trümmer zu finden. Erst Jahre später holt die US-Armee aus über 4 m Tiefe das Wrack heraus. Der gesamte Flugzeugrumpf ist bis zur Schwanzspitze im Schlamm stecken geblieben.

Mein Vater, der gerade mit Schlepper und Gummiwagen von Heilbronn kommt, fährt gleich zur Unfallstelle. Als ehemaliger Sportflieger lädt er die Trümmer einfach auf seinen Anhänger und bringt alles mit heim. Am nächsten Tag, Sonntag, der 14. Januar, mein elfter Geburtstag, fährt ein Wehrmachtsauto auf den Hof; Soldaten springen herunter, es gibt Ärger wegen unerlaubter Entfernung von Kriegsmaterial. Das Flak-Kommando wollte das Wrack untersuchen.

Bei Weihnachtsbrötchen und Likör beruhigen sie sich wieder. Im Laufe des Tages holen sie den gefangenen Piloten aus Eppingen ab. Beim Betreten der Arrestzelle empören sich die Soldaten: Neben dem Gefangenen steht ein Zwei-Liter-Krug mit Milch, daneben liegt ein Laib Brot, „und wir haben kaum zu essen". Auch hat man vergessen, dem Gefangenen die großkalibrige Signalpistole abzunehmen. Nach den Papieren, die sie bei ihm finden, ist der Pilot erst 24 Jahre alt, er ist total ergraut.

Verantwortlich für den Abschuß ist die Begleitflak eines Militärzuges, der im Hägenbüchle auf ein Fahrtsignal nach Stetten gewartet hat.

2. Februar 1945. Lichtmeß, strahlende Sonne, nachdem es am Vortag Hochwasser im Leintal gegeben hatte. Im Keller steht noch das Wasser. Hoch am Himmel sehen wir auf einmal einen ganzen Schwarm Jagdflugzeuge – vierzehn an der Zahl. Jetzt kommt die langversprochene deutsche Luftwaffe, so jubeln wir. Da löst sich eine Maschine aus dem Haufen, geht im Sturzflug herunter, verschwindet an der Bahnlinie hinter dem Härenwald – da, eine rußschwarze Detonationswolke bis über die Baumwipfel. Wir freuen uns: Der wäre abgeschossen. Doch da sehen wir weit hinten am Horizont die Maschine wieder hochziehen und wissen urplötzlich, was es geschlagen hat: Feindliche Flugzeuge beginnen mit einem Angriff. Pausenlos geht eine Maschine nach der anderen zum Angriff über. Nach ohrenbetäubendem Heulen der Motoren endet die Attacke mit der Explosion einer Bombe. Was wir nicht wissen können: Auf der Bahnlinie im Härenwald steht ein Güterzug. Nachdem alle ihre Bomben abgeworfen haben, fliegen sie den zweiten Angriff mit Bordwaffen. Über zwanzigmal stoßen sie so mit ihren hochdrehenden Motoren herunter, übertönt vom Hacken der Bordwaffen.

Wir stehen vor der geöffneten Kellertüre und können wegen des Hochwassers nicht hinein. Nur hinten in der Kellerecke ist eine Insel aus Kartoffeln. Unser Vater sagt uns, wenn es nötig wird, sollen wir einfach ins Wasser springen und uns auf die Kartoffeln retten. Nach dreißig Minuten ist der Spuk vorüber. Von nun an werden wir gehetzt wie die Hasen.

Günter Walter

Februar/März 1945
Jagdbomberangriffe auf Gondelsheim

Die Maschinen vom Typ P 47 'Thunderbolt' der 358. Fighter Group wurden wegen ihrer rotlackierten Seitenruder von der Bevölkerung 'Rotschwänze' genannt. Ihre Bewaffnung bestand aus acht 'überschweren' starren Maschinengewehren Kaliber 12,7 mm. Außerdem waren die Maschinen für eine 1000 kg-Bombenladung ausgerüstet. Ihr Einsatz sollte der Zerstörung der Verkehrswege dienen, tatsächlich griffen sie in vielen Fällen auch nichtmilitärische Ziele an. Ein Teil dieser Maschinen flog mit französischen Piloten, außer den amerikanischen Hoheitsabzeichen trugen diese am Leitwerk das Lothringer Kreuz der FFI (Force Française de l'Intérieur). Der Verfasser konnte einmal diese Einzelheiten erkennen, als er an einem Abhang lag und die Maschinen in derselben Höhe nur wenige Meter davor wendeten und ihre MG-Salven abschossen.

Eine Zeugin berichtet: „Man war auf dem Feld überhaupt nicht mehr sicher. Frau Mina G. ist mit ihrem Kuhfuhrwerk zweimal angeschossen worden: bei der Hohlstraße und ein paar Tage später im Steinernen Kreuz. – Jeden Morgen um 6 Uhr kamen acht Flugzeuge, vier flogen bei der Bahnlinie nach Bretten, vier nach Bruchsal, und griffen an. Oft wurden alte Loks auf freier Strecke abgestellt, um Angriffe anzulocken. Zum Teil flogen die so niedrig, daß einmal Dachziegel herunterfielen. Unsere hochträchtige Kuh hatte damals eine Totgeburt."

Ein bereits angeschossener Zug auf dem Abstellgleis war immer wieder Ziel der Angriffe. Eine Zeitlang war sogar eine Vierlings-Flak dort installiert. Neben diesem Zug wurde einmal ein Flügel des Schlosses durch Brandmunition in Brand gesetzt. Die Spuren sind heute noch an dem abgeplatzten Stein zu erkennen.

Zwei oder drei Tage vor Weihnachten wurde ein Schnellzug nach Bretten von Jabos beschossen. Unterhalb des Bahnhäusle hielt der Zug dann an. Ein Geschwisterpaar war auf dem Weg zu den evakuierten Eltern gewesen. Das Mädchen erlag den Schußverletzungen. Es wurde im Bürgersaal aufgebahrt. Frau Pfr. Baer holte ein eigenes weißes Nachthemd für das tote Kind, das hier beerdigt und nach dem Krieg von den Eltern in den Heimatort überführt wurde. Man fragte sich immer wieder, was dieser Terror mit kriegswichtigen Maßnahmen zu tun haben sollte.

Der Jagdbomberangriff am 9. Februar 1945 zerstörte am Brunnenberg das Haus Sattler Heinrich. Wegen der größeren Luftgefahr im Ruhrgebiet waren Frauen und Kinder auch nach Gondelsheim evakuiert worden. Das erbarmungslose Schicksal wollte es, daß in diesem Haus einer Frau aus Dortmund das Kleinkind vom Arm gerissen und so schwer verletzt wurde, daß es nach kurzer Zeit starb. Ein polnisches Dienstmädchen soll unter dem Küchentisch vor herabstürzenden Teilen bewahrt worden sein. In der Froschgasse wurde das Haus Weber zerstört und Frau Luise Weber so schwer verletzt, daß sie Ostern starb. Die Fenster des Pfarrhauses und der Kirche waren alle zerstört.

Frau M. von der Schloßgärtnerei schreibt an weiteren Tagen in ihr Tagebuch: „Flieger den ganzen Tag, Bomben beim Stellwerk" und „Starker Bordwaffenbeschuß".

Die Konfirmation am 18. März fand trotzdem in der Kirche statt. Wegen der Tieffilieger wurde sie auf ½ 6 Uhr morgens gelegt. Es war so dunkel, daß die Leute mit Stallaternen kamen. Die Konfirmanden mußten die Fenster mit Decken verhüllen, damit kein Licht nach außen drang. Während der Einsegnungsfeier überflogen bereits die ersten Jabos den Ort. Pfarrer Baer unterbrach die Feier, nur einzelne konnten noch den Kellerraum aufsuchen, alle harrten voll Angst aus. „Aber wir sind dann doch noch konfirmiert worden!"

Als am Mittwoch darauf die Kirche getroffen wurde, ist deren Westseite vollkommen zerstört und die hundert Jahre alte Orgel vernichtet worden. Dabei kam ein Mann zu Tode. Er konnte erst später unter großen Mühen geborgen werden, der Fundamentstein lag über dem Körper.

Nach Kriegsende soll dem Vernehmen nach eine Untersuchung stattgefunden haben, da ein Bürger mit einem Karabiner 98 k auf tiefffliegende Jabos geschossen haben sollte und dieser nach der Genfer Konvention als Nicht-Kombattant gelte.

Einen besonders tragischen Fall berichtet Peter Huber in '1945 in Augenzeugenberichten': Der Landwirt Dominik Thomas war mit seinem fünfjährigen Enkel auf dem Feld beschäftigt, als ein Jabo seinen Enkel und die beiden Kühe erschoß. Kurz darauf mußte er notlanden. Der Bauer lief zu der Maschine und erschlug den Piloten auf der Stelle mit einer Hacke. Nach der Besetzung wurde der Bauer durch ein amerikanisches Militärgericht zum Tode verurteilt und zusammen mit weiteren zwölf 'Fliegermördern' im Hofe des Bruchsaler Zuchthauses erhängt. Auch hier wurde nicht beachtet, daß dieser Flieger gerade auf Nicht-Kombattanten geschossen hatte.

Eine schwere amerikanische viermotorige Boeing B-17 stürzte bei der Straße nach Jöhlingen nach einem langen Tanz von Sturz und Abfangen ab. Der damals elfjährige Günter S. berichtet jede Einzelheit, die er vom Feld aus unmittelbarer Entfernung erlebte, auch daß nur 10 Meter neben der Absturzstelle der Landwird Fritz L. unter einer Kuh Schutz gesucht hatte. Tags darauf erschien der Jagdflieger, der die Maschine abgeschossen hatte. Er soll gesagt haben: „Das war mein Werk!"

Ein vermutlich bereits angeschossener Bomber versuchte einmal, in etwa 350 m Höhe entlang der Eisenbahn nach Westen zu entkommen. Über dem Bahnhof Gondelsheim holte ihn eine Me 109 ein und feuerte wenige Schuß aus der Bordkanone. Der wohl als Letzter im Flugzeug verbliebene Pilot verließ die Maschine mit dem Fallschirm, kam hinter Kirrlach auf dem Feld herunter und wurde von Neibsheimer Bauern ins Rathaus gebracht, wo er zunächst vernommen und danach vom Feuerwehrkommandanten im offenen Pkw langsam durch Gondelsheim und dann nach Bruchsal gefahren wurde. Abgesprungene Flieger wurden in vielen Fällen zu Propagandazwecken als 'Terrorflieger' vorgezeigt.

Die zahlreichen, in der Umgebung abgestürzten Maschinen wurden auf einem großen Flugzeug-Schrotthaufen von 200 m Länge und mehreren Metern Höhe neben den Bahngleisen in Gondelsheim gelagert. Später konnten Handwerker und Jugendliche das Brauchbare ausbauen – wie die beliebten Benzin-Zusatztanks als Ruderboote.

Heimatverein Gondelsheim (Horst Münz, 1995)

2. Februar 1945
Die meisten retteten nur ihr Leben – Luftangriff auf Büchenau

Am Abend des 2. Februar 1945 waren auf Flugplätzen in England insgesamt 1.242 Flugzeuge der Royal Air Force zu Nachtangriffen auf deutsche Städte gestartet. Eines ihrer Ziele sollte Karlsruhe sein. Die zur Bombardierung der badischen Residenzstadt abgestellten 250 Bomber verfehlten jedoch aufgrund starker Stratokumulus-Bewölkung und wegen eines stark wehenden Windes ihr Zielgebiet. Die 'Christbäume' standen bei Angriffsbeginn über Büchenau, Spöck, Neuthard, Staffort und Friedrichstal. Nach britischen Angaben dauerte der Angriff auf 'Karlsruhe' von 23.03 bis 23.31 Uhr. In dieser knappen halben Stunde warfen die Lancaster der 5. Luftflotte 392 t Sprengbomben (darunter 205 1.800 kg schwere Luftminen) und 790 t Stabbrand-, Flammenstrahl- und Flüssigkeitsbrandbomben ab.

Dank der Forschungsarbeiten Hubert Bläsis 'Stadt im Inferno' sind wir im Besitz einer minutiösen Schilderung des Angriffs.

Büchenau [...] wurde an diesem 2. Februar am schwersten getroffen. Drei Luftminen detonierten im Ortsetter, mehrere Gebäude im weiten Umkreis zerstörend. Unzählige Stabbrandbomben und Phosphorkanister prasselten hernieder, der ganze Ort brannte lichterloh. Dreizehn

Einwohner büßten in der kalten Februarnacht ihr Leben ein. Vor dem Ortseingang, so ein Augenzeuge, hatten die Bewohner ihr gerettetes Vieh an Obstbäumen angebunden. In den rauchenden Trümmern stöberten verzweifelte Menschen, um noch etwas von ihrem Hab und Gut zu bergen, die meisten konnten jedoch nur das nackte Leben retten. [...]

Auch die Angreifer hatten schwere Verluste zu beklagen. Elf Maschinen kehrten nicht mehr zurück, sieben wurden von Nachtjägern, eines von der Flak abgeschossen, ein Flugzeug wurde von den Bomben einer höher fliegenden Maschine getroffen, die Bomber sind verschollen geblieben. Die toten Flieger wurden auf den Friedhöfen Ubstadt, Unteröwisheim und Karlsdorf beerdigt.

1981 entdeckte ein Oberöwisheimer Bürger in einer Scheune ein Stück Alublech. Es stammt, wie Hubert Bläsi eindeutig identifizieren konnte, von einem der abgestürzten Bomber. Bläsi gelang es sogar, einen überlebenden Flieger, der heute in der Nähe von London wohnt, auszumachen. Er war mit seinem Fallschirm 'in der Nähe des Dorfes Ubstadt' niedergegangen und wurde gefangen genommen. In einem Bauernhaus waren ihm von 'zwei sehr erschreckten alten Damen' Tee und mit Zimt bestreute Zuckerstücke gereicht worden. „Diesen netten Damen," schrieb der Pilot an Hubert Bläsi, „werde ich stets dankbar sein".

Bertold Moos (in: BNN, 2.2.1985)

25. Februar 1945
Luftangriff auf Heeresmunitionsanstalt (MUNA) Siegelsbach

Gegen Kriegsende wurde die Anlage zu einer akuten Gefahr für das Dorf. Am 25. Februar 1945, einem Sonntag, griffen amerikanische Bomber vom Typ B 26-Marauder von Dijon-Lonvic in zwei Wellen an. Um 13.55 Uhr luden 45 Maschinen, um 14.32 Uhr nochmals 46 Maschinen ihre verderbenbringende Last über der Muna ab. Um die 90 Tonnen Pulver flogen in die Luft, explodierende V 2-Zünder rissen einen 25 Meter tiefen und 23 Meter weiten Krater in den Boden. Die Druckwellen der Explosionen waren noch in den 11 000 bis 13 000 Meter hoch fliegenden Maschinen zu spüren. Am 2. März um 14.08 Uhr folgten weitere 36 Maschinen des gleichen Typs. Deren Richtschützen trafen allerdings weniger gut, die Bomben gingen größtenteils zwischen Munawald und Dorf nieder, wo sie keinen großen Schaden anrichten konnten (siehe S. 134).

Fast wie durch ein Wunder traf keine Bombe den Ort selbst. Trotzdem war der Schaden groß genug. Kaum eine Fensterscheibe war noch ganz, die meisten Dächer mehr oder weniger zertrümmert. Wie ein zweites Wunder mutet es an, daß alle drei Angriffe nur ein einziges Todesopfer forderten: Ein in der Muna beschäftigter Zimmermann wurde von einer umstürzenden Hallenwand begraben. Dabei ist allerdings zu bedenken, daß in den letzten Kriegswochen nur noch ein Bruchteil der ursprünglichen Belegschaft zugegen war. Schon zum Jahresende 1944 hatte der Abbau begonnen. Als Überbleibsel erinnerten noch viele Jahre lang eine ganze Reihe Bombentrichter an jene schlimmen Tage.

Rudolf Petzold (1986, S. 108)

Frühjahr 1945
Der Sulzfelder Eisenbahntunnel

Besonders die Bahnlinie der Kraichgaubahn befand sich in den letzten Wochen vor der Einnahme des Kraichgaus unter dauernder gegnerischer Luftüberwachung. Zugbewegungen waren daher zuletzt nur noch bei Nacht möglich.

CONFIDENTIAL

12 AF Form 34-1
2 June 1944

DAILY OPERATIONS REPORT

Group **17 Bomb Group**   Squadron **34-37-95-432**

Report from Period ending 2100 Hrs   **2 March** 19 **45**   Mission No. **586**

1. No Off   Time Up   Time Down   Total Hours
   52 - B 26's   **11.51**   **48 -16.08**   **218:48**

2. a. Type Mission **Daylight -Precision**   b. Escorted by **64th Ftr.Wing 15-18 P-47's**

3. Weather **Clear --- Visibility 12 Miles**

4. a. A/C Not Crossing Enemy Lines   b. A/C Crossing E/L But Failing To Complete Mission
   No. & Type   Reason   No. & Type   Reason
   4 - B 26's. Air Spares   **6 B 26's   Flt. Ldr didn't Bomb**
                                     6 B 26's   Bombardier Error

5. Target: (1)   (2) **TOWN OF SCHWEIGHAUSEN (W-**
   SIEGESLSBACH AMMO DUMP (R-   **1857), GERMANY**
   949 747), GERMANY

   3) ----   4) ----

a. Objective, Coordinate & Aiming Point	Initial Point of Bomb Run	b. Time of Attack	c. No. A/C attacking	d. Alt. Of Release
(1) **AMMO DUMP R-949747,** GSGS 4416 SHEET U-3, CENTER, GERMANY	Eppingen,	14.08	36	12000'
(2)				
(3)				
(4)				

6. Narrative
   a. Formation enroute and on Bomb Run. Bombing Procedure. Direction of Attack on objective and withdrawal (by degrees). Describe any evasive action employed. **2 -24 Boxes Formation en route), Flights in trail (FORMATION BOMB RUN).- Flight dropped on Lead BOMBARDIER of their respective flight (Bombing Procedure).- attack made on axis of 25 degrees with left break.- Moderate evasive actions employed from IP to target and on breakaway.**

   b. Ground Speed of Attack **204**   c. Duration of Bomb Run
                  400' circle   (1)   (2)   (3)   (4)
                                                  30 Sek. --   --   --

   d. Percentage of Bombs in Target Area **61**

   e. Any Facts of Significance including results: **FIRST PHASE STRIKE ASSESSMENT REPORT 42nd BOMB WING." The assigned target for this attack was a rectangular area running east west, measuring 1000 X 1400 feet, and centered on the grid R 966756. The bombs of two flights fell in the administration and barracks section at the east end of the target area. One large administration-type building received two or three direct hits. Direct hits were also scored on at least three smaller buildings. One section of the rail spurs in the area was cut by this concentration of bombs. The bombs of one flight fell in the same storage area which is located at the center of the north edge of the dump; this concentration fell on the west end of the assigned target. Possible hits were scored on at least two of the storage units but accurate pinpointing of bombs is difficult due to partially obscuring cloud cover. The bombs of this entire flight wre concentrated in the assigned area. One flight's bomb fell off the east edge of the dump at a point approxima tely 3000 feet east of the assigned target. The bombs of another flight fell just off th west end of the target area. The bombs of only five of the six flights which bombed area covered by photographs." --- Fourteen (14) A/C took photos.**

CONFIDENTIAL

Abschrift der Operationsbeschreibung eines US-Angriffs auf die Heeresmunitionsanstalt Siegelsbach, 2.3.1945. (US National Archives, Washington, DC /USA)

Im Verlauf der Rückwärtsbewegungen füllte sich der Sulzfelder Tunnel mit Wehrmachtszügen und war schließlich in seiner ganzen Länge von nahezu 400 Metern mit Wehrmachtsgut vollgestopft. Zuletzt war ein Entweichen auf den Bahnanlagen nicht mehr möglich, und die Begleitmannschaften der Wehrmacht sprengten schließlich beim Herannahen der Front die Züge, unter denen sich auch mit Glyzerin gefüllte Tankwagen befanden. Durch die infernalische Hitze in der Tunnelröhre glühte das Sandsteingewölbe des Tunnels aus und stürzte berstend zu Boden. Die Jabos, die den Sulzfelder Tunnel an diesen Tagen laufend unter Beschuß nahmen und bombardierten, konnten diesem nichts anhaben. Zahlreiche Bombentrichter auf dem Tunnelkamm im Gewann Graser waren später einzuebnen. Um die Bahnlinie wieder befahrbar zu machen, räumten später Besatzungstruppen mit schweren Fahrzeugen den Tunnel und warfen das deformierte Zugmaterial auf beiden Tunnelseiten über die Böschungen. Es dauerte übrigens Jahre, bis der durch Stützen gesicherte Tunnel wieder mit einem Betongewölbe versehen war.

Karl Tubach (1985)

1. März 1945
Zum ersten Mal richtige Angst –
Ein Insasse des Wehrmachtsgefängnisses berichtet über den Luftangriff auf Bruchsal

Wir hatten das karge Mittagessen hinter uns und waren enttäuscht darüber, daß es hier auch nicht mehr gab als bei den anderen Kompanien. Nun hielten wir unsere leeren Picknäpfe in der Hand und lauerten auf einen Nachschlag. Das Motorbrummen der Jabos war wieder zu hören. Es wurde stärker und schwächer, aus dem Brummen wurde plötzlich ein Dröhnen. Jemand stand am Fenster und rief: „Jetzt kommen sie ... und kein Alarm!" Da bellten die Bordwaffen auf. Gleich danach hörte man ein merkwürdiges Rauschen in der Luft. Wir sprangen und jagten zur

Lebenszeichenmeldung nach dem Angriff auf Bruchsal: „Total fliegergeschädigt. Mutter u. ich leben. Vater Lore Gerd tot. Wilhelm". (Stadtarchiv Bruchsal)

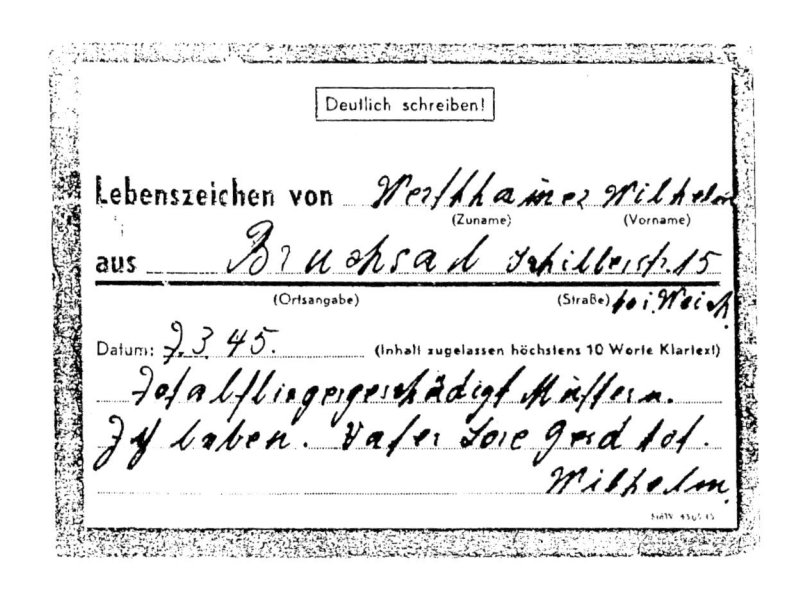

Bruchsals Innenstadt nach dem verheerenden Luftangriff vom 1. März 1945. (Ohler, Bruchsal)

Treppe. Klack – klack schlugen die ersten Stabbrandbomben durch das leichte Dach. Vor mir stürzte eine Brandbombe einem Kameraden mitten auf den Schädel. Er sank zu Boden, die Brandbombe steckte im Kopf und begann zu sprühen. Die anderen stolperten über ihn hinweg.

Kaum hatte ich meine Jacke mit Hilfe der Kameraden über meinen verwundeten Arm gezogen, ging das Dröhnen von neuem los, Scheiben klirrten, Staub und Qualm drangen in den Flur. Wir rechneten mit allem. Aber die meterdicken Wände des Gefängnisses kamen uns jetzt zugute. Und wieder hörten wir das Dröhnen der Motoren. Die dritte Welle kam herangebraust. Heulend und krachend schlugen die Bomben die Stadt zusammen. Hinter den Gefängnismauern stiegen riesige Rauchpilze gen Himmel. Brennende Balken wirbelten herum. Das Gefängnis zitterte, bebte, aber es stand. Nur der Kalk fiel von den Decken und Wänden. Ein Stück Mauer zerbarst vor unseren Augen und Sprengstücke der Bombe klatschten mit lautem Getöse an unser Gebäude. Zum ersten Mal hatte ich richtige Angst. Die dritte Welle verrauschte. Der Rauch wurde immer unerträglicher. Zwei Mann kamen von oben und zogen den getroffenen Kameraden die Stufen herunter. Die Brandbombe steckte noch – es sah gräßlich aus.

Karl Maria Meyrink (Nachdruck in BNN zum 1.3.1945)

2. März 1945
Angriff auf Eppingen (Abschrift)

Pol.-Posten Eppingen   Eppingen, den 22. März 1945
Kreis Sinsheim /.sk.Bez. Mannheim / J.Nr.331

Betrifft: Luftangriff auf Eppingen, Bahngelände und Lagerhaus,
*   am 2.III.45, um 13,00 und 17,30 Uhr.*

An das Landratsamt in S i n s h e i m .

Am Mittwoch, dem 21. März 1945, um 13 Uhr überflogen 12 feindliche Flieger (Jabos) aus westlicher Richtung kommend Eppingen und warfen auf das Bahngelände zwischen dem Bahnhof und der Heilbronnerstrasse 6 schwere Sprengbomben, wovon 3 auf die Bahngeleise 5 und 6 und 8 fielen und eine weiter am Lagerhaus vor die Büroräume niederging, die das Lagerhaus leicht und die Büroräume schwer beschädigten. Die Bahngeleise wurden aufgerissen und mehrere Eisenbahnwagen oder Güterwagen (etwa 10) ebenfalls beschädigt. Unter den 6 abgeworfenen Bomben befanden sich 2 Blindgänger, die tief im Boden steckten, der eine im Anfahrtsweg zu den Lagerhausschuppen und der andere hart rechts der Strasse Eppingen-Stebbach ebenfalls beim Lagerhaus.
Ausserdem traten von den feindl. Fliegern die Bordwaffen in Tätigkeit und beschädigten in Eppingen von der Bahnhofstrasse über die Bahngeleise bis in die Südstadt mehrere Ziegeldächer, Fensterscheiben und dgl. Durch den Bordwaffenbeschuss wurde ein Mann (Schwanenwirt Hermann Dieffenbacher von Eppingen) im Alter von 57 Jahren getötet. Weitere Personen wurden nicht verletzt und auch keine Kinder unter 14 Jahren.
Der Gebäudeschaden am Lagerhaus ist erheblich und beträgt etwa 4 bis 5000 RM. Das Lagerhaus soll angeblich geräumt werden, weil anzunehmen ist, dass noch weitere Angriffe folgen. Die Strasse Eppingen-Stebbach musste wegen der Gefahr (Blindgänger) vorerst für den Fahrzeugverkehr gesperrt werden. In Eppingen und in Stebbach wurden hierzu im Einvernehmen mit den Bürgermeistern Volkssturmposten aufgestellt. Die üblichen Tafeln 'Blindgänger Lebensgefahr' wurden angebracht.
Um 17.30 Uhr folgte ein zweiter Bombenangriff von 3 feindl. Fliegern (Jabos), die nochmals 6 schwere Sprengbomben, darunter 2 Blindgänger abwarfen. Die eine Sprengbombe ging vor der Güterhalle nieder und beschädigte die Güterhalle von der westlichen Seite schwer. Eine zweite Sprengbombe fiel ebenfalls auf das Bahngelände zwischen der Güterhalle und dem Lagerhaus und beschädigte einige (zirka 5 bis 6 Wagen) dort abgestellte Güterwagen schwer oder leichter. Zwei weitere Sprengbomben fielen auf das Feld gegenüber der Güterhalle rechts der Strasse Eppingen-Stebbach. Dort liegen tief im Boden auch die 2 Blindgänger in unmittelbarer Nähe vor dem blauen Haus, so dass die Leute wegen der Gefahr vorerst für die Nacht zum 22.3.45 nicht in dem Hause bleiben konnten. Bei dem zweiten Angriff wurde nicht mit Bordwaffen geschossen. Verletzte oder Tote gab es nicht.
Die telefonische Mitteilung an den Gend. Kreisführer in Sinsheim erfolgte jeweils alsbald nachdem die Festellungen einigermassen und sicher gemacht waren.
Der Schaden an der Güterhalle beträgt etwa 2000 RM. Von der Bahn konnte ich den Gesamtschaden nicht in Erfahrung bringen; er ist aber beträchtlich, weil auch einige beladene Wagen beschädigt wurden.
Ein ausgefüllter Vordruck über Meldung nach Luftangriffen ist beigefügt.
                                           Häffner, Meister der Gendarmerie

15., 18., und 24. März 1945
Mittags erschienen die Bomber am Himmel –
Jaboangriffe auf Graben und Neudorf

Schon seit Ende 1944 war der Bahnknotenpunkt zwischen Graben und Neudorf mit seiner Nord-Süd- und Ost-West-Verbindung der Schienenstränge verstärkt das Ziel feindlicher Bomber gewesen. Da die Großstädte zunehmend unter Beschuß standen, wurden Munitionszüge häufig in den Landgemeinden abgestellt. Bei dem bis dahin schwersten Angriff auf einen im Bahnhof haltenden Personenzug waren am 22. Dezember 1944 fünfundzwanzig Menschen ums Leben gekommen. Im Januar und Februar 1945 richteten die Bomber nur Sachschaden an. [...]

Am 15. März um 14.30 Uhr griffen alliierte Jabos Neudorf an. Mehrere Häuser wurden zerstört. Drei Frauen und ein Mann kamen in der Mannheimer Straße, damals Adolf-Hitler-Straße, ums Leben.

Graben-Neudorfs Hauptamtsleiter Adalbert Prestel, der die Bombenangriffe als Elfjähriger miterlebte, hatte am Tag darauf eine knappe Begegnung mit dem Tod: „Es war mittags, zwanzig Minuten nach eins," erinnert er sich. „Meine Eltern und meine beiden Tanten waren zum Laubsammeln im Wald. Ich stand beim Haus und habe gesehen, wie die Jagdbomber über das Unterdorf flogen. Ich wollte noch meine Großmutter und meine Schwester warnen, die im Keller waren, [...] da waren die Flugzeuge schon da." Eine Explosion ließ ihn für die nächsten Tage fast völlig ertauben. Als der Staub sich soweit gelegt hatte, daß er wieder etwas sehen konnte, war das Hinterhaus zu drei Vierteln eingestürzt, und keine zwei Meter neben ihm klaffte ein sechs bis acht Meter tiefer Bombenkrater.

„Ein Nachbar kam mit einem gut zwanzig Zentimeter langen Bombensplitter in der Hand, den er aber bald fallen ließ, weil er zu heiß war", erzählt Prestel weiter, „und meinte: ‚Bub, wenn du den auf den Kopf bekommen hättest'." [...] Neun Menschen kamen in der Hofstraße (damals Kirchstraße) ums Leben. Drei Anwesen in dieser Straße wurden völlig zerstört.

Am Konfirmationssonntag, 18. März, um 17.20 Uhr fielen die ersten Bomben auf Graben. Volltreffer zerstörten ein Gemeinschaftsanwesen in der Moltke- und ein Wohngebäude in der Kirchstraße. „Die Häuser von Schaufler und Burgstahler sind nur noch Trümmerhaufen", schrieb eine Grabenerin über den Angriff. Mindestens sechs Menschen starben. „Wir konnten die Toten kaum beerdigen," sagt eine andere Zeitzeugin, „die Beisetzungen fanden wegen der Fliegerangriffe nur nachts statt." [...]

Je näher die Front rückte, desto häufiger – täglich, fast stündlich – kreisten die Jagdbomber über den Dörfern. „Bei den Jabos gab es nicht immer Fliegeralarm," erinnert sich der Neudorfer Roland Petermann, „bei den schweren Bombern schon." Gegen die Angriffe auf den Bahnhof habe es zwar eine Flakstellung auf dem Gelände des heutigen Einkaufsmarktes gegenüber dem Rathaus gegeben. „Aber dort waren 15- oder 16jährige Jungen eingesetzt. Die waren fast vollkommen machtlos."

In der Nacht auf den 24. März bezog eine Infanteriedivision in Graben Quartier. Kurz vor 10 Uhr morgens tauchten feindliche Flugzeuge am Himmel auf. Der Bahnhof – dort hielt ein Militärtransportzug, zudem standen auf einem Abstellgleis Tigerpanzer – wurde mit Bomben und Bordwaffen unter Beschuß genommen. Zahlreiche Scheunen am nördlichen Ortsrand wurden abgedeckt und zum Teil schwer beschädigt.

Jörg Uwe Meller (in: BNN, 15.3.1995)

Luftaufnahme von Graben-Neudorf und dem Westwallbunker. (University of Keele)
(US 34 3645 23Mar45 1430 F:24 20000)

18. März und 5. April 1945
Stunden des Schreckens und Grauens – Jaboangriffe auf Wilferdingen

Die ersten Toten in Wilferdingen gab es bereits am 18.3.1945. Es war Konfirmationssonntag. Wegen der Fliegergefahr fand die Feier in der alten Wilferdinger Kirche bereits um 6 Uhr statt, mußte aber wegen Fliegeralarm abgekürzt werden. Kurz darauf erschienen auch schon Jagdbomber und warfen Bomben mitten in den Ort. Ein Wohnhaus in der Hauptstraße 55 wurde durch einen Volltreffer völlig zerstört. Die schwere Bombe muß bis in den Luftschutzkeller durchgeschlagen haben, denn alle neun Insassen fanden dort den Tod. Es waren dies der Hausbesitzer Wilhelm Zachmann, Architekt, und dessen Frau Luise geb. Merz, deren Sohn wenige Wochen vorher an der Front gefallen war, dann das Ehepaar Kurt Widmann und Johanna geb. Schnitzer mit ihren beiden fünf Jahre und vier Wochen alten Kindern, ein dienstlich in Wilferdingen anwesender Beamter aus Karlsruhe namens Schmid (?) und dessen zufällig zu Besuch anwesende Ehefrau sowie das 14jährige Nachbarmädchen Lina Zachmann.

Ein besonders schwarzer Tag war für Wilferdingen der 5. April 1945, an dem Frau Elise Müller geb. Scheible (Jg. 1900) ihre ganze Familie verlor. [...] Bei den Aufräumarbeiten wurden drei Kinder der Familie Müller überhaupt nicht mehr gefunden, so furchtbar muß die Bombenexplosion gewirkt haben. Die Opfer des Bombenangriffs waren Otto Müller (45), Schwiegervater Jakob Müller (75), Tochter Rosa im blühenden Alter von 21 Jahren, Sohn Helmut, 12 Jahre, und die Töchter Elfriede, Brunhilde und Gudrun im kindlichen Alter von neun, sieben und drei Jahren. Frau Müller fand Aufnahme bei Verwandten, und zum Verlust ihrer ganzen Familie kam dann anschließend noch bittere Armut. Als Rente für ihren Mann, der bei der Reichsbahn beschäftigt war, erhielt Frau Müller netto 26,70 RM. Trotzdem verzweifelte die schwergeprüfte Frau nicht. Durch Putzen, Waschen, Zeitungsaustragen und Krankenpflege besserte sie ihre schmale Rente auf und begann bereits wieder im Laufe des Jahres 1945 mit dem Aufbau ihres Hauses am Wetteplatz. [...] Ihre übermenschliche Energie resultierte aus der Hoffnung, daß sie ihrem 19jährigen Sohn Otto, der als Soldat an der Ostfront stand, nach dessen erhoffter Rückkehr wieder ein eigenes Dach über dem Kopf bieten könne. Ihr Sohn kam nicht mehr zurück: vermißt in Rußland.

Am Vormittag des gleichen Tages, an dem einige Scheunen in Brand geschossen worden waren, wurden auch drei weitere Wohnhäuser in der Kirchstraße durch Jagdbomber zerstört. Hier waren vier Todesopfer zu beklagen und zwar Frau Hormuth, Johann Zachmann, Luise Pailer und Jakob Pailer, der von zu Hause lediglich gekommen war, um nach Verwandten zu sehen, da ganz in der Nähe eine Scheune brannte.

Berthold Wetzel (in: Pforzheimer Zeitung, 8.5.1985)

20. März 1945
Bombeneinschlag tötete Frauen und Kleinkinder –
Sirenen warnten Jöhlinger nicht vor nahen Fliegern

Den ersten großen Angriff erlebte die Jöhlinger Bevölkerung in der Nacht zum 25. April 1944. Über 600 britische Bomber hatten die Karlsruher Innenstadt im Visier. Abgeworfene Leuchtraketen trieben von ihren eigentlichen Bestimmungsorten ab und markierten das Umland. Karl Abele erinnert sich an den Abwurf einer Bombe auf Jöhlingen: „Es war eine Luftmine, die beim Aufprall eine riesige Druckwelle erzeugte." Die Bombe schlug im Gasthaus ‚Zum Hirsch' ein und zerstörte es vollständig. Die anschließende Druckwelle beschädigte ungezählte

Häuser. Drei Männer und zwei Frauen mußten ihr Leben lassen. Die Einschlagstelle ist den Jöhlingern noch heute ein Begriff.

Einen weiteren Bombenhagel erlebten die Jöhlinger am 20. März 1945 gegen 14 Uhr: Aus südlicher Richtung kommend warfen vier Jagdbomber insgesamt acht Sprengbomben auf die Gemeinde ab. „Sechs dieser Bomben verfehlten ihr Ziel, aber zwei schlugen in die Langentaler Straße ein," berichtet Zeitzeuge Karl Abele. Der erste Einschlag riß einen tiefen Krater in die Straße und zerstörte die unterirdisch verlaufende Wasserleitung. Die zweite Sprengbombe schlug in die Langentaler Straße 31 ein. Sie zerstörte auch die beiden anliegenden Häuser und das gegenüberliegende Doppelhaus. Ein Mann, vier Frauen und zwei Kleinkinder starben. Unter den Opfern waren auch Karl Abeles Vater Hermann und dessen vier Monate alte Enkelin, die sich in der Küche aufgehalten hatten. Die Geschwister Karl Burgey und Maria Ortner verloren bei der Zerstörung ihres Elternhauses die Mutter, die Tante und den Neffen.

Erst zehn Tage später erfuhr der Vater Ludwig Kummerls vom Unglück seiner Familie. „Ich war an der Front in Italien, als ich die Nachricht erhielt," sagt er. Da die meisten Verkehrswege zerstört waren, mußte der damals 26jährige, um wieder nach Deutschland zu kommen, den größten Teil seines Weges zu Fuß zurücklegen.

Besondere Erinnerungen hat Karl Abele an den Angriff der alliierten Luftstreitkräfte an jenem Märztag.: „Da die Sirenen keine Warnung gaben, konnten wir uns erst in Sicherheit bringen, als wir die Jabos schon hörten. Mit einem Schulkameraden hatte ich Reisig zusammengetragen. Als ich die Flieger hörte, war ich gerade im Hof der damaligen Langentaler Straße 22. Ich rannte in den Keller, um mich vor den bevorstehenden Abwürfen zu schützen." Unter den Trümmern des zerbombten Hauses verschüttet, wurde Abele erst Stunden später von französischen Gefangenen gerettet.

Robert Schwartz (in: BNN, 20.3.1995)

24. März 1945
Jabo-Angriff auf Kloster Lobenfeld

In der Nacht vom 23. auf den 24. März 1945 kamen laufend Gruppen von zurückflutenden Soldaten und Zivilisten die Langenzeller Straße herunter. Um 5 Uhr früh stand dann ein Feldwebel auf der Kreuzung und dirigierte alles in Richtung Kloster. Ich bin zu dem Mann hin und habe gesagt: „Heut' werden wir was erleben." Auf seine Frage „Warum?" habe ich erwidert: „Hören Sie nicht da oben den leisen Willi (amerikanisches Aufklärungsflugzeug, auch lahme Ente genannt), der fliegt schon den ganzen Morgen hier herum."

Mittags gegen 13 Uhr ging es dann los. Vermutlich auf Anforderung des Aufklärungsflugzeuges, das den Truppendurchzug beobachtet hatte, kamen dann die Jagdbomber. Ganz tief sind sie über Lobenfeld angeflogen und haben in mehreren Angriffen den Ortsteil Kloster beschossen. Bald schlugen Flammen aus vielen Scheuern, und Pferde mit und ohne Geschirr rasten voller Angst durch die Gegend. Manche sind eingefangen worden, einige auch nicht mehr zurückgekommen. Viele waren verwundet, eines davon hat Meinrad Edinger eingefangen und gesund gepflegt.

Edgar Berberich (1995)

Aus einem Tagebuch über denselben Angriff:
Im Bett höre ich schon Pferdegetrappel und Fahrzeuge fahren. – Einquartierung! Im Hof stehen Pferde. Sie gehören zu einer Sanitätskompanie. Im Kloster sind alle untergebracht. Man verhandelt, man hat Angst, aber der Spieß sagt: „Wo wir sind, da machen die Flieger nichts. Wir

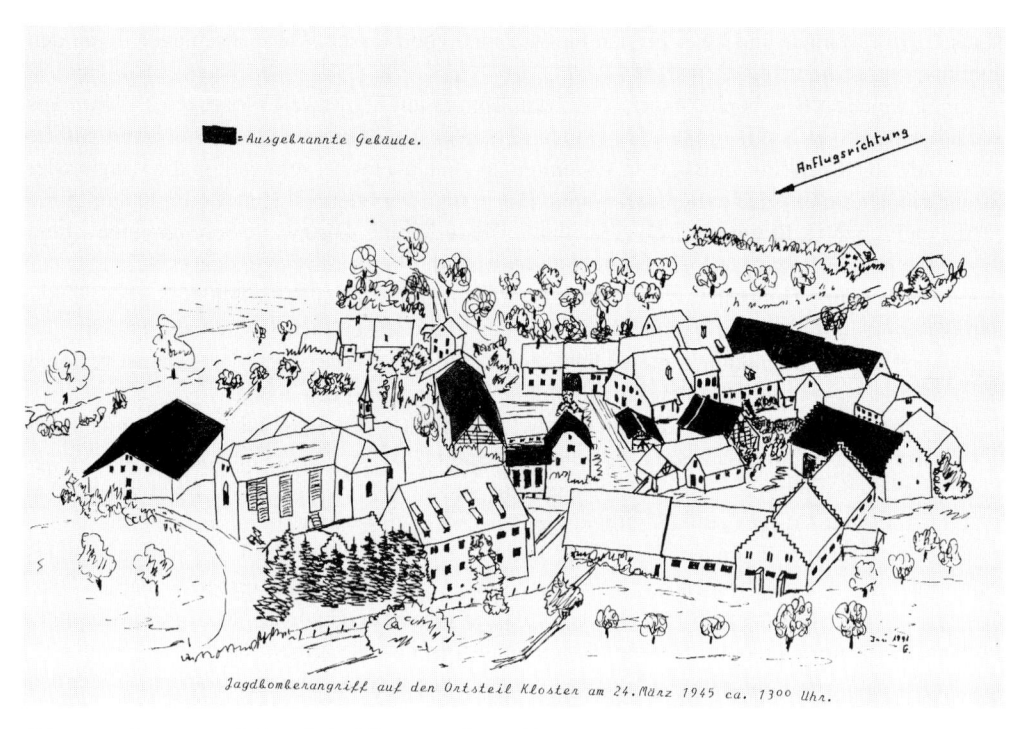

Die ausgebrannten Gebäude in Kloster Lobenfeld, Zeichnung Friedrich Krämer.

legen eine große Fahne mit dem roten Kreuz auf die Wiese, dann ist alles in Ordnung." Viele Klöstermer gehen in den Wald, sie fürchten einen Angriff aus der Luft.

Kurz vor 13 Uhr kreisen Tiefflieger (Jabos) über uns. Helma, Mutter und die Kleinen sind im Keller. Wir, Ursel, ich und zwei Soldaten, die von der Straße zu uns unter den Balkon liefen, und ein paar Buben beobachten die Tiefflieger, die so nieder fliegen, daß wir ihre roten Schnauzen und Leitwerke sehen und erkennen. Da schießt es dann, ratatata..., das sind Bordwaffen, und schon schreit jemand: „Die Feldscheuer vom Fellmann brennt!" Wir wollen weg und löschen; da seh' ich zwei Jabos auf uns zukommen, über Frey'e Elsa ihrem Haus, direkt kann ich in die Propeller sehen. ‚Die meinen uns,' zuckt es mir durch den Kopf, ich brülle „weg, weg!" und reiße alle, die da auf der Treppe standen, mit ins Haus, und schon prasselt es an die Hauswand. Mir sagte mal ein Soldat: „Wenn man den Jabos in den Propeller sehen kann, dann ist man fast schon tot, denn die schießen durch den Propeller." Runter in den Keller, denn nun schoß es durcheinander. Da fürchtete ich mich zum ersten Mal, es war alles so unheimlich. Dann kam Rauch in den Keller. Ursel und ich gingen zur Waschküche vor, da sahen wir Rauch von der Scheuer und Feuer auch bei Kaiser's ihrer Scheuer. Dann rannten wir nach oben in den Gang, es war alles voller Rauch, also wieder zurück in den Keller, denn die Flieger schossen immer noch und kamen wieder und wieder.

Dann wurde es ruhiger, wir dachten nur noch an Wasser, wir ließen Wasser in die Waschwannen laufen, und dann war auf einmal eine ganz unerklärliche Stille. Raus aus der Waschküche – alle beiden Scheuern brennen lichterloh! Wir zogen unsere Schürzen aus und machten sie klatschnaß und wickelten die Kleinen ein und rannten mit ihnen zwischen brennenden Heubündeln und Strohballen zur Hohl. Welz'e Eliese und Krämer's Eliese ließen wir dann bei den Kindern. Wir rannten zurück, denn ich sah beim Wegrennen, daß das ganze Kloster an allen Ecken und Enden brannte; durchs Klostertor war es ein schrecklicher Anblick. Ein Sturm kam auf, und die Rauchwolken und glimmenden Funken wälzten sich die Straße entlang. Ein Soldat, der nicht unter den Balkon gekommen war und gelacht hatte, weil wir ihm zugerufen hatten, er solle weg von der Straße, lag am Rank gegenüber von Gimber's Wohnhaus und war tot.

Durch die Haustüre konnte ich nicht mehr ins Haus kommen, die Flammen von der Scheuer schlugen schon herüber. Ich gab unser Haus auf, ich suchte dann nur noch die besten Sachen und wollte sie auf die Straße werfen und forttragen. Ursel, die treppauf-treppab sprang, sah mich, schüttelte mich und schrie: „Du, wenn du jetzt nicht sofort hilfst löschen, dann brennt uns das Haus an, und du bist schuld." Dann gab es ein Wettrennen um Wasser. Auf dem Speicher hatte Mutter zusammen mit den zwei Soldaten schon vier oder fünf Brandstellen gelöscht. Aber das Hausteil zur Scheuer hin, mit dem Holzbalkon, fing an zu brennen. Alle Möbel wurden von dieser Wand weggerückt, die zur Scheuer hin lag, und immer wieder dampfte die Wand, der Hausgiebel wollte brennen, aber das Wasser, das wir mit Eimern hineinschütteten, löschte die Brandherde. Dann fielen die Scheuern und das Stallgebäude in sich zusammen, die größte Gefahr war gebannt, die Flammen und die übergroße Hitze ließen nach.

Feuerwehren kamen während des Brandes von Spechbach und von Lobenfeld, aber im Kloster bei Geiß'es und Kaiser's, Fellmann's und Mayer's Fritz ging es um Viehzeug, und das war wichtiger. Zwischen Schneider's Eugen und unseren Brandstätten rannten Pferde, Kühe, Hühner durcheinander, sie wollten wieder in die glühenden Stallungen zurück. Wir stellten uns ihnen in den Weg und versuchten mit allem, war wir in der Schnelle fanden, sie zurückzutreiben.

Im Kloster war der Jammer groß, Mayer's Fritz kam mir mit einem angebrannten Säu'le im Arm entgegen. „Hildale, wir wollen es schlachten," sagte er zu mir. Ich rannte los zu Geiß'es, sie taten mir ja alle so leid, es kam mir vor, wie ein böser, böser Traum, aber es war Wahrheit. Ich holte die Kinder mit Eliese und Helma wieder heim: „Kommt, wir haben noch ein Dach über dem Kopf, jeder hat sein Bett." Wir haben uns angeschaut und dachten alle, wir haben das Leben neu geschenkt bekommen.

Licht gab es keines, und das Wasser holte uns die Spechbacher Feuerwehr vom Bach, denn das Brunnenwasser floß nur noch haardünn. Unterhalb der Mühle legten sie ihre Schläuche zum Gutshof Fellmann und machten dort einen Abzweig, so daß wir alle mit Eimern Wasser holen konnten, denn immer wieder schlugen Flammen hoch. Beckers' Hannes und ich hielten die Feuerwache, wir hatten die ganze Nacht zu tun, um wieder aufkommende Feuer zu löschen.

Hilde Holdermann (1945)

Eine weitere Schilderung dieses Angriffes stammt von einem Stabsarzt, dem Chef der Korps-Sanitätskompanie, die während des Jabo-Angriffes im Ortsteil Kloster untergezogen war. (Teile der Gruppe waren aus Rußland zur Eifel verlegt, dann über den Hunsrück zum Rhein befohlen worden.):

Meine Erinnerungen an den so schmerzlichen Tag für die Gemeinde Kloster-Lobenfeld sind natürlich nach den langen Jahren recht lückenhaft. [...] Die Einheit [...] bestand aus etwa 120 Offizieren, Unteroffizieren und Mannschaften. Wir hatten 3 Lkws (1 OP-Gerätewagen, 1 Apothekenwagen, 1 Kfz-Gerätewagen), 2 Pkw und 2 Kräder. Das Gros bestand aus etwa 30 pferdebespannten Fahrzeugen russischer Herkunft. Die Dächer der Wagen waren weiß gestrichen und mit dem roten Kreuz als Sanitätsfahrzeuge gekennzeichnet. Der überhastete Rückzug war daher schon vom Gelände her für eine solche Einheit beschwerlich. [...] Wir brauchten eine ganze Nacht, bis wir bei Neckargemünd über den Neckar kamen. Im Neckartal herrschte durch

Stauungen ein unbeschreibliches Chaos. Im Morgengrauen trafen wir todmüde in Lobenfeld ein. Der Hauptfeldwebel verteilte die Mannschaften, Pferde, Wagen und Zaumzeug auf die verschiedenen Gehöfte und Scheunen. Die Familie Fellmann im Gutshaus nahm uns freundlich auf und stellte uns sogar ihre Betten für vier Sanitätsoffiziere und den Zahlmeister zur Verfügung. Wir hatten Anweisung, die Fahrzeuge nicht zu tarnen, sondern so aufzustellen, daß wir als Sanitätseinheit durch das rote Kreuz auf den Fahrzeugen deutlich erkennbar waren, denn wir waren, wie auch die Ortsbewohner, der Meinung, daß unsere Gegner die Bestimmungen der Genfer Konvention einhalten würden. Noch glaubten wir, es im Westen mit einem zwar harten, aber fairen Gegner zu tun zu haben.

Lange Zeit zum Ausruhen blieb uns nicht. Wir wurden durch den Lärm und einschlagende Geschosse in die Hauswand von tief anfliegenden Flugzeugen aufgescheucht. Die Flugzeuge flogen von der Fensterseite des Schlafzimmers an. Wir sprangen aus den Betten, legten uns platt auf den Fußboden hinter Betten und Kleiderschrank und versuchten, in unsere Hosen zu schlüpfen. Da flog auch schon die zweite Welle an. Über die Anzahl und den Typ der Flugzeuge konnten wir uns in dieser Situation nicht kundig machen. Der ganze Spuk dauerte etwa fünf Minuten.

Wir gingen zum Fenster auf dem oberen Flur und sahen nach unserem Lkw mit dem Operationsgerät und dem zweiten mit dem Apothekenmaterial, die an der Hauswand abgestellt waren. Beide standen in hellen Flammen. Die Flammen züngelten bereits an den Fensterläden hoch. Auf dem Flur standen mehrere mit Wasser gefüllte Eimer, mit denen wir das Feuer zu löschen begannen. Die Wagen brannten völlig aus. Zum Glück blieb das Gasthaus vom Abbrennen verschont. Wir sahen, daß mehrere Scheunen in Flammen standen und großer Schaden entstanden war. Es erschien der Führer einer hier einquartierten Bäckereikompanie und drohte mir in arroganter Weise, Meldung zu machen, weil ich meine Fahrzeuge, wie es ja befohlen war, offen hatte aufstellen lassen. Das war mir dann doch zuviel. Meine Reaktion war entsprechend gegenüber einem Mann, der den Krieg in der Etappe erlebt hatte. Wir konnten uns damals einfach nicht vorstellen, daß der westliche Gegner sich über die verbindlichen Bestimmungen der Genfer Konvention hinwegsetzen würde.

Der Schaden, den der Angriff im Kloster verursacht hatte, ging uns allen an die Nieren. Wir waren natürlich voll damit beschäftigt, unsere Verluste festzustellen. Personell waren wir im Vergleich mit unseren russischen Erfahrungen glimpflich davongekommen. Ein Sanitätssoldat war auf der Straße von einem Geschoß tödlich getroffen worden, ein weiterer war vermißt. Wir befürchteten, daß er in einer Scheune verbrannt war. Als wir am Nachmittag den Kameraden beerdigten, kam der Vermißte mit dem Fahrrad auf einem, wie mir in Erinnerung ist, etwas abschüssigen Feldweg angefahren. Er war in dem Durcheinander im Neckartal in der Nacht von der Einheit abgekommen.

Der Sachschaden war enorm. Unsere wichtigsten Fahrzeuge, der OP- und der Apothekenwagen, waren ausgebrannt. Von den 68 Pferden waren 9 getötet oder hatten schwerste Verbrennungen. Pferdegeschirr und Zaumzeug waren zur Hälfte dem Feuer zum Opfer gefallen. Wir waren nicht mehr einsatzfähig. Unser Aufenthalt in Kloster-Lobenfeld hatte nicht einmal zwölf Stunden gedauert.

Gegen Abend bekamen wir den Marschbefehl nach Aglasterhausen. Nur die Hälfte der bespannten Fahrzeuge war fahrfähig. Die Fahrer mußten noch einmal zurück, um die restlichen Fahrzeuge zu holen. Wir kamen dann in mehreren Etappen bis in einen kleinen Ort im Schurwald, östlich von Stuttgart. Dort wurde die Einheit aufgelöst.

(Bericht 1995 durch Vermittlung von Friedrich Krämer, Lobenfeld)

27. März 1945
Tieffliegerangriff bei Langenzell

Ich war in Sandhausen. Um 10 Uhr abends war Artilleriefeuer. Da sagte Anna Breuninger zu mir: „Wir machen uns auf den Weg, sonst kommen wir nicht mehr nach Waldwimmersbach." Das war am 26. März.

Mit dem Rad und zwei Koffern fuhren wir morgens um 4 Uhr weg. Wir wollten vor Tag in Waldwimmersbach sein. Es hat uns gerade gereicht bis Wiesenbach. Es war klarer blauer Himmel. Französische Jabos waren in Wiesenbach im Tiefflug über der Straße. Wir dachten, wir schafften es noch bis zum Hofgut Langenzell. Aber es war nicht mehr möglich, weiterzugehen. Wir haben uns in den Graben gelegt. Wir lagen vielleicht 10–15 Meter auseinander. Die Jabos gingen tief runter. Die Fahrzeuge auf der Straße haben gebrannt. Jeder einzelne Flieger kam so lange, bis sie sahen: jetzt ist Ruhe. Wir lagen im Graben. Die Flieger warfen die Gurte der Bordkanonen heraus, die flogen uns um die Ohren.

Wir kamen dann bis Langenzell. Die landwirtschaftlichen Arbeiter waren gerade vom Hofgut unterwegs gewesen, um Mist zu fahren. Die Leute lagen unter den Wagen und waren tot. Sogar auf diese Fuhrwerke war gezielt geschossen worden

Franz Kresser, Gesprächsrunde zum Kriegsende, ev. Pfarrhaus Waldwimmersbach, 27.2.1995

31. März 1945
Der schwere Luftangriff auf Weingarten

Am Ostersamstag kreisten schon morgens um 7 Uhr die Jagdbomber wie Hornissen um und über Weingarten. Immer wieder stießen die Maschinen irgendwo herunter und schossen auf deutsche Verteidigungsanlagen, Fahrzeuge auf den Straßen und sogar auf Zivilisten. Ein damals siebzehnjähriges Mädchen besaß die Nerven, von diesem Tage an bis zur vollständigen Besetzung Weingartens Notizen zu machen, die bis heute aufbewahrt wurden:

Der Ostersamstag war kühl und klar. Um 8 Uhr mußten Frauen, ältere Kinder und die wenigen Männer auf dem Kirchberg zum Schanzen antreten. Wenn Jabos näher kamen, sprang alles schnell in Deckung. Die Jugend war damals vieles gewöhnt. Selbst in Lebensgefahr behielt sie ihren frohen Mut. Unsere junge Berichterstatterin notierte, daß sie an diesem Tage zwischendurch 'bei der lustigen Bunkerbesatzung zum Vesper' war. Um 11.45 Uhr fielen wieder Bomben in der Weingartener Gemarkung. Die meisten Dorfbewohner saßen in ihren Kellern oder in öffentlichen Schutzräumen.

Frau Monika Apfel fuhr jedoch auch an diesem Tage mit ihrem Kuhgespann auf eines ihrer höhergelegenen Felder. Ihr neunjähriger Sohn Otto und der bei der Familie arbeitende Franzose fuhren mit. Vom Felde aus sahen diese drei Leute einen Bomberverband auf Weingarten anfliegen. Die Bomber gingen immer tiefer herunter. Vom Kirchberg her wurden sie von deutscher Flak beschossen. Als der Verband das Ortszentrum überflog, detonierten schwere Bomben. Hohe Rauch- und Staubwolken stiegen auf.

Von der evangelischen Kirche stand danach nur noch der beschädigte Turm. Das Kirchenschiff war ein einziger Trümmerhaufen. Die Turmuhr war um 14.53 Uhr stehen geblieben. Im zerstörten evangelischen Gemeindehaus, in dem sich das deutsche Offizierskasino, die Feldküche und eine Zahlstelle befanden, starben ein Kind, eine Frau und fünf Soldaten. Ein weiterer Soldat wurde in der Nähe des Baches von Trümmern erschlagen. In der Körnerstraße verloren zwei Männer ihr Leben. Beim katholischen Kindergarten in der Luisenstraße, der als Lazarett eingerichtet war, kam eine Frau um. In der Friedrich-Wilhelm-Straße wurde in der Nähe der Schule ein Fachwerkhaus getroffen. Im Keller dieses Gebäudes wurden ein elfjähriges Mädchen und ein neunjähriger Junge verschüttet. Der kleine Junge konnte sich durch ein Loch im Keller bemerkbar machen. Weil das mit ihm verschüttete Mädchen sich nicht mehr bewegte, hielt er es für tot. „Die Ruth ist tot!" rief er den Helfern des Roten Kreuzes und den Soldaten zu, die sehr vorsichtig mit bloßen Händen die Kinder auszubuddeln versuchten. Das Mädchen war, wie sich bald herausstellte, nur besinnungslos und hatte am Kopf blutende Wunden. Es lag in einer tiefen Lache ausgelaufenen Weines. Ein anderes Mädchen, das zum Einkaufen unterwegs war, hatte sich in diesem Hause untergestellt. Dieses Kind war tot. Man fand es erst einen oder zwei Tage später. Die Mutter holte das tote Kind mit einem Handwägelchen heim. Während des Bombenangriffs war der Kirchendiener Christian Schaufelberger ganz in der Nähe der Kirche. Er kam mit dem Leben davon, doch sein Gehör büßte er durch die Druckwelle der Detonationen ein.

Die Elektrizitätsversorgung war zerstört. In den Kellern und Bunkern war es dunkel. Hie und da sorgte eine Kerze oder ein sogenanntes Hindenburglicht für notdürftige Beleuchtung.

Unter den Trümmern des evangelischen Gemeindehauses wurde nach Verschütteten und nach der Kriegskasse gesucht. Unter Mörtel, Staub und bunten Kindergartenpuppen fand man die blutverschmierte Geldkassette neben dem zerfetzten Körper eines Soldaten.

Frau Apfel, ihr kleiner Sohn und der französische Gefangene fuhren mit dem Kuhgespann ins Dorf zurück. Unterwegs begegneten sie apathischen Menschen, die vom zerstörten Ortszentrum her kamen. Keiner sprach ein Wort und niemand erzählte von dem, was geschehen war.

Eine Gruppe von etwa 25 Personen floh nach dem Bombardement in die Ungeheuerklamm und blieb dort bis zur endgültigen Besetzung des Dorfes. Frauen, Kinder und alte Männer schliefen dort nachts unter den Bäumen, froren und hungerten. Die Situation war ähnlich wie im Dreißigjährigen Krieg, als sich die verängstigten Menschen in den Weingartener Wäldern versteckten.

Wilhelm Kelch (1985, S. 188ff)

2. April 1945
Wasserschloß sank in Schutt und Asche – Luftangriff auf Menzingen

Wenige Wochen vor Kriegsende traf die Geißel des Krieges mit voller Härte die Menzinger Bevölkerung. Das Dorf war Ziel eines heftigen Luftangriffes. Fast kein Gebäude blieb verschont, denn da, wo keine Bomben hinfielen, waren es die Bordkanonen der Angreifer, die Schaden anrichteten. Das Inferno dauerte eine knappe Viertelstunde, doch das Zerstörungswerk war grausam. Neunzehn Personen kamen in den Flammen um oder wurden durch die Geschosse tödlich getroffen. Zehn Haupt- und 57 Nebengebäude wurden total zerstört, 24 Wohn- und 43 Nebengebäude erlitten mittelschwere Schäden.

Die ständig näherrückende Front war nicht zu überhören. Der grollende Donner der Geschütze war zu vernehmen und zurückflutende deutsche Soldaten beherrschten die Szene. Jedermann wußte, daß es nicht mehr lange dauern konnte, bis feindliche Truppen kamen. Der 2. April, Ostermontag, schien zunächst ein Tag wie der vorhergehende Sonntag zu werden. Gegen 16.30 Uhr vernahm man zwar das Brummen von Flugzeugen, doch niemand ahnte, was sich da anbahnte. Die zunächst das Dorf überfliegenden Jagdbomber – sieben P 47-Thunderbolt-Jagdflugzeuge – drehten plötzlich bei, kreisten kurz über ihrem Ziel und stießen dann herunter. Wer von der überraschten Bevölkerung noch in den Keller kam, war wenigstens vor den Bordwaffen sicher. Die Erde erbebte von den detonierenden Bomben, durch die Luft schwirrten die brandstiftenden großkalibrigen Leuchtspurgeschosse. Die Menzinger glaubten, der Angriff hätte eine

Ewigkeit gedauert, als nach etwa 15 Minuten die Flugzeuge kehrtmachten. Was sich der Bevölkerung bot, als sie schreckgezeichnet vom soeben Erlebten aus den Kellern kroch, war ein Bild des Entsetzens. Überall loderten Brände, die Straßen waren blockiert von herabgestürzten Gebäudeteilen, viele Menschen standen ratlos und verzweifelt vor ihrem einstigen Eigentum.

Die meisten Opfer unter der Bevölkerung forderte ein Bombenvolltreffer in die Ökonomiegebäude des Oberen Schlosses. Unter den Toten waren die Frau und drei Kinder des Gutsverwalters, zwei gerade zu Besuch weilende Personen sowie eine kriegsverschleppte polnische Frau mit ihren vier Mädchen. Die Bombenabwürfe auf das Obere Schloß verfehlten jedoch ihr Ziel, sie fielen etwa 70 Meter vom Schloß entfernt in die Gärten. In den Keller des Schlosses hatten sich zahlreiche Einwohner in letzter Sekunde geflüchtet.

Das Wasserschloß dagegen mit seinen vier Ecktürmen aus dem 16. Jahrhundert sank durch Brandbomben in Schutt und Asche. Unter anderem war in den Räumen ein großer Teil der Heidelberger Universitätsbibliothek ausgelagert. Mit der Unerbittlichkeit des Naturelements bahnte sich das Feuer seinen Weg. Noch nach Wochen rauchte es aus den Trümmern. Folgenschwerer Zufall: Aus Heidelberg wurden die Buchbände der Universität nach Menzingen gebracht, um sie vor der Vernichtung durch den Krieg zu schützen. Hätte man sie in Heidelberg belassen – die Stadt wurde von der alliierten Kriegsführung vom Bombenterror ausgenommen – wären sie erhalten geblieben. In Menzingen verbrannten die Bücher.

Der Luftangriff auf Menzingen war sinnlos. Die deutschen Truppenansammlungen, der gegnerischen Aufklärung natürlich nicht verborgen geblieben, hatten sich in der Nacht vor dem Bombardement aufgelöst. Der tatsächlich für ein bis zwei Tage lang in Menzingen gelegene Divisionsgefechtsstand war, als der Angriff erfolgt, bereits wieder weg. Zwei Tage nach dem Luftangriff, am 4. April, erschienen die feindlichen Verbände.

Rolf Zeller (in: BNN, 2.4.1985)

Schloß Menzingen nach dem Angriff. (Stöhr)

Aufzeichnungen v. 17./Flg.Verb.Geschw.2

23.4.44	\multicolumn{2}{l}{Kurierflug Ju 52 le Mesnil (Frankreich) nach Greifswald (Überführung v. Generaloberst Hauser – Augenverletzung)}

23.4.44 Kurierflug Ju 52 le Mesnil (Frankreich) nach Greifswald (Überführung v. Generaloberst Hauser – Augenverletzung)
Rückflug Greifswald – Zwischenlandung Halberstadt, da Fliegeralarm – Weiterflug n. Lachen-Speyerdorf (Pfalz)
Übernachtung daselbst.

24.8.44 Rückflug nach Le Mesnil

Zwischen 24.8. u. 31.8.44 Eintreffen der Staffel in Lachen-Speyerdorf

31.8.44 Überführung der Maschinen v. Lachen-Speyerdorf n. Germersheim

3.9.44 Überführung von Germersheim n. Karlsruhe – Einquartierung in Neureuth b. Karlsruhe

Anfang Okt. 1944 Vorkommando in Sinsheim und einige Tage später Eintreffen der Staffel mit Ju 52 und einige Fi. Störche 156.
Privatquartiere bezogen, Feldküche in der Gastwirtschaft 'Zur Krone'. Erntehilfe in der Landwirtschaft. Ju 52 getarnt im Wiesengrund an der Dorfgrenze von Steinfurt untergestellt. Die Fi. 156 in der Dreschhalle von Steinfurt, ebenso in Eppingen in der Dreschhalle untergestellt. Laufende Bewachung durch Angeh. der Staffel.

1.2.45 Überführung der Ju 52   n. Ödheim
2.2.45   "   "   v. Ödheim n. Nellingen
Fi. 156 folgten später nach
21.2.45 Überführung der Ju 52   v. Nellingen n. Echterdingen
21.2.45   "   "   Echterdingen n. Dornberg
27.3.45   "   "   Dornberg n. Großenlupnitz
ebenso alle Fi. 156   b. Eisenach

1.4.45 14.00 Angriff auf Flugplatz, alle Maschinen zerstört.
Verlegung nach Quedlinburg und Ausrüstung mit Fi. 156

10.4.45 Überführung Fi. 156   v. Quedlinburg n. Primmelwitz
              "   "   v. Primmelwitz n. Altenburg
              "   "   v. Altenburg n. Hof
11.4.45   "   "   v. Hof n. Eger
12.4.45   "   "   v. Eger n. Weiden
 .4.45   "   "   v. Weiden n. Schönsee
16.4.45   "   "   v. Schönsee n. Cham
17.4.45   "   "   v. Cham n. Schleissheim
19.4.45   "   "   v. Schleissheim n. Indersdorf
25.4.45   "   "   v. Indersdorf n. Münsingen
29.4.45   "   "   v. Münsingen n. Holzkirchen
              "   "   v. Holzkirchen n. Mitteldarching
30.4.45   "   "   v. Mitteldarching n. Auring
              "   "   v. Auring n. Saaldorf
 2.5.45   "   "   v. Saaldorf n. Bad Reichenhall
 3.5.45   "   "   v. Bad Reichenhall n. Zell a. See
                                Endstation!

Einige Tage nach dem 8.5.45 wurden die Maschinen v. unseren Flugzeugführern in Begleitung der Amerikaner nach einem Flugplatz geflogen.

Letzte Kriegsmonate

Seit dem Spätjahr 1944 näherten sich die Truppen der Amerikaner und der freien Franzosen de Gaulles unaufhaltsam der Westgrenze des Deutschen Reiches. Metz war am 22., Straßburg am 23.10.1944 eingenommen worden. Zum Oberbefehlshaber der deutschen Front am Oberrhein wurde am 26.11.1944 der Reichsführer SS, Heinrich Himmler, ernannt. Bereits am 25.9.1944 hatte Adolf Hitler angeordnet, alle Männer zwischen 16 und 60 Jahren, die noch nicht Kriegsdienst leisteten, in Volkssturm-Einheiten zusammenzufassen. Zunächst wurden Angehörige des Volkssturms und der Hitlerjugend beim Bau von Laufgräben, Unterständen und Panzersperren eingesetzt, anfangs v.a. im Elsaß, dann auch u.a. am Westrand des Kraichgaus (z.B. bei Grötzingen), wo Befestigungsanlagen des Westwalls ergänzt werden sollten.

In den Wochen nach dem 23.2.1945, dem Beginn einer Großoffensive der Alliierten, wurde dann auch der Kraichgau in die Wirren des Kriegsendes hineingezogen. Vor allem im Verlauf des Monats März wurden zunehmend zurückflutende, zusammengewürfelte Reste deutscher Einheiten zumeist kurzfristig in den bislang weithin verschonten Dörfern und Städtchen einquartiert (u. a. 16. und 347. Volksgrenadierdivision, 2. Gebirgsdivision und 17. SS-Panzergrenadierdivision „Götz von Berlichingen"). Um dem Zusammenbruch und dem Desertieren entgegenzuwirken, erfolgte am 15.2.1945 ein Erlaß des Reichsjustizministers Thierack zur Errichtung von Fliegenden Standgerichten in Frontnähe. In vielen Fällen endeten diese Schnellverfahren mit der Exekution der Angeklagten, so z. B. in Mühlhausen bei Wiesloch oder in Neckargemünd. Manchmal wurden die aufgegriffenen Soldaten, z.B. in Rohrbach bei Eppingen, zu ihrer Einheit zurückgeschickt oder sie konnten, so in Stetten am Heuchelberg, durch glückliche Flucht im letzten Moment der Hinrichtung entgehen. Mancher Soldat oder Volkssturmmann wurde schon wegen Unmutsäußerungen von fanatischen Anhängern Hitlers auf der Stelle erschossen, z. B. in Sinsheim oder Lobenfeld. Auch Kriegsgefangene oder entflohene KZ-Häftlinge konnten Opfer solcher Vorgehensweise werden, so in Helmstadt. Nach dem Erlaß des Hitler-Befehls „Verbrannte Erde" vom 19.3.1945, der in den letzten Kriegstagen u. a. die sinnlose Sprengung zahlreicher Brücken (u. a. am 1.4.1945 Autobahnbrücke über die Enz) bewirkte, konnte auch der Widerstand dagegen Todesurteile zur Folge haben.

Reisen wurden vor allem durch den Einsatz einer wachsenden Zahl alliierter Jagdbomber zu lebensgefährlichen Unternehmungen. Das veranschaulichen u.a. Berichte über die Radtour eines Vaters und seines elfjährigen Sohnes von Heidelberg nach Bahnbrücken, über die abenteuerliche Reise einer Sechzehnjährigen von Weinheim über Heidelberg und Neckargemünd nach Mönchzell oder der ebenso abenteuerliche Weg eines sechzehnjährigen Rekruten, der Ende März Sonderurlaub auf Ehrenwort erhalten hatte, von seinem Standort Freudenstadt im Schwarzwald per Bahn, zu Fuß und per Lkw über das zerbombte Bruchsal und das unzerstörte Heidelberg bis ins heimatliche Lobenfeld.

Ab Jahresbeginn 1945 wurden verstärkt Volkssturmmänner eingesetzt, darunter auch zunehmend 15–16jährige Buben, die dann Ende März im Zuge der „Rückführung der deutschen Jugend" sehr oft aus dem Frontbereich nach Orten im Südosten verlegt wurden, etwa jene zwölf Daisbacher Buben, von denen es einige bis in den Raum München verschlug. Durch den rechtzeitig von ihrem Führer angeordneten Rückzug einer 20 Mann starken Volkssturmeinheit konnte z.B. das Dorf Eschelbach westlich Sinsheim am Karfreitag (30.4.1945) vor der drohenden Zerstörung durch die Amerikaner bewahrt werden. Diese, die wenige Tage zuvor (am 26.3.) den Rhein bei Worms überquert, Mannheim erobert und Heidelberg kampflos eingenommen hatten, durchstießen Seite an Seite mit den Franzosen, die am 31.3.1945 bei Germersheim über den

Rhein gesetzt waren, in wenigen Tagen den Kraichgau in Richtung Neckar bzw. Enz und machten den Kämpfen mit den sich nach Osten (Hohenlohe) bzw. Südosten (Raum Stuttgart, Bayern) zurückziehenden dezimierten und erschöpften deutschen Truppen ein schnelles Ende.

Arnold Scheuerbrandt

Soldaten einer Polizeieinheit.

Standgerichte und Erschießungen

Verordnung über die Einrichtung von Standgerichten (Abschrift)

Der Reichsminister der Justiz hat am 15. Februar 1945 folgende Verordnung über die Errichtung von Standgerichten erlassen:

„Die Härte des Ringens um den Bestand des Reiches erfordert von jedem Deutschen Kampfentschlossenheit und Hingabe bis zum Äußersten. Wer versucht, sich seinen Pflichten gegenüber der Allgemeinheit zu entziehen, insbesondere wer dies aus Feigheit oder Eigennutz tut, muß sofort mit der notwendigen Härte zur Rechenschaft gezogen werden, damit nicht aus dem Versagen eines einzelnen dem Reich Schaden erwächst. Es wird deshalb auf Befehl des Führers im Einvernehmen mit dem Reichsminister und Chef der Reichskanzlei, dem Reichsminister des Innern und dem Leiter der Partei-Kanzlei angeordnet:

I. In feindbedrohten Reichsverteidigungsbezirken werden Standgerichte gebildet.

II.1. Das Standgericht besteht aus einem Strafrichter als Vorsitzender sowie einem Politischen Leiter oder Gliederungsführer der NSDAP und einem Offizier der Wehrmacht, der Waffen-SS oder der Polizei als Beisitzern.

2. Der Reichsverteidigungskommissar ernennt die Mitglieder des Gerichts und bestimmt einen Staatsanwalt als Anklagevertreter.

III.1. Die Standgerichte sind für alle Straftaten zuständig, durch die die deutsche Kampfkraft oder Kampfentschlossenheit gefährdet sind.

2. Auf das Verfahren finden die Vorschriften der Reichsstrafprozeßordnung sinngemäß Anwendung.

IV.1. Das Urteil des Standgerichts lautet auf Todesstrafe, Freisprechung oder Überweisung an die ordentliche Gerichtsbarkeit. Es bedarf der Bestätigung durch den Reichsverteidigungskommissar, der Ort, Zeit und Art der Vollstreckung bestimmt.

2. Ist der Reichsverteidigungskommissar nicht erreichbar und sofortige Vollstreckung unumgänglich, so übt der Anklagevertreter diese Befugnis aus.

V. Die zur Ergänzung, Änderung und Durchführung dieser Verordnung erforderlichen Vorschriften erläßt der Reichsminister der Justiz im Einvernehmen mit dem Reichsminister des Innern und dem Leiter der Partei-Kanzlei.

VI. Die Verordnung tritt mit ihrer Verkündigung in Presse und Rundfunk in Kraft."

Der „Flaggenbefehl" des Reichsführers SS vom 3. April 1945

1. Im jetzigen Zeitpunkt des Krieges kommt es einzig und allein auf den sturen unnachgiebigen Willen zum Durchhalten an.

2. Gegen das Heraushängen weißer Tücher, das Öffnen bereits geschlossener Panzersperren, das Nichtantreten zum Volkssturm und ähnliche Erscheinungen ist mit härtester Maßnahme durchzugreifen.

3. Aus einem Haus, aus dem eine weiße Fahne erscheint, sind alle männlichen Personen zu erschießen. Es darf bei diesen Maßnahmen in keinem Augenblick gezögert werden.

Heinrich Himmler

Aufruf des Gauleiters in schicksalhafter Stunde

Männer und Frauen! Jungens und Mädels!
Der Feind steht an den Grenzen unseres Gaues. In diesem für uns alle so schicksalhaften Augenblick wollen wir uns daran erinnern, daß dieser Feind in den vergangenen Jahren des gegenwärtigen Krieges unzählige Male erklärt hat, nicht nur unser Reich, sondern unser Volk vernichten zu wollen. Deshalb kann unsere Antwort an diesen Feind nur die sein, daß auch wir entschlossen sind, ihn überall anzugreifen und zu vernichten, wo wir dazu in der Lage sind. Keine menschliche Not ist so groß, daß sie nicht durch den menschlichen Willen wieder gebrochen werden könnte, und nur der ist verloren, der sich selbst verloren gibt.
Ich rufe daher Partei, Volkssturm und Bevölkerung z u m ä u ß e r s t e n W i d e r s t a n d auf. Jeder Mann und jede Frau, jeder Junge und jedes Mädel hat die heilige Pflicht, dem Feind, wenn er unseren Heimatboden betreten sollte, Schaden zuzufügen. Wer sich in den Dienst des Feindes stellt, muß wissen, daß er nach den Gesetzen des Reiches als Verräter fällt. Wehrmacht und Volkssturm werden kämpfen. Es muß der fanatische Wille eines jeden Offiziers, eines jeden Soldaten und eines jeden Volkssturmmannes sein, d e m F e i n d, wo er a u f t r i t t, d i e h ö c h s t e n V e r l u s t e z u z u f ü g e n. So werden wir den Feind schlagen und der gegenwärtigen gefahrvollen Lage Herr werden.
Jedermann sei sich auch bewußt, daß die vom Reich eingeleiteten Maßnahmen um so sicherer wirksam werden, je härter der Widerstand in den Westgauen ist.
Es lebe der Führer! Es lebe unser Volk!
gez. Robert Wagner, Gauleiter und Reichsstatthalter in Baden

Schwarzer Tag in Mühlhausens Geschichte

Es war genau vier Wochen vor Ostern, als ein sogenanntes Fliegendes Standgericht in Mühlhausen Einzug hielt. Fliegende Standgerichte gründeten sich kurz vor Kriegsschluß. Gegen deren Urteile im Schnellverfahren gab es keine Revision, sie wurden sofort vollstreckt. Man erschoß Soldaten, wenn auch nur der Verdacht bestand, sie seien fahnenflüchtig. Die Begründung hieß stereotyp: Feigheit vor dem Feind. Die 'Richter' selbst aber zogen sofort weiter, wenn der Feind näherkam, das Verteidigen überließen sie dem 'Fußvolk'. Der Anführer war ein Goldfasan, wie man die politischen Offiziere nannte, im Range eines Hauptmanns, gefolgt von einem Oberleutnant, zwei Leutnants, einem Oberfeldwebel und zwei Feldwebeln. Sie rollten in drei Kübelwagen an und beschlagnahmten einige Räume im Rathaus.

Dort saß ein junger Soldat aus dem Nachbarort Östringen wegen Fahnenflucht in der Arrestzelle. Er war knapp 18 Jahre alt, zweimal verwundet und nach einem Genesungsurlaub nicht mehr zu seiner Truppe zurückgekehrt, weil er sah, wie sinnlos alles war, und weil er Angst hatte, in den letzten Tagen des Krieges noch sterben zu müssen. Aus seinem Versteck ging er trotz Warnung seiner Eltern abends ins Kino. Ein Einwohner, der sich scheinbar noch in letzter Minute ein 'rotes Röckchen' verdienen wollte, eilte aufs Rathaus und zeigte ihn an. In seinem Roman 'Eine Sache wie die Liebe' greift der Schriftsteller Hans Bender das Ereignis auf: „Irgendein Schwein hat Martin verraten, und zwei Panzer-Unteroffiziere, die am Bach in Stellung lagen, hetzten Martin in den Wald und nahmen ihn fest. Sie führten ihn gefesselt durch das Dorf. Ich stand am Fenster, als sie ihn vorbeiführten. Auch Gäste standen am Fenster. Einer, der sein Bierglas in der Hand hielt, sagte: 'Sie haben den Falschen erwischt.' Martin schrie immer fort

'Hilfe! Ich will nicht sterben! Ich bin noch so jung' – ganz gewöhnliche Worte und Sätze schrie er, wie beim Räuber- und Gendarmspiel." Am Morgen des Gründonnerstags brachten die Schergen den jungen Mann auf den Friedhof, wo er an einen Pfahl gebunden und erschossen wurde. Dem alten Jakob Neidig, dem Totengräber, ging das Schicksal des jungen Burschen so nahe, daß er die Tränen nicht unterdrücken konnte. Dafür bekam er von dem Offizier einen strengen Verweis, da es nicht üblich sei, wegen der Hinrichtung eines Drückebergers zu weinen. Als die Leute nach der Karfreitagsliturgie aus der Kirche strömten, trug man den Erschossenen in einer offenen Kiste vom Friedhof durchs Dorf. In seiner 'Zehn-Minuten-Rede' fragt Hans Bender: „Warum hat sich unter dieser fanatischen und borniertren Eskorte nicht ein einziger gefunden, der zu sagen gewagt hätte: Wir sind verrückt. Schluß. Es geht um ein Menschenleben."

Nachdem die Herren Offiziere des Standgerichts in Mühlhausen Quartier bezogen hatten, machten sie sich dienstbeflissen über den Ort her, um zu sehen, welche Verteidigungsanlagen notwendig wären. Nach kurzer Beratung riefen sie die alten Bauern vom Unterdorf zusammen. Anhand einer provisorischen Zeichnung erhielten die den Auftrag, eine Panzersperre zu errichten. Ungefähr 50 Meter vor der Kreuzung nach Malsch und Rotenberg sollten zwischen dem Haus Alois Wormer und Theodor Breitner Gräben von eineinhalb Metern Tiefe quer über die Hauptstraße gezogen werden. Baumstämme von einer bestimmten Länge, vom Waldkommando geschlagen und von Pferden auf Langholzfahrzeugen herbeigekarrt, mußten aufrecht in die Gräben gesenkt werden. Die Aufsicht über die Arbeiten übertrug man dem Volkssturmführer Anton Christ und einem Fachmann, dem Zimmermann Wilhelm Neidig. Ohne technische Hilfsmittel außer ein paar Stricken war das ein schweres Stück Arbeit. Von Zeit zu Zeit schaute ein Offizier nach dem Rechten.

Die Panzersperre stand schon etliche Tage, als den Rathausbesetzern die Luft zu dünn wurde und sie sich wegen des anrückenden Feindes nach Eichtersheim absetzten. Als sie nach zwei Tagen nicht wieder aufgetaucht waren, trafen sich die Bauern mit einigen anderen Bewohnern des Dorfes, um über das weitere Vorgehen zu beraten. Die Mehrheit war dafür, die Panzersperre möglichst schnell niederzureißen, da die anrückenden Panzer sonst die Häuser niederwalzen und den Ort zusammenschießen würden. Man einigte sich, das Holz, damals Mangelware, unter den Anwesenden aufzuteilen.

Für die sich nun überschlagenden Ereignisse gibt es mehrere Augenzeugenberichte, die sich zum Teil widersprechen. Klar ist, daß die Soldaten des Standgerichts in einer Kampfpause nach Mühlhausen zurückkehrten und am Montag, dem 26. März, die 'Sabotage' entdeckten. Eine Augenzeugin berichtet, daß einer der Offiziere an der Ecke Heinrich-Geiler-Straße/Hauptstraße einquartiert war. Er sei gerade dabei gewesen, ein kleines blondes Mädchen zu kämmen, das ihn an seine eigene kleine Tochter erinnerte. Eben noch von Heimweh geplagt, zückte er seine Pistole und rannte, wild in die Luft schießend, dorfeinwärts, die Männer vor sich hertreibend. Die Bauern – zehn an der Zahl – wurden auf dem Rathaus vor das Schnellgericht gestellt und zum Tode durch Erschießen verurteilt. Die Frauen, die ihren Männern gefolgt waren, als sie von dem Urteil erfuhren, drangen in das Haus ein und baten den Obersturmbannführer Degen, auch sie zu erschießen. Es kam zu Verhandlungen, wie sie sonst nirgends üblich waren, wobei Schnaps, Zigarren und Kuchen eine wesentliche Rolle gespielt haben sollen. Für die Offiziere war Eile geboten, da die Amerikaner bereits in Walldorf standen. Nach langen und hitzigen Wortgefechten übergaben sie die Verurteilten an den Rauenberger Dorfpolizisten zur weiteren 'Versorgung' (Hinrichtung), hinterließen ihm den Gefängnisschlüssel und rückten ab. Doch dieser dachte nicht daran, die Männer hinzurichten, und so öffneten sich am Morgen des Ostermontags für alle die Gefängnistore. Eine andere Version berichtet, den Männern sei das Leben geschenkt worden, nachdem sie versprochen hatten, die Panzersperre innerhalb von drei Tagen wieder zu errichten.

Rudi Kramer (in: RNZ, 3.4.1995)

Generalkommando XIII.SS-A.K. K.H.Qu., den 25.3.45
Ia Nr. 11/45 g.Kdos.

10 Ausfertigungen
1.Ausfertigung.

Der Herr O.B. West, Generalfeldmarschall Kesselring, hat befohlen:
" Mir ist gemeldet worden, dass die gem.Bezugsbefehl im rückwärt.
Operationsgebiet der Heeresgruppe G eingesetzten Ordnungsorgane
gegen Versprengte und Brückenberger teilweise nicht mit der vom
Führer und mir befohlenen Härte vorgehen.
Ich verlange, dass jedes Versagen von Ordnungsorganen jeden Dienst-
grades sofort an Ort und Stelle standrechtlich geahndet wird. Auch
hier müssen abschreckende Beispiele die ganze Härte des Entschlusses
zeigen, dass unter allen Umständen radikal und in kürzester Frist
Ordnung geschaffen werden muss.
Dieser Befehl ist sofort allen im Ordnungsdienst eingesetzten
Stellen bekannt zu geben. Erfolgte Bekanntgabe ist mir fern-
schriftlich zu melden.
Ich mache die Herren Ob.Bef. und die Herren Befehlshaber der Wehr-
kreise dafür verantwortlich, dass alles nur irgend mögliche geschieht, um im Rücken der kämpfenden Front restlos Ordnung zu
schaffen.
Durch besondere Offz.Streifen werde ich alle Maßnahmen überwachen
lassen und nötigenfalls rücksichtslos gegen Jedermann, gleich
welchen Dienstgrades, einschreiten, wo ich Versagen feststelle."

Zusatz des Gen.Kdo.
Der Empfang dieses Befehls ist dem Gen.Kdo. durch die Div.Kdre.
schriftlich zu bestätigen.

Der Kommandierende General

Verteiler:
Im Entwurf

Erlaß des Oberbefehlshabers West Generalfeldmarschall Kesselring vom 25.3.1945.

Fliegende Standgerichte und die kämpfende Truppe

Rottenführer Schleifer, 2./Flak-Abt.17:

„Bis zum 29.3. blieben wir im Wald. Die Jabos beharkten diesen Wald den ganzen Tag über. Die einzige Deckung waren dicke Bäume, da wir keine Löcher gegraben hatten. Im Laufe des Tages ruft der 'Alte' [Kompanieführer] uns zum Waldrand, zeigt zur nahen Straße. An den dort stehenden Apfelbäumen sehen wir aufgehängte Soldaten. Beim näheren Betrachten sahen wir die Schilder, darauf stand: 'Ich bin ein Feigling'. Sie baumelten leicht hin und her, den Kopf nach vorne geneigt. Dann klärte uns der 'Alte' auf. Fliegende Standgerichte seien dauernd unterwegs. Jeder, der von der Truppe abgekommen sei, werde als Deserteur aufgeknüpft. 'Ich will von euch keinen so hängen sehen wie diese armen Schweine dort. Versprengt werden kann jeder, das wissen wir am besten. Aber immer seid ihr dann noch mit zwei Mann. Einer zeigt die Soldbücher, sollte euch ein Standgericht begegnen. Der andere bleibt in sicherer Entfernung stehen, den Finger am Abzug. Ist das klar? Und sollte ich trotzdem einen von euch hängen sehen, dann trete ich ihn noch in den A...' Ein schrecklicher, uns unverständlicher Vorgang, der da Mode wurde. Was hatten diese armen Hunde denn nun getan, nachdem sie wer weiß wie lange an der Front gestanden hatten?"

Soldat Vierengel am 27.7.1986 an ... Stöber:

„Daß ich bei der Batterie blieb, war nicht auf irgendeine Art Glaube an den Endsieg zurückzuführen. Ich hatte zu viele 'Deserteure' an Bäumen und improvisierten Galgen hängen sehen. Es fiel mir nicht ein, eine Batterie zu verlassen, die es mit jeder Art von Heldenklau aufnehmen konnte und gelegentlich auch aufgenommen hat."

Helmut Günther (1991, S.208)

Standgericht Neckargemünd

Als die Soldaten aus den Lazaretten mit Kopf-, Arm- und Fußverbänden und mit Krücken auf der Hauptstraße in Sinsheim ankamen, hatte wir im katholischen Schwesternhaus Verpflegung und Nachtquartier angeboten. Einen jungen Mediziner habe ich noch heute vor Augen. Er hatte einen Schock; er tobte und schrie: „Hitler, dieser Mörder, Verbrecher" und alles, was ihm in den Sinn kam, ohne zu überlegen, wie gefährlich die Situation für ihn hätte werden können. Aber in diesem Hause war absolut keine Gefahr: schwarze Zone.

Er hatte in Neckargemünd gesehen, daß vom Fliegenden Standgericht zwei ganz junge Burschen vor ihrem Elternhaus aufgehängt worden waren, weil sie nicht mehr zu ihrer Einheit zurückgingen. Roland Freisler, Präsident des Volksgerichtshofes, war auch verantwortlich für die Fliegenden Standgerichte, letztes Terrorinstrument, um die Zweifler am Endsieg zu beseitigen.

Toni Kugler (1995)

Sammlung von Versprengten in Lobenfeld

Wir haben Einquartierung gehabt. Der Mann wollte erst mal ausschlafen, so lange es ging. Soviel ich weiß, ist er zwei Tage nicht zum Vorschein gekommen. Sein Bursche kam etliche Male und guckte nach ihm, aber der schlief. Irgendwann ist er die Treppe heruntergekommen. Den ganzen Tag kamen Soldaten, die haben sich im Nachbarhof gesammelt. In der Wirtschaft gegenüber war ein Lazarett, das war im Laufe des Winters eingerichtet worden, vielleicht im Februar. Später wurde die Schule auch noch als Lazarett genutzt. Wir Kinder waren natürlich naseweis. Weil der junge Mann so lange geschlafen hatte und jetzt da hinüber ging, haben wir

uns beim Nachbarhaus auf die Treppe gestellt. Er ließ dann die ganzen Soldaten antreten, in voller Montur. Er hat sie im Hof herumgejagt. Ein Mann ist nicht mitgekommen. Er hatte wohl ein Gebrechen. Er war auch nicht mehr jung. Den hat er angebrüllt. Ob der Mann geantwortet hat, weiß ich nicht. Jedenfalls ist er mit dem in den Stall rein, und der alte Bauer von nebenan hat das auch gesehen und hat zu uns Kindern gesagt - wir waren vier oder fünf Kinder auf der Treppe – er hat zu uns gesagt: „Auf, rein, rein, das ist nichts mehr für euch!" Als wir im Flur waren, hat es geschossen. Dann ist ein Lastwagen in den Hof gefahren, und wir haben gesehen, wie sie den Mann eingeladen haben. Auf dem Lastwagen waren noch mehr. Wo sie die hingefahren haben, weiß ich nicht.
Zeitzeugin bei einem Interview (1995)

Erschießung eines Volkssturmmannes in Sinsheim

Zwei Tage bevor die Amerikaner nach Sinsheim kamen, wurde in der Pfarrstraße vor dem katholischen Pfarrhaus ein Volkssturmmann aus Wiesloch erschossen. Die Volkssturmgruppe, zu der er gehörte, wurde von einem Kreisleiter aus der Pfalz an der Panzerfaust ausgebildet. Einer der Männer sagte zu den Ausführungen des Kreisleiters: „Daß ich nicht lache!" „Sagen Sie das noch einmal", sagte der Ausbilder. Der Volkssturmmann sagte es noch einmal und wurde daraufhin von dem Kreisleiter erschossen. Pfarrer Schwarz kam zu diesem Zeitpunkt gerade aus der Kirche. Ganz betroffen kam er zu uns herein und sagte: „Gerade ist vor dem Haus ein Volkssturmmann erschossen worden." Er ging wieder hinaus und gab dem Mann die Sterbesakramente. Die Männer aus der Gruppe erzählten ihm alles. Der Kreisleiter war von da an verschwunden. Viele Wochen später kam die Ehefrau des Toten aus Wiesloch und bedankte sich beim Pfarrer für den geistlichen Beistand.
Toni Kugler (1995)

Gefangenenerschießung in Helmstadt

Am 28. März 1945, vier Tage vor dem Einmarsch der Amerikaner, wurde in Helmstadt ein russischer Zwangsarbeiter oder Kriegsgefangener von deutschen Soldaten erschossen, die sich auf dem Rückzug befanden. Augenzeugen bestätigen, daß sich Soldaten vor der Tat kurze Zeit im Helmstadter Rathaus aufgehalten hatten.

Ein Helmstadter berichtete: „Es war gegen Ende der Karwoche [...]. Ich hatte gerade bei der Schmiede am Kirchplatz, gegenüber dem Rathaus, zu tun. Ich sah, wie ein Russe in Zivilkleidung und mit kahlgeschorenem Kopf von drei SS-Soldaten der Totenkopf-Einheit vom Rathaus aus auf die Asbacher Straße in Richtung Hörrle getrieben wurde. Sie trieben ihn mit Peitsche und Gewehrkolben vor sich her und schlugen ihn, sobald er stehen bleiben wollte. Diese schlimme Situation werde ich nie vergessen, weil mir die Soldaten drohten, mich zu erschießen, wenn ich nicht sofort verschwinden würde. Vermutlich war es ein russischer Zwangsarbeiter, der sich aus einem der zahlreichen Arbeits- und Konzentrationslager der näheren und weiteren Umgebung unerlaubt entfernt hatte. Von meinem Vater weiß ich, daß sich der Russe selbst sein Grab schaufeln mußte und dann erschossen wurde. Dies geschah ca. 80 Meter hinter der Eisenbahnbrücke (Angeltalbrücke) vor einer großen Hecke auf der linken Seite der Straße. Das Grab war sehr flach. Vieles weiß ich deshalb so genau, weil mein Vater einer der beiden Gemeindearbeiter war, die den Leichnam des Russen auf Befehl der Amerikaner ausgraben mußten. Auf dem Friedhof in Helmstadt erhielt er seine letzte Ruhestätte als 'unbekannter Russe'.
R. Schleihauf (in: Helmstadt 782–1990, S. 173f)

Standgericht in Stetten am Heuchelberg

In der Nacht des 2. April gehen die Absetzbewegungen der Wehrmacht weiter. Dabei erweisen sich die Panzersperren als echtes Hindernis für die eigenen Truppen. Schon vor Tagen hatten die Männer des Dorfes Baumstämme an den Ortseingängen eingraben müssen, um dem Feind die Durchfahrt zu verwehren. Beim Rathaus steht um 23 Uhr eine Gruppe 17jähriger Jungen. Nur mit Mühe wird ein schweres Geschütz durch die Panzersperre durchgezwängt. Die Landser fluchen: „Wenn ihr Kerle wäret, machtet ihr das G'lump weg!"

Der Bürgermeister und der Ortsbauernführer ermuntern die Jungen, den deutschen Soldaten behilflich zu sein. Mit einer Handsäge machen sie sich an die Arbeit. Um die Arbeit zu beschleunigen, wird nach einer Handwinde gesucht, um die Buchenstämme aus dem Boden zu ziehen. Mitten in der Arbeit hält ein Auto an. „Was macht ihr da? Ich laß' euch erschießen!" Kurt Schweizer (*1928) will sich rechtfertigen, aber der 'Kettenhund' von der Feldgendarmerie haut ihm eine runter. Allen Jungen gelingt es, zu fliehen. Über dunkle Gärten und Höfe machen sie sich aus dem Staub zu einer Feldscheune, der Gipshütte. Als sie in das Heu kriechen wollen, ist alles voller Soldaten. So fliehen sie in die Dornhecke daneben und verstecken sich dort zwei Tage lang.

Hermann Kümmerle (*1928) gelingt es, heimlich Verpflegung von zu Hause zu holen. Auch Schweizer versteckt sich zunächst im Glaswinkel bei Glaser Häfler. Nach einer Viertelstunde geht er wieder auf die Straße zurück. Eine Taschenlampe blendet ihm in die Augen. „Wir haben ihn!" ruft einer und schleppt ihn zum Gasthaus 'Lamm'. Dort sitzt der Stab unter Generalmajor von Mühlen. Der Kettenhund meldet: „Ein Hitlerjunge als Saboteur auf frischer Tat ertappt." Schweizer beruft sich auf die Anweisung von Bürgermeisterstellvertreter Nau (*1895), die Durchfahrt für die Wehrmacht zu verbreitern. Um 1 Uhr nachts holen sie diesen aus dem Bett. Der Generalmajor bildet mit sieben Offizieren ein Standgericht und will beide zum Tod verurteilen. Nau besteht auf einem Telefonat mit dem Kreisleiter Drauz, woraufhin nur noch gegen Schweizer verhandelt wird. Er wird wegen Sabotage zum Tod durch Erschießen verurteilt. Vollstreckung: 2.30 Uhr.

„Was ist hier los? Hier wird niemand erschossen! Raus mit dem Kerle!" Mit den Ellbogen arbeitend mischt sich der Hausmetzger Gotthilf Bender (*1912) leicht angeheitert unter das Standgericht. „Und Sie werden in Großgartach beim Volkssturm eingesetzt!" brüllt einer der Offiziere, lenkt dann aber ein: „Oder haben Sie Koteletts zu Hause, Sie Schwarzschlächter?" Eingeschüchtert schleppt Bender herbei, soviel er findet. Die junge Lammwirtin Emilie Schmälzle (*1921) bereitet den Braten in der Küche zu. Während sich die Offiziere über die Leckerbissen hermachen, werden sechs Landser zur Vollstreckung bestimmt. Gewehr bei Fuß stehen sie im Gang des Gasthauses.

Als letzter Wunsch wird dem Verurteilten gewährt, seine Eltern noch einmal zu sehen. Eskortiert von einem Bewacher macht er sich auf den Weg zur Oberen Mühle. Plötzlich braust hinter ihnen ein Auto heran und blendet voll auf. Beide springen zur Seite, der Landser nach links, Schweizer nach rechts und verschwindet blitzschnell in der Hühnerberggasse. Die Nacht hat ihn verschluckt.

In weitem Bogen umgeht er Stetten und erreicht sein Elternhaus, die Obere Mühle. „Vater, man will mich erschießen – ich muß schnell fort!" In Richtung Hardtwald flieht er nach Stebbach, in der Tasche eine 08. Er versteckt sich drei Tage lang bei Verwandten. Aus seinem Versteck heraus sieht er am 4. April zwölf Sherman-Panzer.

Am 6. April wird er von französischen Soldaten zurückgebracht. Otto Kachel (*1931) und René, ein französischer Kriegsgefangener, der als Landarbeiter bei Gottlieb Krieg gearbeitet hat, haben die Rückkehr veranlaßt. Die 08 befindet sich immer noch in Schweizers Hosentasche.

Günther Walter (1995)

Verhindertes Standgericht in Pforzheim

Auch in Pforzheim war auf Veranlassung des Kreisleiters ein Standgericht gebildet worden. In einem Falle von angeblicher Zersetzung der Wehrkraft – der auswärts wohnhafte Beschuldigte war am 23. März 1945 in das hiesige Gerichtsgefängnis eingeliefert worden – drängte der Kreisleiter auf Zusammentreten des Standgerichts und auf Todesurteil als abschreckendes Beispiel. Den ohne Rückfrage zur Mitwirkung beim Standgericht bestimmten beiden Gerichtsbeamten gelang es aber, die von ihnen als notwendig bezeichnete Zeugenvorführung zu verzögern und damit die Behandlung des Falles bis zum Herannahen der alliierten Truppen zu verschleppen. *unbekannter Berichterstatter (in: Pforzheimer Zeitung, 16.4.1985)*

Reisen im Kraichgau kurz vor dem Einmarsch der Alliierten

Von Weinheim nach Mönchzell – Szenen aus dem März 1945

Im März 1945 lebte ich in einem kleinen Privatinternat in Weinheim, ich war damals 16 ½ Jahre alt. Geführt wurde die Einrichtung von Frau Dr. Alice Höfeld, wir nannten sie Frau Doktor. Wir waren noch vier Mädchen, die anderen hatten die Eltern schon vor einiger Zeit abgeholt. Seit Wochen hörten wir das Geschützgrollen der Artillerie. Als die Meldung kam, Mannheim solle zur Festung erklärt werden, beschloß Frau Doktor, mit uns aufs Land zu ziehen. Sie hatte Freunde, die in Mönchzell lebten.

Ich war am Tag des Aufbruchs bei meiner Tante in Heidelberg-Neuenheim zu Besuch. Am Abend des 19. März erschien Frau Doktor und bat mich, nach Weinheim zu fahren und das Gepäck mit dem Leiterwagen nach Neckargemünd zu bringen. Meine Schwester Gisela, die als Assistenzärztin an der Ludolf-Krehl-Klinik arbeitete, sollte mich begleiten. Sie selbst begab sich mit den drei anderen nach Neckargemünd; dort sollten sie von Fellmanns, den Freunden in Mönchzell, abgeholt werden. Auch wir sollten mit dem Gepäck von dort weitergebracht werden.

Ein Abenteuer begann. Am Tage konnte man wegen der Tiefflieger nichts unternehmen. Am Abend fuhren wir per Fahrrad nach Weinheim. Eigentlich hätte Gisela die Stadt Heidelberg nicht verlassen dürfen, denn die Klinik war Lazarett. Wir packten die Koffer auf den Leiterwagen und zogen ihn hinter uns her. Die Straße nach Heidelberg war sehr belebt, wir kamen ins Gespräch mit der Besatzung eines Motorrads mit Seitenwagen; der Offizier im Seitenwagen tauschte mit mir, er wollte sich bewegen. Den Wagen banden wir ans Motorrad, so konnten die beiden Radfahrer unbeschwert bis Heidelberg strampeln. Die Soldaten brachten uns bis vors Haus meiner Tante. Gisela fuhr gleich weiter zur Klinik, es war inzwischen schon gegen Morgen.

Am nächsten Abend brachen wir auf nach Neckargemünd. Es waren noch mehr Menschen unterwegs als am Tag vorher. Am Ortsrand war Stillstand, Stau würde man heute sagen. Damals ging der gesamte Verkehr noch durch den Ort, am Ende bildete das Stadttor ein Nadelöhr, deshalb lief nichts mehr. Gisela versuchte, zu Fuß zum Rathaus durchzukommen, um in Mönchzell anzurufen, daß wir geholt würden. Aber die Telefonleitungen waren unterbrochen, nichts ging mehr. Der Bürgermeister bot uns an, im Kindergarten zu übernachten. Den Wagen konnten wir in einem Schuppen unterstellen. Am anderen Morgen in der Frühe fuhr Gisela nach Heidelberg. Ich ließ den Wagen stehen und machte mich auf den Weg nach Mönchzell. Die Straße war voll. Außer den Flüchtlingen wurden auch Fremdarbeiter in Gruppen weggebracht.

Als ich in Mönchzell ankam, glaubte ich meinen Augen nicht zu trauen, im Hof hing ein Schwein, es war Schlachtfest, als ob es keinen Krieg gäbe. Ich genoß ein reichliches Frühstück bei Familie Fellmann, den Hofbesitzern. Sie waren Mennoniten, eine Gruppierung, die mir hier zum ersten Mal begegnete. Onkel Walter, ehemaliger mennonitischer Pfarrer, wurde mir als Begleiter und Führer mitgegeben, um den Wagen nach Mönchzell zu bringen. Durch den Wald kamen wir auf Fußwegen schnell vorwärts.

Kurz vor Neckargemünd hörten wir die viermotorigen Flugzeuge. Sie kamen von Osten, sie waren auf dem Rückweg und hatten ihre Bombenlast über einer der Städte Süddeutschlands abgeworfen, so dachten wir. Aber plötzlich fielen Bomben, vermutlich war die Neckarbrücke nach Kleingemünd das Ziel, aber sie gingen im Städtchen runter. Uns kamen die Menschen aus dem Ort entgegen und riefen: „Jetzt sind wir auch hier nicht mehr vor den Luftangriffen sicher!" Wir suchten den Kindergarten, alles war durch die Trümmer verändert. Wir fragten einen Passanten nach dem Weg. Als wir hinkamen, mußten wir feststellen, daß der Wagen nicht mehr zu gebrauchen war, ein paar Gepäckstücke waren aufgerissen. Freunde von Fellmanns wohnten in der Nähe, wir konnten die Sachen einstellen.

Voralarm! Runter in den nächsten Keller. Nach der Entwarnung gingen wir auf die Suche nach einem anderen Transportmittel. Wir mußten weit zurücklaufen, bis fast ans Ende des Städtchens in Richtung Heidelberg. In einer schönen Jugendstilvilla fanden wir bei Bekannten, es waren sehr freundliche Leute, einen zweirädrigen Anhänger mit Gummibereifung, ein Luxus damals. Nach einem kurzen Imbiß zogen wir zufrieden zu dem Ort, an dem wir alles untergestellt hatten. Ein Alarm zwang uns wieder in einen Keller. Am Nachmittag waren wir endlich wieder auf dem Weg nach Mönchzell.

Auf der Straße zogen noch immer viele Menschen, es schien ruhiger zu sein als an der Bergstraße, aber wir mußten noch zweimal vor den Tieffliegern in Deckung gehen. In den Feldern am Rand gab es kleine Gräben, in die wir flüchten konnten. Sie waren damals extra zum Schutz bei der Feldarbeit von den Bauern gegraben worden. Einmal war der Bahnhof von Mauer das Ziel, das andere Mal ging in Meckesheim ein OT-Lager in Flammen auf. Gegen Abend erreichten wir müde den Hof in Mönchzell.

Am Ostersonntag suchten wir morgens Ostereier im Garten. Am Nachmittag, als alle am Kaffeetisch saßen, erschienen die Amerikaner im Dorf. Da Frau Doktor die englische Sprache beherrschte, ging sie mit zwei Offizieren durch Haus, Scheune und Ställe. Als sie keine deutschen Soldaten fanden, zogen sie ab. *Oda Ertz (1995)*

Gefährliche Reise von Heidelberg-Rohrbach nach Bahnbrücken – März 1945

An einem klaren, frischen Märztag des Jahres 1945 radelten mein Vater und ich mit den beiden noch im Familienbesitz verbliebenen Kostbarkeiten, einem Herren- und einem Damenfahrrad, bereits vor Sonnenaufgang, aber aus Sicherheitsgründen ohne Licht los, um möglichst unbehelligt von den Jagdbombern von Heidelberg-Rohrbach nach Bahnbrücken, dem Geburtsort meiner Mutter, zu gelangen in der Absicht, dort von unseren Verwandten irgendwelche landwirtschaftlichen Erzeugnisse für unsere fünfköpfige Familie zu ergattern.

Der Himmel über uns war alsbald erfüllt vom Brummen und Dröhnen der schweren Propellerflugzeuge jener zahllosen Bomberverbände, die nach Osten flogen, um ihre tödliche Fracht in ein vorbestimmtes Ziel zu befördern. Als wir beide kurz vor Mingolsheim in der leichten Senke der Reichsstraße Nr. 3 beim Hengstbach angelangt waren, nahmen die Fluggeräusche beängstigende, furchterregende Ausmaße an. Mehrere Flugzeuge überquerten im Tiefflug das Gelände und suchten nach möglichen Opfern. Verängstigt, mit dem klopfenden Kinderherzen eines Elfjährigen, radelte ich im Abstand von einigen Metern hinter meinem Vater her. Urplötzlich entfuhr ihm ein markdurchdringender Warnruf, er galt mir. Wir steuerten unvermittelt das nahe, mit erstem Frühlingsgrün sanft überzogene Gebüsch am Rande des Hengstbaches an, das in unmittelbarer Nähe der schmalen Brücke wuchs und einigermaßen Schutz zu bieten versprach. Dort verharrten wir, bis die Jabos abgedreht hatten. Mein Vater murmelte vor sich hin, als die Gefahr überstanden schien. Die bruchstückhaft ausgestoßenen Laute waren Worte des Dankes an Gott. Denn uns beiden war klar: Entweder blieben wir wirklich unentdeckt, oder die Piloten hatten ein Einsehen und verschonten uns.

Nach diesem erzwungenen Aufenthalt, der nicht länger als eine Viertelstunde gedauert haben mochte, setzten wir unsere Reise fort. Wir ahnten, nein, wir wußten, daß weitere derartige Zwischenfälle auf der weiteren Strecke im Bereich des Möglichen lagen. Die Angst vor einem Überraschungsangriff saß uns ständig im Nacken und radelte mit.

Wir hatten ungefähr die Hälfte unseres Weges zurückgelegt, hatten die Ortschaften Mingolsheim und Langenbrücken hinter uns gelassen, als wir in Stettfeld in Richtung Zeutern abbogen. Nicht ungefährlich war es, sich am nunmehr hellichten Morgen auf der nahe der eingleisigen Eisenbahnlinie Bruchsal–Hilsbach und der Katzbach verlaufenden Straße zu bewegen. Das Dröhnen der Motoren der hoch über uns hinwegziehenden Bomberverbände ständig in den Ohren, durchfuhren wir Zeutern und erreichten Odenheim. Vorbei an den Lagerbaracken, die meiner kindlichen Beurteilung nach nur ältere Männer und junge Buben in HJ-Uniformen beherbergten, ließen wir auch Odenheim hinter uns und radelten Tiefenbach zu. An der nächsten Kreuzung, unweit des Ortsetters, bogen wir auf die Straße, die durch einen Hohlweg und einen zu dieser Jahreszeit noch lichten Wald zwischen Häfnerberg und Hagenbach und am Kleisenberg vorbei nach Menzingen führte. Soeben im Hohlweg angekommen, die Fahrräder wegen des Anstiegs schiebend, legten wir vorsichtshalber die zweite Zwangspause ein, weil über uns verdächtige Geräusche tieffliegender Jagdbomber hörbar wurden. Hohe Akazienbäume und dichte Hecken an den Böschungen auf den Rändern des Hohlwegs verhinderten, daß sie uns entdeckten.

Als es wieder still geworden war und wir annehmen durften, daß auch diese Gefahr vorüber war, wagten wir uns aus dem schützenden Hohlweg hinaus. Über eine freie, ungeschützte Strecke bewegten wir uns auf den Waldrand zu. Und da hätten uns die Jabos vielleicht doch noch erwischt, wären wir nicht im letzten Augenblick, die Fahrräder am Straßenrand liegen lassend, über den niedrigen Straßengraben in die Hecken und ins Unterholz des Waldes geflüchtet. Wie von Geisterhand geführt, fegten die Tiefflieger aus verschiedenen Richtungen mehrmals über die Fluren und Wälder hinweg, ohne – soweit es unsere Wegstrecke betraf – Opfer gefunden oder Schaden angerichtet zu haben.

Unsere Radtour, die nach ungefähr dreieinhalb Stunden hätte beendet sein sollen, dauerte sechs Stunden. Tags darauf entschied mein Vater, die Rückfahrt bei Nacht anzutreten, um erneuten Gefahren aus dem Weg zu gehen.

Gustav Knauber (1995)

Viele Menschen waren unterwegs, ohne zu wissen, wo das Ziel ihrer Reise sein würde. Solche Meldungen an den Überresten zerstörter Häuser sollten Familien und Freunden helfen, nach oft langen Wirrungen doch noch zusammenfinden. (ECPA Terre 10290 R 16 322102)

Von Freudenstadt nach Lobenfeld – 23.–25. März 1945

Ich war damals bei einer Ausbildungseinheit im Schwarzwald eingerückt. Wir Nordbadener erhielten, bevor unsere Heimat besetzt wurde, noch einen kurzen Sonderurlaub auf Ehrenwort, d. h. wir mußten versprechen, wieder pünktlich zu unserer Einheit zurückzukehren. Am Freitagabend, 23. März, fuhren wir mit der Bahn ab Freudenstadt über Offenburg Richtung Heidelberg. Da die Züge wegen dauernder Tieffliegergefahr nur noch nachts fuhren, kamen wir gegen morgen bis ein Stück südlich von Bruchsal. Dort hielt der Zug auf freier Strecke, weil die Gleise durch Bombentreffer aufgerissen waren. Auf Zuruf des Schaffners mußten alle Leute aussteigen, und wir stolperten den Bahndamm hinunter. Irgendjemand deutete im Dunkeln in eine Richtung und sagte, dort müsse die Straße nach Bruchsal liegen. Quer über die Felder ging es – und tatsächlich, nach einiger Zeit erreichten wir die Landstraße. Gegen Morgen, es wurde langsam hell, sahen wir Weingarten vor uns liegen. An einem Brunnen im Ort legten wir erstmals eine kurze Rast ein. Die Sonne ging auf, es versprach ein richtig schöner Tag zu werden. Wir verließen den Ort. Außerhalb auf einer Anhöhe kam uns eine Kolonne Wehrmachtsfahrzeuge entgegen. Es waren immer zwei oder drei Lkws aneinandergekoppelt, wie es damals üblich war, um kostbaren Sprit zu sparen. Plötzlich tauchte von Norden her eine Rotte Jabos auf. Wir machten die Kameraden durch Winken und Handzeichen auf die Gefahr aufmerksam, die Kolonne hielt an, und schon ging der Zauber los. Nach mehreren Anflügen gaben die Jagdbomber erst Ruhe, als die Fahrzeuge in Flammen standen.

Mein Kamerad Werner und ich hatten uns in den Straßengraben verkrochen und waren nach dem ersten Anflug von unserer doch etwas unsicheren Deckung in einen querziehenden Hohlweg übergewechselt. Von dort sahen wir, es waren die in der Rheinebene berüchtigten 'Rotschwänze', Thunderbolt P 47 mit den roten Seitenleitwerken. Wir konnten ganz deutlich den Piloten sehen. Das Bild der aufblitzenden MG's in den Tragflächen und das Aufschlagen der Geschosse auf die Straßendecke werde ich mein Lebtag nicht vergessen.

Nach diesem Schrecken haben wir uns in den Wald auf der anderen Straßenseite verzogen und erstmal unsere Marschverpflegung aufgegessen. Anschließend gönnten wir uns ein ausgiebiges Mittagsschläfchen. Am Spätnachmittag sind wir weitergezogen und erreichten gegen Abend Grombach (bei Bruchsal). Auf der dortigen Straßenkreuzung kontrollierten Soldaten der Feldgendarmerie die durchziehenden Fahrzeuge. Nach längerem Warten nahm uns ein Lastwagen, der Kisten und Stacheldraht geladen hatte und zur damaligen Großdeutschland-Kaserne in Heidelberg fuhr, auf seiner Pritsche mit. Die Fahrt ging auf Umwegen durch das total zerbombte Bruchsal. Über der Stadt lag immer noch ein typischer Brandgeruch, wie ich es aus dem zerstörten Mannheim kannte. Am Morgen des Sonntag, 25. März, konnten wir in der Rohrbacher Straße in Heidelberg absteigen.

Auf dem Rest des Weges durch die Stadt und den Neckar entlang bis Neckargemünd fanden wir Anschluß an zwei ältere ostpreußische Polizisten, die zu ihren Familien, die nach Neckargemünd evakuiert waren, auf Urlaub kamen. Mein Kamerad Werner blieb bei seiner Mutter in Wiesenbach. Nach kurzer Rast machte ich mich auf den restlichen Heimweg nach Kloster-Lobenfeld. Kurz vor Langenzell traf ich noch einen Gefreiten einer in Mönchzell einquartierten Versorgungseinheit, und wir gingen den Rest des Weges zusammen. Als wir nach einem kurzen Jabobeschuß, der aber vermutlich nicht uns galt, den Hohlweg zum Kloster erreichten, bot sich uns ein trauriger Anblick. Ein großer Teil unseres schönen Dörfchens lag in rauchenden Trümmern. Am Tag zuvor hatte ein Jagdbomberangriff, der einer untergezogenen Sanitätseinheit und Teilen einer Bäckereikompanie galt, ein Wohnhaus und sieben Scheunen in Brand gesetzt und vernichtet.

Friedrich Krämer (1995)

Ein letzter Versuch – der Volkssturm

Fernschreiben. =RR 83 0255=/
69

19.3.45 An AOK 19/Ia
Kr.
Chefadjutant des Führers,
Herrn General der Inf. Burgdorf.

Bezug: Mündliche Unterredung Oberbefehlshaber 19. Armee / General der Inf. Burgdorf.

1.) Gau Württemberg stellt von den 12 bei der Unterredung genannten Volkssturm-Btl. röm. 1. Aufgebots wegen Beanspruchung durch Führernotprogramm und aus Waffenmangel nur 10 Btl. Hiervon kommen 4 Btl. zum Einsatz in der HKL, 2 Btl. zur Vervollständigung ihrer Ausbildung in die Schwarzwaldrandstellung, je 2 Btl. werden im Raum Pforzheim und an der Schweizer Grenze zusammengestellt und anschließend ausgebildet.

Die 10 Btl. röm. 1. Aufgebots sind mit Handwaffen voll ausgestattet, jedoch nur 6 davon mit M.G. Weitere Waffen stehen nicht zur Verfügung.

Zur Besetzung der Schwarzwaldkammstellung sind 5 Volkssturm-Btl. röm. 2. Aufgebots vorgesehen.

2.) Gau Baden stellt insgesamt 18 bewaffnete Volkssturm-Btl. röm. 1. Aufgebots zur Besetzung der HKL. Gauleiter Wagner hält von den mir anfänglich zugesagten Btl. 3 Btl. als Reserve zu seiner Verfügung zurück. Entscheidung des Führers erbeten, ob diese Btle. wie ursprünglich zugesichert, der 19. Armee zuzuführen sind.

3 bewaffnete und 17 unbewaffnete Volkssturm-Btl. röm. 2. Aufgebots sind für die Schwarzwaldrandstellung vorgesehen, 5 unbewaffnete Btl. röm. 2. Aufgebots für die Schwarzwaldkammstellung.

3.) Ausreichende Ausstattung des Volkssturms mit frz. 8 mm MG wäre möglich, wenn entsprechende Munition für die in Württemberg lagernden MG geliefert werden könnte.

Erledigt
20. MRZ 1945

i.V.
gez. v. Obstfelder
Oberbefehlshaber der 19. Armee.
AOK 19/röm. 1a Nr. 2099/45 g.Kdos.

Nach Abg. N.A. an:
I d = 2. Ausf.
O.B./KTB = 3. "
Chef/KTB = 4. "
O 1 = 5. "

Fernschreiben RR 83 zur Einteilung von Volkssturmeinheiten.

Erlaß des Führers
über die Bildung des deutschen Volkssturms

Nach 5jährigem schwersten Kampf steht infolge des Versagens aller unserer europäischen Verbündeten der Feind an einigen Fronten in der Nähe oder an den deutschen Grenzen. Er strengt seine Kräfte an, um unser Reich zu zerschlagen, das deutsche Volk und seine soziale Ordnung zu vernichten, sein letztes Ziel ist die Ausrottung des deutschen Menschen.

Wie im Herbst 1939 stehen wir nun wieder ganz allein der Front unserer Feinde gegenüber. In wenigen Jahren war es uns damals gelungen, durch den ersten Großeinsatz unserer deutschen Volkskraft die wichtigsten militärischen Probleme zu lösen, den Bestand des Reiches und damit Europas für Jahre hindurch zu sichern. Während nun der Gegner glaubte, zum letzten Schlag ausholen zu können, sind wir entschlossen, den zweiten G r o ß e i n s a t z unseres Volkes zu vollziehen.

Es muß und wird uns gelingen, wie in den Jahren 1939–41 ausschließlich auf unsere eigene Kraft bauend, nicht nur den Vernichtungswillen der Feinde zu brechen, sondern sie wieder zurückzuwerfen und so lange vom Reich abzuhalten, bis ein die Zukunft Deutschlands, seiner Verbündeten und damit Europa sichernder Friede gewährleistet ist.

Dem uns bekannten totalen Vernichtungswillen unserer jüdisch-internationalen Feinde setzen wir den totalen Einsatz aller deutschen Menschen entgegen.

Zur Verstärkung der aktiven Kräfte unserer Wehrmacht und insbesondere zur Führung eines unerbittlichen Kampfes überall dort, wo der Feind den deutschen Boden betreten will, rufe ich daher alle waffenfähigen Männer zum Kampfeinsatz auf. Ich befehle:

1.) *Es ist in den Gauen des großdeutschen Reiches aus allen waffenfähigen Männern im Alter von 16 bis 60 Jahren der Deutsche Volkssturm zu bilden. Er wird den Heimatboden mit allen Waffen und Mitteln verteidigen, soweit sie dafür geeignet erscheinen.*

2.) *Die Aufstellung und Führung des Deutschen Volkssturmes übernehmen in ihren Gauen die Gauleiter. Sie bedienen sich dabei vor allem der fähigsten Organisatoren und Führer der bewährten Einrichtungen der Partei, SA, SS, des NSKK und der HJ.*

3.) *Ich ernenne den Stabschef der SA Schepmann zum Inspekteur für die Schießausbildung und den Korpsführer NSKK Kraus zum Inspekteur für die motortechnische Ausbildung des Deutschen Volkssturms.*

4.) *Die Angehörigen des Deutschen Volkssturms sind während des Einsatzes Soldaten im Sinne des Wehrgesetzes.*

5.) *Die Zugehörigkeit der Angehörigen des Deutschen Volkssturmes zu außerberuflichen Organisationen bleibt unberührt. Der Dienst im Deutschen Volkssturm geht aber jedem Dienst in anderen Organisationen vor.*

6.) *Der Reichsführer SS ist als Befehlshaber des Ersatzheeres verantwortlich für die militärischen Organisationen, die Ausbildung, Bewaffnung und Ausrüstung des Deutschen Volkssturmes.*

7.) *Der Kampfeinsatz des Deutschen Volkssturmes erfolgt nach meinen Weisungen durch den Reichsführer SS als Befehlshaber des Ersatzheeres.*

8.) *Die militärischen Ausführungsbestimmungen erläßt als Befehlshaber des Ersatzheeres Reichsführer SS Himmler, die politischen und organisatorischen in meinem Auftrage Reichsleiter Bormann.*

9.) *Die nationalsozialistische Partei erfüllt vor dem deutschen Volk ihre höchste Ehrenpflicht, indem sie in erster Linie ihre Organisationen als Hauptträger dieses Kampfes einsetzt.*

Führerhauptquartier, den 25. September 1944   *gez.* **Adolf Hitler**

Volkssturm Jahrgang 1929, Waldwimmersbach

Wir waren im Wehrertüchtigungslager in Eberbach. Im Februar 1945 wurden wir dort als Soldaten ausgebildet, haben mit MG und mit Panzerfaust geschossen, Handgranaten geworfen, Pistolenausbildung – alles haben wir gemacht, wie bei den Soldaten. Wir haben auch oft Wache schieben müssen. Es war angeordnet, daß der Jahrgang 1930/31, soweit Volksschulentlassen, sofort zur Wehrertüchtigung herangezogen wird.

Mein Vater hatte den Auftrag, die Landwacht zu führen. Auf den Bergen mußte er Wachen aufstellen mit K 98, dabei waren auch französische mit der dicken Munition. Mit acht Stück hatten wir jungen Kerle Neujahr '45 eingeschossen.

Anfang März hieß es, wir müßten in der Schule antreten und uns nach Mosbach zurückziehen, wo die Amerikaner nicht hinkämen. Wie man sich das vorgestellt hat? Das Schulhaus war Sammelpunkt. Es waren schon viele Jugendliche dort. Mein Vater hat gesagt: „Und ihr geht alle heim." Er hat die Jungen alle nach Hause geschickt.

Otto Fouquet in der Gesprächsrunde im Ev. Pfarrhaus Waldwimmersbach, 27.2.1995.

Auch sie konnten den Feind nicht mehr aufhalten: Volkssturmmänner bei der Schießausbildung. (Bundesarchiv / Militärarchiv Freiburg i.Br. 79/107/14)

Zwölf Daisbacher Buben beim Volkssturm

Es war kühl am Morgen dieses 29. März 1945, als beim ersten Tageslicht eine Gruppe Menschen mit schweren Schritten den Friedhofsbuckel von Daisbach hinaufmarschierte. Zwölf junge Männer, fast noch Kinder, die meisten gerade 16 Jahre alt, stellten sich dem allerletzten Aufgebot. In der vergangenen Nacht gegen 23.30 Uhr hatte Ratsschreiber Leonhard Bach an die Haustüren der Familien geklopft, die 16jährige Söhne hatten. Punkt 24 Uhr sollten die Jungen im Rathaus erscheinen, so lautete die Order. Eltern und Kinder waren nicht wenig erschrocken, als ihnen eröffnet wurde, daß sechs Stunden später der Abmarsch in den Krieg erfolgen sollte. Einer bayerischen Division, die sich auf dem Rückzug befand und in Daisbach einquartiert war, sollten sie sich anschließen. Kaum jemand wagte, dem Befehl nicht zu folgen. Nur Eugen Stichling, der sich in einer Scheune versteckte, und Emma Glasbrenner, die vorgab, ihr Sohn Ewald sei bei Verwandten auswärts, hatten den Mut dazu. Es blieb keine Zeit, sich groß zu verabschieden. Karl Lenz, der gerade als Lehrling bei der Post angefangen hatte, rief dem Posthalter Hönig beim Vorbeimarschieren zu, daß er heute nicht zum Arbeiten kommen könne.

Deutsche Volkssturmeinheit auf dem Rückzug im Kraichgau.

Erste Rast war in Steinsfurt. In Bonfeld gab es mittags eine Suppe, und schon da überlegten sich einige, ob sie abhauen sollten, waren sie doch lediglich von einem Leutnant mit einem Fahrrad angeführt. Doch letztlich traute sich keiner, diesen Schritt zu tun.

Die erste Übernachtung war nach rund 50 km in Lehrensteinsfeld bei Heilbronn. Viele hatten schon schmerzhafte Blasen an den Füßen. Weil sie nach Meinung des Stabsarztes noch 'zu klein für den Dienst in der Deutschen Wehrmacht' waren, wurden Werner Häcker und Willi Hehl bald darauf im Württembergischen wieder entlassen. ... [Willi Weckesser und Richard Schmitt wurden auch noch ausgemustert. Die übrigen führte der Zug bis Dachau. Auf abenteuerlichen Wegen, z. T. durch Gefangenenlager, konnten alle bis Herbst 1945 gesund in ihr Heimatdorf zurückkehren.]   *Winfried Glasbrenner (in: RNZ, 29.3.1995)*

Letzte Wochen vor der Besetzung

Die letzten Kriegsmonate in Odenheim

Im Gefolge des Truppenrückzuges an der französischen Front wurde im Herbst 1944 elsässisches Vieh in unsere Gegend verbracht und unter ansässigen Bauern verteilt. In Odenheim wurden Kühe und Kälber im Pfarrgarten aufgetrieben und den Landwirten angeboten *(L. K.)*.

Und von Stuttgart wurde der Stamm XXII, d. h. die württembergische Gauleitung des Arbeitsdienstes, nach Odenheim verlegt. Die Diensträume hatte sie in den Lehrsälen unseres Schulhauses, und die Wohnbaracken waren im Schulhof aufgeschlagen. Von da an, es war Oktober 1944, wurde in Odenheim kein Schulunterricht mehr gehalten *(Hodecker, S.250)*.

In den letzten Monaten wurden auch hier junge Mädchen zwangsverpflichtet, um in den Odenheimer Bolich-Werken Munition herzustellen. Wenn die Sirenen Fliegeralarm ankündigten, suchte die Belegschaft Schutz im Eiskeller im Unterdorf. Im Frühjahr, als die Alliierten schon in der Pfalz standen, mußten die Mädchen/Frauen des BdM sowie ältere Männer in der Umgebung von Ubstadt Gräben ausheben. *(Berta G.)*

Als im März 1945 die Alliierten immer näher rückten, begann man mit der Verlegung des Odenheimer Arbeitsdienstes nach Grünfeld bei Lauda. Bei dem zuletzt hektischen Abzug blieb das RAD-Proviantfahrzeug im Wald beim Siegfriedsbrunnen liegen, was findigen Leuten Gelegenheit gab, sich per Leiterwagen und Körben mit Kommißbrot und dergleichen einzudecken. Für kurze Zeit wurden die RAD-Baracken zum Durchgangslager für flüchtige Zivilisten und Wehrmachtsangehörige.

Heimatkundlicher Arbeitskreis Odenheim, Kurt Fay (1995)

Kieselbronn im Frühjahr 1945 – Angriff auf Pforzheim am 23.2.1945

Nach Beendigung und Abschluß-Beurteilung der Offiziersausbildung an der Kriegsschule Dresden wurden wir am 30. Januar 1945 – dem Tag der Machtergreifung, wie es damals hieß – in der Semper-Oper zusammen mit 657 jungen Männern in einer großen Feierstunde zu Offizieren des Heeres befördert. Ich war noch keine 20 Jahre alt. Am nächsten Tag reisten wir in alle Himmelsrichtungen in die befohlenen Standorte.

Das Ziel für meinen Kameraden Ernst Baumann, einen Mecklenburger von Grevesmühlen, und mich war Baden-Baden. Wegen der Frontnähe wurden wir nach Pforzheim, Buckenberg-Kaserne, umgeleitet. Bereits in den ersten Februartagen wurden wir beiden zu der in Kieselbronn liegenden 3. Kompanie des Bataillons versetzt. Es war ein ziemlich kalter, klarer Wintertag, als wir unseren Fußmarsch nach Kieselbronn antraten. Pforzheimer Bürger hatten uns am Abend vorher noch gesagt: „So, nach Kieselbronn kommen Sie, da wird es Ihnen gut gehen, da gibt's noch alles. Die Baure, die henn koin Honger, da gibt's au noh Kirschwasser, oi Backhäusle und Wirtschafte und: schöne Mädle." Das machte uns neugierig und wir freuten uns: und es stimmte ja auch. Der Altersunterschied zwischen uns und den Soldaten, die wir in Kieselbronn antrafen, war beträchtlich, ca. 30–35 Jahre. Eine bunte landsmannschaftliche Mischung. Die Soldaten, meistens Badener und Württemberger, waren Männer aus den verschiedensten Berufen, bisher UK gestellt: hohe Beamte, Richter, Staatsanwälte, Parteifunktionäre, Künstler, Großbauern. Sie alle hatte der totale Krieg als das letzte Aufgebot geholt.

Das militärische Führungspersonal bestand aus fünf Offizieren: der Kp-Chef ein Niederbayer, Finanzbeamter, unnahbar; ein tiefernster Oberstudienrat aus Oberschwaben, römisch-katholisch; ein lebensfroher Schultes aus dem Remstal; ein Mecklenburger und ich, ein Deutscher aus Böhmen.

Mein Zug, ca. hundert Soldaten, lag in Zelten im Feldquartier um das Blockhaus an der Brettener Straße (B 294). Unser Auftrag war: Stellungsbau vor dem Neulinger Wald. Die militärische Führung nahm an, daß die US Army zusammen mit der französischen Armee auf dem damals noch ganz freien Gelände beim Katharinentaler Hof Luftlandeverbände absetzen würde.

Der Frühling war zum Glück recht früh gekommen. Es gab Temperaturen von über 20°C, was für die Soldaten im Feldquartier eine große Erleichterung war.

Der Abend des 23. Februar brachte ab etwa 19.20 Uhr den furchtbaren Großangriff der britischen Bomberverbände auf Pforzheim. Drei Tage brannte die Stadt in einem immer größer werdenden Feuersturm. Bis zum 24. März, dem Tag meiner Versetzung nach Potsdam, war ich dann täglich mit etwa 250 Soldaten in Pforzheim. Auftrag: Tote bergen, nach noch Lebenden suchen, Trümmer beseitigen, Hilfe geben. Täglich aufs Neue wurden wir mit unvorstellbarem Leid und dem totalen Chaos konfrontiert. Wir hatten auch Angehörige, an die wir voller Liebe und Sorge dachten. Die aber waren weit im Osten.

Mitte März trennten sich unsere Wege für eine lange, sehr lange Zeit. Erst 47 Jahre später sollten wir uns hier in Baden zusammen mit unseren Frauen wiedersehen.

Rudolf Weber (1995)

Stetten am Heuchelberg – Einberufung des Jahrgangs 1930

Ende März 1945 flattert uns ein Brief ins Haus: Stellungsbefehl zum Volkssturm für meinen Bruder Karl (*1930). Er hat sich bis Sonntag, 8. April, in Talheim zu stellen. Vor Jahresfrist hat man ihn zum Fähnleinführer des Jungvolks gemacht. Vom Bann in Heilbronn in der Karlsstraße kam daher auch der Stellungsbefehl. Zum Glück machten die Ereignisse die Ausführung dieses unsinnigen Befehls überflüssig.

Günter Walter

Stetten im Februar/März 1945

Im Februar 1945 bezieht eine Genesungskompanie für mehrere Wochen unser Dorf. Es sind Männer, die wieder aufgepäppelt werden müssen. Sie wohnen in Privatquartieren und üben im Steinbruch das Scharfschießen. Dank der Ruhe und der guten Verpflegung, die es auf dem Land immer noch gibt, erholen die Leute sich gut. Bei uns ist ein Landwirt aus Saulgau einquartiert, Balthasar Waller (*1913). Einmal sagt er: „Wenn wir das büßen müssen, was wir in Rußland angerichtet haben, dann geht es uns schlecht." Damals können wir uns noch keinen Reim darauf machen, erst später, als wir von den Massenerschießungen von Zivilisten erfahren, wissen wir, was gemeint war.

In der Nacht des 5. März tobt ein wüster Schneesturm. Unser Soldat liegt langgestreckt auf dem Sofa in der Stube. Plötzlich Alarm! Sofort fertigmachen zum Abmarsch an die Front. Zum eigenen Gepäck bekommt jeder noch zwei Kästen MG-Munition zu schleppen. Dann geht es in stockdunkler Nacht zu Fuß hinaus in den Schneesturm. Sie legen in dieser Nacht eine Strecke von über 60 km zurück bis nach Bruchhausen bei Karlsruhe. Zum Einsatz kommen sie einige Tage später in der Gegend von Darmstadt.

Günter Walter

Letzte Kriegstage in Weingarten

Als in der Karwoche 1945 französische Truppen bei Germersheim den Rhein überquert hatten und auf Bruchsal und in Richtung Karlsruhe vorrückten, war klar, daß auch unsere Gemeinde bald in den Bereich der Front kommen würde. Deutsche Truppenteile, besonders kleine Abteilungen von Volkssturmmännern oder auch junge Rekruten von 16 bis 17 Jahren in armseliger Verfassung strebten auf den Straßen südwärts oder nach Osten, Richtung Pforzheim zu. Sie waren zusammen mit den Lastwagen, die teilweise die Straße verstopften, willkommene Ziele für die feindlichen Jagdbomber, die schon seit Wochen jeden größeren Verkehr lahmgelegt hatten. So kam es, daß am Karsamstag, dem 31. März, sowie Ostersonntag, dem 1. April, Weingarten drei schwere Bombenangriffe erleben mußte. Samstagvormittag wurde die Körnergasse und der anschließende Bezirk der Friedrich-Wilhelm-Straße fast völlig zerstört, ebenso mehrere Häuser in der Luisenstraße. Es gab dabei acht Tote. Karsamstagnachmittag erfolgte ein Angriff auf den Marktplatz und die große Verkehrsstraße Bruchsal–Karlsruhe. Dabei wurde die evangelische Pfarrkirche, deren Chor nur fünf Meter von der katholischen Kirche entfernt ist, vollständig zerstört, desgleichen das evangelische Gemeindehaus jenseits der Straße. Unsere Kirche sowie das Pfarrhaus verloren dabei sämtliche Fenster, ebenso wurden die Dächer beider Gebäude schwer mitgenommen.

Ostermontag früh um 10 Uhr erfolgte dann der dritte Angriff in der Jöhlinger Straße, östlich der Kirche, wobei Pfarrhaus und Kirche erneut schwer beschädigt wurden. Wir hatten insgesamt 23 Tote zu beklagen, darunter 8 Volkssturmmänner und 2 Pioniere. Am Ostersonntag, dem 2. April, schlugen dann gegen Abend die ersten Granaten der beiderseitigen Artillerie ein, die französischen Granaten aus Richtung Leopoldshafen, die deutschen aus Richtung Wössingen-Jöhlingen. Die meisten heulten jedoch glücklicherweise über die Häuser hinweg nach den beiderseitigen Stellungen.

Es war wie eine Erlösung, als am Dienstag, dem 3. April, morgens die ersten Panzer von Westen her beim Bahnhof eintrafen. Eine Anzahl SS-Männer und MG-Schützen, verstärkt durch Polizei aus Karlsruhe, sollten den Feind aufhalten. Es gelang zunächst, zwei Feindpanzer durch Panzerfäuste außer Gefecht zu setzen. Daraufhin aber nahmen die übrigen Panzer die Bahnhofstraße, die Schulstraße und die Häuser um den Marktplatz unter Feuer, das sehr großen Gebäudeschaden anrichtete. Dabei kamen fünf Zivilisten ums Leben. Gegen Mittag 1 Uhr war unser Dorf bis zur großen Durchgangsstraße Karlsruhe–Bruchsal besetzt, so daß das Unterdorf also französisch war, das Oberdorf dagegen deutsch verblieb. Kirche und Pfarrhaus kamen so in die Hauptkampflinie zu liegen.

Gegen Abend setzte der gegenseitige Artilleriekampf wieder ein. Die Deutschen hatten sich von Bruchsal her nach dem Michaelsberg bei Untergrombach zurückgezogen, eine französische Kolonne rückte über Obergrombach in Richtung Jöhlingen–Bretten vor mit dem klaren Ziel, sich mit den in Weingarten stehenden Abteilungen zu treffen und die deutschen Abteilungen zwischen Michaelsberg und Weingarten einzuschließen. Am Mittwochmorgen, dem 4. April, wurde die Lage insofern gespannt, als einzelne französische Posten, die in der Jöhlinger Straße vorfühlten, von Heckenschützen aus einzelnen Häusern beschossen wurden. Das hatte zur Folge, daß vier Personen, die im Laufe des Tages ihre Häuser und schützenden Keller verließen, um über die Straße zu gehen oder in die Bunker, von feindlichen MG-Schützen erschossen wurden.

Am Mittag begann das Artilleriefeuer gegen die Höhen nordöstlich Weingartens bis hinüber nach dem Michaelsberg. Das Dröhnen der Panzer sowie das MG-Feuer schwoll nach und nach zu großer Stärke an. Nach etwa zweistündigem Kampf verstummte der Schlachtenlärm wieder, die Lage im Ort blieb unverändert, dagegen hatten die Deutschen wichtige Höhenstellungen räumen müssen. In der Nacht zum 5. April flogen wieder die schweren Brocken der beiderseitigen Artillerie über unseren Ort hinweg.

Während des Artillerieduells am Mittwochnachmittag wurde auch der Helm unseres Kirchturms bis etwa 12 m unterhalb der Kreuzblume durch 5 bis 6 Artillerievolltreffer niedergelegt. Er stürzte auf das nördliche Seitenschiff und schlug dort das Dach zusammen. Ob deutsche oder französische Granaten den Schaden angerichtet haben, konnte ich nicht genau feststellen, da von seiten der Einwohner sowohl das eine wie das andere behauptet wird. Ich glaube, von meinem Kellerloch gesehen zu haben, daß es französische Granaten seien. Gleichzeitig wurde auch der alte Wachtturm, das Wahrzeichen Weingartens auf einem Bergvorsprung nördlich des Marktes, durch schwere Artillerietreffer hart mitgenommen. Steinbrocken und Splitter schlugen dabei noch die übrig gebliebenen Ziegel und Fensterscheiben des Pfarrhauses zusammen. Es war nicht mehr möglich, sich in den oberen Räumen des Hauses aufzuhalten.

So hausten wir mit 21 Personen im Keller, als der Endkampf am 5. April, am Donnerstag nach Ostern, begann. Untergrombach hatte sich kampflos übergeben, so mußten die deutschen Überreste den Michaelsberg preisgeben und standen nun auf den Höhen nordöstlich von Weingarten. Nach längerem MG- und Artilleriefeuer mußten die Deutschen sich auch hier zurückziehen. Sie hofften, in der Gegend von Jöhlingen auf deutsche Verstärkungen zu treffen, die ihnen versprochen worden waren. Doch gegen 1 Uhr mittags kamen aus Richtung Jöhlingen französische Panzer und drohten den deutschen Abteilungen nördlich der Jöhlinger Straße den Rückzug abzuschneiden. Gegen 14 Uhr artete der deutsche Rückzug in Richtung Wössingen–Pforzheim in panikartige Flucht aus. Die Panzer hatten den Ostteil von Weingarten genommen und trafen sich auf dem Marktplatz mit den Marokkanern, die schon seit zwei Tagen hier festsaßen. Der Krieg war damit für uns zu Ende.

Wir freuten uns aber zu früh, denn nun kamen von Wössingen her die Abschiedsgrüße der schweren deutschen Artillerie, der 15 cm-Langrohrbatterien. Von 3 bis 5 Uhr nachmittags schlugen die Granaten ein, meist in der Dorfmitte um die Kirche herum. Nochmals gab es schwere Häuserschäden. Die Pfarrkirche erhielt einen Volltreffer, der durch Dach und Decke des Kirchenschiffs hindurch die Hauptwand des Mittelschiffs durchschlug und im Dachstuhl des nördlichen Seitenschiffes explodierte. Die Kirche hatte damit einen Volltreffer auf das Pfarrhaus abgehalten. So sind in der letzten Kampfstunde des 5. April 1945 noch etwa 60 schwere Treffer in der näheren und weiteren Umgebung der Kirche niedergegangen. Diese Beschießung war das schwerste und wohl auch gefahrvollste Erlebnis der drei Kampftage in Weingarten. Da alle Einwohner im Keller oder in festen Bunkern hausten, kamen keine Menschen zu Schaden.

Bericht des katholischen Pfarrers Josef Hafner
an das Erzbischöfliche Ordinariat Freiburg vom 20.5.1945
(in: Weingartener Heimatblätter, Nr. 9, Jan. 1992)

Christbäume brachten Tod und Verderben –
Rückblick einer Malschenberger Bürgerin

Neujahr 1944/45. Eine kalte, klare Sternennacht. Es war, als spiegelten sich die Sterne im Schnee wider. Dabei war doch alles so trostlos und elend in diesen Tagen. Kein Fahrzeug störte die Kinder, die in den Seitenstraßen winterlichem Vergnügen nachgingen. Jugendliche, soweit noch welche zu Hause waren, riskierten abends auf der Hauptstraße mit 13 % Gefälle eine Schlittenfahrt. Malschenberg liegt am Nordhang des Letzenberges, 186 Meter hoch. Kein Dorf im ganzen Umkreis ist aus weiter Entfernung so gut zu sehen wie Malschenberg.

Die meisten Jugendlichen waren entweder an der Front als Flakhelfer oder in Rüstungsbetrieben eingesetzt. Die älteren Männer wurden in diesen Tagen zum Volkssturm aufgerufen. Oberhalb des Dorfes, im Gewann Sternäcker, befanden sich aufgelassene Steinbrüche, in denen um die Jahrhundertwende Sandsteine für den Hafenbau in Mannheim abgetragen worden waren. Gerade dieses zerklüftete und verschüttete Terrain bot ein vorzügliches Übungsgelände für die Volkssturmausbildung. Ein sinnloses und ebenso ohnmächtiges Aufbäumen. Als ob diese alten Männer und Schulbuben den Sieg, an den kein Mensch mehr glaubte, noch hätten herbeiführen können.

Nachts Sirenengeheul, danach das monotone, furchterregende Motorengebrumm der feindlichen Bombenflugzeuge. Das Gedröhne klang wie die Voranmeldung des Weltunterganges. Nur wenige in unserem Dorf gingen in die uns zugewiesenen Luftschutzräume. Voller Schrecken und Entsetzen sah man vom 'Scharfen Eck' aus die 'Christbäume' als brennende Fackeln vom Himmel fallen, um den Menschen Tod und Verderben zu bringen.

Unser Großvater hatte einmal vergessen, abends das Stallfenster zu verdunkeln. Wer nicht total verdunkelte, war ein Volksfeind und landete im Konzentrationslager oder vor dem Standgericht. Der Nachbar bemerkte es erst am frühen Morgen. Der alte Mann konnte vor lauter Elend nicht aufstehen – so saß ihm der Schreck in den Knochen. Wie hätte der schwache Lichtschein aus dem winzigen Fenster den Feind von seinem geplanten Bombenziel abbringen können?

Jeden Tag, kurz vor Mitternacht, lauschte man aufmerksam dem sogenannten Schwarzsender. Jeder Anflug feindlicher Geschwader wurde gemeldet. Auf der Großdeutschen Welle sang Lili Marlen ihren Großen Zapfenstreich zur guten Nacht.

Der Weg zur Arbeitsstelle wurde für mich immer schwieriger. Ich war im letzten Lehrjahr und mußte täglich mit dem Fahrrad die Landstraße und Bahnstrecke überqueren. Oft suchte ich Schutz vor Tieffliegern im Straßengraben oder im Wald. Am 1. März sollte das Brautkleid für Fräulein Back fertig genäht werden, am folgenden Samstag die Hochzeit sein. Aber es kam anders. An diesem Tag brach über Bruchsal ein Inferno los, zerstörte fast alles Leben, auch das des jungen Bräutigams, den seine Braut so sehnlichst erwartete. Erst ein halbes Jahr später wurde das Kleid abgeholt. Ein Trauerkleid.

In den letzten Märztagen kamen ständig Soldaten durch unser Dorf. Die Front rückte immer näher. Es war mir unmöglich, weiter nach Rot zu meiner Lehrstelle zu fahren. Auf der B3, die ich ja überqueren mußte, lagen ausgebrannte Militärfahrzeuge. Über Walldorf kamen die nachrückenden Frontkämpfer.

Gründonnerstag und Karfreitag zogen die letzten Soldaten aus ihren Quartieren. Wie ein graues Band zog sich der Rückzug durch unser Dorf über den Letzenberg in Richtung Östringen. In der Dämmerung des Karfreitagabend wirkten die Gesichter aschfahl. Die Männer waren müde und abgekämpft. Einige Landser riefen uns zu: „Geht in die Keller!" oder „Bald ist's vorbei". Tatsächlich schliefen wir diese Nacht im Keller. Er bot guten Schutz, ein geräumiges, stabiles, dickgewölbtes Mauerwerk.

In dem Jahr waren unsere Karbuben, die jedes Jahr an Karfreitag und Karsamstag in den frühen Morgenstunden das Ave Maria singen, nicht unterwegs. Am Ostersonntag läutete die Osterglocke. Ein armseliges Geläut. Wir hatten nur eine Glocke auf dem Kirchturm, die anderen beiden hatten 1942 dem Großdeutschen Reiche für den Kanonenbau übergeben werden müssen. Voller Angst und Bangen gingen wir zum Gottesdienst. In diesen schweren Tagen hatten wir alle Gottes Schutz und Hilfe bitter nötig.

Während Großvater und Onkel unseren Keller von Kartoffeln und Dickrüben völlig räumten, um genügend Platz für uns und unsere Nachbarn zu schaffen, hörte man schwere Artillerie über uns hinwegschießen. Es waren Granaten einer deutschen Abteilung, die vom Letzenberg aus operierte. In Rot fanden dabei 21 Bürger und Bürgerinnen im Granathagel der eigenen Truppen den Tod.

Ludwine Müller (1987)

Mutige Tat rettete Eschelbach vor der Zerstörung

Durch seinen außerordentlichen Mut bewahrte Fritz Weber Eschelbach in den letzten Kriegstagen vor Unheil. Er befehligte die Volkssturmeinheit, die dem 198. Infanterieregiment der 2. Gebirgsjägerdivision unterstellt war. Diese etwa 20 Mann starke Gruppe hatte die Aufgabe, das Dorf bis zum letzten Mann zu verteidigen, Barrikaden zu errichten und Sprengladungen an wichtigen Gebäuden anzubringen. Im Haus seines alten Regimentskameraden aus der Reichswehr, Christian Merx, bezog Weber Quartier und richtete den Befehlsstand ein. Hier traf ich ihn zum ersten Mal, als ich einen Fußkranken versorgte. Er erzählte, daß er aus Fahrenbach bei Mosbach stamme und dort eine Landwirtschaft betreibe.

Angesichts der ausweglosen militärischen Lage gab ihm sein Auftrag zu denken. Er sprach auch ganz offen darüber. Am Gründonnerstagvormittag fand eine Besprechung der Volkssturmkommandanten, welche die Dörfer um den Hermannsberg verteidigen sollten, in der Küche besagter Familie statt. Ich befand mich auch dort. Als ich den Raum verlassen wollte, bat man mich zu bleiben. Auch die Tante und der Onkel sowie meine Cousine konnten bleiben. Als Dienstältester erläuterte Fritz Weber anhand der Karte die Situation. Er sagte, soweit ich das noch wörtlich wiedergeben kann: „Männer! So wie es aussieht, haben wir nur noch den einen Weg: Abrücken und den Haufen auflösen. Es ist Unsinn, mit 20 Gewehren und 40 Schuß Munition ein ganzes Dorf zu verteidigen. Bei der ungeheuren Übermacht an Menschen und Material wäre das glatter Mord und Selbstmord. Man würde doch das ganze Dorf mit allem, was darin lebt, auf dem Gewissen haben. Ich rücke ab, macht, was ihr wollt." Da schrie ihn der junge Offizier an: „Wissen Sie, daß ich Sie sofort, hier im Haus, erschießen kann? Das ist Meuterei und Bruch des Fahneneides! Mensch, denken Sie doch mal nach." „Das habe ich gerade getan," sagte Herr Weber. „Wenn ihr mich erschießen müßt, dann tut es anderswo, aber nicht hier vor meinen Freunden. Ich sage es noch einmal, daß aus den mir unterstellten Gewehren kein Schuß gefeuert wird, so lange ich lebe." Er drehte sich zum Fenster und sah in den Hof hinunter. Damit bedeutete er die Besprechung für beendet. Mit einem strammen Führergruß und Hackenknallen verließen die beiden anderen die Küche. Fritz Weber drehte sich zu uns um, nahm die Hand von den Augen und sagte: „So, das hätte ich hinter mir. Morgen rücken wir ab."

Margarete Dagies (in: RNZ, Ostern 1985)

Das Kriegsende

In den letzten Märztagen des Schicksalsjahres 1945 hatten die Truppen der Alliierten nach z.T. schweren Kämpfen im Saargebiet, in der Westpfalz und im Nordelsaß das Westufer des Oberrheins zwischen Mainz und der Südpfalz erreicht. Einheiten der 7. US-Armee überquerten den Rhein bei Oppenheim (22.3.1945) und im Raum Worms (26.3.). Einheiten der 1. französischen Armee (General de Lattre de Tassigny), denen die amerikanische Führung (General Eisenhower u.a.) am 29.3. nach einigen Diskussionen den mittleren und südlichen Kraichgau als Operationsgebiet zugestanden hatte, setzten am 31.3. aus den Räumen um Speyer und Germersheim über den Strom, da die beiden dortigen Rheinbrücken noch beim Rückzug der dezimierten deutschen Truppen aus dem letzten linksrheinischen Brückenkopf gesprengt worden war.

Als Grenze zwischen dem US-amerikanischen und dem französischen Operationsgebiet wurde eine fiktive Linie von Speyer nach Heilbronn festgelegt.

Die US-Einheiten besetzten am 29.3. das stark zerstörte Mannheim und am 30.3., dem Karfreitag, kampflos das von Bombenangriffen weitgehend verschont gebliebene Heidelberg. Bereits am Ostersonntag (1.4.) nahmen die Amerikaner Wiesloch, das als Lazarettstadt nicht verteidigt wurde. Das wenig östlich davon gelegene Dörfchen Tairnbach, wo das Näherrücken der Front, wie überall, mit einer Mischung aus Angst und Neugier erwartet wurde und alle Fahnen und sonstigen Embleme des Nationalsozialismus von der Bildfläche verschwanden, war der südlichste Ort am Westrand des Kraichgaus, der am Ostersonntag ausschließlich von Amerikanern besetzt wurde. Die amerikanischen Panzer und Jeeps, die Infanteristen, stießen in wenigen Tagen (2./3.4.) durch das untere Neckartal und den von zurückflutenden deutschen Truppen bereits weitgehend geräumten Nordkraichgau auf den mittleren Neckar bei Heilbronn vor. Heftiger Widerstand der östlich des Neckars stehenden deutschen Einheiten (u. a. 17. SS-Panzergrenadierdivision, 2. Gebirgsdivision, s. dazu Eiermann/Remm, 1995) verzögerte den Übergang über den Neckar, so daß das durch den schweren, verlustreichen Bombenangriff vom 4.12.1944 weitgehend zerstörte Heilbronn erst am 13.4.1945 eingenommen werden konnte.

Zu vereinzelten Gefechten zwischen den Amerikanern und den sich zurückziehenden Deutschen kam es u.a. bei Eichtersheim, in Dühren, in Rohrbach und Steinsfurt östlich Sinsheim. Sinsheim selbst wurde von US-Einheiten am Ostermontag (2.4.1945) wie viele andere Kraichgauorte nahezu kampflos eingenommen. Die Elsenzbrücke war, hier wie im nahen Steinsfurt, zwar befehlsgemäß gesprengt worden, das hinderte die Amerikaner jedoch nicht am zügigen Vorstoß über Kirchardt und Fürfeld bis ins Leintal und in die westlichen Vororte von Heilbronn (u. a. Böckingen, 6.4.1945). Ein anderer Vorstoß der Amerikaner führte ab Ostersonntag durch das Schwarzbachtal Richtung Wimpfen. Dabei kam es auf Grund deutschen Widerstands in Helmhof, Untergimpern und Obergimpern zu Kämpfen (s. Eiermann/Remm, 1995, S.166 ff.). Während Hüffenhardt, wo SS-Leute am 1.4. Widerstand leisteten, beschossen und Babstadt am 2.4. nach hartem Kampf besetzt wurde, kam Bad Rappenau glimpflicher davon, ebenso das nahe der großen Munitionsfabrik (MUNA) gelegene Siegelsbach, wo ein Einzelner sein Heimatdorf vor Schaden bewahren konnte.

Insgesamt gesehen hielten sich also die Schäden in den amerikanisch besetzten Teilen des Nordkraichgaus im Rahmen. Mancher Ort konnte durch das Hinaushängen von weißen Fahnen oder Tüchern vor drohender Zerstörung bewahrt werden. Nicht überall wurden beim Einrücken der feindlichen Truppen weiße Tücher als Zeichen der Übergabe gezeigt, zum Teil aus Stolz, zum Teil auch aus Furcht vor den Folgen des "Flaggenerlasses" des Reichsführers SS, der die

Erschießung aller männlichen Bewohner eines Hauses befahl, aus dem ein solches Zeichen der Kapitulation gezeigt wurde.

Während sich die amerikanischen Soldaten gewöhnlich diszipliniert verhielten und Plünderungen und Vergewaltigungen kaum vorkamen, ereigneten sich beim Einmarsch der französischen Truppen, v.a. bei dem einiger marokkanischer Einheiten (so in Weingarten, Heidelsheim, Gondelsheim, Odenheim), manchmal auch bei dem anderer Einheiten, etwa der Gaullisten in Eppingen (Kiehnle, 1985) schreckliche Gewalttaten. Andererseits gab es auch Orte, in denen die französischen Soldaten, auch die Marokkaner, diszipliniert auftraten.

Verbände der von General de Lattre de Tassigny kommandierten 1. französischen Armee (die 5. Panzerdivision, die 3. algerische und die 2. marokkanische Infanteriedivision) setzten in der Nacht vom 31.3. auf 1.4.1945 bei Germersheim und Speyer über den Rhein und drangen unter heftigem Widerstand deutscher Einheiten (47. und 98. Volksgrenadierdivision, Division Brandenburg) durch die Oberrheinebene auf den Kraichgau vor. Auch hier im mittleren und südlichen Kraichgau zogen sich die geschwächten deutschen Einheiten, u.a. die 16. Volksgrenadierdivision, nach Südosten, in Richtung Stuttgart/Schwäbische Alb, zurück, leisteten aber mancherorts heftigen, wenn auch kurzen Widerstand, z. B. in Eppingen (3./4.4.), bei Helmsheim (4.4.), in der "Festung" Stetten am Heuchelberg und vor allem in Königsbach, wo es am Morgen des 6.4.1945 zu einem Gegenangriff kleiner deutscher Verbände (u. a. Panzerjäger der 257. VGD und Waffen-SS) auf den bereits besetzten Ort kam. Fünf deutsche Panzer 'Hetzer' sowie 32 französische Panzer waren in das Gefecht verwickelt. Die Kämpfe um Königsbach kosteten 123 französische und 57 deutsche Soldaten sowie drei Zivilisten das Leben. Der Beschuß des Dorfes durch deutsche Artillerie zerstörte 10 Wohnhäuser und beschädigte fast alle übrigen Häuser z.T. erheblich (17 schwer, 67 leicht) (s. Sander, 1986, S.286 f). Andere Orte, wie z.B. Sulzfeld, das am 6.4. durch die Franzosen eingenommen wurde, kamen wesentlich glimpflicher davon.

Besonders verlustreich und langandauernd (8.–18./20.4.) waren die Kämpfe an der Enzlinie, v. a. in und um das schon am 23.2.1945 durch britischen Bombenangriff innerhalb von 19 Minuten im Kern nahezu vollständig zerstörte Pforzheim.

Ein Dorf im mittleren Kraichgau wurde von den Franzosen nach der Besetzung vollständig evakuiert: das rund 500 Einwohner zählende Neuenbürg. Am 13.4. mußten alle Bewohner innerhalb einer Stunde den Ort verlassen, in den nun für neun Wochen typhuskranke Häftlinge aus dem am 7.4.1945 von französischen Truppen befreiten KZ-Krankenlagers bei Vaihingen/Enz untergebracht wurden (vgl. Böckle, 1978).

In diesen nächsten Nachkriegswochen, die eines der Themen des 3. Bandes von Kraichgau 1945 sein werden, bestimmte und regelte dann die französische Militärregierung das Leben im mittleren und südlichen Kraichgau. Am 7. Juli 1945 endete die französische Besatzungszeit. Am nächsten Tag verließen die Franzosen u.a. Pforzheim und Vaihingen und zogen sich in die ihnen weiterhin zustehende, im Norden durch die Autobahn Karlsruhe–Stuttgart begrenzte Besatzungszone (Südbaden/Südwürttemberg) zurück.

Arnold Scheuerbrandt

Als die Amerikaner kamen

Der in Rettigheim stationierte Stab des 13. SS-Armeekorps unter dem kommandierenden General SS-Gruppenführer Max Simon war in den 'Ruhetagen' zwischen dem 26. und 28. März fieberhaft bemüht, aus den vorhandenen Kräften der 47. VGD, der 2. Gebirgsdivision, der in Reserve stehenden 17. SS-Panzergrenadierdivision sowie integrierten Resteinheiten (19. VGD, 416. ID) einen Korpskampfverband zu schaffen, der dem zu erwartenden Großangriff nicht unvorbereitet gegenüber stand. Die Truppenbewegungen mußten wegen der absoluten Luftherrschaft der Alliierten größtenteils nachts durchgeführt werden. Über den Aufmarsch des II. Korps der 1. Französischen Armee und des VI. Korps der 7. US-Armee mit ihren Divisionen auf der gegenüberliegenden Rheinseite wurde der Stab über Funk von Fernspähtrupps der 17. SS-PGD unterrichtet, die bis zum 30. März in der Pfalz hinter den gegnerischen Einheiten aufklärten. Eine deutsche Luftaufklärung existierte kaum noch.   *Gerhard Höflin (1995, S. 96)*

Der Einmarsch der Amerikaner in Wiesloch, 1. April 1945

In Wiesloch kam das Kriegsende schon einige Wochen vor der Kapitulation am 8. Mai 1945, nämlich mit dem Einmarsch der amerikanischen Truppen am 1. April, dem Ostersonntag. Was sich um dieses Datum herum abgespielt hat und warum Wiesloch der drohenden Zerstörung durch die Amerikaner entging, hat die Rhein-Neckar-Zeitung in Zusammenarbeit mit dem Wieslocher Stadtarchiv sowie dem Historiker Markus Rupp zu rekonstruieren versucht.

Am 30. März waren amerikanische Verbände von Norden her bis nach Heidelberg vorgedrungen. Mit einem Angriff der Amerikaner auf Wiesloch war also jederzeit zu rechnen. Am 31. März wurde Wiesloch bereits mit Artillerie aus Richtung Nußloch beschossen, wobei es zu Schäden in Altwiesloch, in der Heidelberger Straße, der Blumenstraße, der Ringstraße sowie der Schwetzinger Straße kam. Auch die Wellpappe-Fabrik wurde getroffen.

[...] In Wiesloch befanden sich zu diesem Zeitpunkt noch Reste deutscher Verbände. Laut einem Bericht, den ein Augenzeuge, ein Wieslocher Füllfederhalterfabrikant [...], im Zuge der Entnazifizierung abgegeben hat (GLA Karlsruhe 465 a 60/25/5.142), sollten diese Verbände nach dem Willen der zuständigen Militärführung die Weinstadt gegen die anrückenden Amerikaner verteidigen. Bei einer Aufgabe der Wieslocher Stellung, so die Befürchtung der deutschen Militärs, sei den feindlichen Truppen 'der Zugang in den Kraichgau geöffnet'. Überdies sei Wiesloch ein 'ideales Verteidigungsgelände', so ein Zitat des zuständigen Offiziers in dem Bericht. Der Fabrikant schildert weiter den eindringlichen Versuch Wieslocher Bürger, den Offizier [...] von der Verteidigung der Stadt abzubringen. [...] Wäre es von deutscher Seite wirklich zu einem solchen Verteidigungsversuch gekommen, so hätte dies für Wiesloch fatale Folgen gehabt: In der Stadt waren zum damaligen Zeitpunkt zwischen zwei- und dreitausend Schwerverwundete in insgesamt drei Lazaretten (im Psychiatrischen Landeskrankenhaus, in der Volksschule, sowie im ehemaligen Realgymnasium) untergebracht. [...]

Eine etwas andere Version über die Nichtverteidigung der Stadt liefert ein Bericht, den zwei ehemalige Ärzte des Wieslocher Reservelazaretts im Juli 1947 abgegeben haben. Die Ärzte schildern darin, wie sie am Morgen des Ostersonntags [...] vom damaligen Bürgermeister Stöckinger ins Rathaus gebeten wurden. Zu diesem Zeitpunkt hatte bereits ein leichter Beschuß der Stadt Wiesloch durch die von Norden anrückenden US-Truppen eingesetzt. Man habe den

Wiesloch mit Heil- und Pflegeanstalt (Lazarett). (University of Keele)
(US3V 3779) 7Dec44 (F/24)//10PG(1230A)(22000)

Bürgermeister auf die über 2000 Schwerverwundeten in den Lazaretten der Stadt hingewiesen, so die beiden Ärzte, und ihn aufgefordert, Wiesloch nicht verteidigen zu lassen. Anschließend begaben sich die Ärzte nach eigener Aussage in die Befehlsstelle des Wieslocher Kampfkommandanten der Wehrmacht. [...] Wie es in dem Bericht weiter heißt, sei der Kommandant zwar durchaus einsichtig gewesen, habe jedoch darauf hingewiesen, daß er eine Einstellung des Kampfes nicht ohne den Befehl seines Regiments anordnen könne. Daraufhin schickte einer der Ärzte seinen Lazarett-Betreuungsoffizier zum Regimentsgefechtsstand [...]. Nach Aussage der beiden Mediziner führte dies schließlich dazu, daß die Divisionsbefehlsstelle Wiesloch nicht verteidigen ließ. [...]

Bis auf wenige Reste sollen die meisten deutschen Soldaten Wiesloch bereits in der Nacht auf den 1. April verlassen haben. Anders war dies bei mobilen SS- oder Feldjägereinheiten, deren Aufgabe es war, den anrückenden Feind um jeden Preis aufzuhalten und neue Fronten aufzubauen. Diese zum Durchhalten entschlossenen und fanatisierten Einheiten waren auch am 1. April noch in Wiesloch anwesend und versuchten bis zuletzt, eine Aufgabe der Stadt zu verhindern. Erst kurz vor dem Einmarsch der Amerikaner zogen auch sie sich aus Wiesloch zurück.

Über den Verlauf des 1. April 1945 [...] gibt es ebenfalls mehrere Quellen. Nach übereinstimmenden Berichten ließ der damalige Bürgermeister und Ortsgruppenleiter der NSDAP, Hermann Stöckinger, die Wieslocher Bevölkerung am Morgen dieses Ostersonntags auf dem Marktplatz versammeln. Die Bürger wurden aufgefordert, an ihren Häusern weiße Fahnen anzubringen, um einem Beschuß durch die Amerikaner zu entgehen. Außerdem wurde diesem Bericht zufolge auch auf dem Turm der evangelischen Stadtkirche eine weiße Flagge gehißt. Die Bevölkerung muß diese Aufforderung wohl befolgt haben, denn wie es weiter heißt, begab sich später motorisierte SS von Haus zu Haus und zwang die Einwohner mit vorgehaltener Waffe, die weißen Fahnen wieder einzuholen.

Bürgermeister Stöckinger selbst hatte ein schriftliches Dokument verfaßt, das auf den 1. April 1945 datiert ist und in dem er erklärt: „Die Stadt Wiesloch wird dem Feind kampflos übergeben." Die Berichte darüber, ob diese Erklärung, wie wohl von Stöckinger beabsichtigt, den anrückenden Amerikanern von Boten überreicht wurde, oder ob eine solche förmliche Übergabe der Stadt Wiesloch an die feindlichen Truppen gar nicht stattgefunden hat, gehen allerdings auseinander. Wahrscheinlich ist aber, daß das Schriftstück die Amerikaner nicht erreicht hat.

Einen weiteren Versuch, Angriffe auf Wiesloch abzuwehren, schildern die bereits zitierten Ärzte des Reservelazaretts: An den Zufahrtsstraßen nach Wiesloch wurden Warnposten aufgestellt, welche die Aufgabe hatten, die anrückenden amerikanischen Truppen vor gelegten Minensperren zu warnen und somit eventuelle Vergeltungsschläge zu verhindern.

Der Füllfederhalterfabrikant [...] berichtet darüber hinaus von einem nicht ungefährlichen Vorfall, der sich ebenfalls am Morgen des 1. April zugetragen hat. Nach seiner Aussage brachten Soldaten an der Torbrücke acht schwere Nebelgranaten an, um die Brücke zu sprengen. Die bereits gelegte Zündschnur wurde durch einen deutschen Soldaten bewacht, der nur noch auf den Befehl zur Sprengung wartete. Laut Bericht hätte eine solche Sprengung nicht nur die Brücke selbst, sondern auch 'einen sehr großen Teil von Wiesloch' zerstört. [...] Nach längeren Verhandlungen erklärte sich der Soldat schließlich aber doch bereit, dem Entschärfen der Granaten zuzustimmen. [...] Wiesloch blieb also von Zerstörungen und Verlusten an Menschenleben im Zuge der Einnahme weitgehend verschont.

Christoph Peerenboom (in: Zusammenbruch 1945 und Aufbruch, RNZ GmbH, 1995, S.29f)

Tairnbach, Ostern 1945

Das Näherkommen der Front (Ende März 1945) erzeugte nach Berichten von Zeitzeugen in der Tairnbacher Bevölkerung – und sicher nicht nur hier – eine eigentümliche Spannung. Die Situation war gekennzeichnet durch eine eigenartige Mischung aus Furcht und Neugier, Niedergeschlagenheit und Hoffnung. In der Mitte der Karwoche wurde der Kanonendonner aus Richtung Mannheim immer deutlicher hörbar. In Tairnbach fühlten sich die alten Männer an ihre Erlebnisse im Ersten Weltkrieg erinnert. Sachkundig schätzten sie die Entfernung des Geschützfeuers. Mit Pickel und Schaufel gruben manche von ihnen unter Mithilfe von Frauen und Kindern auf ihren Grundstücken Splittergräben und provisorische Unterstände. Die meisten Einwohner verließen sich auf die Stabilität ihrer Hauskeller und verlagerten einen Teil ihrer Habe nach unten. In vielen Kellern wurden Schlafgelegenheiten geschaffen. Wertvollere Gegenstände wurden im Erdreich vergraben. Die zahlreich vorhandenen Hakenkreuzfahnen und Uniformen, sowie Ausweise, Abzeichen und Embleme der NS-Organisationen verschwanden. Manche Uniformteile tauchten übrigens, wie erzählt wird, zumeist einige Monate später gefärbt und umgeändert wieder auf. Niemand konnte sich leisten, Bekleidung einfach zu vernichten. [...]

Eine ungewohnte Situation ergab sich im März 1945 durch den totalen Stromausfall. Petroleumlampen und Kerzen sorgten für Licht. Die überall noch vorhandenen Kohlenherde ließen dieses versorgungsmäßige Defizit in der Küche nicht allzu drastisch erscheinen. Auf dem handwerklich-industriellen Sektor kamen viele Aktivitäten zum Erliegen. Die landwirtschaftlichen Betriebe mußten sich auf die zum größten Teil noch vorhandenen handbetriebenen Geräte umstellen. [...]

In Tairnbach wurden am Ostersonntag kaum noch deutsche Soldaten gesehen. Nördlich des Dorfes wurde beobachtet, wie Infanteristen in größerer Zahl aus dem Dielheimer Wald zurückhasteten. Sie hatten ihre Gewehre umgehängt und machten einen müden, abgekämpften Eindruck. Die Männer versuchten, so schnell als möglich das freie Feld zu überqueren und den Balzfelder Wald zu erreichen, um aus dem Blickfeld der US-Luftwaffe zu gelangen. Vorbei war nun die Zeit, in der man sang: „Infanterie, du bist die Krone aller Waffen ... Mit dir marschiert der Ruhm aus Deutschlands größter Zeit hinein in die Ewigkeit".

Am Ostersonntagabend lag Tairnbach im Niemandsland zwischen den deutschen und amerikanischen Truppen. Nach Notizen des 80. Armeekorps standen die deutschen Verbände auf der Linie Obergimpern – Hasselbach – Adersbach – Sinsheim-Rohrbach – Höhen westlich und südlich von Sinsheim – Dühren – Eichtersheim – Östringen – Stettfeld – Bruchsal. Ein Feldwebel mit sieben Mann waren die letzten Soldaten der deutschen Wehrmacht, die sich in Ortsnähe aufhielten.

Der Einmarsch der US-Truppen fand in Tairnbach und Mühlhausen am Ostermontag, dem 2.4.1945, statt. Am Vormittag befanden sich Tairnbacher Jugendliche auf der Höhe zwischen dem Dorf und Horrenberg. Mit dem Fernglas beobachteten sie auf dem Gelände des heutigen Horrenberger Sportplatzes eine Ansammlung amerikanischer Fahrzeuge. Darunter befanden sich Wagen mit aufgemaltem Rotem Kreuz. Einige Militärautos befuhren die Straße in Richtung Hoffenheim. Andere Tairnbacher Jungen, die im Besitz eines Scherenfernrohrs waren, sahen bei Horrenberg Panzer. Manche waren mit grellroten Tüchern drapiert. Die Beobachtung deckt sich mit amerikanischen Angaben, daß sich Kampfwagen an der Spitze mit dieser Kennzeichnung der eigenen Luftwaffe zu erkennen gaben.

Im Dorf herrschte gespannte Ruhe. Weiße Tücher als Zeichen der Kapitulation wurden in Tairnbach nur von einer hierher evakuierten Frau aus dem Fenster gehängt. Man war wohl zu stolz dazu. Sicher war auch die schriftliche Anordnung der NS-Gauleitung bekannt, nach der das Hissen weißer Tücher mit standrechtlicher Erschießung geahndet werden konnte. Um 14 Uhr war es dann so weit. [...] Aus Richtung Balzfeld drang eine Kolonne motorisierter Infanterie in die Dorfmitte vor. Hinter den auf den Fahrzeugen aufmontierten Maschinengewehren standen schußbereite Männer. Ein Kradschütze fuhr allein bis zum Ortsende Richtung Mühlhausen. Dort untersuchte er eine Bauhütte mit vorgehaltenem Gewehr und kehrte zur Ortsmitte zurück. Fast zur gleichen Zeit kam durch den Hohlweg bei der evangelischen Kirche eine Infanterieeinheit zu Fuß ins Dorf. Es könnte sich um zwei Kompanien gehandelt haben. Bei der Kirche legten die Soldaten eine kurze Ruhepause ein. [...]

Nach der kurzen Rast zogen die US-Soldaten im Gänsemarsch links und rechts der Häuserzeile entlang durch die Kirchstraße in das Dorf ein und verteilten sich auf die einzelnen Straßen. Stichprobenartig wurden einige Häuser durchsucht. Manche Einwohner erschraken fast zu Tode, als sie sich plötzlich vor Gewehrläufen stehen sahen. In einem Hof in der Kirchstraße standen die vier kleinen Kinder einer Kriegerwitwe auf Geheiß der Mutter mit hoch erhobenen Händen. Da mußte sogar einer der in dieser Situation ebenfalls nervösen Amerikaner herzlich lachen.

Die Familie Emil Filsinger in der heutigen Klingenwaldstraße hatte vormittags einen fremden Feldspaten an der Scheunenwand entdeckt. Auf ihr Rufen antwortete in der Scheune ein Mann in süddeutschem Dialekt. Er gab zu verstehen, daß er sich von den Amerikanern überrollen lassen und dann in seine nicht allzu weit entfernte Heimat durchschlagen wolle. Erstaunlicherweise entdeckten die US-Infanteristen den unter Stroh versteckten Deserteur. Sie führten ihn ab. Anschließend stellten sie die Durchsuchungen ein. [...] Die Furcht vor Spionen war in den zurückliegenden Jahren geradezu gezüchtet worden. Überall in den öffentlichen Gebäuden hingen Plakate. Darauf war eine nahezu unkenntliche Schattengestalt abgebildet. Der Begleittext lautete: 'Pst! Feind hört mit!'

In Eschelbach und Dühren glaubt man, am Ostersonntag zwei Amerikaner in der Uniform deutscher Artillerieoffiziere gesehen zu haben. Als die US-Soldaten davon überzeugt waren, daß sie auf keinen Widerstand stoßen würden, gaben sie sich gemütlich. Mit Ziehharmonika und Gitarre begannen sie Musik zu machen. Tairnbacher Jugendliche bekamen die ersten Kaugummis ihres Lebens. In einigen Häusern bot man den Infanteristen Wein an. In gebrochenem Deutsch fragten die amerikanischen Soldaten nach dem 'Mann mit der Schelle'. Der Ausscheller, Karl Ludwig Egenlauf, kam und verkündete anschließend der Bevölkerung, daß Waffen abzugeben sein und keine deutschen Soldaten versteckt werden dürften, andernfalls mit strenger Bestrafung zu rechnen sei. Auch die Räume der Gemeindeverwaltung im Schloß wurden von den Eroberern durchsucht. In der Kirchstraße krachte ein Spähwagen beim Wenden mit seinen Hinterrädern in eine Jauchegrube. Er war vorübergehend kampfunfähig. [...] Nach zweistündigem Aufenthalt zogen die Kampftruppen durch die Eschelbacher Hohl weiter zur Besetzung des Nachbardorfes. Zuvor gab ein Posten beim Schulhaus einen Warnschuß in die Luft ab. Erschreckt flüchteten viele Tairnbacher in ihre Häuser und Keller.

Gerhard Höflin (1995, S. 99 ff)

Kämpfe in Eichtersheim und Michelfeld

Von Mühlhausen, das ebenfalls am Ostermontag von Rauenberg her ohne Kampf erobert worden war, rückten die Amerikaner weiter gegen Eichtersheim vor. Sie stießen dort auf die Nachhut der sich in Richtung Eppingen zurückziehenden deutschen Verbände. Im Gewann an der Staig kam es zu einem Gefecht, bei dem fünf amerikanische und vier deutsche Soldaten ihr Leben lassen mußten. Die Gräber der deutschen Gefallenen werden bis zum heutigen Tag auf dem Eichtersheimer Friedhof gepflegt.

Beim Eindringen in Eichtersheim ergriff eine Panzerbesatzung einen Einwohner und setzte ihn als Kugelfang auf den Kampfwagen. Bei der Räumung ihrer MG-Stellung in der Ortsmitte hinterließen die Deutschen ein Maschinengewehr in einem Bauernhaus. Als der Hausbesitzer es übergeben wollte, wurde er vorübergehend verhaftet. Der Eichtersheimer Volkssturm griff nicht in die Kämpfe ein. Er war zuvor zum Buchenauer Hof marschiert, aber vor der Besetzung des Dorfes zurückgekehrt.

Michelfeld durften die Volksgrenadiere im Unterschied zu Mühlhausen, Tairnbach und Eschelbach nicht kampflos übergeben. Das Angebot von Eichtersheimern, sie mit Zivilkleidung zu versehen und ihnen so die Desertion zu ermöglichen, wiesen die Soldaten brüsk ab. „Wir werden siegen", lautete ihre Antwort. Eine Gruppe ging unterhalb des Hermannsbergs in Stellung. Sie beschoß eine US-Kolonne auf der Straße Eichtersheim–Eschelbach. Die an Feuerkraft überlegenen Amerikaner antworteten. Oberleutnant Reyherr und einige seiner Männer fanden den Tod. Vier Soldatengräber in Michelfeld und eines in Eschelbach zeugen von den Kampfhandlungen.

Die Verbindungsstraße von Eichtersheim nach Michelfeld war durch hastig gefällte Bäume blockiert. Mühelos schob ein Sherman-Panzer die Hindernisse beiseite. Langsam rollte ein Panzer in die Ortschaft ein. Er kam nicht weit. Die Volksgrenadiere schossen ihn, wahrscheinlich mit Nahkampfmitteln, ab. Die Amerikaner zogen sich zunächst zurück und beschossen den Ort. Die Verteidiger konnten sich in Richtung Waldangelloch absetzen. Gegen die Angriffe der amerikanischen Jagdbomber setzten sie sich mit Vierlingsflak zur Wehr. Am späten Ostermontagabend war Michelfeld in amerikanischer Hand.

Der US-Vorausabteilung folgte französische Infanterie. Bereits am Ostersonntag war eine 80 Mann starke französische Aufklärungseinheit bis Östringen gelangt. Einige Tage zuvor war auf dem gleichen Weg noch ein Tairnbacher durch den Ort gekommen, ohne einen Abstecher in sein Heimatdorf machen zu können. Er war Richtkanonier in einer Infanteriegeschützabteilung der 79. ID. Am Tag der Einnahme von Mühlhausen und Tairnbach kam die US-Kampfgruppe Chamberlain mit ca. 135 Fahrzeugen, Panzern, Mannschaftstransportwagen und Jeeps durch Östringen. Die Volksgrenadiere, die zuletzt unter dem Kommando von Major Riemann und Hauptmann Dietmer standen, hatten das Dorf rechtzeitig geräumt. [...]

In Eichtersheim wurde eine 70jährige Frau vergewaltigt. Einige französische Offiziere verhängten gegen die Übeltäter drakonische Strafen – bis hin zur Exekution. Andere wagten nicht, sich ihren nordafrikanischen Untergebenen entgegenzustellen.

Tairnbach scheint das südlichst gelegene Dorf gewesen zu sein, das nur amerikanische Truppen zu Gesicht bekam. Von Östringen aus stieß die US-Kampfgruppe Chamberlain nach Eichtersheim vor, das damit ebenfalls von zwei Seiten angegriffen wurde. Ein Aufklärungsflugzeug sicherte den Vormarsch von oben. *Gerhard Höflin (1995, S. 112 ff)*

Waldangelloch, Anfang April 1945

Am Ostersonntag, dem 1.4.1945, wurden hier vier Flak-Soldaten beerdigt. Sie sind bei Walldorf durch eine Granate gefallen, ihre Kameraden nahmen sie mit bis nach Waldangelloch. Abends um 6 Uhr war die Beerdigung, die Einwohner beteiligten sich auch in großer Zahl, der Verfasser war auch dabei. Am Ostersonntagabend bis 3 Uhr morgens zogen die letzten deutschen Truppen durch, Richtung Heilbronn. Während der fünf Nächte davor war es dasselbe mit dem Rückzug, fünf bis sechs Stunden ohne Unterbrechung. Ostermontag gegen Abend rückten die Amerikaner in Michelfeld ein, dort gab es einige Gefallene auf beiden Seiten. An der Friedhofstraße beim Bäcker Rensch wurde noch ein Panzer von einem deutschen Soldaten abgeschossen. Der Soldat wurde dabei am Kinn leicht verwundet. Gegen 23 Uhr war er hier, wo ich selbst mit ihm sprach. Im hiesigen 'Löwen' lag der Stab, wo er sich dann meldete. In der Restauration war der Verbandsplatz. Über Tag waren nur etwa 100–120 Soldaten im Dorfe, das waren die Nachhuten. Unsere Eisenbahnstrecke war an verschiedenen Stellen bzw. Brücken von den Unsrigen gesprengt, was nur Dummheit war. Ebenso ist die erste Straßenbrücke von Michelfeld von den Deutschen gesprengt worden. Die amerikanischen Panzer fuhren dann einfach über die Wiesen bis zum Grenzstein. Auch die steinerne Brücke beim Schulhaus war vorgesehen und auch vorbereitet zur Sprengung, zwei Balken waren mit Draht bis zur Wölbung hochgebunden. Dies geschah am Gründonnerstag von unseren Pionieren.

Am Karfreitag fuhren die Unsrigen nach Weiler, Hilsbach usw., um Pulver zu holen, fanden aber nirgends welches vor. Aber trotzdem sagte sich der Verfasser, es könnte evtl. in letzter Stunde doch noch soweit kommen. Am Ortseingang, also von Michelfeld her, waren noch immer 100–120 deutsche Soldaten, unter ihnen konnte schließlich doch ein Offizier sein, der die Brücke sprengen wollte. Es wäre auch soweit gekommen, wenn die Balken noch hochgebunden gewesen wären. Am Ostermontagabend um 10 Uhr ging ich zu Niebergall, Braun Richard, dann kam noch Treubel Fritz hinzu, wir vier Mann zwickten die Drähte ab und schleppten die Balken den Bachdamm hinauf. Es war ein gewagtes Stückchen, denn noch immer standen die Soldaten am Ortseingang. Kurz vor 24 Uhr beobachtete Treubel Fritz, daß sechs oder acht Soldaten kamen und mit der Taschenlampe rechts und links unter die Brücke leuchteten und sagten: „Nichts mehr da." Also hatte man in letzter Stunde doch noch die Sprengung der Brücke beabsichtigt. Pfarrhaus, Schulhaus sowie die Häuser von Niebergall und Hoffmann wären dabei in Trümmer gegangen.

In der gleichen Nacht setzte noch die Beschießung unseres Ortes ein, von der feindlichen Seite her über den Sinsheimer Wald, etwa hundert Granaten mittleren Kalibers. Eine Polin, die bei Philipp Kirsch beschäftigt war, kam dabei ums Leben. Einige tausend Dachziegel fielen der Beschießung zum Opfer. Eine Granate krepierte am Friedhofseingang, von dieser flog ein Sprengstück über das Dach von Heinrich Rudolf, durch das dritte Fenster an der rechten Seite der unteren Fensterreihe. Das Fenster war total kaputt, eine Bank von etwa zwei Meter Länge stark beschädigt. Das Sprengstück wiegt acht Pfund und wird als ewiges Andenken im Pfarrhaus aufbewahrt.

Am Osterdienstag, dem 3. April, um 11 Uhr, rückten die amerikanischen Panzer ein, mit aufgesessener Infanterie. Überall waren weiße Fahnen, am Rathaus hißte ich morgens ½ 5 Uhr eine auf dem Kirchturm, als die Panzer vor dem Rathaus eine Pause machten, das war um ½ 12 Uhr gewesen. Von Philipp Schorndorf und Johann Sitzler begleitet, machten zwei Offiziere gleich auf dem Rathaus einen Besuch. Einer der Offiziere sprach perfektes Deutsch und setzte sofort Philipp Schorndorf als Bürgermeister ein.

So vollzog sich die Besetzung unseres Dorfes ohne einen Schuß während des Einmarsches. Das war ein großes Glück und Vorsehung von unserem Gott und Vater. Wir hatten noch unsere Wohnungen und das Vieh, konnten die Felder bestellen, und brauchten vor den Fliegern keine Angst mehr zu haben.

Nun mit Gottes Hilfe vorwärts! Wir wünschen, daß unser geliebter Pfarrer Karl Naberg wieder sein Amt in unserer Gemeinde antreten kann, er wurde am 20. Juni 1940 zur Wehrmacht eingezogen und stand bei Kriegsende in Jugoslawien. Unser Gott möge ihn am Leben erhalten, wir warten auf seine Heimkehr. *Georg Molitor, geb. am 10.3.1894*
(in einer Niederschrift vom 1.5.1945 über Waldangelloch im Zweiten Weltkrieg)

7,5 cm-Pak 40 sichert den Rückzug im Kraichgau, April 1945. (Sammlung R. Eiermann)

Einzug der Amerikaner in Hoffenheim, 1. April 1945

Liebe Tante! *Hoffenheim, 9. Mai 1945*

Nach langer ereignisvoller Pause versuchen wir heute, Dir wieder mal recht herzliche Grüße zu senden. Wir leben noch alle und sind gesund in unserem unversehrten Haus. Wir hoffen sehr, daß bei Dir dasselbe der Fall ist. Es ist sehr traurig, daß man so vollständig abgeschnitten ist voneinander. Wenn es jedem gut geht, ist das ja auch nicht schlimm, aber man möchte es doch gerne wissen. In Eschelbach ist alles ganz glatt, ohne einen Schuß, abgegangen. Bei uns war es etwas anders, schade, daß ich Dir das nicht alles erzählen kann.

Der Ostersonntag, 1. April, war für uns der ereignisvolle Tag, wo die Amerikaner einzogen. Diese Ostern werden wir so schnell nicht vergessen. 14 Tage vorher wurde in unserem Wachthäusel eine Volksküche für Flüchtlinge und durchziehende Soldaten und Ausländer errichtet, aber nicht durch NSV, sondern durch Frau Pfarrer Voll, die die ganze Sache leitete, den Dienstplan machte. Und so wurde Tag und Nacht Kartoffelsuppe ausgegeben, und viele Hungrige wurden gestärkt. Aber diese Unruhe! Die Ausländer bekamen oft nur, wenn etwas übrig war. Deshalb hatten wir die 2. internationale Küche in der Wohnung. Man konnte das Elend fast nicht mehr ansehen. Einmal hatten wir drei kranke Franzosen, der eine war mehr als drei Wochen da, einer davon ist jetzt noch da. Viele Polen, Russen, Italiener und deutsche Soldaten waren in der Scheune und über Nacht im Haus.

Das ging so bis Ostersonntag. Mittags 2 Uhr brachen unsere Soldaten plötzlich auf, und bald darauf schlugen die ersten Artillerieeinschüsse der Amerikaner ein. Dabei wurde das Dach von Frl. Dahlems Wohnhaus vollständig abgedeckt. Es wurde heftig hin und her geschossen, bis gegen 5 Uhr der erste Panzer einrollte. Leider ging in der Zwischenzeit das Haus von Jakob Bender als einziges Wohnhaus in Flammen auf, samt Scheune und Stall. Auch bei Tante Line und Jakob Becke daneben brannten Scheune und Stallung ab. Das war eine Aufregung! Das Vieh wurde gerettet und bei Benders auch fast die ganze Einrichtung im Haus.

Durch die Amerikaner haben wir selbst nicht sehr viel erlebt. Dagegen mußten alle Häuser, die außerhalb der Landstraße bahnhofwärts liegen, geräumt werden, ebenso das Pfarrhaus und das Haus Neff. Die französischen Kriegsgefangenen, darunter auch unser Albert, mußten 14 Tage vor diesen Ereignissen plötzlich weg, Albert versprach, noch mal zu kommen, wir sind gespannt, ob es ihm möglich ist. Jetzt haben wir niemand, denn die Ausländer sind alle fort. Aber die Post liegt ja noch lahm. Und das bedeutet für mich Urlaub, aber hoffentlich nicht für immer. Bis jetzt sind wir einig geworden. Ich habe mich wieder an manches gewöhnt, was ich lange nicht mehr brauchte: Häcksel schneiden, Pfuhl pumpen (mit unserer 'modernen' Pumpe), Wurzeln putzen und mahlen, Kühe putzen usw. Heute sagte jemand, im Radio wäre bekannt gegeben worden, alle Gefangenen vom Westen dürften heim. Ob es wohl wahr ist? Dann kämen vielleicht doch auch wieder schönere Tage, wenn wir wenigstens Wilhelm wieder hätten. Was im Osten noch wird und damit aus Heinrich, ist noch das große Rätsel.

Liebe Tante! Nun weißt Du in groben Zügen, wie es bei uns war und ist. Wie schön wäre es, wenn wir von Dir auch etwas erfahren würden. Vielleicht nimmst Du doch mal den Weg unter die Füße und kommst und erzählst uns alles und wir Dir. Morgen ist Himmelfahrtstag, gesetzlicher Feiertag, jegliche Arbeit verboten, wie ganz anders als im Vorjahr.

Liebe Tante! Vielleicht bekommst Du den Brief bald. Schwester Marie Bender nimmt ihn mit dem anderen von Schwester Erna mit nach Langensteinbach, von da aus hätte sie Gelegenheit nach Bretten. Schwester Erna war mit einem Transport in Heidelberg und gab den Brief einer Hoffenheimerin zur Weiterbeförderung. Wir bekamen auch herzliche Grüße von ihr.

Nun wünschen wir Dir gesegnete Pfingsttage. Nimm viele herzliche Grüße von Mutter und Vater, besonders von *Deiner Nichte*

Hoffenheim im Schatten des Kriegsendes

Noch zwei Tage vor Einmarsch der amerikanischen Truppen in Hoffenheim im großen Zimmer der 'Alten Post', heute gute Stube des Heimatmuseums, war ein fliegendes Standgericht einquartiert; einer der 'Kettenhunde' dieses Standgerichts kontrollierte auch Häuser der Umgebung nach versprengten Soldaten.

In unmittelbarer Nachbarschaft weilte damals ein Hoffenheimer Landwirt auf Genesungsurlaub in seinem Elternhaus. Er war unerwartet schnell aus dem Lazarett entlassen worden und sollte nach acht Tagen Urlaub (der ausgerechnet am 20. April endete) wieder zu seiner Einheit nach Braunschweig zurück. Ihm blieb noch eine Galgenfrist von zwei Tagen; Der Bahnhofsvorstand in Hoffenheim bescheinigte, daß kein Zugverkehr stattfand. Am dritten Tag aber wurde der Landwirt mit dem Auto nach Heidelberg gebracht, um über Würzburg zu seinem Bestimmungsort zu kommen. Der Abschied war nicht leicht, ein Abschied ins Ungewisse.

Aber auch von Heidelberg nach Würzburg gab es keine Beförderungsmöglichkeit; selbst über Neckarelz verkehrte kein Zug mehr, und so kam der Landwirt in der folgnden Nacht, sonntags um drei Uhr, die 16 km von Neckargemünd zu Fuß heimgelaufen – ohne Urlaubsschein.

Die Freude der Seinen über das unerwartete Wiedersehen war groß, – der Schrecken aber noch größer, denn es war viel Militär im Ort und immer neue Nachrichten trafen ein, daß fliegende Standgerichte fahnenflüchtige Soldaten zum Tod verurteilt und an den Ausfallstraßen 'zur Abschreckung' aufgehängt hatten.

Zwei Tage später (es war der Dienstag in der Karwoche) machte der Landwirt einen neuen Versuch, doch noch zu seiner Truppe zu kommen. Zusammen mit ein paar Kameraden versuchte er, zu Fuß über Waibstadt nach Neckarelz zu kommen; aber auch dieser Versuch mißlang: große Schmerzen durch einen Splitter im Bein machten ihm das Gehen fast unmöglich; die weinigen Autos waren durch amerikanische Jagdbomber zusammengeschossen; ein Weiterkommen war unmöglich; die Amerikaner rückten weiter vor, und so blieb dem Landser nur noch die Flucht zurück ins Elternhaus: Am Karfreitag kehrte er mit letzter Kraft heim ...

Zwei Tage, bis Ostersonntag die Amerikaner einmarschierten, versteckte sich der Landwirt im Elternhaus; nur wenige Familienangehörige wußten davon; jener 'Kettenhund' der SS fand ihn nicht! Am Ostermontag wurde er von den Amerikanern mit anderen Soldaten und Volkssturmmännern im Pfarrhaus über Nacht gefangengehalten und am folgenden Morgen ins Ungewisse abgefahren, – aus dem Elternhaus in die Gefangenschaft ... Er sah sein geliebtes Hoffenheim erst nach eineinhalb Jahren wieder; in französischer Gefangenschaft wurde ihm die Welt zur Nacht; in monatelanger Bergwerksarbeit sah er die Sonne nicht mehr. Schwer krank wurde er im Oktober 1946 nach Hause gebracht.

Hartmut Riehl nach einem Kolloquium des Heimatvereins Hoffenheim
anläßlich des 50. Jahrestages des Kriegsendes

Picknick auf dem Panzerturm –
Eine Episode beim Einmarsch der Amerikaner in Hoffenheim am 1.4.1945

Hausmeister Heinz Seyfert von der Grund- und Hauptschule Hoffenheim, damals sechs Jahre alt, erinnert sich:

Die amerikanischen Panzerverbände näherten sich Hoffenheim von Zuzenhausen her. Einige deutsche Soldaten nahmen den Befehl, die Talstraße zu verteidigen, doch noch ernst und brachten – in Handarbeit, da Zugmaschinen fehlten – ein Panzerabwehrgeschütz am Feldrain oberhalb der Bahnlinie am Ortsende gegen Zuzenhausen in Stellung. Von dort beschossen sie die anrückenden amerikanischen Verbände. Die Panzer eröffneten erst daraufhin das Feuer gegen das Geschütz und zerstörten es: Dabei fanden einige Männer dieses letzten Aufgebots den Tod. Auch einige Gebäude, vor allem in der neuen Straße, wurden dabei in Brand gesteckt, glücklicherweise ohne Personenverluste. Ohne diese Geschützstellung hätte es in Hoffenheim beim Einmarsch der Amerikaner wohl keine Schäden gegeben. Wilhelm Seyfert hatte die Soldaten noch gewarnt: „Laßt doch die sinnlose Verteidigung; das bringt doch nichts mehr ..."

Wenig später rasselten die ersten Panzer mit furchterregendem Gedröhn auf der Zuzenhäuser Straße in Hoffenheim ein. Die meisten Hoffenheimer hatten sich in ihren gewölbten Kellern in Sicherheit gebracht. So auch Heinz Seyfert: Auf einem großen Kartoffelhaufen in einer Kellerecke war mit Matratzen ein Lager für die Kinder eingerichtet worden.

Das Panzergerassel dröhnte in den Keller hinunter. Soldaten, darunter auch die ersten Farbigen, die man in Hoffenheim sah, drangen mit Gewehren im Anschlag in die Höfe und Häuser ein – insbesondere auf der Suche nach Wasser (war es auch nicht vergiftet?) und Eßbarem. Einige betraten auch den Hof des Seyfert'schen Anwesens und 'stürmten' sofort den Keller. Einer durchstocherte den Kartoffelhaufen mit dem Gewehrkolben und fand auch tatsächlich die darunter in einem Eimer versteckten 'Kalkeier'. Was sie nicht fanden, waren die im Hühnergarten mit Hilfe des polnischen Zwangsarbeiters Wattek vergrabenen Wurstdosen. Da der Pole immer gut behandelt worden war, verriet er auch nichts davon.

Gern hätten die GI's zu den Eiern Hühnerbraten gehabt. Zu dritt versuchten sie, das Federvieh einzufangen. Immer wenn die Hühner in eine Ecke getrieben waren, gingen sie in ihrer Todesangst 'die glatten Wände hinauf', und endlich gaben die Amis diesen für sie aussichtslosen Kampf auf, zumal sie anderswo mit einem großen Räucherschinken fündig geworden waren. Nachdem die Soldaten mit den Kalkeiern abgezogen und es zumindest den Kindern klar wurde, daß dies keine Menschenfresser waren, wagte sich Heinz Seyfert in einem unbeachteten Augenblick ins Obergeschoß und konnte zum ersten Mal durch eine Luke einen unter dem Haus haltenden Panzer beobachten. Fasziniert sah er unter sich den geöffneten Panzerturm. Drei Soldaten, darunter ein Farbiger, waren gerade mit der Vorbereitung ihres Picknicks beschäftigt. In einem ovalen Gänsebräter brutzelte schon der mit dem Bajonett aufgeschnittene Schinken in dicken Scheiben. Das überschüssige Fett ließ ein GI durch Schräghalten des Bräters auf die Panzerflanke rinnen, und damit der Schinken nicht mit herausrutschte, hielt er sein Seitengewehr davor... Dann wurden die Seyfert'schen Kalkeier auf den Schinken draufgeschlagen, und bald darauf schmausten die Amerikaner auf ihrem Sherman ihre 'ham and eggs' mit großen Appetit.

Heinz Seyfert bekam nichts ab von diesem köstlichen Vesper. Aber später hat er noch oft von den Soldaten Notrationen abbekommen mit Schokolade, Kaffeepulver, Keksen und anderen bis dahin unbekannten Köstlichkeiten aus der 'Neuen Welt'.

Hartmut Riehl (1995)

Dühren, Ostern 1945

Etwa seit Freitag vor Palmsonntag glich Dühren einem kleinen Heerlager. Die zurückflutenden deutschen Einheiten suchten Unterschlupf in den Ställen und Scheunen. Vor allem bei Nacht herrschte reges Treiben und große Unruhe. [...] Pfarrer Ebert schreibt über jene Tage: „Der Karfreitagsgottesdienst und noch mehr der Ostersonntagsgottesdienst stand demgemäß unter dem größten Ernst. Beide Gottesdienste waren sehr gut besucht; auch viele der einquartierten Soldaten nahmen teil und gingen mit zum heiligen Abendmahl."

Im Laufe des Ostersonntags stieg die Spannung, aber auch die Beklemmung. Was würde noch alles kommen? Allerlei Gerüchte schwirrten hin und her. Man sprach davon, im Kraichgau solle eine neue Verteidigungslinie aufgebaut werden. Manche wußten sogar, das ganze Dorf solle evakuiert werden. Selbst der Volkssturm, bestehend aus alten Männern und Buben, wurde aufgeboten. In Eschelbach tauchten um die Mittagszeit zwei Offiziere in deutscher Artillerie-Uniform auf und redeten mit den auf der Straße herumstehenden Männern. Wie sich später herausstellte, waren es amerikanische Offiziere, die die Stimmung unter der Bevölkerung ausforschten – und natürlich auch die deutschen Truppenbewegungen erkundeten. Ob diese auch in Dühren waren? Ob sie hier die starke Belegung mit Soldaten erfuhren? Man weiß es nicht. Aber es würde manches erklären, was sich am Ostermontag ereignen sollte!

In der Dunkelheit der Nacht verließen die meisten deutschen Soldaten das Dorf. Manche blieben aber auch bis zum Morgen des Ostermontags. Alle Dührener Einwohner verbrachten diese Nacht im Keller. Wer keinen guten hatte, suchte Unterschlupf im Nachbarkeller. Für den Ostermontag war noch ein Gottesdienst vorgesehen oder zumindest eine kurze Andacht. Aber es sollte nicht mehr dazu kommen.

Früh um 6 Uhr ging es los: Von Hoffenheim her wurde der Wald nach Sinsheim unter Beschuß genommen. Wer nichts auf der Straße zu suchen hatte, verharrte zitternd und betend im Keller. Beherzte Männer und Frauen löschten einen Brand in der Scheune von Wilhelm Sitzler (Schmied), da wo die Straße zum Neubaugebiet Wolfsbuckel verläuft. Dieser Brand war wohl durch die Unachtsamkeit von Soldaten entstanden. Gegen 9 Uhr schlugen dann die ersten Granaten in Dühren ein; es handelte sich um Panzergranaten. Man glaubte zunächst, der Feind komme von Eschelbach her, doch war dies eine Täuschung, denn das Nachbardorf wurde erst am Nachmittag erobert. Die wenigen deutschen Soldaten, die noch glaubten, Widerstand leisten zu müssen, zogen sich nach Süden zurück in die Wälder bei den Drei Bückeln und den Wengerten, während einige andere sich auf der Höhe nordwestlich der Kirche festsetzen wollten. Langsam stießen dann die amerikanischen Panzer aus Richtung Balzfeld vor. Immer näher rückte der Kampf um unser Dorf. Leider fehlen die Augenzeugen, da alle Einwohner in den Kellern saßen. Fest steht, daß noch im Dorf geschossen wurde, und in einzelnen Häusern müssen deutsche Soldaten schwachen Widerstand geleistet haben.

Höchstwahrscheinlich war das der Grund, daß Dühren gezielt unter Feuer genommen wurde. Wo die erste Panzerbrandgranate einschlug, konnte nicht in Erfahrung gebracht werden. Nur das eine, daß nämlich plötzlich, nach 9 Uhr, die ganze Hauptstraße in Rauch gehüllt war. Der Krieg hatte mit voller Schärfe unser altes Dorf getroffen und forderte am letzten Tag des Krieges seinen Tribut, zwar nicht an Menschenleben, aber an ehrlich erworbenem und liebgewordenem Hab und Gut. Kurz nach 11 Uhr stürzte der Kirchturm zusammen, nachdem schon etwas früher das große Turmkreuz herniederkrachte und sich tief in die Erde bohrte. Unmittelbar darauf fuhren amerikanische Panzer in Dühren ein, deren Besatzungen zum Teil blindlings mit Maschinengewehren um sich schossen und viele Fensterscheiben zerschossen, während andere Panzerkommandanten ihre Fahrkünste durch Fahrten in engen Höfen unter Beweis stellten; wieder ein anderer bewies, daß man am Kanonenrohr eines Panzers auch Schinken aus der Räucherkammer eines Wagners aufhängen kann.

Gegen 12 Uhr war am Ostermontag die 'Besetzung Dührens' vorbei. Eigentlich nahmen diese Frontsoldaten keine feindselige Haltung ein. Ein Offizier erlaubte dem Pfarrer, zur Kirche zu gehen, doch war dort nichts mehr zu retten. Die Pfarrfrau mußte auf dem Klavier Osterchoräle spielen. Einen entsetzlichen Schrecken muß es den damaligen Pfarrleuten versetzt haben, als ein Soldat 'das Klavier mit furchtbarer Jazzmusik behämmerte'.

Als gegen 14 Uhr die Amerikaner wieder abzogen, war man dankbar, daß alles noch so glimpflich abgegangen war. Menschenleben waren im Dorf nicht zu beklagen. Nur ein alter

Mann, der wohl gar nicht wußte, was um ihn vorging, war direkt in die Schießerei hineingelaufen und an der Schulter verwundet worden. Amerikanische Sanitäter legten ihm einen Verband an.

Bei den brandgeschädigten Familien allerdings herrschte ein großer Jammer, hatten sie doch alles verloren, was sie geerbt und in arbeitsreichen Jahren erworben hatten. Aber auch die Nächstenliebe, die nachbarschaftliche Hilfe war in jenen Stunden des Ostermontags zu spüren. Und das half, manche Bitterkeit in Dankbarkeit zu verkehren. Pfarrer Ebert schreibt in seinem 'Stimmungsbericht', wie er ihn so vielsagend nannte: „Es schnitt uns allen ins Herz, daß unsere schöne Kirche auf der Höhe eine Ruine geworden war. Vielen Generationen war sie ihr Gotteshaus gewesen und hatte die Gemeinde zu allen Sonn- und Feiertagen nicht immer vollzählig, aber doch in einem festen Stamm von treuen Kirchgängern versammelt. Vielen Familien war das Gotteshaus eine Stätte feierlicher Stunden und Weihen gewesen bei Taufen und Trauungen, vielen Trauernden wurde darin das Wort des Trostes verkündigt nach der Beerdigung auf dem Friedhof; viele Konfirmandenjahrgänge wurden da geprüft und eingesegnet – und in wenigen Stunden war alles in Asche gesunken. Der verlorene Krieg hat uns in Dühren mit dem Verlust der Kirche noch schmerzlicher getroffen."

Sechs Wohnhäuser, dazu Stallungen und Scheunen wurden ein Raub der Flammen.

Während aus den anderen Ställen wenigstens das Vieh gerettet werden konnte, ist im Anwesen Heinrich Vollweiler bis auf das Pferd alles Vieh verbrannt.

Und schließlich wurde die schöne alte Kirche ein Raub der Flammen. Sie wurde von einer Phosphorbrandgranate an der Westseite des Turmes, etwa 2 Meter unterhalb der Turmuhr, getroffen. Auf dem Kirchturm sollen deutsche Beobachter gewesen sein. Überall unter dem Schieferdach der Kirche züngelten die Flammen hervor, und langsam brannte die Kirche völlig aus. Am Ostermontag, dem 2. April 1945, um 10.45 Uhr hat die Kirchenuhr zum letzten Mal geschlagen. Dann blieb sie stehen. Die einzige Glocke, die noch im Turm hing – die beiden größeren mußten schon zu Beginn des Krieges abgeliefert werden –, ist aus dem hölzernen Joch auf den Betonboden des Glockenstuhls gefallen, hat diesen teils durchschlagen und blieb doch unversehrt, was fast an ein Wunder grenzt.

Während der Granateinschläge waren die Amerikaner eingerückt. Die Dorfbewohner durften ihre Keller nicht verlassen, vor allem wurde nicht erlaubt, etwas zu löschen oder noch etwas zu retten. Pfarrer Ebert schreibt, daß er von Zeit zu Zeit einen Rundgang durch das Pfarrhaus machte, da dieses 'durch den Brand des Hauses des Kirchengemeinderats und Postagenten Karl Fleck gefährdet war'. Dabei entdeckte er den Brand des Kirchturms. Er versuchte, durch die Haustür auf die Straße zu kommen, um aus der Kirche noch einiges zu bergen, die Bibeln, Choralbücher, Taufbecken, Decken und dergleichen, wurde aber von amerikanischen Soldaten mit Erschießen bedroht und in den Keller verwiesen. So konnte leider aus der Kirche gar nichts gerettet werden.

Wolfgang Vögele (1988)

Letzte Kriegstage in Lobenfeld

Im Gasthaus 'Zum Kreuz' war gegen Kriegsende ein Lazarett untergebracht. Ein Sanitätssoldat, der bei uns einquartiert war – Metzger von Beruf – hat uns noch kurz vor dem Einmarsch der Amerikaner zwei Schweine geschlachtet. Für 70 RM hatte ich noch ein Rind dazu gekauft, und so gab es ein zünftiges Schlachtfest über zwei Tage hinweg. Abends hat unser Soldat für seine Kameraden im Lazarett noch eine große Pfanne mit Fleisch, Blut und Kartoffeln gebraten, und die haben sich sehr darüber gefreut.

Zu dieser Zeit lagen sehr viele Nachschub- und Versorgungseinheiten in unseren Dörfern. In Lobenfeld war eine Schneiderei in der Engel'schen Mühle einquartiert, im Ortsteil Kloster eine Schuhmacherei im Gasthaus 'Zum Kloster', im ehemaligen Langhaus der Klosterkirche wurde Brot gebacken. In Mönchzell war eine Beschlagkompanie. Auch in Waldwimmersbach, Haag und Mückenloch war Einquartierung schon seit Winter 1944.

Neben der heutigen Friedhofstraße, auf dem Acker von Gutspächter Fellmann und hinter Bäcker Schneiders Anwesen (heute Zgraja) fuhren schwere deutsche Artilleriegeschütze auf und schossen in Richtung Neckargemünd. Viele Obstbäume wurden stockhoch abgesägt, um Schußfeld zu schaffen. Es war zum Heulen! Durch die Abschüsse gingen einige Fensterscheiben unseres kleinen Hauses, das damals unmittelbar an der Kreuzung stand, zu Bruch. Die Amerikaner schossen zurück, aber zu kurz, ihre Granaten schlugen unterhalb des Langenzeller Buckels und im Gewann Halbmond ein.

Beim Abzug der Geschütze, die im Zug von 6–8 Pferden gezogen wurden, brach der Dohl unter dem Feldweg, der damals am Platz des heutigen Kriegerdenkmals in die Langenzeller Straße mündete, und das Geschütz blieb stecken. Ein Trupp Pioniere, die vorher in Langenzell die Brücke und nachfolgend auch die hohen Fichten entlang der Straße als Sperre gesprengt hatten, standen schon bereit, auch die Gänsgartenbrücke (frühere Bogenbrücke an der Straße nach Spechbach) zu sprengen. Die Bergung des Geschützes dauerte aber den Leuten zu lange, so zogen sie ohne zu sprengen weiter, und die Brücke blieb erhalten.

Edgar Berberich (1995)

Dienstag, 27. März 1945. Ursel und ich gehen in den Wald und holen unsere Säge und unser Beil, die wir noch im Wald versteckt hatten, vom Holzmachen. Max Meixner saß bei unserer Rückkehr in der Küche. Ihre Einheit wird verlegt, und so will er noch mal Frieda und Horstle sehen, die von Brühl zu uns geflüchtet sind. Diese Nacht backen wir Brot, ob es unser letztes ist? Um Mitternacht ist es fertig und wir haben noch aus Brotteig Zwiebelkuchen gemacht. Max klopft um 2 Uhr nochmals an die Türe, er will weggehen und richtig Wiedersehen sagen.

Gründonnerstag, 29. März 1945. Wir sind im Keller. Wir hören Granaten pfeifen und einschlagen. Fritz verabschiedet sich, er kann mit seinem Kameraden von Wiesenbach aus mit einer abrückenden Bäckereikompanie mitfahren in Richtung Heilbronn, wo noch Züge fahren sollen.

Karfreitag, 30. März 1945. Heute blieb es verhältnismäßig ruhig, nur, daß in der Nacht deutsche Soldaten müde und abgekämpft durch den Ort laufen.

Ostersamstag, 31. März 1945. Am Kreuzweg stehen deutsche Geschütze und feuern in Richtung Neckargemünd. Wir schütten die Kellerfenster mit Schutt zu, wie alle Nachbarn. Die Kellertüren machen wir luftdrucksicher. Alle haben Angst. Beckers Hannes sagt, die Einschläge der Ari seien sehr nahe. Buben erzählen, in Meckesheim seien Panzer; es stimmt, wir sehen in dieser Richtung Feuer, was nur von den schießenden Panzern herrühren kann. Vor Dunkelheit zieht noch einmal ein Trupp deutscher Soldaten vorbei. Ob es wohl die letzten Deutschen waren? O weh, wir haben Angst, die Nacht verbringen wir im Keller.

Tagebuch Hilde Holdermann (1945)

Bei Kriegsende waren im Haus meiner Eltern zahlreiche Flüchtlinge versammelt, darunter auch Verwandte meiner Mutter aus dem Elsaß. Nacht für Nacht flogen feindliche Flugzeuge. Die Hausbewohner und Familien aus der Nachbarschaft flüchteten sich in unseren alten Gewölbe-

Sturmgeschützeinheit auf dem Rückzug. (Sammlung R. Eiermann)

keller. Nur eine sehr fromme Familie weigerte sich, in den Keller zu gehen, ja, man warf meiner Mutter vor, nicht genug Gottvertrauen zu haben. Mein Vater machte jede Nacht einen Gang durchs Dorf, um die vollständige Verdunkelung zu überprüfen.

Im Langhaus der Klosterkirche befand sich zu dieser Zeit eine Bäckerei, die Tag und Nacht Brot für die Armee herstellte. In der Nacht wurde fast ohne Licht gearbeitet. Da es tagsüber zu gefährlich war, mußte nachts Mehl herbeigeschafft werden. Das besorgte Herr Gmelin mit einer Zugmaschine des Hofgutes. Er fuhr jede Nacht unter großer Gefahr nach Heidelberg und vollbeladen wieder zurück.

Als sich eines Tages eine Rot-Kreuz-Kolonne im Kloster einfand, waren alle froh. Sie dachten, das sei ein Schutz auch für sie, was sich jedoch als Irrtum herausstellte. Die Fahrzeuge wurden angegriffen, wobei ein Soldat ums Leben kam und das Wohnhaus der Familie Geiß, die Hofgebäude der Familie Mayer, sowie eine Scheune im Hof meines Vaters in Flammen aufgingen. Der Gemeindebulle, der damals bei uns im Stall stand, wurde ebenfalls getroffen und von vielen Leuten als willkommene Fleischmahlzeit angesehen.

In Lobenfeld gab es einen militärischen Auffangstab, der die Soldaten, die sich vor näherrückenden Amerikanern auf dem Rückzug befanden, mit weiteren Marschbefehlen ausstattete. Fünf Tage bevor die amerikanischen Truppen kamen, verschwand dieser Auffangstab. Die Soldaten wußten nun nicht, wo sie sich melden sollten, und gingen in ihrer Not ins Rathaus. Mein Vater bestätigte ihnen, daß sie sich gemeldet hätten und stellte ihnen unberechtigterweise Marschbefehle Richtung Südost aus.

So war man praktisch Tag und Nacht auf Achse in diesen letzten Tagen vor der endgültigen Kapitulation. Aufgeregt erwartete man die Amerikaner, und plötzlich hieß es: „Sie kommen!"

Meine Mutter lief mit den anderen Hausbewohnern auf den Speicher. So beobachteten sie vom höchsten Dachfenster aus die Jeeps und Panzer, die von Waldwimmersbach her anrollten. Ein Trupp von etwa hundert Soldaten kam dann in den Hof, wo sie meinen Vater zur Rede stellten: „Bürgermeister?" – „Ja." – „Nazi?" – „Ja." – „Mitkommen!"

Er mußte auf eines der Fahrzeuge steigen, dann ging es zum Rathaus. Dort übergab er förmlich dem Kommandanten das Rathaus. Plötzlich kam eine Frau gelaufen und klagte weinend, einer der amerikanischen Soldaten habe ihr ganzes Geld gestohlen. Der Kommandant ließ alle antreten, und die Frau erkannte den Dieb. Der mußte das Geld zurückgeben.

Später fuhren die Amerikaner meinen Vater wieder zurück. Er mußte nun seine Kamera und seine Pistole abgeben. Beide wurden zerstört. Damit war der Krieg für meine Familie beendet.

Das anständige und disziplinierte Verhalten der Amerikaner war ein großes Glück, und auch sonst hat mein Vater großes Glück gehabt. Eines Tages kurz vor Kriegsende kam nämlich ein Soldat – wie sich herausstellte, ein Schulfreund meines Vaters – in voller Montur, aber ohne Marschbefehl. Erschöpft wie er war, legte er sich gleich ins Bett. Während er schlief, kam ein Uniformierter: „Man hat einen Soldaten hier ins Haus gehen sehen. Wo ist er?" Er wurde nach oben geführt und konnte nur mit Mühe davon abgehalten werden, beide, meinen Vater und seinen Freund, wegen Fahnenflucht bzw. Beihilfe dazu festzunehmen. Das hätte deren sicheren Tod bedeutet.

Dieser Freund, ein Rechtsanwalt, war meinem Vater später während der Entnazifizierungsverhandlung behilflich. Das Urteil hat mich sehr beeindruckt. Es heißt darin sinngemäß: 'Die Gemeinderäte haben zur Entlastung angeführt, der Angeklagte habe der Besatzung eines abgestürzten amerikanischen Flugzeuges ein Glas Wasser gebracht und sie zum Lazarett gefahren. Dies ist normales menschliches Verhalten, und die besondere Herausstellung als Verdienst zeigt deutlich, wie tief wir in Deutschland heruntergekommen sind.' Es zeigt mir aber auch, daß mein Vater trotz seines Einsatzes für ein unmenschliches System menschlich geblieben ist.

Doris Biehl (1995)

Kriegsende in Waldwimmersbach

Gesprächsrunde am 27.2.1995 im evangelischen Pfarrhaus
Gesprächsteilnehmer u. a.: Pfarrer Günter Schuler, Otto Fouquet (F), Heinrich Heißler (H), Franz Kresser (K), Adolf Saueressig (S). F/H/S Jg. 1929/30.

F: Unserer Bäckerei gegenüber sind die Kradmelder ausgebildet worden, die sind von Kaiserslautern hierher gekommen und waren eigentlich den ganzen Winter hier. Die waren verteilt auf Spechbach, Waldwimmersbach, Haag, Schwabenheim.
S: Die Kfz-Werkstatt war in der früheren Dreschhalle, jetzt steht da das Feuerwehr-Gerätehaus.
F: Über Winter haben die nur kurze Fahrten gemacht. Alle Fahrzeuge hatten Holzvergaser. Die haben eigentlich nur Fahrzeuge gewartet, hatten keine militärischen Aufträge, haben Proviant geholt. Sie blieben bis etwa März, zwei bis drei Wochen vor dem Einmarsch der Amerikaner. Sie wurden von einer Kampfgruppe abgelöst. Der Kommandeur wurde wieder bei uns einquartiert. Er hatte den Auftrag, hier eine Verteidigungslinie aufzubauen. Mein Vater hat gesagt: „Sie haben nur noch eine Chance, wenn Sie sich in Richtung Heilbronn zurückziehen."
K: Am Hummelberg, im früheren Steinbruch, war Übungsgelände für die Panzerfaust. Da bin ich raus, und da stand ein Feldwebel und sagte, ich sollte auch mal probieren. Ich habe aber gesagt, ich hätte davon genug.

F: Die Verhältnisse wurden langsam chaotisch. Da sind Gruppen gekommen. Ein junger Leutnant hat die Kerle gesammelt und gesagt, wenn sie nicht folgen, werden sie standrechtlich erschossen. Kleine Gruppen haben sich wieder gesammelt. Viele Soldaten haben ihre Gewehre und alles, was schwer war, weggeworfen. Die kamen von Neckargemünd mit Zugwagen voller 'Vorräte', haben hier nichts mitgenommen. Noch etwas sollte man nicht vergessen: nachts kamen Frauen hier durch...

S/F: ... lauter Ausländer, Tausende sind hier durch. Das waren Fremdarbeiter. Wir kochten Kartoffeln und gaben ihnen zu essen. Eine polnische Frau starb hier in Waldwimmersbach. Ihre Grabstätte ist noch auf dem Friedhof. Einmal kamen nachts Sträflinge durch ...

F: ... durch die Bäckerei waren wir ja schon früh wach. Der begleitende Wachmann kannte meinen Vater. Sie sprachen sehr ernsthaft miteinander. Ich ging auf die Straße und schaute. Die Leute hatten alle Sträflingskleider an.

S: Gründonnerstag bin ich nach Heidelberg und habe einen Schlachtschein holen müssen, damit wir ein Schwein schlachten durften. Ich kam gerade raus aus dem alten Schlachthaus, da wo jetzt das Straßenbahndepot ist, da gab es Fliegeralarm. In der Straße hat es drei Tote gegeben. Auf jeden Fall bin ich gerannt vom Schlachthof bis zum Karlstor, über den Steg und heim gerannt. Ich will nur sagen, was das für ein Humbug war, drei Tage, ehe die Amerikaner kamen, nach Heidelberg zu müssen, damit man einen Schlachtschein vorweisen kann. In Neckargemünd bin ich über die Eisenbahnbrücke, nach Dilsberg, und heim.
Am nächsten Tag kam der Geiße August, der Ratsschreiber, und sagte: „Jetzt wird ein Rind schwarz geschlachtet." Am Karfreitag haben wir dann zwei Rinder geschlachtet. Aber am Tag zuvor mußte ich noch nach Heidelberg, einen Schlachtschein holen.

F: Wir hatten auch einen Soldaten bei uns, der war Bäcker, der hat bei uns geholfen. Er war von der Flak-Abteilung. Wir haben für die mitgebacken.

S: Karfreitag ist die erste Artilleriegranate am Hummelberg eingeschlagen.

F: Wir hatten zeitweise eine Funkabteilung im Haus. Bei denen habe ich immer rumgesessen. Die hörten alle Funksprüche der Amerikaner ab und wußten genau, wo die waren. Die haben zu uns gesagt: „Wenn wir hier raus gehen, sind die Amis da."

S: Nachts um 12 Uhr bin ich aus dem Keller rauf, da hat auf der Brücke bei der 'Rose' ein Ami gewendet. Ich habe noch gedacht, es sei ein Deutscher, dann sah ich den Stern. Das war der erste Panzerspähwagen der Amerikaner hier.

H: Untertags hat man ja den ganzen Tag die Geräusche der Panzer gehört. Um 10 oder 11 Uhr war es dann ganz ruhig. Man hat sie stehen sehen, die ganze Straße von Langenzell entlang haben sie gestanden. Morgens um 7, am 1. April, haben sie sich draußen gesammelt ...

F: ... an der Straße von Heidelberg haben sie sich gesammelt. Abends hat man sie schon gehört. Hier hatten sie eine Stellung aufgebaut, vielleicht eine Flak-Stellung. Zuerst kamen die Panzer ...

H: ... zwei Flieger ...

FHS: ... die Flieger haben auch geschossen, aber so, als ob sie nicht gezielt hätten. Da waren noch amerikanische Artilleriebeobachter, einer wie unser Fieseler Storch, der ist nur herumgeflogen und hat das Ganze beobachtet.

F: Am 1. April haben erst die Panzer geschossen. Die Einschläge trafen das Anwesen Paul Scharpf und an der Kurve, nahe der evangelischen Kirche, das Anwesen Specht. Von hüben und drüben kam Infanterie, dann der Einmarsch: Panzer die Hauptstraße entlang von Langenzell in unser Dorf. Die kamen auf dem direkten Weg. Orte wie Lobenfeld und Mückenloch blieben zunächst unberührt. Richard Heringer soll ein weißes Bettuch herausgehängt haben. Dessen Haus ist ja gut sichtbar. Die erste Panzergruppe hat halt gemacht ...

H: ... hinterher kamen die Mannschaftswagen, die fuhren durch.

F: Ein kleiner Amerikaner kam ins Haus und hat gemeint, ich sei ein Soldat. „Nein," habe ich

gesagt, „nix Soldat". Dann ist der weiter ins Haus und hat den Backofen gesehen, und wir haben den Gärschrank aufgemacht und alles gezeigt. Er hat nur noch gesagt: „Hitler krchch".
Die Kampftruppen zogen wohl weiter. Diese werden Versorgungstruppen gewesen sein. Die haben sich einquartiert. Die blieben. Und dann haben wir auch gleich den ersten Eingriff erlebt. Verschiedene Häuser haben geräumt werden müssen – in einer Stunde. Wir hatten das Glück, daß wir nur den unteren Stock räumen mußten, oben konnten wir bleiben. Unsere Mutter konnte sogar unten rein und konnte Kaffee machen. Da waren lauter Offiziere. Ich war da auch mal drin. Oben bei der Frau Kresser war die Versorgung, da hatten die ihre Feldküche. Verpflegung hatten sie selbst.

Ergänzung zu diesem Bericht von Luise Schmitt, die sich gegen Kriegsende mit ihrem kleinen Sohn von Mannheim zu Verwandten nach Waldwimmersbach gerettet hatte:

In Abständen von ein paar Tagen mußten wir in Waldwimmersbach den Durchzug von kranken, an den Füßen blutenden, laut muhenden Kühen, Frauen mit Kindern, die um Brot bettelten, verwundeten Soldaten, viele an Krücken, erleben. Ich habe gesehen, wie z. B. Frau Lina Knecht Brotstücke verteilte, die sie unter der Schürze versteckt hatte. Das war ja streng verboten.

Nach dem Alarm am Ostersonntag fuhr plötzlich ein amerikanischer Panzer mit Offizieren in unseren Hof ein. Wir gingen schnell in die Küche. Da waren auch schon die Amis da und setzten sich. Nach einer Durchsuchung verlangten sie heißes Wasser für Kaffee, Brot und Eier. Ich mußte Spiegeleier braten. Ein Amerikaner saß neben dem Herd auf einer Holzkiste und sagte, nachdem ich sechs Eier in die Pfanne gehauen hatte: „Turn them!" Ich hatte noch nie Spiegeleier auf beiden Seiten gebraten. Ich bekam ganz weiche Knie, weil ich glaubte, die wertvollen Eier ins Feuer kippen zu müssen. Zum Glück wußte meine Cousine Bescheid. Ich drehte also die Eier in der Pfanne um, und er sagte „Okay". Ein Amerikaner strich meinem Sohn über den Kopf und sagte, er habe zu Hause auch so einen kleinen Jungen.

Am 2. April 1945 wurde Sinsheim von den Amerikanern besetzt

Am Vorabend des Osterfestes standen die Alliierten mit ihren Panzerspitzen im Raume Mekkesheim–Zuzenhausen; nordwestlich der Kreisstadt Sinsheim. Schon Tage vorher belebten zurückgehende deutsche Troßeinheiten die Durchgangsstraßen, oft so hart bedrängt von Tieffliegern, daß zuletzt Truppenbewegungen nur bei Nacht möglich waren. Eisenbahn- und Postverkehr waren unterbrochen, die Trümmer zusammengeschossener und ausgebrannter Züge blockierten die Bahnlinien. [...] Lange vor Ostern hatte sich die Mannheimer Kreisleitung nach Sinsheim abgesetzt, um am Gründonnerstag auch den Sinsheimer Staub von den fluchtlahmen Füßen zu schütteln. Karfreitags folgte das Personal der Sinsheimer Kreisleitung den Spuren der Mannheimer Helden und überließ den Nachfolgern die Verteidigung der Kreisstadt. Ihnen schlossen sich die verhinderten Siegfriede der Mannheimer und Heidelberger HJ-Führer an, denen der Weg über die Götterdämmerung nach Walhall allzu beschwerlich und mit unerfüllbaren Voraussetzungen gepflastert war. Die militärische Führung Sinsheims lag in der Hand eines Oberleutnants, dem als „Politruk" der hiesige Kreisleiter beigegeben war.

Sinsheim vor dem Fall. Am Ostersonntag schoben sich die alliierten Panzerverbände weiter vor und besetzten das benachbarte Hoffenheim. Vom Abend ab schlugen die Salven der amerikanischen leichten Artillerie (alle 20 Minuten sechs Schuß 10,5 cm-Granaten) im Stadtgebiet

Rastende deutsche Panzerjäger bei Kirchardt, 3. April 1945. (Sammlung R. Eiermann)

Sinsheim und der näheren Umgebung ein. Dies dauerte die ganze Nacht über. Gleichzeitig wurde von deutschen Pionieren in der Jahnstraße ein Minengürtel gelegt, der jedoch keine taktische Bedeutung erhielt. – Bereits am Morgen des Ostersonntags, als die Alliierten noch im Raum Meckesheim standen, war die Elsenzbrücke am Stadtpark gesprengt worden. Die beiden anderen Brücken, strategisch wie taktisch gleichfalls vollkommen unbedeutend, folgten am frühen Morgen des Ostermontags. [...]

Letzte Stunden. [...] Die Nacht zum Ostermontag verlief bis auf die periodisch einschlagenden amerikanischen Artilleriegeschosse verhältnismäßig ruhig. Die empfindlichsten Treffer erhielt die Stadt aber von der eigenen Artillerie, die im Raum Kirchardt noch einmal in Stellung gegangen war. Die wenigen deutschen Truppen zogen es vor, im Schutze der Nacht den weiteren Rückmarsch in eine neue Auffangstellung anzutreten. Mit ihnen zog auch der Stadtkommandant, der infolge Fehlens einer natürlichen Widerstandslinie von der Verteidigung Sinsheims absah – zum Glück für die Stadt. Der Sinsheimer Kreisleiter versuchte, seinen entschlossenen Widerstandswillen in Form einer Propagandafahrt durch die Hauptstraße ein letztes Mal zu dokumentieren, ward aber von der Stund an nicht mehr gesehen.

Sie kommen ... Nachdem nachts bereits ein amerikanischer Panzerspähwagen aus Richtung Hoffenheim bis dicht an die Stadtgrenze vorgefühlt hatte, tauchten gegen 9 Uhr von Hoffenheim die ersten Panzer mit aufgesessener Infanterie auf. Parallel dazu stießen andere Verbände über Dühren und Weiler in Richtung Eppingen vor (und bewiesen dadurch die Sinnlosigkeit der Brückensprengung).

Die Straßen waren um diese Zeit menschenleer. Nur weiße Tücher aller Größen belebten die Häuserfassaden. Kein Schuß fiel den einrückenden Amerikanern entgegen . – Sinsheim hatte sich kampflos ergeben. Ein erschütternder Augenblick – selbst die Vögel schienen zu schweigen – nur das Kettengerassel unzähliger Panzer drang in diese Totenstille. Das über Sinsheim kreisende Beobachtungsflugzeug mit dem großen weißen Stern flog mit den weiter vorrückenden Panzerspitzen nach Südwesten.

Allmählich schwand die starre Ruhe der Bürger und die mittlerweile aus den Kellern und Felsunterständen Herauskriechenden sahen Panzer auf Panzer in ununterbrochener Kette (wie in einer deutschen Wochenschau in alten Tagen). [...]

Die mit dem Einrücken der Amerikaner aus Sicherheitsgründen bekanntgegebenen Erlasse erlaubten das Betreten der Straße nur von 9 bis 11 Uhr und von 15 bis 17 Uhr. Diese Zeit genügte, um sich über die teilweise noch vollen Lagerhallen, Schuhgeschäfte, Konfektionsläden u. a. in der Hauptstraße herzumachen. Polnische Arbeiter und eine Anzahl Deutsche zeigten einen sehr unrühmlichen Mut beim Plündern. [...]

Rückkehr zum normalen Leben. Damit die ohnehin gefährdete Lebensmittelversorgung nicht ins Stocken geriete, begannen einige verantwortungsbewußte Sinsheimer Bäckermeister bereits am folgenden Tag zu arbeiten. Ihnen folgten die Metzger. Dadurch war das Schlimmste von der Bevölkerung abgewendet. Die vor dem Einmarsch ausgegebene Sonderzuteilung von 2,5 Kilo Fett pro Kopf half, die Ernährungskrise zu überbrücken.

Ruhe und Ordnung wurden sehr rasch durch die von den Amerikanern aufgestellte, 24 Mann starke Stadtpolizei wiederhergestellt. Sie konnte die Plünderungswut weitestgehend eindämmen und hatte außerdem die Aufgabe, den Personenverkehr zu überwachen (die Bauern z. B. durften nur mit einem besonderen Ausweis zu vorgeschriebener Zeit auf die Äcker fahren).

Einige Tage später funktionierte die Wasserleitung, und die Rückkehr zum normalen Leben vollzog sich rascher, als erwartet. Kurz darauf gab es Strom. Langsam stabilisierte sich die Lebensmittelversorgung, auch wenn vorerst noch viele Mütter die Milch für ihre Kinder direkt vom Bauern beschaffen mußten, weil Polen die Milchzentrale besetzt hielten. Im allgemeinen waren die Sinsheimer über das loyale Verhalten des 'furchtbaren Feindes', wie die Goebbelspropaganda gesagt hatte, überrascht. Keinem wurde ein Haar gekrümmt, niemandem das Haus angezündet. [...]

Christian Adler (in: RNZ, April 1946)

Die letzten Kriegstage in Sinsheim, 30.3. – 2.4.1945

Karfreitag: Außerhalb der Stadt immer mehr sich steigerndes Artilleriefeuer. Ganze Nacht im eigenen Keller verbracht. Gerüchte gehen um, die Stadt solle verteidigt werden. Panzerfallen werden überall gebaut.

Karsamstag: Immer näher kommt die Artillerie. Wieder fast den ganzen Tag und die ganze Nacht im Keller. Gerüchte vom Herannahen der Amerikaner gehen um. Frühmorgens wird die obere Elsenzbrücke gesprengt und dabei werden die ganzen umliegenden Häuser vernichtet. Artillerie ist immer noch außerhalb des Stadtbezirks. Eine Aufregung löst die andere ab. Es wird Fett ausgegeben, und alles rennt, um etwas zu bekommen. Um vier Uhr etwa werden in der Turnhalle Teller etc. ausgegeben. Ich gehe hin, Frau G.'s Aufforderung folgend, und Berta geht mit mir. Gerade als wir mit schwer beladenem Wagen die Stadtwiese verlassen, schlägt Artilleriefeuer in die Stadt ein. Alles rennt wie besessen. Wir rennen mitsamt dem Wagen und fahren über die Elsenzbrücke beim Café G., wo schon Sprengbehälter für die zweite Brücke stehen, mit Posten dabei. In schnellem Tempo, unter heftigem Artilleriefeuer laufen wir durch die Kirchgasse, über die Hauptstraße und den Amtsgerichtsbuckel und fahren, nachdem wir die ganze Ladung erst noch auf der Hauptstraße umgeworfen hatten, auf mein Anraten in den Amtsgerichtshof ein. Dort stehen Soldaten, die uns etwas helfen. Wir rennen die Gartentreppe hoch und durch den Garten in unseren Keller. Die Eltern mit dem Kind sind schon unten, in größter Sorge um uns. Dann kommen wir nicht mehr aus dem Keller. Das Kind schläft auf einer Matratze, die ich auf den Zimmerwagen gelegt habe. Es schläft trotz Getöse ziemlich gut. Wir Ältere verlernen das Schlafen. Wir holen das Notwendigste noch aus der Wohnung runter und harren der Dinge, die da kommen sollen. Etwa um ein halb vier Uhr nachts Gewehr- und Maschinengewehrschüsse. Beginn der Kampfhandlungen. Sprengung der beiden Brücken, Fensterscheiben gehen zu Bruch. Plötzlich ein Zischen, in Richtung Emaillierwerk entdeckten wir einen Großbrand. Heftiger Wind. Wasser läuft nicht mehr. Licht schon einige Tage vollkommen lahmgelegt. Es läutet Sturm, das Schießen hatte etwas nachgelassen. Dann geht es erneut weiter.

Ostermontag: Granaten heulen und schlagen ein, in nur kurzer Entfernung. Deutsche Artillerie schießt in die Stadt, amerikanische dagegen über die Stadt hinaus. Leute rennen in der Frühe mit Wagen und Kindern in den Wald, kommen aber wegen der Gefährlichkeit des Aufenthalts im Freien schnell wieder zurück. Alles verkriecht sich in den Kellern. Gegen Mittag geht man rasch in die Küche, um etwas Eßbares zu holen, trotz Artilleriebeschuß, denn man war allmählich daran gewöhnt. Plötzlich sagte Berta zu mir: „Sieh, dort unten rennen Soldaten in die Häuser und schießen heraus." Ich schaute hin und sagte: „Das sind ja gar keine deutschen Soldaten, das sind amerikanische, denn sie tragen andere Stahlhelme." Ich renne ins Schlafzimmer, mache die Jalousien etwas hoch und sehe einen Panzer vor Nachbar F.'s Haus stehen. Sofort schießt es, und ich renne wieder in den Keller, um es den anderen mitzuteilen. Gleich darauf klopft und ruft es an der Haustüre. Vater und ich rennen zur gleichen Zeit nach oben und öffnen. Wir umarmen den Soldaten fast vor Freude, denn jetzt geht der Krieg zu Ende. Der Soldat fragt nach deutschen Soldaten. Wir zeigen ihm alles und sagen, daß wir keine haben. Er deutet auf die Fässer im Keller und fragt, ob es Wein sei. Wir verneinen und geben ihm einen Becher voll Most. Vater schenkt ihm dazu noch eine Flasche Wein, die er zum Geburtstag bekommen hat. So froh waren wir, daß sie da waren und wir noch am Leben. Doch die Freude währte nicht all zu lange.

Immer noch schoß die Artillerie ununterbrochen. Vater wollte nach Onkel A. sehen, als gerade ein Geschoß angesaust kam. Er suchte Schutz hinter dem Erker. Das Geschoß schlug mitten in den Garten. Es kostete wiederum Fensterscheiben. Ein zweites Geschoß flog unter den Hauseingang. Ein Geschoß flog durch das Dach, schlug durch den Speicherboden hinunter ins Wohnzimmer und zur Hauswand wieder hinaus. Ein Blindgänger lag im Wohnzimmer unter dem Sofa, wo wir ihn später vorfanden. Das ganze Zimmer war eine Wüstenei. Die Artillerie schoß weiter und wir entschlossen uns, da die zerstörten Scheiben die Kälte durchließen, in den Keller des Bauamts zu gehen. Vater wollte zu Hause bleiben. Gegen sieben Uhr abends kamen plötzlich eine Menge Menschen die erzählten, daß die ganze Stadt geräumt werden müsse. Gleich darauf kam Vater und brachte mit dem Wagen Kleider und Schuhe. Meine ganzen Sachen waren noch im Kohlenkeller, alle Wertsachen, Kleider, Schuhe, Wäsche, etc.

Dienstag früh wollte ich Brot in der Wohnung holen, doch verwies mich der Soldat an den Kommandanten, der in Ei's Haus wohnte. Ich ging hin, doch ließ mich der Doppelposten nicht durch. Nun hatten wir nichts Eßbares mehr. Ich hatte zufällig im Bauamtskeller einige Birnen dabei und konnte mit denen wenigstens das Kind ernähren. Ausgang war nur von sieben bis neun Uhr und von drei bis fünf Uhr, so daß man überhaupt nichts unternehmen konnte. Im Bauamtskeller sind wir beinahe erfroren, denn wir konnten uns außer einigen Decken gar nichts

Soldaten der 17. SS-Panzergrenadierdivision Götz von Berlichingen in einem Wald bei Sinsheim, Ende März 1945. (Sammlung R. Eiermann)

holen. Kaum hatten wir die Wohnung betreten, als sie schon wieder für neue Einquartierung geräumt werden mußte. Die Artillerie schoß nur noch in der Ferne. Dann konnten wir unsere Wohnung an diesen Tagen überhaupt nicht mehr betreten, denn als die Wohnung frei wurde, war die Ausgangszeit bereits vorbei.

Donnerstag früh war die Wohnung wieder frei. Ich blieb von morgens bis abends mit Vater und der Kleinen im Haus, zum Aufräumen, zum Kochen etc. Mutter lag mit Nierenschmerzen im Keller und hütete gleichzeitig unsere Habe, die wir in jeder freien Minute weggetragen hatten, nachdem die beiden Trupps Soldaten unsere sämtlichen Koffer, Kisten und Schachteln durchwühlt hatten. Was dabei wegkam, mag dahingestellt bleiben. Jedenfalls war es für mich eine große Enttäuschung, da ich mir die Amerikaner großzügiger vorgestellt hatte. Wohl sagten viele, die Deutschen hätten es an Frankreich verdient, aber haben die Amerikaner schon einen Schaden durch Deutsche gehabt? Ich glaube kaum und hätte deshalb ein derartiges Benehmen den Franzosen eher zugestanden. Heute ist nun eine Woche vergangen, seitdem alles anfing, und ich habe die Nächte verbracht, ohne mich auszuziehen. Heute konnte ich mich mal richtig sattessen, mußte aber für Milch und Fleisch, die es heute gab, dreieinhalb Stunden Schlange stehen.

Heute nachmittag stellte mir nun Frau Fl. ein Zimmer im ersten Stock des Bauamts zur Verfügung und sagte mir, ich könnte es reinigen und wir könnten darin bleiben. Kaum hatte ich es einigermaßen instand gesetzt, als ein amerikanischer Soldat erschien und diesen Raum beschlagnahmte. Also wieder nichts. Nun warten wir darauf, daß unser Haus nicht wieder besetzt wird, doch möchte ich warten, bis die Granate, die im Garten einschlug, entfernt ist.

Unser Haus blieb vom 16. Juni bis Silvester 1945 besetzt, durchweg mit dreizehn Personen.

Elisabeth Wurth (1995)

Kriegsende in Sinsheim

Im Oktober 1943 wurde ich als Schwerkriegsbeschädigter aus der Wehrmacht entlassen und nach einer Umschulung im Kriegslazarett Freiburg schon im November als Verwaltungsangestellter bei der Stadt Sinsheim angestellt. Im letzten Kriegsjahr wurde auch Sinsheim von den Kriegswirren nicht verschont. In den letzten Kriegsmonaten wurde der Volkssturm organisiert, um die Heimat zu verteidigen.

Dieser Volkssturm bestand aus älteren Männern und entlassenen schwerkriegsbeschädigten Soldaten. Am Sonntag mußten sie vormittags zum Dienst antreten und wurden in Verteidigungsaufgaben durch sogenannte 'Goldfasanen' unterrichtet. In der letzten Woche vor der Einnahme der Stadt durch amerikanische Truppen hatte ein Stadtkommandant das Sagen. Er rief die Volkssturmmänner am Karfreitag auf dem Marktplatz zusammen, da Sinsheim bis zum letzten Stein verteidigt werden sollte. Er schlug vor, die schönen alten Kastanienbäume am Ortsausgang nach Hoffenheim als Panzersperren zu fällen. Es fand sich jedoch niemand, diese Arbeiten auszuführen, da man sah, daß dies kein Hindernis für die Panzer sein würde. Kriegsmaterial war im Bürgersaal des Rathauses gelagert: Panzerfäuste, Munition und Lebensmittel. Am nächsten Morgen war der Stadtkommandant, Gott sei Dank, verschwunden unter Mitnahme seines gesamten Kriegsmaterials. Er hatte noch angeordnet, daß alle Musterungsunterlagen der wehrfähigen Männer vernichtet werden müßten, was wir durch Verbrennen im Kachelofen des Rathauses auch taten. [...]

Nachdem der Stadtkommandant verschwunden war, harrten die Einwohner der Dinge, die da kommen sollten. Sie verbrachten die meiste Zeit in den Kellern, da Sinsheim beschossen wurde. Am Ostermontag sind die amerikanischen Truppen ohne Blutvergießen in die Stadt eingezogen. Natürlich haben sie alles mitgenommen, was sie benötigten. Aber die Bevölkerung wurde verschont.

Robert Schick (1995)

Weiße Fahne vor Hilsbach

Da meine Mutter aus Hilsbach stammte, wohnten wir als 'total Ausgebombte' aus Mannheim bei meinen Verwandten in Hilsbach. Mit sechzehneinhalb Jahren kam ich im März 1945 vom Reichsarbeitsdienst (RAD) nach Hause. Da ich meine Einheit (Pionier-Ersatz-Bataillon) nicht mehr auffinden konnte, blieb ich bei meinen Eltern.

So kam es, daß am Morgen des 3. April 1945 Ludwig Hackmayer, Hermann Forkei, Max Neff und ich auf dem Kirchenvorplatz der damaligen Simultankirche standen und sorgenvoll in Richtung Elsenz–Waldangelloch schauten. Immer wieder hörte man MG-Garben, einzelne Schüsse von Handfeuerwaffen und Motorengeräusche, als würden sich Panzer im Wald bewegen.

Einer in der Runde sagte: „Jemand müßte mit einer weißen Fahne dem Amerikaner entgegengehen, um Hilsbach zu übergeben. Wenn das nicht gemacht wird, dann werden sie Hilsbach beschießen, um zu erfahren, ob der Ort frei ist oder noch besetzt ist von deutschen Truppen." Mittlerweile war es bereits 12 Uhr geworden und Helmut Steinmann, damals als Ratschreiber bei der Gemeinde beschäftigt, kam auf dem Weg zur Mittagspause bei uns vorbei. Selbst stark gehbehindert durch eine Kinderlähmung, hörte er sich alles an und dachte über den Vorschlag nach. Da ich nicht alleine gehen wollte, hatte er sich angeboten, mit mir den Amerikanern entgegenzugehen. Mit einem weißen Leintuch und einer Bohnenstange machten wir uns auf den Weg in Richtung Elsenz–Waldangelloch. Wir gingen vorsichtig am Straßenrand entlang, bis über den damaligen Sportplatz hinaus. Von dort an krochen wir auf dem Bauch weiter, weil uns die Schießerei zu stark und somit zu gefährlich wurde.

An der Kreuzung der Straßen Elsenz–Waldangelloch–Hilsbach angekommen, legten wir die weiße Fahne auf die Straße, wo bald darauf über uns ein Aufklärungsflugzeug kreiste und uns wahrgenommen hatte. Etwa eine knappe Stunde später kam aus dem Wald vom Eichelberg her ein Jeep mit vier Personen und ein Dolmetscher. Ihnen konnten wir erklären, daß Hilsbach besetzt werden kann und frei ist von deutschen Truppen. Wir bekamen zur Antwort, wenn einem Soldaten ihrer Einheit etwas passieren sollte, würden sie uns hier an einem Baum aufhängen. Durch vier Amerikaner wurden wir über drei Stunden lang bewacht und saßen dabei auf einem umgesägten Baumstamm direkt an der Kreuzung. Die Soldaten warfen währenddessen Buttersemmeln und andere Eßbarkeiten vor unsere Füße. Auch zeigten sie uns Bilder von Adolf Hitler und gaben uns durch Handzeichen zu verstehen, daß er aufgehängt werden wird. So vergingen für uns drei schreckliche Stunden, bis gegen 17 Uhr ein Jeep heranfuhr und uns einlud. Wir sahen uns beide fragend an, da wir völlig verunsichert waren und nicht wußten, was auf uns zukommen könnte. Da kam der Befehl: „Tempo, Tempo", und wir fuhren in schneller Fahrt nach Hilsbach zurück bis zur 'Linde'. Dort mußten wir den Jeep verlassen und – so schnell wir konnten – zu Fuß nach Hause gehen. Sie haben uns noch eine Zeitlang mit dem Wagen verfolgt, jedoch nicht mehr weiter belästigt.

Heribert Kemmer (1995)

Viele Dörfer ergaben sich kampflos, meist mit einer weißen Fahne. (Bundesarchiv / Militärarchiv Freiburg i.Br.)

Das Kriegsende in Steinsfurt

Schon Mitte Februar 1945 häuften sich die Jagdbomberangriffe auf Steinsfurt. Der Bahnhof war ausgesuchtes Angriffsziel (Eisenbahnknotenpunkt der Linien Eppingen–Steinsfurt, Mekkesheim–Jagstfeld). Bei einem solchen Angriff wurden drei Lokomotiven zerstört und das Bahnhofsgebäude beschädigt.

In der Karwoche kam es dann in Steinsfurt zu einer massiven Truppenansammlung der Deutschen. Es sollte hier an der Elsenz eine neue Abwehrkette aufgebaut werden. Panzer-, Infanterie- und Artillerieeinheiten bezogen eine Abwehrstellung, die vom Kirchberg zum Wiesental, Alte Römerstraße über den Bahndamm bis zum Dörntelsberg, schließlich bis zur Winterhelde und den Weinbergen führte. Artilleriegeschütze standen auf dem Hettenberg, an der Steinstraße, am Katzenstein und beim Galluseck. Panzer, Sturmgeschütze und Granatwerfer hatten im Brühl und an der unteren Hauptstraße bis zum Bahndamm ihre Stellungen bezogen. Auch SS-Einheiten waren in diese Abwehrkette einbezogen.

Am Karfreitag rückten die Amerikaner von Sinsheim her auf Steinsfurt vor. Sie zogen sich jedoch wegen des starken Abwehrfeuers der Deutschen wieder zurück bis zur Unteren Au. Ein weiterer Versuch, über das Wiesental und den Kirchberg Steinsfurt einzunehmen, scheiterte ebenfalls.

Am Karsamstag begannen die Amerikaner, Steinsfurt mit Bomben und Granaten sturmreif zu schießen. Ihre Artilleriestellungen lagen auf der Höhe beim Frankenhof. Die deutschen Artillerieeinheiten hatten ihre Stellungen auf dem Kirchardter Berg und bei der Keller'schen Mühle. Beide Seiten lieferten sich erbittertes Artilleriefeuer. Da auch auf dem Hettenberg deutsche Einheiten standen, schossen die Amerikaner gezielt in die untere Hauptstraße, in die Goldbach, in das Linseneck, in den Bereich der Elsenzbrücke bei der 'Krone' und in die Ehrstädter Straße. In diesen Straßen entstanden starke Gebäudeschäden.

Den Amerikanern gelang es nicht, den deutschen Widerstand zu brechen. Sie belegten darauf Steinsfurt mit Phosphorgranaten. In kurzer Zeit brach in mehreren Häusern und Scheunen Feuer aus. So brannte in der Goldbach das Anwesen des Martin Gilbert beim 'Lamm', bei der Krone Scheune und Stallung, im Anwesen Ludwig Kirsch brannte die Scheune völlig nieder, auch im Anwesen Theodor Rau brannte es.

Die deutschen Einheiten wollten nicht aufgeben. Nur durch mutiges und entschlossenes Handeln des Feuerwehrhauptmannes Philipp Streib konnte Steinsfurt vor einer völligen Zerstörung gerettet werden. Streib beschreibt die damalige Situation: „In den Vormittagsstunden des 3. April 1945 lag unser Dorf unter schwerem amerikanischem Artilleriefeuer. Verschiedene Häuser brannten bereits. Ich war bemüht, das Feuer unter Kontrolle zu bringen. Während des Beschusses faßte ich den Entschluß, auf dem Turm der katholischen Kirche eine weiße Fahne zu hissen. Andere waren diesem Vorhaben abgeneigt und rieten mir unter Drohung, das Dorf nicht aufzugeben. Als ich jedoch die weiße Fahne gesetzt hatte, stellten die Amerikaner das Feuer ein." Die deutschen Einheiten zogen sich darauf in Richtung Heilbronn zurück. Dies war für Steinsfurt die Rettung. Es wurde nämlich später bekannt, daß die Amerikaner am 4. April Steinsfurt mit schweren Bomben belegen wollten, was mit Sicherheit die totale Zerstörung des Dorfes zur Folge gehabt hätte.

Bevor die deutschen Truppen weiterzogen, sprengten sie die Elsenzbrücke in der Dorfmitte. Hierbei wurde das Wohnhaus des Karl Würfel neben der Brücke total zerstört, erhebliche Schäden entstanden an den Gasthäusern 'Ochsen' und 'Krone', sowie an der katholischen Kirche. Die geplante vollständige Sprengung der Eisenbahnbrücke beim Bahnhof konnte in letzter Minute verhindert werden. Das Sprengkommando hatte bereits den Sprengsatz angebracht. Einige Steinsfurter Männer baten den Leiter des Sprengkommandos, von der Sprengung der Brücke abzulassen oder doch nur eine Teilsprengung vorzunehmen. Eine totale Sprengung der Eisenbahnbrücke hätte bei den angrenzenden Gebäuden großen Schaden angerichtet. Nach längerer Diskussion sprengten sie nur einen Teil der Brücke. Die Sprengung der Brücke Pfohlhof/Burgweg konnte verhindert werden.

Bei den Abwehrkämpfen um Steinsfurt kamen fünf deutsche Soldaten ums Leben. Schreinermeister Stefan Schäffner erinnerte sich an den Tod des Feldwebels Benedikt Denzel: „Am Ostermontagabend gegen ½ 6 Uhr verläßt Feldwebel Benedikt Denzel das Haus des Heinrich Grob, um nach den Stellungen seines Zuges zu schauen. Die Soldaten seines Zuges lagen rechts des Wiesentalweges in Richtung Sinsheim. In dem Augenblick, in dem Denzel nach seinen Soldaten schauen will, schlägt im gegenüberliegenden Garten eine Granate ein. Denzel wird tödlich verwundet. Einige seiner Kameraden springen ihm sofort zu Hilfe und tragen ihn in den Keller meines Hauses. Hier stirbt er ungefähr zehn Minuten später."

Der damalige katholische Pfarrer Josef Dettinger hat in einem Bericht vom 1. Oktober 1945 die Geschehnisse um die letzten Kriegstage in Steinsfurt festgehalten. Er schrieb: „Der Kampf um Steinsfurt setzte am Ostermontag, dem 2. April 1945, ein. Der Ort wurde durch Panzer, Sturmgeschütze und Artillerie verteidigt. Der Oberleutnant, der die Verteidigung leitete, war neben anderen acht Kameraden im Pfarrhaus einquartiert. Alle meine Bitten, von der Verteidigung abzusehen und damit Steinsfurt vor einer sinnlosen Zerstörung zu bewahren, wurden mit den Worten: „Befehl ist Befehl" beantwortet. Wie vorgesehen, kam es auch.

Die Amerikaner versuchten zweimal, mit ihren Panzern nach Steinsfurt durchzustoßen, um sich den Weg nach Heilbronn zu erzwingen; wurden aber jedes Mal abgewiesen. Sie umgingen daraufhin den Ort und brachen in Richtung Adersbach und Weiler durch ... und Steinsfurt war eingekesselt. Jetzt hat starkes Artilleriefeuer eingesetzt, das den ganzen Tag bis zum 3. April, 3 Uhr morgens anhielt. Dadurch entstanden in Steinsfurt beträchtliche Schäden. Neben zwei abgebrannten Gebäuden war fast jedes Haus mehr oder weniger beschädigt. Die Kirche bekam fünf Artillerie-Volltreffer auf die Nordseite, die an den Fensterbogen und den Wänden starke Beschädigungen verursachten. Durch die Sprengung der Elsenzbrücke wurde die Südseite des Daches abgedeckt und fast sämtliche Fensterscheiben zertrümmert. Der Schaden am Dach konnte bald behoben werden. Durch amerikanische Panzer wurde die Kirchentreppe teilweise zerstört. Der Gesamtschaden beläuft sich auf etwa 5.000 Mark. In die Scheune des Pfarrhauses flog eine Phosphorgranate. Der entstehende Brand konnte durch rasches Zugreifen gelöscht werden. Das Pfarrhaus selbst ist außer einigen Splitterschäden gut weggekommen, ebenso das Schwesternhaus."

Pfarrer Dettinger vermerkt in seinem Bericht weiter, daß in hiesigem Gebiet fünf deutsche Soldaten gefallen seien, die auf dem Steinsfurter Friedhof kirchlich beerdigt wurden. Wörtlich berichtet er weiter: „Am 3. April 1945 vormittags wurden, während oben ein amerikanischer Beobachter kreiste, die weißen Fahnen gehißt. Erst am Nachmittag kamen von Richtung Rohrbach zu Fuß etwa 2.000 amerikanische Soldaten, um Steinsfurt zu besetzen. Die Besetzung geschah ohne jede Reibung. Auch das Pfarrhaus mußte neben anderen Gebäuden in der Nacht vom 3./4. April geräumt werden und wurde von etwa 50 Amerikanern belegt. Am anderen Morgen haben sie das Haus in aller Ordnung wieder verlassen."

Der Krieg in Steinsfurt war mit der Besetzung durch die Amerikaner beendet. 27 Gebäude, Stallungen und Scheunen waren zu 50 bis 80 % beschädigt. Insgesamt entstand an 82 Häusern und Gebäuden ein Schaden von 250.675 Mark. 21 Familien meldeten auf dem Rathaus Hausratsschäden durch Granaten und Splitter.

Während der Kampfhandlungen starb eine Zivilperson infolge Verletzungen durch Granatsplitter. Am 21. März 1945 war bereits Heinrich Müller, Landwirt, bei einem Jabo-Angriff ums Leben gekommen.

In den ersten Tagen der Besetzung war die Gemeinde führerlos; die verantwortlichen Herren der Partei waren über Nacht verschwunden. Aber bald nahm ein kommissarischer Bürgermeister die Führung der Gemeinde straff in die Hand. Es war für ihn nicht leicht, die Wünsche der Besatzer zu erfüllen und diesen gegenüber die berechtigten Belange der Einwohner durchzusetzen. Johann Seel wurde von der Militärregierung als Bürgermeister eingesetzt und mit der Bildung einer demokratischen Verwaltung beauftragt. Amerikanische Soldaten patrouillierten nachts durch das Dorf.

In der Hauptstraße, in der Goldbach- und der Adersbacher Straße lagen meterhoch Schuttmassen, die elektrischen Leitungen hingen von den Dächern, nichts war mehr intakt.

Bis September 1945 waren die ärgsten Spuren beseitigt. Die Besatzungssoldaten verließen Steinsfurt zum Ende des Jahres. *Hans Appenzeller (1995)*

Helmhof, Untergimpern, Obergimpern – Ostern 1945

Mit dem Beginn der Karwoche rückte die Front näher heran. Im Verlauf der Leidenswoche des Herrn wurden die restlichen Mengen Munition im Bauernwald (d. h. in der MUNA) gesprengt. Es waren Granaten, Sprengstoff und hochexplosive Packmittel für die Vl und V2, die dort gelagert und gefüllt wurden. Dabei wurden jedesmal zu große Mengen gebündelt, so daß die Detonationen furchtbar waren. Menschen und Tiere wurden krank von dem ungeheuren Luftdruck der Explosionen. Nach Mitteilung des Sprengkommandos sollten in der Frühe des

Auch solche Panzersperren konnten den Vormarsch der Alliierten im Kraichgau nicht aufhalten. (Bundesarchiv / Militärarchiv Freiburg i.Br.)

Karsamstags noch einige ganz schwere Sprengungen durchgeführt werden. Die heiligen Weihen mußten daher ausfallen. Aber erst am Abend bei der Auferstehungsfeier, und zwar ausgerechnet in dem Augenblick, als ich gerade die Monstranz mit dem Sanctissimum emporhob, erfolgten die für die Frühe angesagten Sprengungen. In dem besagten Augenblick raste ein unbeschreiblich heftiger Luftdruck durch das ganze Gotteshaus und erschütterte das ganze Gebäude. Ein zweiter folgte mit der gleichen Wucht. Von den herabfallenden Fensterscheiben wurde glücklicherweise niemand getroffen.

Am Ostersonntag vormittags sollten dann die letzten und schwersten Explosionen erfolgen. Doch sie blieben aus, denn das Sprengkommando ergriff vor den herannahenden Amerikanern die Flucht. Im Dorfe sah es trostlos aus. Viele Häuser hatten kein Dach und keine Fenster mehr, Türen waren aus den Angeln gehoben, Wände und Decken eingedrückt.

Im Bauernwald loderten haushoch die Flammen zum nächtlichen Himmel empor. Es war die Nacht von Karsamstag auf Ostersonntag (1. April).

Schon vor der Karwoche setzte der Rückmarsch der deutschen Truppen ein. Motorisierte Einheiten und Fußvolk kamen durcheinander im Dorfe an. Viele Soldaten zogen oder schoben ihre Habseligkeiten in Wägelchen wie Bettler oder Zigeuner. Bezeichnend für den Zustand der Wehrmacht war eine Abteilung Feldgendarmerie. Vor Trunkenheit kamen sie fast nicht vorwärts. Immer wieder schrie der eine oder andere: „Die Zigeuner wissen, wo sie hingehören, wir nicht." Und ein anderer sagte: „Der Kaiser Wilhelm hat aufgehört, als es Zeit war, aber jetzt haben wir einen, der hört nicht auf." Das war der klägliche Zusammenbruch! Zur Ehre dieser Leute muß aber gesagt werden, daß sie manchem Soldaten, der flüchtig umherirrte, durch Ausstellung eines Ausweises das Leben retteten. Jeder flüchtige Soldat, den die SS ergriff, wurde gehängt.

Unaufhaltsam strömten deutsche Soldaten einzeln und in kleinen Trupps durch das Dorf oder bezogen hier Unterkunft. Alle Häuser lagen voll von Wehrmachtsangehörigen und Arbeitsdienstlern. Während der Nächte wurden Kriegsgefangene und Internierte nach Osten geschafft. Zivilisten, Männer, Frauen und Kinder waren auf der Flucht vor dem Krieg. In der Hauptsache kamen diese Leute aus Mannheim und Umgebung. Auch ausländische Arbeiter zogen ostwärts. Es war ein Bild des Jammers.

Aus verschiedenen Nachrichten konnte geschlossen werden, daß sich die Truppen im hiesigen Raum in einem fest geschlossenen Kessel befanden. Fast gleichzeitig wurde auch der Durchbruch der Amerikaner nach Aschaffenburg bekannt, und Soldaten meldeten die US-Army bereits in Hirschhorn am Neckar. Leute einer motorisierten Brückenbaukompanie, die einige Tage hier in Unterkunft lagen und jede Nacht ins Rheingebiet fuhren, berichteten, daß die Amerikaner schon in der Gegend von Hockenheim stehen. Auch ein Rheinübergang bei Germersheim wurde bekannt. Somit war mit dem Erscheinen der Amerikaner in wenigen Tagen zu rechnen.

Viele Soldaten empfingen die hl. Sakramente. Am Gründonnerstag, kurz nach Tisch, baten wieder zwei junge Flaksoldaten, beichten und komuzieren zu dürfen. Nach der hl. Handlung lud ich sie zum Essen ein. Es waren Mittelschüler. Eigentlich sollten sie am Abend noch nach Treschklingen weiter, aber weil dort die SS die jungen Soldaten zusammenfing und zur SS steckte, wurde Obergimpern zur Unterkunft bestimmt. Diese beiden jungen Leute sprachen von kampfloser Räumung, rieten aber doch dringend, Bücher, Akten, Betten, Wäsche, überhaupt alles, was etwas Wert hat, in die Keller zu schaffen. Und damit wußte ich Bescheid. Die Stimmung aller im Dorf liegenden Truppenverbände war am Gründonnerstag und Karfreitag vom Offizier bis zum einfachen Soldaten für kampflose Übergabe.

Aber am Karfreitagmittag kam SS hierher in Ortsunterkunft. Sofort stellten sie unter Mitwirkung des Ortsgruppenleiters Albert Gabel die hier abgestellten motorisierten Wehrmachtswagen fest. Die Soldaten waren darüber empört. Das Verhältnis war gespannt. Am Spätnachmittag des

Karfreitags erhielten die Fußtruppen den Marschbefehl Richtung Siegelsbach. Auch die beiden Studentlein zogen weiter. In der Nacht wurden auch die motorisierten Einheiten nach und nach weggezogen. Nur der Kompanieführer des Brückenbaukommandos blieb mit einigen Mann zurück. Vorsichtshalber ließ er seinen Wagen in die katholische Pfarrscheune bringen.

Am Abend des Karfreitags bezog ein Oberscharführer der SS bei mir Quartier. Eine gewisse Furcht vor diesem finstern Menschen war nicht unbegründet. Die geringste Unstimmigkeit konnte das Leben kosten. So wurde der Postagent, der auf Anraten eines Soldaten das Nazischild entfernt und durch das alte aus früherer Zeit ersetzt hatte, auf Betreiben eines Nazi-Elsässers verhaftet und nach Sinsheim gebracht. Dort ging er hart am Standgericht und am Tode vorbei. [...]

Am Karsamstag in der Frühe wurde bekannt, daß die im hiesigen NSV-Altersheim, das in den Schulen untergebracht war, tätigen NSV-Schwestern während der Nacht die Flucht ergriffen hatten. Der SS-Oberscharführer nahm diese Nachricht sehr ungnädig auf, sagte darüber aber nur wenig. Während des Tages hielt sich dieser Held meistens im Keller auf. [...] Ich stellte mich gewöhnlich unter die Haustüre, gab An- und Abflug an und sorgte dafür, daß dieser Bursche recht lange im Keller blieb. Als ich Karsamstag von der Auferstehungsfeier nach Hause kam, war der SS-Oberscharführer abgefahren.

Am Ostersonntagmorgen waren nur noch wenige Soldaten in Obergimpern. Einige Kommandos machten Baumsperren, eine gegen Wagenbacher Hof und eine gegen Untergimpern. Am Spätnachmittag kamen die Nachhuttruppen aus Richtung Untergimpern zurück, darunter auch eine leichte Batterie. Die Bevölkerung atmete auf, als auch das letzte Kommando, eine Nachhut von ungefähr zwanzig Mann mit Fahrrädern abzog. Es war 17 Uhr. In den Abendstunden wurde auch bekannt, daß der erwähnte Elsässer, der Ortsgruppenleiter und der Bürgermeister, letzterer mit Familie, auf Motorrädern gleichfalls den Ort verließen. Durch telefonische Rundfrage im Ortsbereich konnten der evangelische Pfarrer Gescheidlen und ich feststellen, daß die Amerikaner im Norden über Wollenberg bis nach Hüffenhardt und im Westen bis Flinsbach und zur Reichsbahn Neckarbischofsheim vorgedrungen waren. Für den Vormittag des Ostermontag erwartete man den Einmarsch der US-Army.

In den Nachtstunden kam der stellvertretende Bürgermeister, Gemeinderat Rosenwirt Anton Bauer, zu einer Besprechung der Lage zu mir. Der alte Herr zitterte und glaubte, er werde erschossen werden. Auch bat er für den frühen Morgen um Spendung der hl. Sakramente. Bezüglich der Wegräumung der Baumsperren riet ich, diese erst bei Erscheinen der amerikanischen Spitzen vornehmen zu lassen. Es kam aber alles anders.

Während der Nacht, ungefähr zwischen 0 und 1 Uhr, schob sich eine abgekämpfte Division, ein Haufen bedauernswerter Menschen, in den Raum von Obergimpern und Untergimpern. Diese Leute hatten sich während dieser Nacht aus einem Kessel bei Waibstadt herausgerettet und wurden nun gleichfalls wieder eingesetzt. Es wird behauptet, der flüchtige Ortsgruppenleiter und Bürgermeister hätte die Verteidigung des Ortes verlangt.

In den dunklen Morgenstunden herrschte eine ungeheure Aufregung. Die drei Brücken im Dorf über den Krebsbach sollten gesprengt werden. Rosenwirt Bauer wurde mit zwei anderen hiesigen Bürgern bei dem Bataillonskommandeur wegen dieser geplanten sinnlosen Zerstörung vorstellig. Dieser tapfere Held hatte im evangelischen Pfarrhaus in der Frühe des Ostermontags seinen Gefechtsstand aufgeschlagen und die erste 'Batterie', die er hat auffahren lassen, war eine Flasche Sekt und eine wunderschöne Torte. Dieser Gewaltige hat die biederen Männer, die nur das Dorf vor Zerstörungen retten wollten, abgekanzelt mit den Worten: „Ich führe Krieg, nicht ihr." Doch Bauer ließ sich nicht so ohne weiteres herauswerfen und machte seine Rechte als Bürgermeister geltend. Der Held blieb fest. Der evangelische Pfarrer Gescheidlen hat dann diese Sache bereinigt. Durch die joviale Bemerkung: „Da fahren die Amerikaner halt hintenrum, da brauchen sie keine Brücke", ließ sich der Hauptmann und Bataillonskommandeur umstimmen. „Wenn es so ist, brauchen wir die Brücken nicht zu sprengen," meinte er. Ausgehungert und ermüdet lagen die Soldaten auf den Haustreppen herum. Die Leute nahmen sich dieser armen Menschen an, von denen sehr viele an einer ruhrartigen Krankheit litten. Die Einwohner gaben den Soldaten wirklich reichlich und gut zu essen. Sie unterließen dabei aber nicht, zu bitten, das Dorf zu schonen und, wenn möglich, ohne Schuß abzuziehen. Der Wagnermeister Johann Schenk belehrte in diesem Sinne auch eine Gruppe Soldaten. Sie nickten schon verständnisvoll. Aber ein junger Feldwebel hörte das, rief nach dem Leutnant und schrie: „Der Mann muß erschossen werden." Als ein Kommando Soldaten Schenk abholen wollte, war er schon verschwunden, und zwar hinter den Mostfässern von Heinrich Reimann. Das war eine Aufregung! Am Bahnhof wurde das einzige aus Mannheim gerettete Geschütz aufgestellt. Die Umwohner wußten gleich, was das geben werde. Und hier unternahm eine Frau das Rettungswerk. Es war Irmgard Kies, die Tochter des Bahnhofsvorstandes Ludwig Remmele. Sie versprach den Soldaten ein Stück Dürrfleisch, wenn sie abziehen und das Geschütz außerhalb des Dorfes aufstellen würden. Der Leutnant stand in der Nähe und lächelte. Dieser Herr ließ mit sich reden. Da vom Bahnhof keine direkte Rückzugsstraße vorhanden war, benützte er diesen Umstand als Vorwand zum Abzug. Lachend nahmen die Soldaten ihr Vesperbrot mit Dürrfleisch in Empfang. Dann zogen sie mit dem Bulldog ihr Geschütz aus dem Ortsbereich hinaus.

Etwas vor 6 Uhr ging ich zum hl. Opfer an den Altar. Doch als die hl. Opferung gerade vorüber war, entstand eine wilde Schießerei aus Richtung Wagenbach. Die wenigen Kirchenbesucher verließen fluchtartig das Gotteshaus und gaben mir zu verstehen, außerordentliche Gefahr bestehe. Ich ließ mich anfänglich nicht beirren. Die Schießerei – aber etwas weiter weg – dauerte ja schon die letzte und vorletzte Nacht an. Nach der Wandlung aber mußte ich dann doch abbrechen.

Nachträglichen Angaben zufolge kamen die ersten amerikanischen Wagen zwischen 8 und 9 Uhr vormittags an die Grenze der Pfarrei. Bei der Helmhöfer Mühle und im nahen Kalkwerk machten Spähwagen halt und fuhren nach kurzer Pause durch Helmhof. Sie blieben unbehelligt. In der Nähe der Straße Helmhof-Untergimpern, wo der Weg nach Hasselbach abzweigt, wurden die drei amerikanischen Spähwagen von deutschen Postierungen auf einen Schlag mit Gewehr- und Maschinengewehrfeuer überschüttet. Ein Wagen brannte aus, die beiden anderen fielen in deutsche Hand, gleichfalls sämtliche Amerikaner mit einer Ausnahme. Dieser eine Soldat zog sich zurück und meldete den Vorfall.

Ungefähr nach einer Stunde aber kamen die amerikanischen Panzer angerollt. Mit ihnen fuhr gleichzeitig die Infanterie an, und der Kampf um den Ort Untergimpern begann. Von Neckarbischofsheim her schossen schwere Geschütze und auch die Panzer eröffneten das Feuer. Die deutschen Truppen, die sehr ungeschickt an den Hängen gegen die Straße Stellung bezogen hatten, konnten nur wenige Schüsse abgeben. Beim Rückzug hatten sie vier Tote. Durch das Granatfeuer wurden einige Giebel getroffen, der Helm der evangelischen Kirche weggefegt und der Turm der katholischen Kirche durch den Einschuß in eine Gaupe am Helm etwas beschädigt, das Türmchen auf der Schule war zerfetzt, und die Steinrippe am langen Fenster über der Eingangstüre zur katholischen Kirche abgeschossen. Der Giebel der katholischen Kirche wies ferner noch einige Narben auf. Aber in der Mühlgasse kam noch ein deutscher Soldat durch seine eigene Unklugheit ums Leben. Als die amerikanische Infanterie sich dem Hause des Artur Weiss näherte, schoß ein deutscher Sanitäter auf circa 20–30 Schritt noch aus diesem Hause, verließ eilends das Haus und wollte in die Scheuer; zuvor gab er aber noch einen Schuß ab. Im nächsten Augenblick hatten ihn die Amerikaner am Kragen und er mußte seine Unklugheit mit dem Leben büßen. Im Kampfe um Untergimpern fielen fünf deutsche Soldaten, die auf dem dortigen Friedhof am 6.4.1945 beerdigt wurden.

Amerikanische M8 P2-Spähwagen und Sherman-Panzer brechen den deutschen Widerstand auf dem Vormarsch zum Neckar. (Sammlung R. Eiermann)

Inzwischen schoß die amerikanische Artillerie von Neckarbischofsheim und aus Richtung Bargen auf Obergimpern. Die Einschläge lagen aber mehr außerhalb des Dorfes. Die Einwohner saßen in den festeren Kellern und harrten betend der Dinge, die da kommen sollten. Mein Keller war überfüllt mit Menschen, Betten und Hausgerät von vielen Haushaltungen. Mitten in der Schießerei wurde ich gerufen: „Ein verwundeter amerikanischer Soldat verlangt den Pfarrer." Ich eilte durch die Straße, vorbei an Kellern, aus deren Luken und Türen verängstigte Menschen ihre Köpfe herausstreckten. Im Hause des Bauunternehmers Karl Günther war der Verbandsplatz. Mit Freuden empfing mich der stramme, amerikanische Soldat, der an beiden Unterschenkeln schwer verwundet war und schon viel Blut verloren hatte. Unter andächtigem Beten folgte er der heiligen Handlung und dankte mir herzlich bei seinem Abtransport. Der deutsche Arzt war ein nobler Herr, er hat den Wunsch des Verwundeten erfüllt und nach mir, dem Geistlichen, geschickt. Der Heimweg wurde schon etwas gefährlicher für mich. Doch kam ich, von Keller zu Keller eilend, glücklich ins Pfarrhaus zurück. Genau 13.38 Uhr begann der Kampf um den Pfarrort, nachdem unten, beim Zementwerk, die Hauptkampflinie schon durchbrochen war. Die Soldaten waren schon auf der Flucht, da jagte sie ein junger Leutnant mit der Pistole nochmals ins Feuer. Die Beobachtung war auf dem evangelischen Kirchturm. Ein Granatwerfer war im Hof des evangelischen Pfarrhauses aufgestellt, ein kleines Geschütz hinter dem Schloß. Die ersten Treffer gingen auf den evangelischen Kirchturm, auch der katholische wurde getroffen. Ungefähr zwei und eine halbe Stunde dauerte die Kanonade. Plötzlich verstummten die Granatwerfer, auch die Geschütze des Gegners schwiegen. Dann hörte man Gewehrschüsse, Pistolen schnell hintereinander, ungezieltes Feuer, Panzer rasselten. Sie kommen! Plötzlich läutete es am Pfarrhaus. Sie sind da! Als ich öffnete, stand ein Deutscher vor mir, ein Evakuierter. Die Einwohner gingen den Amerikanern wenige Schritte voran und forderten die Bewohner auf, die Häuser zu öffnen. Wenige Schritte vom Haus entfernt standen die Amerikaner. Es waren anständige Menschen, hatten noch guten Humor und trieben sogar etwas Schabernack mit einfältigen Leuten. Kein einziger Bewohner kam ums Leben. Die Zerstörungen waren im Verhältnis zur langen Dauer der Beschießung gering.

[...] Gefallen sind bei dieser Schlacht neun deutsche Soldaten, acht wurden gleich aufgefunden und von den Amerikanern mitgenommen. Nur einer, der einige Tage später beim Zementwerk entdeckt wurde, hat sein Grab auf dem hiesigen Friedhof, auf dem er am 9. April 1945 beigesetzt wurde. An Amerikanern wurden im Kampfe um Obergimpern keiner getötet, dagegen erfuhr man nachträglich, daß sie in Untergimpern beim ersten Zusammenstoß fünf bis sieben Soldaten durch den Tod verloren hatten.

Plünderungen kamen im Pfarrort und in der Filiale Untergimpern keine vor. Auch den Frauen gegenüber betrugen sich die Amerikaner sehr korrekt. Die katholischen Soldaten grüßten mich, den Geistlichen, sehr freundlich. Auch waren Offiziere und andere amerikanische Soldaten dem Geistlichen gegenüber sehr zuvorkommend.

Die ausländischen Zivilarbeiter nahmen eine gute, versöhnliche Haltung ein. So um Beginn der Karwoche gärte es etwas unter diesen Leuten. Ihre Einstellung richtete sich aber nur auf den und jenen aus der Einwohnerschaft, der dem einen oder anderen von ihnen während des Dritten Reiches Schaden zugefügt hatte. In erster Linie hatten sie sich den ehemaligen Gutspächter und seine Frau 'gut gemerkt', weil in deren Haus die Polinnen nicht gerade gut behandelt worden waren. Um alle Zwischenfälle zu vermeiden, begab ich mich schon zu Anfang der Karwoche in die Polenbaracken des Zementwerkes und mahnte zu Ruhe und Ordnung. Diese Leute waren mir wegen mancher wichtigen Dienste sehr zu Dank verpflichtet und folgten mir über die ganze Zeit ihres Hierseins. Nur ein Franzose, ein Zivilarbeiter, nahm einer Frau eine Ledermappe weg, brachte sie aber auf mein Zureden am Abend wieder zurück mit der Bemerkung: „Hättscht nicht Pfarrer sagen brauchen!"

Von Waibstadt hörte man noch von Plünderungen und allerlei Übergriffen. Nach wenigen Tagen konnte ich schon herausbringen, daß der Anführer ein ehemaliger Oberscharführer im KZ Neckarelz gewesen war und verständigte davon einen amerikanischen Offizier. Pfarrverweser Maier hat endgültig Abhilfe geschaffen.

Am Herz-Jesu-Freitag des April 1945 holte dann die Pfarrei in heißem Dank die Feier des Osterfestes nach. Dieser Tag wird ein Gedenktag bleiben in der Geschichte der Pfarrei, der Tag des 2. April 1945. *Kath. Pfarrer Wendelin Schimmel (1945)*

Siegelsbach entgeht – trotz MUNA – dem Beschuß

Die Belegschaft der Heeresmuna wurde nach und nach abgebaut, am Ostersamstag auch die letzten Leute abgezogen. Zurück blieb nur ein Mann, dem es Siegelsbach letztlich verdankt, bei der Besetzung durch die Amerikaner heil davongekommen zu sein: Karl Hofmann, damals Schlosser und Maschinenmeister in der Muna und allen Siegelsbachern als 'Beständers Karl' bekannt.

Am Ostersonntag, es war der 1. April, erreichten die Amerikaner Hüffenhardt. Dort hatte sich eine SS-Einheit verschanzt, entschlossen, mit allen Mitteln Widerstand zu leisten. Die Angst der Bürger kümmerte sie nicht. So kam, was kommen mußte: Die Amerikaner beschossen den Ort, es gab Tote und Verwundete, viele Gebäude brannten nieder. Während der Schießerei erschien ein SS-Mann in der MUNA, wo Karl Hofmann allein das riesige Areal hütete, und forderte in barschem Ton Munition. Der zuckte die Achseln: „Artilleriegranaten kannst du kistenweise kriegen, Infanteriemunition gibt's hier aber nicht mehr!" Enttäuscht zog der SS-Mann ab, nicht ahnend, daß noch Tausende von Schuß in den Hallen lagerten.

Von Siegelsbach aus konnten die Ereignisse in Hüffenhardt gut verfolgt werden. Die Leute hatten Angst, es könne dem Ort ähnlich ergehen, zumal sich versprengte Soldaten im Dorf aufhielten. In jener Nacht schlief in Siegelsbach niemand, sorgenvoll erwarteten alle den Ostermontag. Noch vor Morgengrauen ging Karl Hofmann auf den Marktplatz, wo ein paar Soldaten unentschlossen herumstanden. Er forderte sie auf, das Dorf sofort zu verlassen, weil es sonst recht ungemütlich für sie werden könne. Dabei schob er nachdrücklich eine Hand in die Hosentasche, wo seine Pistole steckte, zur eigenen Sicherheit in der Muna besorgt. Die Männer verschwanden tatsächlich, vielleicht aus Einsicht, vielleicht auch nur, weil kein bis zum Letzten entschlossener Fanatiker unter ihnen war.

Dann machte sich Hofmann zusammen mit Wilhelm Siegmann, dem er zufällig auf der Straße begegnet war, auf den Weg nach Hüffenhardt. Er war entschlossen, mit den Amerikanern zu verhandeln, Siegelsbach das gleiche Schicksal wie dem Nachbarort zu ersparen. Dabei verstand er kein Wort Englisch. Am Dorfausgang banden die beiden ihre Taschentücher an Stöcke, schulterten sie und gingen los, wobei sie die Straße mieden. Ein bißchen mulmig mag ihnen schon zumute gewesen sein, als sie so in der Morgendämmerung über die Höhe marschierten. Kurz vor Hüffenhardt kehrte Wilhelm Siegmann um und brachte die Nachricht ins Dorf, Karl Hofmann sei gut dort angekommen.

Hüffenhardt schien ausgestorben. Überall standen Panzer, aber nirgends war eine Wache zu sehen. Die Amerikaner hatten einen Teil der Hüffenhardter Bürger einfach aus ihren Häusern gewiesen und sich selbst darin niedergelassen. Jetzt, am frühen Ostermontag, lagen sie noch allesamt in den Betten und schliefen. Hofmann hat später oft erzählt, mit einer Handvoll entschlossener Leute hätte er das Dorf leicht zurückerobern können. Doch danach stand ihm der Sinn damals nicht. Er suchte einen Offizier als Verhandlungspartner, und den mußte er sich förmlich aus den Federn holen. Mit Worten und Gesten versuchte er ihm klar zu machen, daß in Siegelsbach keine Soldaten mehr seien. Merkwürdigerweise interessierten den Amerikaner die Soldaten gar nicht, ihm war nur wichtig, ob da noch Nazis seien. „Auch nix Nazis in Siegelsbach", beruhigte ihn Hofmann. Offensichtlich glaubte ihm der Amerikaner und versprach, Siegelsbach unter diesen Umständen nicht beschießen zu lassen. Vom Neckar her kämen aber andere Verbände, von denen er nicht wisse, was sie vorhätten. Eiligst kehrte Karl Hofmann nach Siegelsbach zurück.

Er saß gerade mit seiner Frau beim Morgenkaffee, als er einen Nachbarn rufen hörte: „Karl, Karl, da hauß komme se, da hauß komme se!" Er sprang auf und rannte hinaus auf die Staugasse. Tatsächlich! Draußen vor den Friedhöfen standen die graugrünen Ungetüme. Sie hatten das Dorf umfahren, kaum beachtet, weil alle Leute sie auf der Straße von Hüffenhardt her erwartet hatten. Gerade heulten ihre Motoren auf, und sie setzten sich langsam wieder in Bewegung. Die Geschütztürme schwenkten drohend auf das Dorf. Da riß Hofmann sein Taschentuch aus der Tasche und rannte ihnen winkend entgegen. Die Panzer stoppten wieder, aus dem Turm des ersten kletterte ein Offizier. „Hier nix Nazis, garantiert nix Nazis," rief ihm Hofmann zu. Der musterte ihn kurz, dann winkte er ihn mit den Worten „Hopp Garantie!" zu sich herauf. Mit gemischten Gefühlen folgte Hofmann der Aufforderung. Und nun bekamen die Siegelsbacher ein einzigartiges Schauspiel geboten. Über die enge Straße zwischen den Friedhofsmauern rasselten die Panzer dröhnend ins Dorf, auf dem ersten Bestäders Karl als Geisel, blaß, aber gefaßt, wohl wissend, daß bei einem dummen Zwischenfall er das erste Opfer wäre. Zögernd kamen die Leute aus ihren Häusern. Verblüfft starrten sie auf das überraschende Bild. Zaghaft regten sich einige Hände, winkten ihm, manche wohl auch den Amerikanern zu. Ungehindert rollten die Panzer durch Staugasse und Hauptstraße in Richtung Bad Rappenau. Hinter den letzten Häusern hielten sie. Bevor Karl Hofmann absteigen durfte, wollte der Amerikaner noch wissen, ob es in Rappenau Nazis gäbe. Darauf konnte er allerdings nur mit einem Achselzucken antworten. Erleichtert kletterte er von dem stählernen Koloß und kehrte ungehindert ins Dorf zurück.

Zu Hause merkte er entsetzt, daß in der Gesäßtasche seine Pistole steckte. Was wäre wohl geschehen, wenn ihn die Amerikaner nach Waffen durchsucht hätten, bevor sie ihn auf den Panzer ließen! *Rudolf Petzold (1986)*

Das Kriegsende in Bad Rappenau

Am Ostersonntag mischte sich in die tägliche Kriegsmusik von fernem Geschützdonner, heulenden Flugmotoren und dröhnenden Muna-Sprengungen ein neuer Ton: das Pfeifen und Bersten von Granaten, mit denen die inzwischen bei Helmstadt angelangten Amerikaner ihr Kommen ankündigten. Glücklicherweise blieb es bei mäßigem Flurschaden hinter der Wilhelmstraße.

Ostermontag, 2.4.1945. Trübes regnerisches Wetter. Das Dorf ist wie ausgestorben, nur selten huscht jemand von Haus zu Haus, man bleibt in den eigenen vier Wänden, denn wer kann wissen, was heute noch alles passiert? In der Nacht haben die deutschen Soldaten den Ort verlassen, nicht ohne noch ein paar Bäume über die Wimpfener Straße gelegt zu haben, im Glauben, damit die feindlichen Panzer aufhalten zu können. Irgendwo, Richtung Siegelsbach, knattert ein Maschinengewehr, langsam kreuzt am Horizont ein dunkel getarnter Hochdecker mit langer Schleppantenne: ein Artillerieflieger.

Der Anblick ist etwas ungewohnt, nachdem man in den letzten Wochen nur schnelle Maschinen mit blitzenden Aluminiumleibern gesehen hatte. Plötzlich Pfiff und Krach, eine Granate krepiert im Gebälk des Kirchendaches. Während die Amerikaner die Gegend um die Kirche beschießen, nehmen ein paar deutsche Kanonen, die bei der Betschenmühle Stellung genommen haben, das Salinenviertel unter Feuer: zwei Treffer und ein Blindgänger im Stuttgarter Kinderheim, sonst Flur- und Baumschaden.

In der Zwischenzeit haben sich die ersten Panzer der Amerikaner bis zum Ortseingang 'vorgearbeitet'. Dort machen sie Halt und richten von den Obstgärten beim Kühweg und den Frohnäckern ihre Geschützrohre auf das Dorf.

Verlassene deutsche Panzerabwehr-Stellung. (Sammlung R. Eiermann)

Gegen elf Uhr rückten die ersten Panzer ins Dorf ein, den Turm mit der gefechtsbereiten Kanone argwöhnisch nach der Seite gedreht. Hell stachen die roten Fliegererkennungszeichen von der olivgrünen Tarnfarbe ab. Panzerfahrzeuge mit aufsitzenden Infanteristen folgten, die Läufe der Maschinenpistolen suchten nach einem unsichtbaren Feind. Aber ein paar Panzerfäuste und Eierhandgranaten, die hie und da im Straßengraben lagen, waren alles, was noch da war. Auch auf der Saline war kein Gegner zu finden, und von ein paar im Salinenwäldchen stehengebliebenen Wehrmachtautos und einem gesprengten Flakgeschütz hatten die 'Amis' ebenfalls bald den Eindruck gewonnen, daß die dazugehörigen Soldaten längst über alle Berge waren. Ohne Zwischenfälle begannen die Kampfreserven, sich im Dorfe niederzulassen, verlegten die Nachrichtensoldaten Feldtelefonkabel, wurden die ersten Nachschublastwagen entladen, zu der Zeit, als noch die Spitzenpanzer, an den qualmenden Resten der in Brand geschossenen Feldscheuer vorbei, Bad Wimpfen zu rasseltn.

Bereits am 28.3.1945 mußten die Rappenauer Betriebe (Saline und Firma Botsch) wegen Herannahens gegnerischer Truppen geschlossen werden. Ort und Betriebe wurden am 2.4. 1945 von den Amerikanern besetzt. Eine Beraubung der Fabrikationsanlagen ist durch amerikanische Posten vor und hinter den Gebäuden verhindert worden. Die Verdunkelung wurde belassen, da der totale Krieg ja noch nicht beendet war.

Unbekannter Verfasser (in: Gustav Neuwirth, 1978, S. 175ff)

Berwangen Anfang April 1945

Einen Tag vor dem Einmarsch der Amerikaner waren wir am Ittlinger Weg. Es hat geheißen, die Amerikaner könnten stündlich kommen. Abends gegen 20.30 Uhr tauchten tatsächlich plötzlich drei Amis etwa zwanzig Meter vor uns auf. Wir konnten nicht mehr weglaufen. Wir hatten Angst, daß sie auf uns schießen würden. Einer lief links, einer rechts und einer in der Mitte, jeder hatte eine Maschinenpistole. Als sie auf unserer Höhe waren, kam einer zu uns und fragte auf deutsch, ob bei uns eine weiße Fahne aufgesteckt sei. Wir sagten „ja". Lehrer Schneider hatte vor zwei Stunden seinen Sohn und einen jungen Mann beauftragt, die Fahne auf den Lindenbaum zu stecken. Der Baum war so hoch wie der Kirchturm. Die Amis waren zufrieden und gingen wieder zurück.

Am anderen Tag, etwa mittags um 15 Uhr, kamen die Amis mit Truppen und Panzern ins Dorf. Wir waren gerade in der Ortsmitte und sahen, wie sie mit Maschinengewehren in die einzelnen Häuser gingen. Mit der Zeit bekamen wir doch Angst und gingen durch die Scheune vom Gasthaus 'Löwen' über den Kirchplatz zur Lindengasse. Den Frauen haben wir gesagt: „Die Amis kommen." Sie haben sich dann alle im Keller versteckt.

Am nächsten Tag wurde in unserem Haus eine Kommandantur eingerichtet und sofort eine Ausgangssperre verhängt. Der Polizeidiener mußte das immer ausschellen. Am dritten Tag durfte man morgens von 10–11 Uhr und nachmittags von 14–16 Uhr aus dem Haus. Morgens hat man den Brotteig zum Bäcker gebracht und mittags das gebackene Brot wieder abgeholt.

Nach einer Woche hieß es: „Morgen kommen die Franzosen." Die waren vorher nur bis Richen gekommen. Zwischen Richen und Berwangen war eine Grenze. Richen war französisch, Berwangen amerikanisch. Die Amis zogen ab – bis auf einen hohen Offizier. Er machte täglich Hausdurchsuchungen. Man wußte nicht, was er überhaupt suchte. Jedenfalls hatte jeder Angst vor ihm, weil er immer das Maschinengewehr im Anschlag unterm Arm trug.

Dann kamen die Franzosen, nahmen Lebensmittel. Sie holten im ganzen Dorf die Schweine aus den Ställen und sammelten sie in unserem Hof, weil wir ein Hoftor hatten. Selbst hatten wir auch ein Schwein im Stall, und ich habe heimlich die Tür aufgemacht und noch ein Schwein hineingetrieben. Am nächsten Tag wurden die Schweine auf Lastwagen verladen, es waren etwa dreißig, und abgefahren. Vor lauter Geschrei hatte keiner gemerkt, daß die zwei Schweine noch in unserem Stall waren.

Im Dorf kehrte Ruhe ein, und wir dachten schon, wir hätten es überstanden. Die beiden Schweine haben wir heimlich geschlachtet. Das war unser Glück, denn am nächsten Tag waren die Franzosen wieder da. Ich hatte etwa 25 Frauen und Kinder in einem Keller versteckt. Die brauchten ja was zu essen. Zwei Frauen sind immer raufgegangen und haben gekocht und gebacken. Ich lag auf der Lauer und gab Bescheid, wenn Soldaten kamen.

Schließlich zogen die Franzosen wieder ab. Die Verwaltung übernahmen jetzt die Amerikaner. Man erfuhr hinterher, daß zwei Frauen von Farbigen vergewaltigt worden waren und nun Kinder bekamen. Es waren Frauen aus Karlsruhe, die während des Krieges in Berwangen gewohnt hatten und nun wieder nach Karlsruhe zogen.

Wir hatten vier Ziegen im Stall. Die sind alle an einem Tag eingegangen. Man sagte, wenn ein Schwarzer in den Ziegenstall schaut, gehen die Ziegen ein. Man konnte nicht feststellen, woran sie eingegangen waren.

Inzwischen hörte man, daß in Böckingen bei Heilbronn ein großes Gefangenenlager für deutsche Soldaten eingerichtet würde. Durch unser Dorf kamen dann täglich einzelne Landser, die wegen Krankheit oder Verwundung entlassen worden waren. Man gab ihnen Essen und Kleidung, denn sie mußten ja zu Fuß gehen. Einige hatten schon ein Fahrrad ergattern können.

Langsam ist das normale Leben eingekehrt. Wir waren froh, daß der Krieg endlich vorbei war. Ich kam gerade aus der Schule. Lehrstellen gab es keine. Man arbeitete bei den Bauern – zuerst für's Essen, später für 30 Mark im Monat. Bis es die ersten Lehrstellen gab, vergingen drei Jahre. Die Stellen gab es bei Bäckern und Metzgern. So gingen meine Schulkameraden und ich ohne Beruf hinaus in die Welt und mußten uns durchschlagen bis zum heutigen Tag.

Reinhard Stuhlmüller (1994)

Das Leintal im April 1945

In den Ostertagen des Jahres 1945 überschritten amerikanische und französische Truppen die badische Grenze und erreichten am 2. April 1945 den Nordrand des Leintals.

Über Fürfeld, das sie noch am selben Tag besetzten, marschierten die amerikanischen und französischen Verbände nach Süden weiter und rückten am folgenden Tag, ohne auf Widerstand zu stoßen, in Massenbachhausen ein. Der Ort ist daher ohne Kriegsschäden. Von hier aus stießen sie bis Massenbach vor, umgingen es aber ost- und westwärts, da die Brücken über den Massenbach gesprengt waren. Nachdem das Dorf auf diese Weise eingeschlossen war, schickten die feindlichen Panzer für etwa eine Viertelstunde ihre Granaten in das Dorfinnere.

Am Mittwoch nach Ostern, dem 4. April, besetzten die Amerikaner fast kampflos die Stadt Schwaigern, nachdem die Einwohner schon vorher die von der Kreisleitung befohlenen Panzersperren entfernt hatten. Aus nördlicher und westlicher Richtung gekommen, setzten sie sich nach Einnahme der Stadt nach Süden hin in Bewegung. Am Freitag, dem 6. April, kamen auch Franzosen in die Stadt und bezogen für einige Zeit Quartier. Bei Fliegerangriffen am 21. März, 30. März und 1. April entstanden Sachschäden an Häusern. Dabei kamen sechs Menschen ums Leben. Bis zum Februar 1946 hatte Schwaigern eine amerikanische Besatzung, die eine Reihe von Häusern beschlagnahmte, so daß deren Bewohner zum Auszug gezwungen waren.

Die oberen Leintalorte Kleingartach, Niederhofen und Stetten a. H. besetzten die Franzosen am 6. April 1945. In Richtung Heuchelberg sich zurückziehende deutsche Einheiten lieferten den nachrückenden Franzosen hinhaltende Gefechte, wobei es auf beiden Seiten Tote und Verwundete gab. In Kleingartach sind drei deutsche Soldaten begraben, auf dem Stettener Friedhof

Zwei Soldaten.

sind es acht. Die französischen Gefallenen sind in ihre Heimat überführt worden. Aber auch die Bevölkerung hatte Tote zu beklagen. So sind es in Stetten fünf, in Niederhofen gar acht. Die Beschießung der Orte durch französische Artillerie brachte vor allem beträchtlichen Gebäudeschaden, 37 Wohnhäuser und 29 landwirtschaftliche Gebäude wurden ganz oder teilweise zerstört, rund 30 v. H. des Wohnraums. Panzer und Artillerie richteten große Schäden in Obstanlagen und Weinbergen an.

Drei Fliegerangriffe und leichten Beschuß mußte Kirchhausen über sich ergehen lassen, als deutsche Truppen den Vormarsch der Amerikaner, die von Massenbachhausen und Massenbach herangekommen waren, aufzuhalten versuchten. Dabei wurde im Ort durch Tiefflieger ein Mann getötet, ein Pole von den einrückenden Amerikanern erschossen. Sachschaden entstand an einer ganzen Anzahl Gebäude.

Am Ostermontag, dem 2. April, rollten die amerikanischen Panzer über die Felder zwischen Kirchhausener Straße und Rotbach in Richtung Frankenbach. Da sie in und um Frankenbach keinen Widerstand fanden, stießen sie weiter bis Böckingen vor. Nachdem sie aber dort Gegenwehr gefunden hatten, kehrten sie wieder zurück. Nun wurde Frankenbach zum wahren Heerlager. Zahlreiche Geschütze und Minenwerfer schleuderten ihre Geschosse gegen die deutschen Stellungen am Neckar. Die Beschießung hielt zwölf Tage an. Wie in anderen Orten beschlagnahmten die Amerikaner auch hier während ihrer Besetzung Wohngebäude. Binnen kürzester Frist mußten die Häuser von ihren Bewohnern geräumt werden. Viele Wertsachen kamen in diesen Tagen abhanden. Die Bevölkerung hatte nur zu bestimmten Tageszeiten Ausgangserlaubnis.

Südlich Frankenbach unterhielt die amerikanische Besatzungsmacht ein riesiges Gefangenenlager, in seiner Art eines der größten im besetzten Deutschland. Es zählte zeitweise weit über 100.000 Insassen, kriegsgefangene Soldaten und internierte Parteiangehörige. An Ausdehnung maß dieses 'Böckinger Lager' ca. 140 ha, die mehrere Jahre der Bewirtschaftung verloren gingen.

In Großgartach fielen am 4. April dem Beschuß durch amerikanische Artillerie vom nördlich Schluchtern liegenden Taschenwald aus viele Gebäude zum Opfer. Noch am gleichen Tag besetzten es amerikanische Truppen, die von Massenbach her gekommen waren. Am folgenden

Tag zogen auch noch Franzosen ein. Amerikaner waren so lange im Ort, wie das Gefangenenlager bei Frankenbach bestand. In Schluchtern, das verteidigt werden sollte und tags zuvor von den Amerikanern umgangen worden war, rückten gegnerische Einheiten, die ebenfalls aus Massenbach heranzogen, durch die Lange Hohle kommend, am 5. April ein, nachdem vorher am Turm der evangelischen Kirche eine weiße Fahne gehißt worden war. Nachhuten der deutschen Wehrmacht, die sich in Richtung Heuchelberg zurückzogen, ließen nach Gefechtsberührung mit Amerikanern einen Toten am Dorfrande liegen.

Im nördlichen Teil des Leintals mußte Bonfeld verschiedene Luftangriffe über sich ergehen lassen, ehe die Amerikaner aus Bad Rappenau kommend am 2. April einzogen. Ein deutscher Soldat fand hier sein Grab.

In das in der nordöstlichen Ecke gelegene Biberach rückten die amerikanischen Panzer von Wimpfen her am Ostermontag ein. Eine Verspätung der deutschen Verteidigungstruppe bewahrte den Ort vor schlimmen Folgen.

Übel spielte der Krieg der Gemeinde Obereisesheim mit. Eine kleinere deutsche Einheit bekämpfte die aus Richtung Biberach vordringenden Amerikaner. Am Vormittag des 3. April beschossen amerikanische Panzer den Ort. Bei ihrem Einrollen schoß ein deutsches Sturmgeschütz einen von ihnen ab. Zwischen Infanterieeinheiten kam es zu heftigen Straßen- und Häuserkämpfen. Gegen Abend zogen sich die Amerikaner in Richtung Biberach zurück und belegten während der Nacht Obereisesheim mit schwerem Artilleriefeuer. Dadurch wurden 67 Wohnhäuser und 58 landwirtschaftliche Gebäude zerstört, etwa 30 schwer und 50 leicht beschädigt. 108 Familien verloren dadurch ihr Obdach. 11 Personen nahm der Beschuß das Leben. Ferner wurden 78 Stück Großvieh getötet. Erst am Vormittag des 4. April kamen die Amerikaner herein. Nun war Neckarsulm tagelang das Ziel ihrer Panzergranaten. Während der Besetzung waren die Ausgangszeiten von 7–9 und 15–17 Uhr festgelegt. Zur Unterbringung der Soldaten mußte auch hier Wohnraum freigemacht werden. Zahlreiche Panzerspuren hatten die bebauten Felder fürchterlich zerpflügt. Den Obstbäumen schadete der Beschuß.

Glimpflicher kam Untereisesheim davon. Wohl hat der Ort zwei Menschenleben infolge Lufteinwirkung zu beklagen, seine Gebäudeschäden blieben jedoch in erträglichem Maße.

F. Ruland (in: Unser Leintal, 1951)

Inmitten der Schrecken am Ende des Krieges gab es auch solche Bilder: Deutsche Soldaten genießen die Aprilsonne im Kraichgau. (Sammlung R. Eiermann)

Franzosen im Kraichgau

Der erste Angriff scheiterte noch –
Der Rheinübergang der Franzosen – 31.3.1945

Am 31. März 1945, dem Karsamstag, überquerten französische Truppen südlich von Speyer und an zwei Stellen bei Rheinsheim unter schweren Kämpfen den Rhein. Am Tag zuvor standen Teile der 10. US-Panzerdivision bereits zwischen Heidelberg und Walldorf und schickten sich an, nach Süden vorzustoßen. Das war der Anlaß für die Franzosen, ihren Angriff früher als geplant zu beginnen. Jean de Lattre de Tassigny, der Befehlshaber der 1. Französischen Armee, hatte am 29. März ein Telegramm von Charles de Gaulle erhalten: „Sie müssen den Rhein überschreiten, auch wenn die Amerikaner dagegen sind, und wenn Sie mit Ruderbooten überqueren müssen. Das ist eine Angelegenheit von größtem nationalem Interesse." De Gaulle wollte durch den Kraichgau marschieren, um beim Wettlauf nach Stuttgart mithalten zu können. Ursprünglich sollten die Franzosen die Rolle von Hilfstruppen bei der Besetzung Deutschlands spielen, doch die Taktik de Gaulles bei Verhandlungen und die vollendeten militärischen Tatsachen, wie der eigene Rheinübergang, sicherten den Franzosen ihre Besatzungszone.

Deutsche Truppen hatten am 24. März 1945 den letzten linksrheinischen Brückenkopf Germersheim geräumt und die dortige Rheinbrücke gesprengt. Viel Kriegsmaterial mußte bei der Räumung der Pfalz zurückgelassen werden, was die an Ausrüstung klar unterlegenen Deutschen noch weiter schwächte. So verlor die 2. Gebirgsjägerdivision, deren Gefechtsstand sich ab dem 25. März in einem Bunker zwischen Rheinsheim und Huttenheim befand, zwei Drittel ihrer Infanterie und ein Drittel der Artillerie beim Rückzug, wurde aber wieder aufgefüllt. Südlich und nördlich der meist aus Österreich stammenden Gebirgsjäger warteten zwei Volksgrenadierdivisionen auf den französischen Angriff. Er begann bei Rheinsheim am 31. März gegen 4 Uhr mit Artilleriebeschuß des deutschen Ufers.

Währenddessen ruderten in zwölf Booten Soldaten des 151. Französischen 1. Infanterieregiments von einem Altrheinarm bei Mechtersheim auf den Hauptstrom zu. Jetzt erst sollten die Motoren angeworfen werden, aber die meisten streiken. Die deutsche Abwehr auf der Rheinschanzinsel versenkte zwei Boote, die übrigen kehrten um, der erste Angriff war gescheitert. Am Nachmittag versuchten es die Franzosen noch einmal. Nun kamen zwei von neun Booten über den Strom. Gegen Abend erreichte eine weitere Gruppe die gegenüberliegende Uferböschung, doch von den 48 Mann auf dieser rechten Rheinseite fielen zehn, 30 wurden verwundet. Dagegen gelang es dem 4. Marokkanischen Schützenregiment, weiter südlich einen Brückenkopf zu bilden. Die deutschen Truppen hatten am Nachmittag Befehl erhalten, sich auf den Abschnitt Ubstadt-Stettfeld zurückzuziehen. Am Abend des 31. März hatten die Franzosen ihr Ziel in etwa erreicht, mußten dafür aber große Verluste hinnehmen. Drei Viertel der Boote gingen unter, wie General de Lattre selbst in der Geschichte seiner Armee berichtet. Auf deutscher Seite gab es weit weniger Gefallene, Verwundete und Vermißte, wenngleich keine gesicherten Angaben vorliegen. Schwere Schäden erlitt an diesem Tag Rheinsheim, es wurde zu 55 Prozent zerstört, 14 Zivilisten kamen ums Leben, in Oberhausen waren es zehn. Philippsburg kam glimpflich davon.

Die Franzosen konnten nun Kriegsmaterial und Truppen über den Rhein schaffen, und in den nächsten fünf Tagen besetzten sie und die von Norden kommenden Amerikaner den damaligen Kreis Bruchsal.

Thomas Liebscher (in: BNN, 30.3.1995)

Germersheim mit Rheinbrücke. (University of Keele) (US 34 3645 23Mar45 1430 F24 20000)

Die 16. Volksgrenadierdivision (VGD) im Raum Pforzheim

Zur 16. VGD stieß ich, nachdem ich in Heilbronn einem Bataillon 525, das von Ulm kam, zugeteilt wurde. Es sollte bei der 106. Infanteriedivision (ID) am Rhein, zusammen mit den Bataillonen 380 und 111 – alle drei bildeten ein Regiment – eingesetzt werden, d. h. die dort kämpfenden Einheiten verstärken. Zum besseren Verständnis sei gesagt, daß alle drei Bataillone aus Soldaten von Genesendeneinheiten der entsprechenden Regimenter stammten. Es kannten sich also nur sehr wenige, von einer 'Einheit' ganz zu schweigen.

Es kam anders als vorgesehen. Bei der 106. ID hatte man noch keine Verwendung für uns, wir bezogen Unterkunft im Raum Langensteinbach. Alle drei Bataillone waren im Fußmarsch ab 23 Uhr am 25. März 1945 ab Heilbronn unterwegs. Unser Bataillon bezog Unterkunft in den Orten Weiler und Ottenhausen. Vom Krieg war außer dem Grollen der Geschütze aus weiter Ferne nur wenig zu spüren.

In der Nacht zum 31. März rückten wir ab in den Raum Bruchsal. Im Fußmarsch erreichte die Einheit Diedelsheim, aber schon nach kurzer Verschnaufpause hieß es „Auf nach Untergrombach". Im Gasthaus 'Zur Kanne' wurde unser Gefechtsstand eingerichtet. Wir besetzten die Schwarzwaldrandstellung dicht bei Untergrombach. Die Bewaffnung war gut, der Ausbildungsstand schlecht, die Moral ebenso. Am 2. April war Bruchsal gefallen. Unsere Bleibe in der 'Kanne' war nicht von Dauer, der Gefechtsstand wurde an den Ortsausgang nach Obergrombach verlegt. Dort sollte am letzten Haus eine Panzersperre errichtet werden. Die Zivilbevölkerung verstand, dies durch Überzeugungskraft zu verhindern, aber auch durch unser Einsehen, daß doch nichts mehr zu retten sei. Die 'Festung Deutschland' zerbröckelte. Jeder tat noch seine Pflicht, aber keiner von uns wollte so nahe am 'Ziel' mehr sterben.

Der Scheckenbronner Hof wurde nächster Gefechtsstand, und gen Süden wurde die Heimat gegen anrückende Panzer verteidigt. Dort wurde unser Bataillon 525 dem Regiment 221 der 16. VGD einverleibt, und fortan gehörten wir zur 'Sechzehnten'. Ein Toter wurde am Scheckenbronner Hof beerdigt, keiner wußte, wie er hieß. Die Soldbücher befanden sich zu dieser Zeit beim Troß zur Registrierung. Erkennungsmarke hatte er nicht. Das waren die Schattenseiten zusammengewürfelter Haufen.

Bereits am 5. April hieß es: Zurück bis an die Straße Obergrombach–Gondelsheim. Verlassene 2 cm-Flak stand am Wege, über uns kreiste der Ariflieger des Feindes, und noch ehe wir den Berwartshäuser Hof recht erreicht hatten, lag um uns gezieltes Artilleriefeuer. Wir zogen vor, an den Waldrand nahe dem Erdbeerhof 'umzuziehen', dort liefen dann die Fäden zusammen. Lage: Unser Bataillon ist eingeschlossen, Verbindung zum Regiment besteht nicht mehr.

Um 20 Uhr erreicht uns, von einem Leutnant überbracht, der Befehl zum Absetzen in den Raum Dürrenbüchig. Nach zwei Stunden rücken wir ab, durch stockdunklen Wald, und erreichen vor Tagesgrauen die Straße Wössingen–Bretten nahe Dürrenbüchig. Der Ort ist bereits feindbesetzt. Wir verlagern unseren Standort gen Bretten und versuchen, auf der Bahnlinie voranzukommen. Bei einem verlassenen Bahnwärterhaus machen wir kehrt. Unser Kommandeur, ein Major, kehrte von einem Spähtrupp nicht mehr zurück. Der dienstälteste Offizier, ein Hauptmann, übernahm den Haufen.

Ich erbot mich, die Spitze zu übernehmen – schließlich fühlte ich mich als Pforzheimer Landkreisbewohner mit der Umgebung vertrauter als die anderen. Noch recht früh am Morgen des 6. April erreichten wir durch de Wald, unbehelligt, die Straße Bretten–Stein. Trotz gutem Wetter gab es durch den Morgentau feuchte Füße bei einem Erkundungsgang (Spähtrupp) – von mir allein durchgeführt. Nichts war zu sehen, lediglich Schießerei aus Richtung Nußbaum zu hören. Vorsichtig näherten wir uns schließlich Sprantal, auf dessen Kirchturm wir die erste weiße Fahne dieses Krieges sichteten. Ein kleiner Junge, etwa 13 oder 14, zeigte uns den Weg

*Französische Kolonialtruppen auf dem Vormarsch, Anfang April 1945.
(ECPA Terre 10214 G20 322104)*

Richtung Rothenberger Hof, nahe bei Kleinvillars. Den hatten schwarze Soldaten wenige Minuten zuvor verlassen. Aus Richtung Bauschlott vernahmen wir Pak- oder Panzerkanonenschüsse. Wir überquerten die Straße und zockelten auf der Bahnlinie ab Kleinvillars in Richtung Ölbronn–Maulbronn.

Das freie Feld war feindfrei, und über den Eichelberg kamen wir gegen Abend hundemüde und ausgehungert in Enzberg an, wo wir wieder auf unser Regiment 221 stießen, auch auf unseren Major. Die Bevölkerung half uns, unser Los so erträglich wie möglich zu gestalten, jedenfalls konnte ich mich über die Hilfsbereitschaft meiner Quartierleute nur freuen, zu Hause hätte man mich kaum besser bemuttern können.

Während die Soldaten schliefen, hieß es für mich, neue Befehle beim Regiment zu empfangen und die schnurstracks meinem Bataillons-Chef zu übermitteln. Bereits am 7. April bei Tagesgrauen fanden wir uns nach Überquerung der Enz bei Enzberg in Mühlacker-Dürrmenz wieder. Hier wurde der Krieg wieder ernst, schon von der ersten Stunde an. Tagsüber detonierten Granaten von Freund und Feind auf die Stellungen beiderseits der Enz. Der Gegner hatte das nördliche Enzufer enzabwärts schon in Besitz.

Wir mußten uns das Gesetz des Handelns von ihm vorschreiben lassen. Verbindung zum Nachbarn nach rechts hatten wir nicht. Ich bekam den Befehl, einen solchen zu suchen und stützpunktartig das Enzufer bis auf die Höhe von Lomersheim zu besetzen. Der Nachbar war das 16. Füsilierbataillon. Acht(!) Mann standen mir zur Verfügung. In einer nahen Hühnerfarm richtete ich mich zur Nacht ein. Trotz Hühnerfarm schoben wir Kohldampf, denn eine Feldküche gab es seit Tagen nicht mehr. Unser Troß der 16. VGD war im Raum Knittlingen zersprengt

Das zerstörte Pforzheim nach der französischen Eroberung Ende April 1945.
(ECPA Terre 10290 R17 322102)

worden. Von unserem Gepäck sahen wir nichts wieder. Erst gegen Morgen des 8. April, als ich abgelöst wurde, bequemten sich unsere Stützpunktgeber zu einem Eiergericht. Wir hätten uns die Eier ja auch holen können. Wir taten es nicht.

Wie immer, wenn es 'Ablösung' hieß, fühlte man sich freier; wir kamen aber vom Regen in die Traufe. Wiernsheim hieß unser Ziel, und wenn ich so manches schon vergessen habe, Wiernsheim werde und kann ich nicht vergessen. Hier wurde unser Bataillon aus Überresten des Regiments 221 neu aufgestellt. Während wir noch dabei waren, kam ein neuer Einsatzbefehl: „Feind ist bei Mühlhausen durchgebrochen, abrücken nach Großglattbach und Riegel aufbauen." Kaum hatten wir den Wald vor Großglattbach erreicht, fuhren Panzer und Lkw mit aufgesessener Infanterie in den Ort, und schon lag schweres Arifeuer in unserer Nähe im Wald.

Zum Glück wurde es bald Nacht. Im Straßengraben, mit Laub zugedeckt, verbrachten die, die nicht Posten standen, die Nacht, mehr frierend als schlafend, denn die Nacht war kalt. Der 9. April war angebrochen und mit ihm die Aktivität des Gegners. Ein Scheinunternehmen unsererseits mit zwei Hetzern sollte den Feind einschüchtern. Wir wurden vom Sturmbataillon des AOK I abgelöst, und noch ehe wir abgerückt waren, griff der Gegner die Stellung des Sturmbataillons mit Panzerunterstützung an. „Alles flutet zurück, wird rückwärts aufgefangen und erneut in Stellung gebracht", heißt es in meinen Aufzeichnungen von damals; „Sturmbataillon macht Gegenstoß und gewinnt wieder an Boden. Unser Bataillon hat sich aufgelöst, im Laufe des Abends treffen Restteile in W. ein und sammeln sich." Was bergen diese Sätze in sich? Für den, der die Zeit erlebt hat, sehr viel.

Unser Bataillon wurde am Nordrand von Wiernsheim eingesetzt und erhielt einen Zug Landesschützen zugeteilt. Pinache ging verloren. Am 10. April erfolgte Neugruppierung durch Übernahme des Füsilierbataillons 16, andernorts erfolgte die Neuaufstellung eines Bataillons aus Versprengten und Teilen des Regiments 221 bzw. der Division. Um 14 Uhr erfolgte ein starker feindlicher Feuerüberfall mit Ari auf W., und durch einen Jaboangriff wurden sechs Häuser niedergebrannt. Unsere Beobachter meldeten starken feindlichen Lkw-Verkehr und einige Panzer auf Pinache zu. Ein eigenes Stoßtruppunternehmen um 22 Uhr brachte keinen Erfolg.

11. April: Jabos griffen um 13 Uhr mit Bomben und Bordwaffen W. an, und um 15.30 Uhr wurde ein feindlicher Funkspruch aufgefangen, der besagte, daß um 16 Uhr ein Angriff mit starker Ari und Panzerunterstützung erfolgen soll. Der Angriff erfolgte bei Öschelbronn. Glück für uns.

Es führte zu weit, wollte ich den Kampfverlauf in W. bis zu unserer Ablösung am 17. April um 0.00 Uhr schildern, lediglich noch so viel: „Es war eine schwere Zeit für uns und die Bevölkerung. W. hatte viele Evakuierte aus Pforzheim. Sie beschworen uns, doch abzurücken. Im Pfarrhaus war der Gefechtsstand des Kommandeurs 221, er war ständig unterwegs. Die Frauen weinten bitterlich, als sie uns ihr Schicksal schilderten – ich kannte es. Sie wollten in W. nicht noch einmal ihr Dach über dem Kopf verlieren." Und wir? Man hatte uns nach W. befohlen, befahl uns zu bleiben, getreu dem Führerbefehl 'bis zur letzten Patrone'. [...]

Niemand von uns wollte in Gefangenschaft, und dieser entgingen wir in W. durch den Ablösungsbefehl, der am 17. April um Mitternacht wirksam wurde. Einheiten der 47. VGD waren unsere Nachfolger. Wir schläppelten in Richtung Mönsheim und sammelten uns im Raum Hausen. An Schlaf war nicht mehr zu denken. Eine Kompanie ging beiderseits Hausen in Stellung, Spähtrupps erkundeten bei Möttlingen, Simmozheim und Neuhausen die Lage. Ein Spähtrupp brachte aus S. die Nachricht: „Schellbronn und Hamberg sind feindbesetzt, Gegner drückt von Nordwesten." Noch am gleichen Abend ging es weiter zurück. Seit langem schon war der Slogan „Vorwärts, Kameraden, es geht zurück" beim deutschen Landser gut bekannt.

Wir von der 16. VGD gingen in Deckenpfronn-Gültingen in Stellung, die Kämpfe wurden im Raum Sulz-Wildberg weitergeführt. Der auf dem Vormarsch befindliche Feind war schon lange vor uns dort. Mit dem 18. April verließen die Kräfte der 16. VGD den Raum des heutigen Enzkreises. Ihr hinhaltender Widerstand endete damit und mündete ab 21. April in eine Flucht. Fluchtwege bzw. -stationen waren für unser Bataillon, das nach einigen Tagen nur noch sechs Mann zählte – die anderen zerstob der Wind: Kuppingen-Nufringen, Raum Herrenberg, Hechingen, Garmisch, Walchensee, Bad Tölz, Schliersee, Bayrisch Zell, Kufstein, Achensee und zurück über Kufstein nach Landl, wo sich die 16. VGD am 3. Mai auflöste.

Otto Schlegel (in: Pforzheimer Zeitung, 10.5.1985)

Das Ende – oder wehret den Anfängen:
Ostern 1945 in Ubstadt – Erinnerungen meiner Großmutter

Nicht meine eigene, sondern die Geschichte meiner Großmutter möchte ich erzählen. Ich bin fünfzehn Jahre alt, wenig älter als meine Großmutter bei Kriegsende. Ich habe versucht, mich in die Situation eines jungen Menschen kurz vor dem Ende des Dritten Reiches zu versetzen. Es ist mir schwergefallen, denn für mich ist kaum vorstellbar, unter derartigen Bedingungen leben und heranwachsen zu müssen.

An einem heißen Tag im Sommer 1994 sitze ich meiner Großmutter in der Küche gegenüber – sie beginnt zu erzählen:

„Ich erinnere mich in vielen Bereichen noch gut an diese Monate und Jahre, in denen Deutschland im Zentrum des Weltinteresses stand, die Alliierten gegen das nationalsozialistische Deutschland ankämpften und Europa schließlich von der Gewaltherrschaft befreiten. Einschränkend muß ich natürlich sagen, daß mir damals, meinem Alter entsprechend, vieles unverständlich war. Auch waren die Möglichkeiten, sich Informationen zu verschaffen, weitaus geringer als heute.

Auch die letzten Tage des Dritten Reiches, das Kriegsende, sind mir im Gedächtnis haften geblieben. Am Morgen machte ich mich festlich gekleidet mit meiner älteren Schwester auf zur katholischen St. Andreas-Kirche. Es war kein gewöhnlicher Kirchgang. An diesem Tag feierte man die Auferstehung Christi, Ostern. Wir wußten nichts von den näherrückenden alliierten Streitkräften, und so gingen wir fröhlich schwatzend und kichernd ins Dorf. Mein Vater war vorausgegangen, meine Mutter zu Hause geblieben, um das Osteressen vorzubereiten. Ich wohnte damals wie heute noch in der Weiherer Straße, die zur sogenannten Siedlung in Ubstadt gehört. Zu dieser Zeit standen in diesem Teil von Ubstadt nur wenige Häuser, in der gesamten Weiherer Straße lediglich vier. Die Leute scheuten davor zurück, ihr Haus in das 'Wasserloch' zu bauen, wie die Siedlung früher genannt wurde; durch den naheliegenden Kraichbach kam es nämlich des öfteren zu Überschwemmungen.

Als wir gerade die Kraichgaubrücke, die auch damals schon 'Kiehbrigg' (Kuhbrücke) genannt wurde, überquert hatten, sahen wir unseren Vater auf uns zulaufen. Wir hatten gedacht, er säße schon längst in der Kirchenbank. Er schien ein wenig aufgeregt zu sein, als er uns zurief. 'Kinder, geht sofort nach Hause, der Feind ist schon über den Rhein.' Zuerst zögerten wir, wir wußten weder, von wem er diese Nachricht erhalten hatte, noch wer oder was der Feind sei. Doch dann taten wir, was er uns geheißen hatte, und kehrten um. Auf dem Heimweg grübelten wir und stellten Vermutungen an. Die Erwachsenen erzählten zwar viel, aber keiner schien etwas Genaues zu wissen oder wissen zu wollen, und wir Kinder bekamen ohnehin noch viel weniger vom aktuellen Geschehen mit.

Meine Mutter war überrascht, sie hatte uns natürlich noch nicht zurückerwartet. Sie konnte die Neuigkeit zuerst nicht glauben, sie schien so ahnungslos wie wir zu sein. Vater kam gleich nach uns heim, und Mutter tischte bald darauf das Osteressen auf. Ich kann nicht mehr genau sagen, was es zu essen gab; sicherlich war Salat aus dem eigenen Garten und selbstgeschossenes Fleisch dabei. Da mein Vater Jäger war, hatten wir gelegentlich Fleisch auf dem Teller, das restliche Wild wurde gegen andere Lebensmittel eingetauscht.

Den Rest des Tages verbrachten wir in Ungewißheit. Festtagsstimmung wollte nicht aufkommen. Gegen Mittag hatte sich herumgesprochen, daß die Alliierten Ubstadt bald erreichen würden. Es lag etwas in der Luft, man konnte förmlich spüren, daß sich bald etwas ereignen würde. Doch alles blieb ruhig. Am Abend packten wir das Nötigste zusammen und gingen zu unseren Nachbarn, die uns angeboten hatten, die Nacht in ihrem betonierten Keller zu verbringen. Auch zwei andere Nachbarsfamilien suchten dort Schutz vor etwaigen Bombardierungen. Natürlich war es für uns keine ungewohnte Situation, die Nacht im Keller zuzubringen. Während der vergangenen zwei, drei Jahre hatten wir oft genug im Keller Zuflucht suchen müssen, wenn zu jeder Tages- oder Nachtzeit die Sirene vor den feindlichen Fliegern warnte. Ich empfand diese Alarme immer als besonders schlimm: zuerst das schreckliche Geheule, dann das hastige und überstürzte Packen und In-den-Keller-Laufen und das manchmal stundenlange Ausharren im Feuchten und Kalten.

Während der Nacht und auch am darauffolgenden Morgen geschah nichts, doch gegen Mittag vernahmen wir von weither die ersten Schüsse. Bald war das Geratter und Gedröhne schwerer Fahrzeuge auf der Straße zu hören. Granaten schlugen ringsum ein. Mit sirrendem Geräusch gab es einen Einschlag in nächster Nähe. Wie wir später hörten, war eine Nachbarscheune ge-troffen worden. Unsere den ganzen Tag schon vorhandene Angst und Ungewißheit wuchsen. Wir wurden immer stiller, die spärlichen Gespräche verstummten, ich erinnere mich an das unnatürlich laute Ticken der Armbanduhr eines Nachbarn. Die Geräusche von draußen zerrten an den Nerven, raus traute sich natürlich niemand. Ich rückte immer näher an meine Mutter.

Plötzlich hörten wir schnelle Schritte auf der Kellertreppe, meine Mutter hielt mich fester, wir erstarrten allesamt, mein Herz begann wie wild zu rasen. Mit einem Schlag flog die Tür krachend an die Kellerwand. Mehrere Soldaten (es waren Amerikaner, wie ich später von meinem Vater erfuhr) stürmten mit Maschinenpistolen im Anschlag herein. Sie sahen furchteinflößend aus, Stahlhelme mit Tarnnetzen, die das Gesicht verdunkelten, auf den Köpfen, groß und von massiger Gestalt. Mein Vater begann heftig zu atmen. Er war Asthmatiker, weshalb er auch nicht lange hatte Kriegsdienst leisten müssen. Einer der Soldaten trieb uns mit seiner Maschinenpistole in einer Ecke des Kellerraumes zusammen. Er sprach gebrochen Deutsch und beschimpfte uns als 'Bluthunde'. Immer wieder stieß er hervor: 'Wo deutscher Soldat? Wo deutscher Soldat?' Seine Frage kam nicht von ungefähr, denn zwei Nachbarjungen waren auf das Scheunendach geklettert, wie wir später erfuhren, um nachzuschauen, welche Schäden die Granate angerichtet hatte. Unglücklicherweise waren sie von anrückenden Soldaten gesehen und beschossen worden, weil man sie für Wehrmachtsangehörige gehalten hatte. Einer der Jungen war schwer am Bein verletzt worden. Ein 'deutscher Soldat' befand sich natürlich nicht im Haus.

Der amerikanische Soldat beschimpfte uns weiter, er wurde immer ärgerlicher. In mir fühlte ich nur noch Angst und grenzenlose Panik. Den anderen ging's nicht besser. Zusammengedrängt und zitternd standen wir da. Der Soldat ließ uns in einer Reihe aufstellen. Gertrud, ein Mädchen aus dem Nachbarhaus, schrie in Panik: 'Wollt ihr uns alle erschießen?' Keiner der Soldaten antwortete. Wir konnten es nicht fassen, es war wie ein Schock: Würde hier in diesem Keller in den vermutlich letzten Kriegstagen unser aller Leben ein so grausames Ende finden? Der Soldat, der uns angebrüllt hatte, hob den Arm und richtete seine Waffe auf uns."

An dieser Stelle unterbreche ich meine Großmutter, die sich bei den letzten Sätzen sichtlich erregt hat. Ich lasse ihr etwas Zeit und frage sie dann, was sie damals, im Augenblick akuter Lebensbedrohung, gefühlt hat. Sie antwortet, sie habe in dieser Situation überhaupt nichts mehr verstanden, nur noch unbeschreibliche Gefühle der Angst seien dagewesen. Sie erinnere sich nur noch an Gedankenfetzen, durch jemanden sterben zu müssen, den sie nicht kenne und dem sie nichts getan hatte. Nach einer Weile erzählt sie weiter:

„Das heftige Atmen meines Vaters steigerte sich immer mehr, bis er nur noch schwach röchelte. Es hörte sich an, als läge er buchstäblich schon in den letzten Atemzügen, ja als drohe er gleich zu ersticken. Die Aufregung hatte ihm offensichtlich so zugesetzt, daß er einen Asthmaanfall erlitten hatte. Als die Soldaten sahen, daß mein Vater sehr krank war, ließen sie ihre Gewehre sinken und gingen wortlos aus dem Keller. Total verstört und verängstigt ließen sie uns zurück. Ich fing erst jetzt an zu weinen.

Wir blieben gezwungenermaßen noch weitere drei Tage im Keller. Mein Vater erholte sich langsam wieder. Unser Haus war von den Franzosen beschlagnahmt und zum Lazarett erklärt worden. Nur einmal ging ich während dieser drei Tage mit meiner Schwester zu unserem Haus. Wir hatten vor, Lebensmittel herüberzuholen, denn die Nachbarn waren auf zusätzliche Esser nicht eingerichtet. Doch unser Vorhaben blieb erfolglos; wir begegneten Soldaten, die uns heranwinkten, wir bekamen Angst und rannten durch den Garten zum Nachbarhaus zurück.

Nach drei Tagen zogen die Franzosen weiter, wir konnten wieder in unser Haus zurück. Aber was hatten sie uns hinterlassen! Alle unsere Möbel waren ausgeräumt worden und standen auf dem Hof. Küche und Eßzimmer, als Krankenlager benutzt, waren verschmutzt, überall auf dem Fußboden lag Unrat. In einer Zimmerecke lag ein braunes Etwas, das ich zuerst für Schokolade hielt, hatte ich doch bisher noch nicht allzuviel von dieser exotischen Süßigkeit gesehen, geschweige denn gegessen. So ging ich neugierig hin und mußte ernüchtert feststellen, daß ich etwas ganz Alltägliches, 'Natürliches', vor mir hatte.

Wir reinigten das ganze Haus von oben bis unten und machten es wieder bewohnbar. Verständlicherweise kehrte noch lange Zeit nicht der gewohnte Alltag in unser Leben ein."

Mich hat der Bericht meiner Großmutter in meiner Haltung bestärkt: Nie wieder dürfen Verhältnisse wie damals eintreten, nie wieder darf von unserem Land ein Krieg ausgehen. Wir müssen die Chancen und Freiheiten, die unsere Demokratie bietet, nutzen und allen Strömungen entgegenarbeiten, die diese Demokratie bedrohen können. Meine Generation und die meiner Eltern sind die ersten, die in Deutschland ohne Krieg in Frieden und Freiheit leben können. Vorher hat jede Generation 'ihren' Krieg gehabt. Wir müssen all unsere Kräfte einsetzen, uns unsere Lebensbedingungen zu erhalten, in Frieden mit unseren Nachbarn, aber auch im Einklang mit den Naturgegebenheiten unserer Umwelt. *Christina Dick (1994)*

Untergrombach am 5.4.1945 – Michaelskapelle vor großem Brand gerettet

Der damalige Bürgermeister Jakob Kußmann berichtete kurz nach Kriegsende:
„Ich ging auf das Rathaus. Sofort wurde das Kruzifix am alten Platz wieder aufgehängt. Bei dieser Gelegenheit habe ich unseren Beschützer St. Michael auf dem Berg angefleht, er möge uns doch in den schweren Tagen helfen, und ich sage, er hat uns geholfen. Es gab keinen Toten."

Im Rathaus wurden wertvolle Bücher im Keller verwahrt und auch die Parteilisten weggeschafft. Am Ortseingang von Bruchsal fand noch ein kleines Gefecht statt. Ein französischer Soldat wurde dabei getötet. Die Panzersperren blieben aber geschlossen. Bruchsal war inzwischen besetzt, ebenso Büchenau und Weingarten. Von der Autobahn her wurde das Dröhnen der

Zerschossene Fahrzeuge auf dem Rückzug durch den Kraichgau. (Sammlung R. Eiermann)

schweren Panzermotoren immer stärker und vom Berg aus wurde beobachtet, wie in Büchenau und in Spöck, aber auch in Karlsdorf Geschütze in Stellung gegen den Michaelsberg gebracht wurden. Sie eröffneten das Feuer zunächst nur auf den Berg, dann streuten sie in südlicher Richtung ab, und im Oberdorf gab es zahlreiche Einschläge, es brannte auch eine Scheune, da Phosphorgranaten einschlugen. Auf dem Berg brannte ein Ökonomiegebäude, und nur durch den wagemutigen Einsatz der Familie Lauber, die damals Pächter auf dem Berg war, konnte die Kapelle vor einem großen Brand gerettet werden.

Es war der 5. April, als gegen zehn Uhr aus dem bereits besetzten Obergrombach ein Stoßtrupp mit 30 Mann gegen Untergrombach vordrang, auf der Steige eine kleine Schießerei veranstaltete und dann die Benutzer des großen Schutzstollens beim heutigen Hundeplatz aus dem Stollen trieb und durchsuchte. Sie nahmen dort auch einen Gefangenen.

Inzwischen war der Volkssturm durch Adolf Zipperle und Wilhelm Doll aufgelöst worden. Die letzten deutschen Soldaten zogen über den Kopfenbuckel in Richtung Jöhlingen ab. Jakob Kußmann gab den Befehl, die Panzersperren in der Bahnhof- und der Bruchsaler Straße zu öffnen. Mit einer weißen Fahne ging er zusammen mit Karl Mangei und Severin Arnold den einrückenden Truppen entgegen. Es war ein buntes Völkergemisch, das ins Dorf kam. Den Großteil machten die Marokkaner aus, dann kamen Tunesier und Algerier sowie einige Elsässer. Drei Tage hatten die Truppen Freiheit, das heißt, sie durften plündern. Es ist heute schlecht zu schildern, was in den nächsten Stunden und Tagen geschah. Fast kein Haus blieb verschont. Die Keller hatten es den Leuten aus Nordafrika besonders angetan.

Im Rathaus ging es ebenfalls drunter und drüber. Jakob Kußmann hatte einiges durchzustehen. Sein Anwesen in der Bruchsaler Straße wurde besonders heimgesucht, immer mit der Begründung, so hätten es deutsche Soldaten mit den französischen Bürgermeistern vorgemacht. Kußmann hat den Ortskommandanten gebeten, ihn auch wegen seiner Kriegsbeschädigung von seinem Posten zu entbinden. Otto Raab und Gustav Rapp wurden daraufhin auf das Rathaus gerufen. Otto Raab, ebenfalls nicht Mitglied der NSDAP, wurde als neuer Bürgermeister eingesetzt.

Josef Mafael (in: BNN, 4.4.1985)

Kriegsende in Neuthard – Ein zwölfjähriger Junge entrollt die weiße Fahne

Anfang April wurde auch Neuthard zur Zielscheibe der Alliierten. Über 30 Granaten schlugen in Häuser und Scheunen ein, ein Volltreffer räumte das Dach des Anwesens Weinmann ab. Der damals zwölfjährige Erhard Wurst erinnert sich, daß er sonntags als einziger Meßdiener die Ostermesse ministrierte. Pfarrer Krems, der einen Einsturz der Apsis befürchtete, zelebrierte am Seitenaltar; nur wenige Gläubige waren zur Messe gekommen. Nach dem Gottesdienst beauftragte der Pfarrer den Jungen, beim Heranrücken der Alliierten auf dem Kirchturm die weiße Fahne auszurollen, und zwar auf der westlichen Seite, damit sie zwar von den Alliierten, nicht aber von den deutschen Soldaten gesehen werden konnte. Die Fahne stand eingerollt hinter dem großen Schrank in der Sakristei.

Zwei Tage später klopfte es an der Haustür von Wursts Elternhaus. Draußen stand ein französischer Soldat. Sogleich erinnerte sich der Junge seines Auftrages, erstieg den Kirchturm und hängte die weiße Fahne hinaus. Kurz darauf rollten französische Panzer aus dem Hardtwald heraus und auf breiter Front auf Neuthard zu. Kein einziger Schuß fiel. Pfarrer Krems, der die französische Sprache beherrschte, erreichte, daß die Bevölkerung von Plünderung und Vergewaltigung verschont blieb.

Linus Engster (in: BNN, 20.4.1985)

Odenheim Ostern 1945 – Einmarsch der Amerikaner und Franzosen

Noch am Ostersonntag waren einige im Rückzug begriffene Wehrmachtssoldaten mit drei Vierlingsgeschützen (ca. 15–20 Mann, darunter Werner Bode) in Odenheim eingetroffen. Die Flakgeschütze wurden auf der Anhöhe beim Tabakschopfen postiert. Während dessen erreichten die ersten Amerikaner bereits die an der Unteren Mühle errichtete Panzersperre.

Geschossen wurde aus den getarnten Wehrmachtsgeschützen nicht mehr, da man sich bewußt war, daß dies verheerende Reaktionen seitens der Amerikaner ausgelöst hätte. Auf Befehl mußte Werner Bode in diesen Stunden den Tabakschopfen aufschließen, damit sich die Bevölkerung mit den dort gelagerten Werkzeugen eindecken konnte. Dabei lernte Werner Bode seine spätere Frau Hella kennen, mit der er über die Zeit seiner Gefangenschaft hinweg Kontakt hielt und zu der er nach seiner Entlassung zurückkehrte, um sie später zu heiraten. Noch am Abend des Ostersonntags kam für diese Soldaten der Befehl, sich weiter nach Eppingen zurückzuziehen. Nun hielten sich immer noch eine Handvoll Funker als Nachrichtendienst im Blumensaal auf. Am Ostermontag wurden zwei von ihnen mit einem Leiterwagen losgeschickt, um in Sinsheim noch einen Kanister Sprit zu holen, damit sie ihren Opel-Blitz überhaupt für den Rückzug benutzen konnten. Sie verließen Odenheim am Osterdienstag gegen 7.30 Uhr, wohl wissend, daß die Amerikaner Odenheim in der nächsten Stunde einnehmen würden.

Zum Zeitpunkt des amerikanischen Einzugs war die Odenheimer Feuerwehr dabei, den Brand am 'Krapps-Häusl' zu löschen. So kam es zur vorübergehenden Festnahme der Feuerwehrmänner.

Seitens der Amerikaner, die bereits nach wenigen Stunden weiterzogen, kam es kaum zu Übergriffen, allenfalls dazu, daß sich US-Panzerfahrer mit Odenheimer Frauen fotografieren lassen wollten. Den Amerikanern unmittelbar auf dem Fuß folgten die Franzosen. Auf Befehl des französischen Militärs mußten die Odenheimer (Frauen) die Baracken des RAD-Lagers reinigen, um sie den russischen Kriegsfreiwilligen, Kriegsgefangenen und Zwangsarbeitern als Unterkunft zu überlassen. Bewacht wurde das Lager nun von marokkanischen Soldaten, die teilweise im Forsthaus einquartiert waren. Die Baracken auf dem Schulhof wurden mit ehemaligen französischen Zwangsarbeitern belegt. Die größeren Gebäude wurden von französischen Soldaten requiriert.

Die Hauptlast der Versorgung hatten die Odenheimer zu tragen, aber auch die Nachbargemeinden waren gezwungen, an bestimmten Wochentagen Grundnahrungsmittel anzuliefern. Odenheimer Männer in jungem und mittlerem Alter sowie zurückgekehrte Soldaten zogen sich aus Angst, als Zwangsarbeiter nach Frankreich verbracht zu werden, in Orte der angrenzenden amerikanischen Besatzungszone (im Kreis Sinsheim, z. B. Michelfeld, oder Heidelberg) zurück.

Während der Teil der russischen Hilfsfreiwilligen, der sich bei den deutschen arbeitgebenden Familien wohl gefühlt hatte, nur ungern ins nunmehr 'russische' (RAD-)Lager ging, tobten sich viele andere, die unter deutscher Knechtschaft gelitten hatten, aus und ließen ihrem angestauten Haß freien Lauf. *Heimatkundlicher Arbeitskreis Odenheim (1995)*

Schafmassaker in Odenheim

Es war am Tag des Einmarsches der französischen Truppen (3. April). Von Zeutern her wälzte sich ein schier unendlicher Zug von Soldaten aller Rassen und Hautfarben in Richtung Dorf.

Der uns allen, besonders den Älteren, bekannte Schäfer Franz hatte seine Schafherde – offensichtlich, um besser auf sie aufpassen zu können – in das Schwimmbad getrieben. Als die ersten Truppen am Schwimmbad vorbei marschierten, wurde die Herde sehr unruhig. Am großen Birnbaum (auch ein früheres Wahrzeichen von Odenheim) rannten die Soldaten plötzlich auf das

Schwimmbad zu und drückten das Tor ein. Unter der Schafherde richteten sie ein Massaker an. Manchem Tier wurde mit dem Dolch die Kehle durchgeschnitten. Die Soldaten tranken das warme Blut. Einige Schafe wurden abgeschossen. Bis zur Waldkapelle lagen Kadaver von Schafen herum. Die Soldaten zogen weiter. Einige hatten tote Schafe auf dem Rücken, manche führten sie in Handwagen mit sich.

Der Bruder vom Schäfer Franz, Baptist, sah von seinem Haus auf der Röthe dieses Tierdrama, da die Truppen an seinem Haus vorbei zogen. Er rannte über den Röthe-Buckel zum Schwimmbad, trieb unter Lebensgefahr mit seinem Hund die noch verbliebenen Tiere in den Wald bei der Waldkapelle und konnte so seinem Bruder wenigstens einen Teil der Herde retten.

Für mich, einen damals Zehnjährigen, der im Weidenfeld wohnte, war dies als unmittelbarem Augenzeugen ein grauenvolles Erlebnis. *Günter Beuse (1995)*

Weingarten

Eroberung des Unterdorfes

Am Dienstag, dem 3. April, drangen von Blankenloch her marokkanische Hilfstruppen der Franzosen mit Panzerunterstützung ins Unterdorf ein. In der breiten Bahnhofstraße hatten die deutschen Soldaten gegen die schweren Waffen des Gegners keine Chance. Einwohner, die aus ihren Kellerfenstern vorsichtig auf die Straße blickten, erschraken, als sie die verwegenen Gestalten der Afrikaner in ihren Khakiuniformen sahen. Unter den Marokkanern waren auch Schwarze. Marokko war französisches Protektorat, und die Franzosen ließen den Marokkanern an militärisch gefährlichen Stellen gern den Vortritt.

Im Unterdorf waren noch vereinzelte deutsche Soldaten. Zwei von ihnen wagten ein tolldreistes Husarenstück. Sie preschten mit einem Beiwagenmotorrad, auf das sie ein MG montiert hatten, aus einer Hofeinfahrt heraus ein Stück an der Panzerkolonne entlang und schossen auf alle Panzerkommandanten, die es wagten, aus ihrem Panzerturm zu schauen. Die Panzer waren in der Gegenwehr behindert, weil sie ihre Kanonen nicht tief genug richten konnten. Voller Wut und Nervosität zerschossen sie eine Reihe von Häusern bis herauf zur 'Krone'. In vielen Hauswänden klafften danach große Löcher. Von den Höhenzügen aus wurden die vorrückenden Panzer beschossen. Dabei verlor die katholische Kirche ihre Turmspitze.

Die Marokkaner versuchten, sich dadurch etwas zu schützen, daß sie den Zivilisten August Koch als Kugelfang auf den vordersten Panzer setzten. Jemand sah das und rief entsetzt: „Dort, dort der Koche Auguscht sitzt uf dem vorderschten Panzer!" Nach einiger Zeit konnte August Koch von seinem gefährlichen und ungemütlichen Sitz abspringen und entkommen.

Ein Stoßtrupp versuchte, ins Oberdorf einzudringen. Heftiges MG-Feuer trieb ihn schnell wieder zurück. Einer der Panzer stellte sich in der Bruchsaler Straße in die Hofeinfahrt zum 'Kühlen Krug' und richtete seine Kanone in den Hof, in dessen Felsenkeller viele Frauen, Kinder und einige ältere Männer Schutz gesucht hatten. Der Felsenkeller wurde gründlich nach deutschen Soldaten durchsucht. In jede Ecke und unter jede Bank wurde geleuchtet.

Im unteren Teil der Bahnhofstraße gab es plötzlich einen Zwischenfall. Einige Marokkaner glaubten, Zivilisten hätten auf sie geschossen. Hinzu kam, daß im Hause eines abwesenden Volkssturmmannes Munition gefunden wurde. In ihrer Aufregung erschossen die Marokkaner dort den 24jährigen Alfred Harz, den sie für einen Partisanen hielten. Der junge Mann war wegen schwerer Krankheit nicht Soldat geworden. Danach wurden wahllos Geiseln zusammengetrieben, denen mit Erschießung gedroht wurde, falls sich der Heckenschütze nicht melde. Zum Glück klärte sich alles sehr bald als harmlos auf.

Am Marktplatz besetzten die Afrikaner das Rathaus und vergnügten sich damit, die Akten aus den Fenstern auf die Straße zu werfen. Auf dem Rathausbalkon stand ständig ein Posten mit rotem Fes auf dem Kopf und einer Maschinenpistole im Anschlag. Auch die stark beschädigte 'Krone' lag voller Marokkaner, und eine ganze Reihe weiterer Häuser war voll mit den fremden Soldaten.

Plünderungen waren nun an der Tages- und Nachtordnung. Die Frauen kleideten sich möglichst ungünstig und versuchten, alt und ungepflegt auszusehen, um sich vor Vergewaltigungen zu schützen. Unter den herrschenden Verhältnissen war diese Tarnung leicht. In der Schulstraße sah ein neunjähriger Junge, wie ein Soldat eine Frau in eindeutiger Weise belästigte. Der Bub schlüpfte an dem Kerl vorbei aus dem Hause und suchte nach einem Marokkaner, den er für einen Offizier hielt, den nahm er an der Hand und zog ihn mit zum Tatort. Der Offizier schritt auf der Stelle strafend ein. Er schlug den Übeltäter ganz einfach zusammen.

Im Unterdorf richtete sich die Truppe ein Stabsquartier ein. Weingartener Männer, die dort vorbei mußten, wurden meist ins Haus geholt. Dort mußten sie zur Unterhaltung der jungen Soldaten möglichst lächerliche Arbeiten verrichten.

Am Mittwoch, dem 4. April, war der 50jährige Arbeiter Franz Ehnis auf dem Heimweg. Dazu mußte er auf dem damals noch vorhandenen schmalen Fußweg zwischen dem Bach und dem Garten des Walk'schen Hauses entlang gehen. Leider hatte er nicht bedacht, daß er dabei vom französisch besetzten Teil Weingartens aus die Grenze zum deutschen Oberdorf überschritt. Von einem Fenster der 'Krone' sah ihn ein marokkanischer Scharfschütze und erschoß ihn.

Doch auch in jenen schweren Tagen gab es Beweise von Menschlichkeit. Unter den Marokkanern waren einige Männer, die sich anständig verhielten und denen es Freude machte, Kindern Süßigkeiten zu schenken. Als besonders freundlich erwiesen sich die Neger. So wurde beobachtet, daß ein Schwarzer einen verirrten kleinen Jungen bei der Hand nahm und vor dessen Elternhaus ablieferte. Um sicheres Geleit bieten zu können, hatte der Soldat ein weißes Tuch an sein aufgepflanztes Seitengewehr gebunden.

Im Unterdorf hielten sich immer noch vereinzelte überrollte deutsche Soldaten auf. Eines abends spielte einer von ihnen als angeblicher Pole Pawel Konig vor Marokkanern auf einem Schifferklavier pausenlos lustige Lieder. Der Mann war ständig in Sorge, daß ihn jemand in seiner angeblichen Muttersprache ansprechen könnte, von der er kein Wort verstand.

Wilhelm Kelch (1985, S. 194)

April 1945 im Weingartener Eiskeller
Laura Seemann, geb. Windbiel, war damals 27 Jahre alt, beim Landwirtschaftsamt Karlsruhe/Wiesloch beschäftigt und nebenher als Rotkreuzschwester tätig. Kurz vor Ostern 1945 war das Landwirtschaftsamt auf dem Rückzug über Herrenalb nach Freiburg. In Herrenalb wollte man über Ostern bleiben. Laura Windbiel erbat sich einen kurzen Urlaub und radelte nach Weingarten. Als sie dort am 29. März eintraf, verbot ihr Dr. Wohnlich wegen schwerer Erkältung die Rückfahrt. Sie blieb in Weingarten und trat hier sofort Rotkreuzdienst im Eiskellerbunker an der Bruchsaler Straße an.

Der ehemalige Eiskeller der Brauerei Förster war als Schutzraum eingerichtet. Er hatte drei hintereinander liegende Räume, die mit Bänken ausgestattet waren und über einen Entlüftungsschacht verfügten. Sogar elektrisches Licht war installiert. Heute befinden sich in dem ehemaligen Schutzraum zwei an das Haus Bruchsaler Straße 44 angebaute Garagen.

Zu jener Zeit war der Felsenkeller nachts stets mit 40–50 Personen belegt, unter denen sich einige schwer herzkranke Frauen befanden. Am Dienstag, dem 3. April, waren die Räume auch tagsüber voller Menschen. Da gab es plötzlich helle Aufregung. An der Einmündung der Burgstraße in die Bruchsaler Straße knatterte und ratterte ein französischer Panzer. Sofort wollten sich zwei Parteimitglieder im Luftschacht verstecken. Schwester Laura zog sie herunter, weil befürchtet werden mußte, daß sie Steinschlag auslösen könnten. Kurz danach stürmten Marokkaner den Bunkervorraum. Schwester Laura gab ihnen zu verstehen, die Räume stünden unter dem Schutz des Roten Kreuzes und die Soldaten hätten ihn sofort zu verlassen. Verblüfft gehorchten alle bis auf einen der resolut vorgebrachten Anweisung. Der zurückgebliebene Marokkaner hatte es auf eine Frau abgesehen, die ihr Baby im Arm hielt. Sie wehrte sich, aber der brutale Mensch machte sie sich mit Kolbenstößen gefügig. Aus Sorge um ihr Baby ließ sie ihn schließlich gewähren.

Bangen Herzens erwarteten die verängstigten Menschen den nächsten Tag. Zwei Mädchen, die nicht zur gewohnten Bunkerbesatzung gehörten, hatten sich am Nachmittag bei einer Marokkanergruppe angebiedert. Nach der Sperrstunde waren sie auf dem Heimweg. Zwei französische Streifen sahen sie und schossen. Die Mädchen flüchteten in den Schutzraum. Einer der auf sie abgegebenen Schüsse schlug im vordersten Bunkerraum ein, wo gerade einige Mütter die Abendschöpple bereiteten. Erschrocken rief alles nach Schwester Laura. Als diese sofort herbeieilte, stieß ihr ein inzwischen eingedrungener Soldat die Mündung seines Karabiners auf die Brust und drückte ab. Völlig erstarrt hörte Schwester Laura das Klicken des Schlagbolzens, aber der Schuß löste sich nicht. Ein äußerst seltener Patronenversager hatte ihr das Leben gerettet. Jetzt nutzte die Schwester die Gunst des Augenblicks und zeigte dem Soldaten ihre Rotkreuzbinde. Wütend stieß sie der Kerl zur Seite und erschoß den Kaufmann Franz Schöffler, der gerade in der Nähe stand. Schnell schoß er noch die Lampe aus, dann ging er davon. Im Schein von Taschenlampen stellte man Franz Schöfflers Tod fest und trug ihn in den Vorraum. Die verängstigten jungen Mütter waren in die hinteren Räume geflüchtet.

Am nächsten Tag gingen Laura Windbiel und die Frau des ermordeten Franz Schöffler zum französischen Ortskommandanten, der im nahen Hause des Tierarztes Breuer wohnte. Ihm berichteten sie von den unmenschlichen Vorgängen. Der Offizier meinte nur: „Es ist Krieg, und in den ersten 48 Stunden haben die Marokkaner alle Freiheiten, Plündern inbegriffen. Was wollen sie eigentlich? Die Deutschen haben in Frankreich das gleiche getan." (Hier muß richtig gestellt werden, daß den deutschen Soldaten Vergewaltigung, Plünderung und Mord unter Androhung schwerster Strafen untersagt war. Das galt auch für die Zeit während oder unmittelbar nach der Besetzung einer Ortschaft.)

Die Marokkaner hatten beim Einrücken den als hilfsbereit bekannten Polizeibeamten Hermann Hartmann auf einen ihrer Panzer gesetzt und waren mit ihm davongefahren. Er sah seine Heimat nie wieder. Sein Grab liegt auf dem Soldatenfriedhof Bad Niederbronn im Elsaß.

Wilhelm Kelch nach einem Bericht von Laura Seemann (1985)

Besetzung des Weingartener Oberdorfes

Am Donnerstag, dem 5. April, drohte der deutschen Truppe im Oberdorf die Einkesselung. Sie setzte sich deshalb in Richtung Jöhlingen ab. Wenig später drangen alliierte Truppen ins Oberdorf ein. Die frischen und tatendurstigen Kräfte nahmen noch am selben Tage den von den deutschen Soldaten geräumten Kirchberg im 'Sturmangriff'. Jetzt begannen auch im Oberdorf die Vergewaltigungen.

Die Aufzeichnungen einer jungen Berichterstatterin, die hier zugrunde liegen, enden am 6. April mit dem Vermerk: „Beginn der Vergewaltigungen und Plünderungen". Was bis dahin geschehen war, hatte das Mädchen noch gar nicht erfahren.

Am Abend des 5. April saß ein junger Weingartener Soldat vor dem Fernschreiber einer Stuttgarter Flak-Einheit, als ein kurzes FS eintickerte 'Weingarten bei Karlsruhe ist heute gefallen'.

Am Freitag, dem 6. April, marschierte eine khakibraune, wilde Kolonne in langen Umhängen mit schnellem Trippel-Trappel-Schritt durch Weingarten. In einem Nachbardorf legten sie eine

Marschpause ein, in der sie alle weiblichen Wesen, derer sie habhaft werden konnten, vergewaltigten. Am selben Tage wurden die Marokkaner in Weingarten durch europäische Franzosen abgelöst. Die Verhältnisse wurden zivilisierter. Wieder einige Zeit später wurden die Franzosen durch Amerikaner abgelöst. Nun schwand die Angst und die Menschen atmeten auf.

Wilhelm Kelch (1985, S. 194f)

Besetzung Heidelsheims am 3.4.1945

Vor der Besetzung

Am 1. März 1945 wurde durch Bomben, die etwa hundert Meter abseits vom Dorf in den Friedhof und noch etwas weiter links herabgingen, nur Dachschaden angerichtet. Die Brandbomben zündeten nicht, mit Ausnahme von vier oder fünf Stück, die gelöscht werden konnten. Das Schicksal Bruchsals, das an diesem Tage zerstört wurde, wurde Heidelsheim nicht zuteil.

Erst am 2. April näherte sich die Kampfzone, nachdem Bruchsal gefallen war. Im Vorfeld von Heidelsheim begannen die Infanteriekämpfe am 3. April gegen Mittag. Erst um 2 Uhr wurde Artilleriebeschuß auf den Ort selbst gelegt. Ziele waren der Marktplatz und die beiden Ortseingänge von Bruchsal her – Landstraße und Feldweg – sowie der Ortsrand. Die Beschießung dauerte bis gegen 4.30 Uhr nachmittags. Zum Opfer fielen zwei Knaben, die wegen der Räumung eines Margarinelagers unterwegs waren. Sie starben nach einigen Stunden. Weitere Opfer waren nicht zu beklagen, da die Bevölkerung sich in Kellern und Luftschutzbunkern befand, die außerhalb des Ortes in Hohlwegen angelegt worden waren. Der Schaden an den Häusern war relativ gering im Vergleich zur Dauer der Beschießung und der Zahl der Granaten, da diese leichtes Kaliber hatten und durch Splitter wirken sollten. Die Einschläge auf der Straße waren kaum sichtbar.

Bei der Besetzung

Gegen 5 Uhr nachmittags wurde Heidelsheim besetzt, und zwar kampflos. Die deutschen Truppen hatten die Stellungen am Ortsrand geräumt und sich durch den Ort bzw. westlich am Ortsrand entlang zurückgezogen. Die letzten, die durcheilten, sagten dem katholischen Pfarrer: „Wir haben getan, was wir konnten!" Man kann wirklich sagen: sie kämpften bis zur letzten Patrone. Ihnen folgten rasch französische Infanterie und Panzer. Der Ort selbst wurde nicht übergeben. Der katholische Pfarrer war während der Beschießung dauernd im Schulhaus oder am Stadttor beim Marktplatz, um eventuell noch mit dem Kommandeur unserer zurückgehenden Truppen sprechen zu können. Dieser ging anscheinend außerhalb des Ortes zurück, nachdem er seinen Befehl ausgeführt hatte: den Ort wenigstens fünf Stunden zu halten, um eine geordnete Absetzbewegung der Divisionen und der Flüchtlinge zu ermöglichen.

Der Bürgermeister und Ortsgruppenleiter war mit dem Volkssturm abgerückt, der Stellvertreter nicht zu erreichen. Daher ging der Pfarrer zur Kirche, um das Weitere abzuwarten. Er wollte den Protestanten die Ehre der Übergabe lassen (1:7 ist das Verhältnis der Konfessionen). Bei der Verhandlung mit dem Kommandeur der französischen Truppen über die Bewegungsfreiheit in den Straßen, wegen eventueller Verwundeter usw., weigerte er sich auch, die weiße Flagge auf dem Kirchturm anzubringen, da dieser der protestantischen Kirchengemeinde gehöre und er keine Schlüssel dazu habe. Die wurden später beim Ortsbauernführer geholt, und die weiße Fahne wurde gehißt. Ein Erwachsener und ein Jugendlicher wurden im Lauf der Besetzung, mehr durch ein Mißverständnis, getötet.

Inzwischen gingen die Kämpfe weiter: Im Ortsteil Sachsenhausen, östlich des Bahnhofs, war ein Gefecht zwischen deutschem Panzer und französischer Infanterie. Das Gefecht am Südrand ging bis in den frühen Abend weiter, ebenso die Kämpfe in der Brettener Straße (französische Panzer und deutsches Maschinengewehr), sowie am Westrand und am Friedhof. Süd- und Westrand (Malzfabrik und Friedhof) wurden befehlsgemäß erst um Mitternacht geräumt. Durch diesen Widerstand erbittert setzten die Franzosen Panzer ein und schossen direkt in die Keller der Siedlungshäuser am Südrand, weil sie dort die Schützen vermuteten. Dabei wurde ein junges Mädchen getötet, das aus dem Keller flüchtete. [...]

Nach verhältnismäßig ruhiger Nacht begann der Artilleriekampf am Mittwoch, dem 4. April, früh um 6 Uhr. Deutsche Granaten schlugen am Marktplatz und am Ortseingang von Bruchsal her ein, ähnlich nochmals gegen 9 Uhr. Das nächtliche Schießen einzelner Posten hatte die Franzosen wegen der Verluste sehr erbittert. Sie meinten, das wären Soldaten in Zivilkleidung gewesen. Beim Versuch, die Freilassung eines solchen 'Soldaten' zu erreichen, wurde dem katholischen Pfarrer erklärt, der Ort würde zusammengeschossen wegen der Feigheit deutscher Soldaten in Zivil. Jede Gegenrede wurde abgelehnt. Tatsache war, daß Soldaten ihre Uniformen in einem Lager [gegen besser erhaltene] umgetauscht hatten und die alten Sachen einfach auf der Straße hatten liegen lassen. Es geschah aber weiter nichts, wohl weil die Leute instruiert wurden, bei einem Verhör entsprechend auszusagen. Noch am Morgen war der Ort ganz in französischer Hand.

Nach der Besetzung

Vom Verhalten der Parteileute ist wenig zu melden. Einige waren mit dem Volkssturm ausgerückt. Die anderen waren nicht freiwillig dabei und wußten von nichts.

Sofort nach der Besatzung begannen die Plünderungen. Zuerst ging es um Hühner und Stallhasen, später um Schmuck und Wäsche. Vieles wurde auch nur verschleift oder zerrissen. Dann kamen Matratzen dran, Möbel wurden da und dort zerschlagen, besonders wenn Parteiabzeichen, Hitlerbilder oder ähnliches in den Häusern gefunden wurden. Leider ist auch zu beklagen, daß sich anscheinend Einheimische daran beteiligten oder sich durch Weisungen an die franzö-

Laissez passer – Passierschein des französischen Kommandanten für den katholischen Pfarrer von Heidelsheim. (Kath. Pfarramt Heidelsheim)

sischen Soldaten an Nachbarn zu rächen suchten. Besonders schlimm hausten die Marokkaner, die anscheinend das 'Recht' dazu hatten: „Unsere SS" hieß es ab und zu. Überhaupt wurden viele Beschwerden abgetan mit dem Hinweis auf das Auftreten der SS in Frankreich.

Vergewaltigungen setzten in der ersten Nacht ein und dauerten an, tagelang bei Tag und Nacht. Mädchen wurden nachts aus den Kellern geholt unter dem Vorwand, sie müßten zur Kommandantur. Auch falsches Verhalten der Frauen ist mit schuld: Das geringste Entgegenkommen, etwa Annahme von Schokolade, wurde zum Anlaß für Vergewaltigungen. [...] Auch die Feigheit mancher Männer scheint Mitursache einiger Geschehnisse zu sein. Die französischen Offiziere griffen im allgemeinen sofort ein, wenn sie um Hilfe angegangen wurden und die Täter genau bezeichnet werden konnten.

Schäden an kirchlichen Gebäuden beider Konfessionen sind nicht zu beklagen.

Derzeitige Lage im Pfarrort
Die Lage ist im allgemeinen zufriedenstellend. Der Kirchenbesuch am Sonntag ist stärker als früher und hält noch an.

Die protestantische Gemeinde hat wieder einen Pfarrer erhalten als Vertreter für den noch abwesenden Pfarrer, der eingezogen worden war. Dadurch gibt es für den katholischen Pfarrer eine Entlastung, da er bisher, besonders in den ersten Tagen und Wochen nach der Besetzung 'der große Helfer' war. Hoffentlich hält die Einstellung der protestantischen Bevölkerung in der Beziehung, daß viel an konfessioneller Abneigung verschwunden bleibt.

Kath. Pfarrer Wilhelm Schmidt (Lagebericht 1945)

Kriegsende und Franzoseneinmarsch in Gondelsheim

Am Abend des 3. April 1945 verlief die Frontlinie ungefähr so: Heilbronn (US-Armee) – Eppingen – nördlich Rohrbach – nördlich Menzingen – westlich Münzesheim – Heidelsheim – westlich Untergrombach. Die von Bruchsal aus eingesetzten Verbände der 1. Französischen Armee waren überwiegend reguläre Einheiten, jedoch sind Angehörige der französischen Kolonien und Zehntausende ehemaliger Partisanen und Angehörige der FFI (Forces Francaises de l'Intérieur) eingegliedert worden. Das so neugebildete 151. RI (Infanterieregiment) hatte sehr geringe Fronterfahrung, ein schwieriges Kommando, wie Kommandeur General Gandoet befand. Zwei Kompanien des Regiments unter Hauptmann Quincy versuchten vom ersten Tageslicht an, Helmsheim zu nehmen. Die Soldaten der 16. VGD unter Oberst Robert Kaestner haben vor Helmsheim nach dem Zeugnis ihrer damaligen Gegner mit einer solchen Energie gekämpft, daß das gesamte 151. RI eingesetzt werden mußte. Gegen 17 Uhr drangen die ersten Franzosen in Helmsheim ein. Dieses Regiment war aber so erschöpft, daß es am Vormittag des 5. April durch das frische 5. RTM (5. Marokkanisches Schützenregiment) ersetzt wurde. Das sollte das Unglück für Gondelsheim werden.

Am Abend des 4. April ergab sich folgende Frontlage: Heilbronn – südlich Eppingen – westlich Flehingen – südlich Oberacker – südlich Helmsheim – Obergrombach – westlich Untergrombach – Weingarten.

Zweifellos hätten auch die Soldaten der 16. VGD eine Pause dringend nötig gehabt, allein in Helmsheim waren 18 Gefallene und 57 Verwundete zu beklagen. Mindestens drei Kanonen 8,8 cm und ein Jagdpanzer, der noch lange in einem Garten am Ortsrand stand, waren verloren gegangen. So ließ die Kampfkraft der deutschen Soldaten gegenüber den frischen und zahlenmäßig überlegenen französischen Verbänden rasch nach.

Auf Befehl des Ortskommandanten der Wehrmacht mußten Wehrmachtsangehörige und Gondelsheimer Bürger vom Ortsende Richtung Bruchsal schwere Dreschmaschinen mit dem schweren Lokomobil und ihre Bauernwagen als Panzersperre auf der Hauptstraße aufstellen. Abends versuchten einige, die Sperre wieder zu beseitigen. Der junge Leutnant ließ sie in den Keller der 'Krone' sperren, am folgenden Tag sollten sie erschossen werden. Es sollte anders kommen.

Der damals elfjährige Edgar W. berichtet: „Abends wurde zum ersten Mal Granatfeuer nach Gondelsheim geschossen. Uns wurden zwei verwundete Soldaten gebracht. Ich sollte sie mit der Chaise nach Diedelsheim bringen. Nach dem Ortsausgang kam uns ein Rot-Kreuz-Wagen entgegen und nahm die Verwundeten auf."

„Ich beobachtete den Angriff auf Gondelsheim wohl als erster mit Werner D. vom Schloßbuckel aus," berichtet Wolfgang R., damals 14 Jahre alt, „wir hatten noch die HJ-Uniform an! – Sie kamen bis zur Eisenbahnlinie beim Bahnhäusle (nördlich von Gondelsheim) und wurden beschossen von einer Flak-Batterie, die oberhalb des Brunnenbergs stand. Wohl aufgrund der heftigen Gegenwehr aus Gondelsheim und der Erfahrungen ihrer Vorgänger in Helmsheim umgingen sie Gondelsheim und nahmen zunächst Neibsheim, das ihnen kampflos vom katholischen Geistl. Rat Barth übergeben werden konnte."

Am Donnerstag, 5. April, ging es um 5 Uhr früh wieder los mit Beschießungen vom Waldstück Hälde und von Helmsheim her. Ziele waren meist Schloß und Mühlgasse.

Drei Jungen von 14 und 15 Jahren, Wolfram S., Rudolf B. und ein 'Landdienstler' aus dem Elsaß, befanden sich beim Eiskeller an der alten Straße nach Neibsheim. „Wir sahen die Front Richtung Neibsheim, einen Soldaten, der eine Schützenschnur trug, bewaffnet mit Karabiner und Zielfernrohr, weitere mit einem MG 42 ohne Munition. Mir fiel ein, daß oben am Buckel Richtung Neibsheim noch Munition lag, ich fuhr mit dem Fahrrad die Straße hoch und sah plötzlich vor mir einen Panzer stehen. Mit einem Satz war ich im Graben, wie gelernt, robbte zu der Stelle und zog die Munitionskisten hinunter zu unserer Stellung. Mit dieser Munition wurde auf die Franzosen geschossen. Der Soldat mit der Schützenschnur, Feldwebel und Scharfschütze, zeigte mir 'da ist wieder einer', und er hat jeden getroffen! Auch die mit dem MG hielten rein. Dazu gehörten noch zwei ältere Soldaten mit einem 'Ofenrohr' (Panzerschreck). Dann erschien der 'lahme Emil', ein Artillerie-Beobachtungsflugzeug.

Mittags fing es an zu rumsen, nach kurzer Zeit stürmten die Franzosen vor, die Soldaten schossen, wir mußten die Munition reichen. Wir lagen unter einem Birnbaum, wo der Walzgraben hinausgeht. Rings um uns Einschläge, plötzlich ein Treffer, das MG flog davon, die Soldaten mit dem 'Ofenrohr' lagen im Graben. Der Scharfschütze rief: „Kein Zweck mehr, haut alle ab!" und fuhr mit unserem Fahrrad davon. Wir drei suchten mit den Soldaten Schutz im Eiskeller. Plötzlich stürmten mit großem Geschrei Franzosen in unseren Keller, sie hatten im Feuer der eigenen Truppen gelegen. Da sie ins Dunkle blickten, konnten sie uns nicht sehen. Als sich die beiden Soldaten mit weißen Tüchern bemerkbar machten, stürmten die Franzosen hinaus und feuerten erschreckt mit Gewehrgranaten und MG zu uns herein, aber niemand wurde getroffen, obwohl die Wände ganz voller Einschüsse waren. Dann wurden wir hinausgelassen mit erhobenen Händen und mußten Spießruten laufen mit Schlägen. Die älteren Soldaten wurden derart geschlagen, daß sie zusammenbrachen – wohl deshalb, weil die Franzosen hier solchen Zunder bekommen hatten.

Wir wurden als Kugelfang vor die ersten vorrollenden Panzer gestellt. Inzwischen wollte der Maler Adolf H. wie tags zuvor mit seinem Fernglas zur Front gehen. Als der Zug vor der Mühle um die Ecke bog, kam er gerade entgegen. Ein Feuerstoß, und der Adolf lag vor uns. Nur um Zentimeter fuhr der Panzer an ihm vorbei. Wir mußten bis zur Bahn mit erhobenen Händen vor den Panzern herlaufen. Dort nahmen sie uns die Uhren ab und verhörten uns." Sehr viel später wurde bekannt, daß Adolf H. von den Franzosen behandelt und in ein französisches Lazarett in

Speyer verbracht worden war. Nach seiner Entlassung mußte er zu Fuß von Speyer nach Gondelsheim gehen.

In der Hauptstraße im Keller des Gasthauses 'Ochsen' hatte sich der bereits erwähnte junge Leutnant fanatisch verteidigt. „Dafür wurde er gar nicht erst gefangen genommen, sondern erschossen und vollkommen breitgetreten," berichtet der damals elfjährige Edgar W., der am nächsten Morgen mitgeholfen hat, den Leichnam zusammen mit dem Totengräber Michael unter großen Schwierigkeiten einzusargen. In den Tagen nach diesen Ereignissen wurden in der Umgebung des Ortes mindestens fünf frische Soldatengräber – meist im Wald – gefunden. Die Gefallenen wurden später gemeinsam auf dem hiesigen Friedhof beigesetzt. Nur ein Grab befindet sich noch heute an seinem ursprünglichen Platz oberhalb des Schlosses, ca. 20 Meter rechts vom Schloßbuckelweg.

Die Gondelsheimer Männer, die der junge Leutnant so hart bestrafen zu müssen glaubte, behielten ihr Leben.

Am Abend des 5. April war der ganze damalige Landkreis Bruchsal in französischer Hand. Der Wehrmachtsbericht besagte an diesem Tag in der bei Rückschlägen kurzen, knappen Form: 'Nach heftigen Angriffen gegen unsere Linien zwischen Heilbronn und dem Rhein bei Karlsruhe erzwang der Gegner einige Einbrüche, die er jedoch mit dem Verlust von zahlreichen Panzern bezahlen mußte.' Das XC. (90.) deutsche Armeekorps räumte in der Nacht zum 6. April Bretten kampflos und nahm die schwer angeschlagene 16. VGD auf die Linie Sternenfels – Diefenbach – Maulbronn – Dürrn zurück. Was sich aber in der Zeit in Gondelsheim abspielte, kann nur schwer beschrieben werden.

Gegen die Bedrohung aus der Luft hatte die Bevölkerung eine Reihe von Schutzräumen und Unterständen errichtet. Neben dem Hirschgarten wurde ein Stollen in den Hang hineingegraben, beim Friedhof wurde durch die Friedhofsmauer ein Stollen mit zwei Ausgängen für die dort wohnenden Bürger erstellt. Andere saßen nachbarschaftlich in Gewölbekellern zusammen. Bürger aus der Mühlgasse eilten bei Fliegeralarm in den ehemaligen Eiskeller. Die Bewohner der Mühle hatten ihren eigenen Keller, ebenso die Familie 'Wasser'-Heck. Viele Einwohner hielten sich beim Einzug der Franzosen in diesen Schutzräumen auf.

„Die kämpfende Truppe mußte gegen Abend des 5. April noch weiterziehen, sie haben an diesem Tage noch Diedelsheim eingenommen, dann kamen die Räuber," berichtet Werner K. Und Wolfgang R. ergänzt: „Wir saßen im Pfarrkeller. Die ersten, die herunter kamen, nahmen dem Arzt K. S. die Uhr ab, dann ließen sie uns hinaus. Wir sahen, daß unsere Scheune brannte, auch Kühnes Haus, das vollständig abbrannte. Eine angebrannte Kuh schrie fürchterlich. Ich rannte mit Pfarrers Tochter R. durch unsere Scheuer auf das Dach, wo wir mit dem Gartenschlauch unseren Dachbrand löschen konnten. – Später mußte ich als Kind die Schreie der vergewaltigten Frauen anhören, das ist unbeschreiblich. Das geht einem nie aus der Erinnerung."

Eine Zeugin berichtet: „In unserem Bunker befanden sich mehrere Familien, eine Stallaterne gab etwas Licht. Als wir vorsichtig hinausblickten, sahen wir Soldaten mit glatten, flachen Helmen", man hielt sie für Engländer, aber es waren ebenfalls französische Truppen. „Die aber anschließend kamen, haben arg gehaust, viele Frauen vergewaltigt, und in den Häusern sehr geplündert. – Zum Teil hatten Bürger ihre Wertsachen vorher versteckt, in ihrem Schopf (Abstellschuppen) alles vergraben und hinterher nie mehr gefunden", wird berichtet. – „Man hörte, die Marokkaner hätten 24 Stunden Erlaubnis für Plünderungen und Vergewaltigungen. Das wurde ganz schlimm ..."

„Meine Mutter wurde so schwer verletzt, daß sie bis zu ihrem Tod leidend war." Eine Zeugin berichtet: „Als sie hier hereinkamen, waren schon viele betrunken von Schnaps. Es war furchtbar ... und hauptsächlich gegen Blonde! Wir haben uns alle alt angezogen, abgerissen ..., rußige Haare gemacht, einer leuchtete mich an und drehte sich weg. – Bald nahmen bei uns einige Offiziere Quartier, einer sprach deutsch und sagte: „Wir haben ihnen (den Soldaten) noch im Elsaß verschiedenes erlaubt und gesagt, in Deutschland dürft ihr alles machen! Daß es so ausartet, wußten wir nicht. Mein Vater ist im Magistrat in Paris, ich habe ihm davon erzählt!"

„Am Tag des Einmarsches trafen fünf Granaten, die von der Hälde herüberkamen, unser Haus, vier blieben in der Wand stecken, eine traf ins Schlafzimmer. Nach der Besetzung mußten wir in der Scheune schlafen, und dreizehn Marokkaner quartierten sich im Haus ein. Ein Maschinengewehr wurde oben aufgebaut. Ab 12 Uhr gingen die Vergewaltigungen los. Einer hat Frau L., eine Evakuierte, die bei uns wohnte, vergewaltigt – wie ein Unmensch."

Eine Zeugin erzählt: „Ich stellte mich in einen leeren Schrank, als Franzosen hereinkamen. Mit dem Seitengewehr schlugen sie den Schrank auf und zerrten mich heraus. Ein Schwarzer ergriff gleichzeitig meine Mutter. Im gleichen Moment kam ein Offizier dazu, der den beiden Soldaten auf den Kopf schlug. Wir rannten dann alle zum Nachbar Jakob S., der uns in der Scheune versteckte. Alles Gestohlene, vom Schinken bis zur Ziehharmonika, hängten sie an ihre Jeeps. – Wir waren inzwischen sieben Frauen im Versteck. Es kamen viele Dunkelhäutige, aber Jakob S. hatte Schnaps, mit dem er sie betrunken machte, so daß sie zuletzt im Hof lagen. Wir durften uns nicht bewegen, es waren lange und furchtbare Stunden. Nachts etwa um 4 Uhr kam jemand mit einer brennenden Kerze hoch. Wir erschraken sehr, aber es war Jakob S., der uns holte. Er ließ uns über die Betrunkenen steigen und brachte uns weiter nach hinten in eine kleine Nische. Ein Schrank wurde davor geschoben. Als am nächsten Morgen weitere Soldaten kamen und Mädchen suchten, zeigte der polnische Fremdarbeiter, der uns gut gesinnt war, die Treppe zu den Wiesen nach oben. Danach rief Jakob: 'Raus jetzt, das ist ja schlimmer als an

Französische Kolonialtruppen auf dem Vormarsch über eine Notbrücke. Die umliegenden Häuser sind durch die Brückensprengung beschädigt. (ECPA Terre 10214 G18 322104)

vorderster Front, so viele Weiber hüten!' Meine Eltern versteckten mich bei der Hebamme, die am Haus ein Rot-Kreuz-Zeichen hatte. Wir machten uns mit Kleidern ganz alt und schmierten uns mit Ruß an. Tatsächlich kam einer nachts in die Scheune und stocherte mit einer Lanze in unser Versteck, aber er fand uns nicht. Erst als ein französischer Offizier in unserer Wohnung war, holte mich mein Vater zurück. Rings um uns hörten wir die Schreie der Frauen. Es war ganz furchtbar."

„Bei Familie L. in der Mühlgasse ging hinten eine Treppe hoch, wo sich die Frauen in Sicherheit brachten, im 2. Stock oben war eingestreut. Wenn einige an der Tür rüttelten, rief Herr Ries hinunter: 'Je vais au Capitain!' Dann gingen die sofort weg. Andere hatten weniger Glück. Eine Frau war bewußtlos und schwer verletzt, es waren zwanzig Kerle ...; und erst die Frauen von der Mühle. Leider kann keine mehr befragt werden. Sie haben Fürchterliches mitgemacht, und die Männer mußten zuschauen ..."

„Ein schwarzer Soldat bei uns war sehr friedlich und hat sogar bei uns gegessen und uns seine Mahlzeit gegeben. Aber nach seiner Gruppe kamen Weiße, die haben gehaust wie die Viecher! ... Dies ging drei Tage lang. Wir mußten einmal alle, auch L. Vater, Onkel H., Sattler M., Rudolf und der kleine Elsässer, die Hände hochnehmen. Dann holten sie sich die Frauen. ... Auf ihre Schreie wollten wir eingreifen, aber eine MP-Salve über uns zwang uns, nachzugeben. Nach einer halben Stunde kamen sie weinend, verstört und verletzt nach oben. ... Wir waren alle ganz verzweifelt. Der Sattler M. und mein Onkel H. haben geweint, dem Vater L. liefen die Tränen herunter ...

Mit Rudolf baute ich im Heu einen Bunker, wie gelernt, mit einem gekrümmten Ofenrohr zur Belüftung, um die Frauen zu verstecken. Wir haben sie etwa vier Tage verpflegt, bis dann ein französischer Capitain kam. Dem haben wir das Leid geklagt. Aber da war alles schon geschehen, besonders mit den Frauen in der Mühle. Ich habe mir vieles geschworen, ... denn die Russen haben nirgends schlimmer gehaust, als die Franzosen in jenen Tagen!"

Vereinzelt wurden auch andere Ereignisse bekannt. Die Ehefrau eines Bahnbeamten, die zur Miete im Hause Mohr wohnte, wollte sich vor einem hereinkommenden Soldaten aus dem Fenster im 2. Stock stürzen, wurde aber von ihm beruhigt mit den Worten: „Nix kaputt!"

Ein bekannter und integrer Bürger Gondelsheims konnte wohl diese entwürdigenden Ereignisse nicht ertragen. Er wurde auf dem Friedhof mit offenen Pulsadern, zum Glück rechtzeitig, von dem jungen Erwin Sch. gefunden.

„Ich erzähle jetzt, was ich öffentlich nie sagen wollte. Es war am zweiten oder dritten Tag nachts, Mutter und Schwestern waren im Nachbarhaus, Großmutter und Großvater lagen in ihren Betten, ich war als Junge allein in der Wohnung. Es trommelte gegen die Türe. Zögernd machte ich auf. Drei standen draußen mit Gewehr und Messer: 'Wo Frau? Wo Frau?' Ich mußte mit einer Kerze vorausgehen. In der Stube zogen sie die Decken weg und sahen die Großeltern. Was sich dann abgespielt hat ... an mir .., kann man kaum in Worte fassen. Wenn man das als Vierzehnjähriger erleben muß, ... dies und alles andere in der Nacht. Deshalb habe ich einen Ekel ... Ich habe keine Worte dafür."

Eine Frau ist über vierzigmal vergewaltigt worden, ebenso ein junges Mädchen. Beide waren so schwer verletzt, daß sie ins Krankenhaus kamen. Das Mädchen starb bald. Die Frau litt ihr ganzes Leben. In einem Hause sind die Frauen vom dreizehnjährigen Kind bis zur achtzigjährigen Großmutter vergewaltigt worden. Der hiesige Arzt Kuno Stofer war der rettende Engel für die seelischen und körperlichen Schäden. Viele Frauen kamen ins Krankenhaus Bretten, wo die Schwangerschaften abgebrochen wurden. „Dabei hat sich Frau Hesser, eine Schweizerin, die nach Gondelsheim geheiratet hatte, sehr verdient gemacht. Täglich war sie in Rot-Kreuz-Schwestern-Tracht unterwegs und konnte die Leute begleiten, da sie noch ihren Schweizer Paß besaß. Sie hat sehr viel Gutes getan!"

Wegen einer gefundenen Flasche französischen Cognacs, die offenbar einem Mieter gehört hatte, wurde Wagnermeister Albert L. im Hof an die Wand gestellt, angeblich zum Erschießen. Nach langem Palaver ließ ihn ein Dunkelhäutiger frei.

Wilhelm L. mußte bei der Mühle mithelfen, Schäden zu beseitigen. Dabei fiel ihm ein großer schwarzer Soldat auf, der auf einer Bank lungerte. Der Müller Ferdinand erklärte ihm, „seit der hier ist, werden die Frauen nicht mehr behelligt. Der ist gut!" – „Wir gingen oft nur in Gruppen auf das Feld, weil in Heidelsheim auch Frauen auf dem Feld vergewaltigt wurden. Die Marokkaner waren wirklich schlimm, radikal. Ich möchte die Zeit nicht mehr erleben. – Von Karlsruher Leuten waren Kisten bei uns ausgelagert. Als sie zu Fuß aus Karlsruhe kamen und erzählten, daß noch Nazi-Bücher, auch 'Mein Kampf', in einer der Kisten lägen, blieb uns das Herz stehen. Es dauerte sehr lange, bis alles bei großem Qualm verbrannt war, auch die SS-Uniform des Mannes der Frau, die bei uns wohnte."

„Die Marokkaner, die bei uns wohnten, hatten nicht die Toilette benutzt, sondern in die Schränke gemacht, vieles zerstört. Ich habe einem Franzosen auf die Backen geschlagen, als er handgreiflich werden wollte. Dann fürchteten wir, aus der Wohnung zu müssen. Da mein Bruder Heinz und mein Vater die Fahrzeuge reparieren mußten, die dann alle zum Offizier in die Bahnhofstraße gebracht wurden, sind wir verschont geblieben. Er haßte zwar die Deutschen, weil seine Eltern umgebracht worden waren, hat aber alle Soldaten aus unserer Wohnung weggejagt."

„Im Wildgehege des Schlosses wurden alle elf Hirsche erschossen und liegen gelassen, fast alle Hasen und Hühner ebenfalls, wenn sie nicht gegessen wurden. Einmal schaute ein Marokkaner herein, ich erschrak mit dem Kind auf dem Arm und rannte weg. Als ich zurück kam, erschien er wieder mit einem geklauten Hasen und sagte: 'Nix Madame, – lapin!' Sie haben aber auch ganze Häuser beschlagnahmt. Als der französische Offizier bei uns Quartier nahm, wurde über der Haustüre dessen Name und Truppenteil geschrieben. Dadurch hatten wir auch Ruhe. Als er dann wieder abzog, haben wir den Text jeden Tag wieder nachgemalt. Keiner kam mehr herein."

„Nachts durften die Häuser nicht abgeschlossen werden. Ich schlief bei meinen Eltern, da ein Dienstmädchen von der Mühle, wo so fürchterlich gehaust worden war, von uns aufgenommen wurde und im einzigen Zimmer oben schlief. Nachts kam einmal ein Marokkaner herein in das Schlafzimmer. Ich wurde unter das Deckbett geschoben. 'Junge Frau, junge Frau!' Mein Vater stand davor und zeigte auf meine Mutter: '... nur alte Oma'."

Es wurde bekanntgegeben, daß Sportwaffen, Fahrräder, Ferngläser und Radios beim Rathaus abzugeben seien. Als eine Frau fragte: „Wann kriegen wir die Sachen wieder?", wurde der Offizier ärgerlich: „Nie mehr, – Ihren Namen bitte!"

Im Gasthaus 'Adler' (heute 'Löwentor') war ein großes Schmucklager der Firma Rodi & Wienenberger, Pforzheim, ausgelagert. Es war meist Doublé-, kein hochwertiger

Gefangene Hitlerjungen, April 1945.
(ECPA Terre 10256 R7 322100)

Schmuck. Er wurde schaufelweise herausgeworfen und von Franzosen und Einheimischen mitgenommen. In Büchig war ein Lager mit Kostümen gewesen, halb Gondelsheim hatte Büchiger Kostüme an.

„Die Ortskommandantur der Franzosen war zuerst im Schloß, dann im Hause des Herrn L. Dürr, dann wieder im Schloß und zuletzt im Hause Heck in der Bahnhofstraße (heute Raiffeisenbank). Der stellvertretende Bürgermeister wurde sofort abgesetzt und der damalige Ratsschreiber Karl Lotsch mußte die Leitung der Gemeindeangelegenheiten übernehmen, was unter diesen Verhältnissen eine sehr schwere Aufgabe war. Es kam hinzu, daß die Gemeinden des Kreises Bruchsal für das Lager der Russen, Polen, Ukrainer und anderer Fremdarbeiter in Gochsheim abwechselnd Kartoffeln, Mehl, Butter, Fleisch liefern mußten. Es wurde den Gemeinden angedroht, wenn sie die Lebensmittel nicht pünktlich lieferten, kämen die Lagerinsassen zur Plünderung" (aus: Gondelsheim in Geschichte und Bild).

Eines Tages erschien ein junger Russe mit einer selbstgeschneiderten 'russischen' Uniform und suchte Schnaps. Er hatte einfach eine nach Farbe und Form fast ähnliche SA-Uniformbluse mit breiten Schulterklappen versehen und einen Sowjetstern aus rotem Stoff ausgeschnitten und auf das Soldatenkäppchen geklebt.

„In der alten Schule wurde ein 'Frauenhaus' aufgemacht, da waren wirklich schöne Frauen dabei. Eine hatte einen roten Samtmantel mit großer Schleppe. Es waren Marokkanerinnen und Französinnen, die sind jeden Tag zum Schloßpark spazieren gegangen, aber links und rechts bewacht von Soldaten mit aufgepflanztem Seitengewehr! Natürlich gab es auch Frauen von hier, die sich mit ihnen eingelassen haben."

Für die Verwaltungsspitze konnte wohl nur schwer eine unbelastete Persönlichkeit gefunden werden, deshalb wurde eines Tages der Schlossermeister Albert Schwarz von zwei bewaffneten französischen Soldaten abgeholt, zum Rathaus geleitet und als Bürgermeister eingesetzt.

Die Jungen haben nach den Kriegstagen beim Durchstreifen der Wälder noch verschiedene Waffen und Gegenstände gefunden, wie Granatwerfermuni und Handgranaten im alten Steinbruch, Seitengewehre und Karabiner im Kleienacker. Mit dem Karabiner haben sie sogar geschossen. Ein VW-Schwimmwagen der Wehrmacht stand auf einer Wiese hinter der Sägmühle, man schleppte ihn ab zur Dreschhalle. Die Angst saß allerdings tief, sich an 'Beutegut' zu vergreifen. So blieben viele Uniformteile, Decken und Geräte einfach liegen.

Ein betrübliches Kapitel war das Verhalten einiger Bürger. Ein besonders krasser Fall sei hier erwähnt. Ein Herr E., damals im Schafhaus wohnhaft, gab vor, während des Dritten Reiches in einem Konzentrationslager inhaftiert gewesen zu sein. Er trug auch das entsprechende Zeichen, ein rotes Dreieck. Deshalb nahm er sich das Recht heraus, in sehr übler Weise Polizei zu spielen und raubte hiesigen Bürgern und Durchwandernden ihre Habe. Die Evakuierten aus den Städten des Ruhrgebietes gingen nach der Kapitulation zu Fuß wieder nordwärts. Auch ehemalige Soldaten, die in Zivilkleidung und manchmal mit Wägelchen und Harken als Einheimische getarnt nach Hause wollten, plünderte der Mann aus. Am schäbigsten aber war, daß er auch regulär mit amerikanischem Entlassungsschein versehene ehemalige deutsche Soldaten der französischen Besatzungsmacht als Nicht-Einheimische verriet. Die Posten zerrissen deren Entlassungspapiere und schickten sie in jahrelange Zwangsarbeit nach Frankreich. Um dies zu umgehen, sind viele ehemalige Soldaten als Bauern verkleidet über die Felder gekommen.

Allerdings konnte solches Schicksal auch ohne diesen Herrn zuschlagen. Folgende Fälle wurden erzählt: In Rinklingen kam ein Mann bis an seine Haustüre, wo er geschnappt und nach Frankreich gebracht wurde. – Ein junger Luftwaffenpilot flog sogar mit seinem Jagdflugzeug von Bayern in seinen Heimatort Flehingen, landete auf einer Wiese, ging in Uniform zu seinem Elternhaus, wo er ebenfalls geschnappt wurde und sofort in Gefangenschaft kam. – Ein Gondelsheimer wurde noch rechtzeitig gewarnt. „Ich war am Schluß in Dänemark eingesetzt, wir wurden vom Engländer nicht gefangen, sondern nur interniert. Ich hätte schon im Mai nach Hause gehen können. Aber die Engländer warnten uns. Das Gebiet hier sei noch von den Franzosen besetzt. 'Bleiben Sie noch, die Franzosen nehmen Sie mit nach Frankreich zur Zwangsarbeit!'"

Heimatverein Gondelsheim, Horst Münz (1995)

Bahnbrücken – Schwere Tage im April 1945

Die Zivilbevölkerung hatte den Ernst der Lage offenbar noch gar nicht begriffen. So fuhr eine Frau, deren Mann sich an der Front befand, mit ihrem Gespann aufs Feld hinaus, um Dung auszubringen. Erst als ein Soldat sie auf die drohende Gefahr aufmerksam machte, spannte sie den Wagen aus und trieb ihre Tiere eilig nach Hause.

Anderentags hämmerte schon frühmorgens das MG auf dem Hohberg, als eine Vorhut der französischen Artillerie, überwiegend aus Algeriern bestehend, bis zur Mühlhohl etwa 150 m nördlich der Waldmühle vordrang und die Scheune der Mühle in Brand schoß. Deutsche Soldaten nahmen einen Algerier gefangen und ließen ihn nach Flehingen transportieren, wo ihr Hauptgefechtsstand war. Zwischenzeitlich beschossen französische Granatwerfer das Gelände Hirschel-Hohberg. Ein deutscher Infanterist wurde schwer verwundet, ein Bauer aus Bahnbrücken mußte ihn mit seinem Pferdefuhrwerk abtransportieren.

Während der Mittagszeit war der Gefechtslärm leiser geworden, das schwere MG hatte die Angreifer etwas zurückhalten können – am Deckungsloch fand man später eimerweise leere Patronenhülsen –; am Nachmittag rückten jedoch motorisierte Einheiten der Franzosen mit drei schweren Kettenfahrzeugen auf dem Römerweg aus Richtung Landau gegen Bahnbrücken vor und beschossen das Dorf, auch den Hochbehälter, den sie wahrscheinlich für einen Bunker hielten.

Französische Soldaten feuern mit Granatwerfern auf deutsche Widerstandsnester. (SIRPA-ECPA , Fort d'Ivry, Frankreich)

Die Deutschen zogen sich im Schutz des Lerchenbergs zurück und suchten ihr Heil in der Flucht. Ein Bahnbrückener Zivilist stieg auf den Kirchturm, um ein Bettlaken als weiße Fahne zu hissen. Die Schützenpanzer durchzogen den Ort, die Soldaten nahmen alle deutschen Wehrmachtsangehörigen gefangen, etwa zehn bei der Schule, weitere am Rathaus.

Fünf deutsche Soldaten, darunter Oberleutnant Schmeisser, der den Gefechtsstand in Bahnbrücken geleitet hatte, waren als Opfer zu beklagen. Auf dem Friedhof in Bahnbrücken haben sie – zwei von ihnen gerade erst 19 Jahre alt – ihre letzte Ruhe gefunden. Zwei gefallene Algerier, die man dort ebenfalls begraben hatte, wurden später nach Frankreich überführt. Wochen später fand man einen weiteren toten Soldaten im Wald auf Zaisenhausener Gemarkung. Ihn hat man dort als 'Unbekannten Soldaten' beerdigt.

Dietrich Hendel (in: BNN, 12.4.1985)

Hoher Blutzoll bei der Verteidigung von Jöhlingen, 5. April 1945

Im Totenbuch der katholischen Kirchengemeinde heißt es: „In der Mittagsstunde zwischen 12 und 13 Uhr [am 5. April 1945] fielen am unteren Ortseingang und am Weg nach Obergrombach bei der Einnahme des Dorfes durch feindliche Panzertruppen 16 deutsche Soldaten." Im Gemeindearchiv findet sich dazu unter der Nr. A 55 folgender Bericht des Gastwirts Josef Munz aus der Gartenstraße: „Am 5. April 1945 wurde Jöhlingen von französischen Truppeneinheiten besetzt. Es kam zu einzelnen Gefechten, so auch in unserer Straße. Es war in den Mittagsstunden, als ein deutscher Soldat einen Feldwebel schwer verwundet in meinen Hof schleppte. Derselbe brach aber auf der Kellertreppe zusammen ... Als nach einigen Tagen Ruhe eingekehrt war, wurde der Feldwebel durch Beauftragte der Gemeinde in einem Massengrab mit noch weiteren 15 deutschen Soldaten auf dem hiesigen Friedhof beigesetzt."

Den Einmarsch mußten auch vier Jöhlinger mit dem Leben bezahlen, teils aus Neugier, teils unter dramatischen Umständen. Zwei weitere Jöhlinger fielen dem Hantieren mit Munition zum Opfer.

Für Wössingen berichtet die Chronik: „Am Nachmittag des 4. April griffen Tiefflieger unseren Ort an, Brandbomben vernichteten das älteste Gasthaus 'Zum Schwanen'. Durch Sprengbomben wurde das Wohnhaus Steiner Straße 45 vollständig zerstört. Die fünf Bewohner kamen alle ums Leben." Als während Löschversuchen der Feuerwehr eine zweite Welle einen Angriff flog, wurde ein Feuerwehrmann vom Luftdruck einer Sprengbombe erfaßt, vom 'Schwanen' aus 50 Meter weit bis über den Walzbach geschleudert und getötet.

Am Nachmittag des nächsten Tages besetzten französische Panzer das Dorf.

Arndt Waidelich (in: BNN, 1.4.1995)

Kriegsende in Rohrbach am Gießhübel

Am Nachmittag des 3. April 1945, Dienstag nach Ostern, hieß es, die alliierten Truppen kämen heute noch in unser Dorf. Es herrschte große Angst und Aufregung bei der Einwohnerschaft. Gegen Abend fuhren französische Panzer, von Elsenz kommend, in das Dorf ein. Albert Rupp verfügte über Mut und Besonnenheit und ging mit einem weißen Tuch den anrückenden feindlichen Truppen entgegen.

Zu der Zeit war Oskar Rupp Bürgermeister. Er war jedoch bereits im Herbst 1944 zum Kriegsdienst einberufen worden und wurde durch den 1. Beigeordneten Alexander Jonitz vertreten.

Erneut nahmen wir unsere Bündel und begaben uns in den Keller des Nachbarn. Auf Kartoffeln und Futterrüben machten wir unser Nachtlager zurecht. Es war schon ein wenig unbequem. Wir lauschten nach draußen, um zu hören, was sich dort zutrug. Plötzlich hörten wir Geschosse in verschiedene Häuser einschlagen. Beim Neuhof hatte eine deutsche Artillerieeinheit Feuerstellung bezogen und schoß auf unser Dorf. Auch des Nachts schlugen noch einige Granaten im Dorf ein. Mein Vater war in unserem Hause geblieben. Wir hatten Angst vor Plünderungen. Geschlafen haben wir in dieser Nacht nicht. Als wir am anderen Morgen nach Hause kamen, stand mein Vater unter der Haustüre. Er beruhigte uns, es war nichts passiert.

Er erzählte, daß in der Nacht zwei farbige Soldaten (Algerier) mit schußbereiten Gewehren ins Haus gekommen waren. Mit vorgehaltenen Waffen hatten sie gefragt, ob deutsche Soldaten im Hause seien. Mein Vater hatte dies verneint und beruhigend auf die Soldaten eingesprochen. Diese hatten das Haus durchsucht und waren wieder gegangen.

Bei der Dreschhalle standen Panzer und sonstige Militärfahrzeuge. Die Soldaten hatten daneben ihr Biwak aufgeschlagen. Es war schon ein beängstigender Anblick. Jetzt war der Krieg im Dorf. Ich erinnerte mich an das Rathaus, meinen Arbeitsplatz. Mit mehreren Kleidern übereinander „auf alt gekleidet" machte ich mich auf einer menschenleeren Straße auf den Weg zum Rathaus. Ängstlich schaute ich mich des öfteren um, ob nicht jemand mit einem Gewehr hinter mir her war.

Ich schlich mich in das Rathaus hinein und war erleichtert, als ich den Ratsschreiber, Herrn Karl Fischer, dort antraf. Er sagte zu mir: „Geh wieder nach Hause, heute können wir nichts arbeiten, komme morgen wieder." Ich war erleichtert, daß ich wieder nach Hause durfte, und tat dies mit eiligen Schritten.

Inzwischen waren einige farbige Soldaten in unserem Hause, die ich sehr mißtrauisch anschaute. Mein Vater war, sehr besorgt um seine drei Mädchen im jugendlichen Alter, immer in unserer Nähe. Doch die Sorge war unnötig. Die Soldaten hatten von ihrem Kommandeur strengen Befehl, die Zivilbevölkerung, insbesondere den weiblichen Teil, nicht zu belästigen. Und daran hielten sie sich.

Auf der Anhöhe im Gewann Herrenäcker mußten junge Burschen und auch gestandene Männer unter Bewachung französischer Soldaten Schützengräben anlegen, und dies in Sicht der Artilleriestellung auf dem Neuhof. Das Geschütz eröffnete das Feuer auf das Dorf. Die Leute gingen deshalb in Deckung, und ein französischer Soldat wollte sie zur Weiterarbeit zwingen. Doch wurde er von einem gestandenen Rohrbacher Mann, Albert Rupp (Ritterwirt), Teilnehmer am Ersten Weltkrieg und damals einige Jahre in französischer Kriegsgefangenschaft, beherzt zur Rede gestellt. Die Leute, verständlicherweise verängstigt, durften in Deckung bleiben.

Ganz in unserer Nähe befand sich ein Schützengraben. Dadurch kamen Soldaten oft zu uns. Wir mußten für sie kochen, und trotz sprachlicher Hemmnisse (weshalb es mitunter sehr lustig zuging), verstanden wir letztlich doch, was sie wollten. Pommes frites, die kannten wir damals nicht, auch Omelette wurden gewünscht.

Emma Kuhmann (1995)

Unteröwisheim Ostersonntag 1945 –
Junge Frau hißt die weiße Fahne auf dem Kirchturm

Während die Deutschen vom 1. auf den 2. April 1945 ihre Verteidigung in Unteröwisheim stärkten, gingen bereits die ersten Granaten und Geschosse der Alliierten in den Straßen nieder. Hildegard Höpfingers Anwesen in der Friedrichstraße wurde wie die Nachbargebäude getroffen. Phosphorgeschosse setzten die Scheunen in Flammen. Der Familie blieb nur noch übrig, die Tiere zu retten. Die damals 21jährige Hildegard trieb das Vieh in den Bruchsaler Hohlweg, wo sie auf einige Nachbarsfamilien traf. Dort waren vorsorglich Erdbunker gegraben worden.

Zwischenzeitlich hatte das Feuer mehrere Gebäude in der Friedrichstraße erfaßt. Das Löschwasser mußte mit Eimern aus dem 50 Meter entfernten Kirchenbrunnen geschöpft werden. Hildegard Höpfinger erinnert sich, daß der damals 68 Jahre alte Bürgermeister Gromer von einem deutschen Offizier die sofortige Kampfeinstellung forderte. Dieser willigte offenbar auch ein. Dem Gegner sollte diese Entscheidung durch eine weiße Fahne am Kirchturm mitgeteilt werden. Da sich zunächst niemand für die Aufgabe zur Verfügung stellte, übernahm sie Hildegard Höpfinger.

Sie besorgte sich ein weißes Leintuch und eine Bohnenstange, bestieg während heftigen Beschusses den Kirchturm und befestigte die weiße Fahne an der Kirchenseite, die Ubstadt zugewandt war. Die amerikanischen Soldaten huschten bereits von Haus zu Haus.

Amerikanische Panzer wurden im Dorf in Abwehrstellung gebracht, deutsche Panzer hatten außerhalb des Dorfes Stellung bezogen und feuerten. Deutsche Soldaten versuchten, die Amerikaner aus Unteröwisheim zu vertreiben. Viele kamen dabei ums Leben. Drei Unteröwisheimer, die mit den Deutschen wegen einer Kampfeinstellung verhandelten, wurden hinter dem Friedhof gefangen genommen. Durch eine List konnten sie sich jedoch wieder befreien. Die deutschen Soldaten zogen sich in den folgenden Tagen weiter zurück. Franzosen stießen nach.

Unbekannter Verfasser (in: BNN, 1.4.1995)

Kriegsende in Eppingen

Am 28. März besetzte die 7. Amerikanische Armee Mannheim, am 30. März Heidelberg und stand am 31. März bei Wiesloch. Die 1. Französische Armee mit ihren Kolonialdivisionen überschritt den Rhein bei Germersheim am 29. März.

Aus der Adelshofener Gegend schoß französische Artillerie nach Eppingen, ebenso vom Westausgang Richens nach Eppingen und auf den Ottilienberg, dessen Kapellengruppe dabei in Flammen aufging. Derweil befaßten sich Jagdbomber mit Eppingen. Vom schützenden Hohlweg auf dem Langenberg konnte man die Fliegerangriffe mit Bomben und Bordwaffen gut beobachten, wobei die Flugzeuge immer dann schnell abdrehten, wenn sie in die Nähe oder in das Feuer einer deutschen Vierlingsflak gerieten. Bauerngespanne mußten die leichte Flak verlegen, weil die Truppe keine Fahrzeuge und keinen Sprit mehr hatte. Im Rohrbacher Rittersaal hatte drei Tage vorher noch ein deutsches Standgericht getagt, dessen Vorsitzender Heeresoffizier fahnenflüchtige Soldaten jedoch nicht zum Tode verurteilt, sondern zur Truppe zurückgeschickt hatte. Zwei schwere deutsche Sturmgeschütze (Typ Ferdinand) blieben wegen Treibstoffmangels am Karlsplatz liegen, weshalb ihre Besatzungen die Innenausrüstung sprengten. Bei Tage mußten Bauern aus Baumstämmen Panzersperren am Knick der Adelshofener Straße und in der Brettener Straße bauen und schließen. Nachts öffneten sie sie wieder.

Mit dem Näherrücken der Front hatten die Jagdbomber Eppingen verstärkt beharkt. Am Ostersonntag (1.4.) bombten sie erneut auf die Bahn, beschossen und bombardierten die Brettener Vorstadt, die vom Mühlbacher Buckel nach Westen bald in hellen Flammen stand. Neben der Eppinger waren noch die Sulzfelder, Richener, Gemminger und Stebbacher Feuerwehren im Einsatz. Am Ostermontag galten die Fliegerangriffe der Adelshofener und der Rappenauer Straße sowie der Altstadt. Hier halfen die Richener und die Rohrbacher Wehren aus.

Nach einem Gewaltmarsch zu Fuß von Speyer binnen Tagesfrist hatten die letzten deutschen Truppen todmüde Eppingen erreicht, um hier eine kurze Verschnaufpause einzulegen. Die Franzosen kamen motorisiert über den Pfaffenberg und durch die Adelshofener Straße. Zunächst fuhr ein Panzer am Turnplatz und vor der Gewerbeschule auf, drehte aber wieder um. Von Rohrbach schoß französische Artillerie herein, und nachts begann eine Schießerei von Westen her. Entlang der Brettener Straße hatte eine lockere Schützenkette, ohne jegliche schwere Infanterie- oder panzerbrechende Waffen, die Franzosen erwartet. In der Nacht von Dienstag auf Mittwoch nach Ostern, also am 4. April, 2 Uhr nachts deutscher Sommerzeit, rückten die französischen Truppen in die Nordstadt und in die Stadtmitte ein. Dabei sollen elf Franzosen beim 'Rössle' den Tod gefunden haben. Ein Panzer beim Engpaß der Rappenauer Straße beim Café Schäfer wurde durch ein in der Südstadt stehendes Pak-Geschütz abgeschossen. Die übrigen Panzer fanden den Weg durch die Kettengasse, drehten an jeder Seitengasse ihren Turm, um in Richtung Südstadt und Wald zu schießen. Vom Ende der Kettengasse beschossen sie den Bahnhof. Es war dann noch Infanteriefeuer in die Winkel und zu den kleinen Winkelfenstern der Häuser zu hören. Die deutschen Landser hatten sich noch abends über die Elsenz abgesetzt und leisteten hartnäckig vom Bahndamm bzw. von der Linie Bismarckstraße–Hohenkreuz–Pfründt und später vom Wald her Widerstand. So ging die Hauptkampflinie entlang des Elsenztales quer durch Eppingen.

Zwischen Gasthaus 'Sonne' und der Ziegelei wurde hin und her geschossen. Nördlich der gesprengten Vorstädter Brücke stand ein Panzer und schoß nach Süden. Die andern hatten in der Kettengasse Gartenmauern und die Eichbaumscheune geschrammt und so den Engpaß beseitigt. Steine, in den Elsenz-Mühlkanal gelegt, ermöglichten dessen Überschreitung, und dann stand die Schwanenbrücke, die als einzige heil geblieben war.

Von den Hardthöhen erwiderte die deutsche Artillerie das Feuer und verursachte Schäden in der Altstadt und tote Zivilisten beim 'Lamm' in der Bahnhofstraße, die – in der Meinung, der Krieg sei aus, und aus Neugierde – den schützenden Gewölbekeller verlassen hatten.

Das zerstörte Zunfthaus in Eppingen, Zeichnung von Edmund Kiehnle. (1945)

Beim Vordringen in die Südstadt führten die Franzosen Bewohner der Häuser entlang der Kampflinie in die Nordstadt und setzten deren Häuser in Brand. Im Laufe des 5. April besetzten die Franzosen die Südstadt und schafften wohl am 6. April den Sprung über die bewaldete Eppinger Hardt. Zur Erprobung, ob die Südstadt tatsächlich feindfrei sei, steckten sie einen deutschen Zivilisten in einen Wehrmachtmantel und trieben ihn vor sich her. Dazu erwischten sie ausgerechnet einen kinderreichen Vater und Regimegegner.

Die französischen Truppen in Eppingen waren z.T. Gaullisten, in Rohrbach und Richen Marokkaner. Am Tag der Inbesitznahme der Südstadt trieben sie von dort alle Männer (Jugendliche und Ältere), noch während die Artillerie schoß, in die Nordstadt. Danach hatten sie freie Hand, die Häuser nach versteckten deutschen Soldaten durchzukämmen, zu plündern und Mädchen und Frauen zu vergewaltigen, von denen anschließend über vierzig in ärztliche Behandlung mußten. Bei den Kämpfen um die Stadt fielen 55 französische Soldaten und ein französischer General. Man sprach von fünf bis acht toten deutschen Soldaten und sah etwa achtzehn in Gefangenschaft wandern. Aber auch zehn Zivilpersonen mußten ihr Leben lassen. Da nicht genügend Särge vorhanden waren, wurden die Leichen in Tücher eingehüllt und nach Eintritt der Dunkelheit auf dem Friedhof in einem Massengrab beigesetzt.

Infolge der Brückensprengungen waren die Südstadt und die Kettengasse ohne Wasser. Von sieben Brücken waren fünf in die Luft gejagt und eine schwer zerstört worden. Auf das Bahnhofsgelände fielen allein über 60 Bomben. Es wurden 96 total zerstörte Gebäude, 59 schwer beschädigte, 50 mit mittleren Schäden und 1.295 leicht beschädigte Gebäude gezählt, das sind rund 89% des gesamten Baubestandes. Schlimmer sind die Verluste an Menschenleben. Waren im Ersten Weltkrieg 74 gefallene und 10 vermißte Soldaten aus Eppingen zu beklagen, so forderte der Zweite Weltkrieg 289 Gefallene und 13 Vermißte.

Edmund Kiehnle (1985)

Kämpfe in Königsbach – Erinnerungen eines damals Dreizehnjährigen

5. April 1945: Seit den frühen Morgenstunden brausten die Jabos tief übers Dorf und schossen auf alles, was sich bewegte. Deutsche Soldaten, von unserem Nachbarort Stein kommend, zogen deckungsuchend in Richtung Wilferdingen.

Ich, Carlo Jung, 1932 in Königsbach geboren, war zwar im Januar gerade erst 13 Jahre alt geworden, doch arbeitete ich mit drei Schulkameraden schon fast ein Jahr bei der Firma Uhren-Epple im Saal 'Zum grünen Baum' an Rüstungsaufträgen. Seit einigen Tagen war die Arbeit unterbrochen.

An diesem schönen Aprilmorgen war ich unterwegs zum Luftschutzstollen bei der Ölfabrik, unterhalb des Bahnhofs, mit Eingängen an der Wilferdinger Straße, als ein deutscher Unteroffizier, der mit einem kleinen Trupp des Weges kam, ein MG 42 über der Schulter und einen Munitionsgurt umgehängt, sagte, ich solle mich verdrücken, bevor sie mich erwischten. Er deutete mit dem Daumen nach oben, wo wieder starkes Gebrumme aufkam. Ich antwortete: „Mit diesem MG könnte man die doch abschießen!" Er schüttelte den Kopf und ging weiter. Heute noch sehe ich den verwunderten, ungläubig-mitleidigen Blick dieses müden Soldaten vor mir.

Um die Mittagszeit stand ich gerade dem Stollen am Eck zur damaligen Robert-Wagner-Straße gegenüber, als in hohem Tempo von Wilferdingen zwei deutsche Panzer vom Typ Hetzer 38 T kamen, bei mir scharf abbremsten und nach dem Weg Wössingen-Johannistaler Hof fragten. Nachdem ich den Soldaten mit knappen Worten den Weg beschrieben hatte, fragte ich zurück, was sie dort zu tun hätten. Da sagte der Kommandant, an die Mütze tippend: „Aufklärung fahren." Im Verlauf dieses Nachmittags kamen immer mehr deutsche Soldaten mit allerlei Fahrzeugen fluchtartig aus Stein nach Königsbach, setzten sich aber bald wieder in Richtung Wilferdingen ab.

Irgendwann lief ich die Bahnhofstraße vor in Richtung Steiner Straße, wo im Berg unterhalb der Kirche auch ein Stollen gebaut worden war. Soweit kam ich aber nicht, denn Soldaten kamen die Steiner Straße heruntergerannt und schrien: „Sie kommen!" Ich drehte mich um und rannte nach Hause. Auch ich schrie so laut ich konnte „Sie kommen".

Die ersten Granaten explodierten im Dorf. Wir, meine Mutter, meine Schwester und ich, trugen noch allerlei Sachen in den Keller, fütterten Schweine, Hasen und Hühner, dann setzten wir uns abwartend in den Keller.

Wir waren vor Müdigkeit eingeschlafen. Gegen ½ 3 Uhr schreckten wir hoch. Deutsche Soldaten kamen die Treppe herunter und erklärten uns, daß gekämpft wird. Wir gingen mit ihnen hoch in die Küche und beköstigten sie mit Schinken und Most. Sie aßen mit dem Appetit von Soldaten, daß ich wirklich staunen mußte, nicht hastig, mit der Ruhe erfahrener Frontsoldaten. Ein Leutnant kam hinzu. Er aß nichts. Er trank nur ein paar Gläser Most und verschwand wieder. Ich hörte aus ihren Gesprächen heraus, daß er sehr beliebt war. Bevor sie gingen, rieten sie uns, nicht aus dem Keller zu gehen. Etwa um ½ 6 Uhr schreckten wir wieder auf. Schlagartig hatte es angefangen zu schießen. In der Nähe tuckerte ein MG-Dauerfeuer. Dann rätschte ein MG zwei kurze Feuerstöße hinaus. Das Tuckern hörte auf. Das war ein deutsches MG 42. Nun ging es Schlag auf Schlag. Das Geschieße verdichtete sich. Granatwerfer griffen in das Geschehen ein. Durch das Kellerfenster drangen Splitter und schlugen über uns in die Wand. Wir machten uns so klein wie möglich. Nach einiger Zeit wurden die ersten Verwundeten zu uns ins Haus gebracht. Ein Arzt und ein Sanitäter versorgten sie. Der Kampf nahm an Stärke zu. Es roch zunehmend nach Pulver und Rauch. Ein Soldat, der eben in den Keller kam, riet uns dringend, über die Straße zu laufen und in Nachbars Keller zu gehen. Dort wären noch mehr Zivilisten. Wir hörten auf ihn und rannten über die Straße zu unserem Nachbarn. Dort war dessen Familie: ein Kleinkind, die Oma, ein Junge von 16 Jahren, einer von 10 und einer mit einer HJ-Uniform, der einen Fuß gebrochen hatte. Den kannte ich nicht. Er sagte, er wäre bei der Firma Fiebig, die Arznei und Verbandsmaterial im Schulhaus lagere, als Bewacher tätig gewesen. Er hatte sich bei der Flucht vor den Franzosen den Fuß gebrochen und sich hierher geschleppt. Unser Nachbar, der 1942 nach einer Verwundung aus dem Militärdienst entlassen worden war, gab dem jungen Mann zivile Kleidung, die der sofort anzog. Seine Uniform vergruben wir sogleich unter den Kartoffeln. Oben schlugen Granaten ins Haus. Soldaten kamen und gingen. Die meisten hatten die Nase voll und schnallten ab. „Das hat doch keinen Zweck mehr, der Krieg ist verloren." „Die Übermacht ist zu groß. Wir haben ausgespielt." „Über der Straße brennt's vorne, brennt's unten, was soll der ganze Quatsch?" Oben im Haus schlugen abermals Granaten ein. Unsere Augen brannten vom Pulverdampf.

Französische Soldaten mit einer erbeuteten Reichskriegerbundfahne, Anfang April 1945. (ECPA Terre 10253 L21 322107)

Plötzlich entschloß sich unser Nachbar, das Haus zu verlassen und in den Stollen zu gehen. Die Soldaten rieten uns das auch, so lange noch Zeit sei, „denn lange geht es nicht mehr, wir können nicht mehr halten". Darauf sagte der Nachbar: „Wir laufen so schnell wir können hinüber zu unserem Stollen. Es sind etwa 200 Meter, die sind zu bewältigen. Wir müssen und werden es schaffen, und zwar gleich." Er stellte uns so auf, daß der zehnjährige Junge und ich die ersten waren, dann kamen meine Schwester und der andere Junge, dann die Frauen und zuletzt er mit dem Kind. Der andere blieb zurück. Der Weg ging durch die Waschküche zum Hof, dann auf die Straße zum Stollen. Als alle bereit waren und er „Los!" rief, riß ich die Tür auf. In diesem Moment schlug oben im Dach eine Granate ein und drückte mich zurück in den Raum. Ich kam wieder hoch und stürmte die Treppe hinauf. Oben hörte ich plötzlich Schreie „Papa, Papa – die henn de Bape totgschosse!" Das war die Stimme von Erich Würz, meinem Nachbarn und Schulkameraden. Ich hielt im Laufen inne, es mochten etwa 35 Meter zu ihm, zur Scheune sein, wo die Tür zum Garten halb offen stand. Erich versuchte, seinen Vater zurückzuziehen. Ein Schubs von hinten „weiter, weiter" ließ mich wieder losrennen. Ein paar Meter nur, dann sah ich unser Haus lichterloh brennen. Ich blieb fassungslos stehen. „Weiter, weiter!" Jetzt erst sah ich rechts neben mir einen deutschen Panzer Hetzer 38 auf der Straße stehen und hörte markerschütternde Schreie aus unserem Haus, auch von drüben, von Erichs Haus her, vielstimmiges Geschrei. Da schlug krachend ein paar Meter neben mir eine Granate in den Hühnergarten. Es fegte mich von den Füßen. Für Augenblicke war ich geblendet und taub. Mein Kopf dröhnte, benommen blieb ich einige Augenblicke liegen, dann kam ich taumelnd wieder auf die Beine und lief, was sie nur gaben. Blut rann mir über's Gesicht, aber ich lief. Dann haute mich's erneut um. Knie und Hände waren aufgerissen, aber ich lief schon weiter, hüpfte über hängende und liegende, von den Masten gerissene Stromleitungen, wo Soldaten schießen, an Häuser und Höfe geduckt uns Feuerschutz geben. Ich hörte sie rufen, verstand aber nichts.

Kurz vor dem Stollen überholte ich die anderen, außer meiner Schwester, die den Stolleneingang zuerst erreichte. Der Eingang war durch eine meterdicke Betonmauer abgeschirmt, war aber von rechts und links zu betreten. Hier blieb meine Schwester aufschreiend stehen. Ich lief heftig auf sie auf, so daß sie vornüber direkt auf die aufgerissenen Leiber deutscher Soldaten fiel. Ich half ihr hoch und stürmte in den Stollen hinein. Nach und nach kamen die anderen, nur unsere Mutter nicht. Ich wollte zurück, aber unser Nachbar hielt mich energisch fest. „Vorne im Seitenstollen liegt ein Zivilist," erzählte uns jemand, „eine Handgranate hat ihm einen Fuß abgerissen." Es seien noch mehr Verwundete da. Zehn Minuten später kam Mutter. Gott sei Dank. „Ich bin noch rüber in den Keller," erzählte sie außer Atem, „fast hätte mich ein herabstürzender Balken erschlagen. Ich holte noch das Köfferchen mit den Wertsachen." Sie weinte. „Jetzt haben wir nichts mehr, gar nichts mehr." Wir nahmen Mutter in den Arm. Ich hörte das Stöhnen des Mannes, es wurde immer leiser. Dann hörte ich nichts mehr.

Es muß um die Mittagszeit gewesen sein, als eine Gruppe deutscher Soldaten in den Stollen kam. „Hat keinen Zweck mehr, wir ergeben uns." „Nein," sagte die Stollenaufsicht, „ich führe euch hoch zum Bahnhof, da könnt ihr raus und abhauen." Eine Panzerbesatzung kam dazu: „Wir mußten den Panzer sprengen, kein Sprit mehr." Auch sie gingen mit nach oben. Nun dauerte es nicht mehr lange, da kamen die Franzosen und schossen in den Eingang. Vielstimmiges Geschrei von Frauen und Kindern hallte durch den Stollen. Dann kamen sie mit Taschenlampen, leuchteten jedem ins Gesicht und nahmen den Leuten gleich Ringe und Uhren ab. Mädchen und Frauen vergewaltigten sie gleich um die Ecke. Meine Schwester hatte Glück. Sie stank fürchterlich nach den Eingeweiden der Toten. Ein evakuiertes Mädchen aus Karlsruhe, das mit mir in die Schule gegangen war, wurde von mehreren vergewaltigt. Sie schrie furchtbar.

Nach endloser Zeit wurden wir aus dem Stollen getrieben und auf dem freien Platz vor dem Kino gegenüber zum Erschießen aufgestellt. Ringsum brennende Panzer und gefallene Soldaten. Dazu noch starker Beschuß eigener Artillerie ins Dorf. Die Menschen warfen sich auf den Boden. Dann kam ein Jeep mit mehreren Offizieren. Einer stieg ab und sagte: „Niemand wird erschossen, ihr dürft bald nach Hause." Nach Hause – wir hatten keines mehr. Doch im Geheimen dachte ich, wir könnten vielleicht im Keller wohnen.

In der Helligkeit des Tages erfaßte mein Blick zum ersten Mal meine Schwester. Sie war von oben bis unten beschmiert, das rettete sie mehrmals vor den Marokkanern. Nun sah sie mich auch und fing zu schreien an. Da stand der Offizier neben mir, schaute mich an und schüttelte den Kopf. Ich war durchtränkt mit Blut. „Du mitkommen, du Doktor, du Bandage, komm!" So wurde ich ganz in der Nähe in der Praxis von Dr. Walz von der Ärztin Dr. Gehring verpflastert und verbunden. Ein großes Loch im Kopf über dem rechten Ohr, ein Splitter im linken Innenarm bluteten immer noch. Unzählige kleine Wunden am ganzen Körper. Als ich versorgt war, sah ich aus wie eine wandelnde Litfaßsäule. Wir durften wieder nach Hause.

Am Eck unserer Straße standen und lagen verwundete deutsche Soldaten, viele noch unverbunden und stöhnend. Wir durften ihnen nicht helfen, auch nicht mit ihnen sprechen. Ein anderes schreckliches Bild bot sich, als wir vor unserer Ruine standen. Aus einer noch rauchenden Fensterhöhle hing ein halb verbrannter deutscher Soldat, Kopf und Arme nach unten, festgebrannt auf dem Fenstersims.

Also, wir hatten nur noch, was wir auf dem Leib trugen. Unser Haus, Geschäft und Auto, alles war hin. Doch wir waren noch am Leben, und das zählt. Aber etwas hatte Mutter gerettet: das Köfferchen mit Papieren. Das war gut.

Meine Hoffnung, wenigstens im Keller wohnen zu können, wurde nicht erfüllt. Auch er war ausgebrannt, mit Betten, Wäsche, Schuhen ... Ein paar Häuser weiter, bei Emil Schöner, durften wir diese und noch ein paar weitere Nächte bleiben. Ein gefangener Franzose, der seit 1940 in Königsbach bei einem Bauern gearbeitet hatte, hängte an die Kellertür ein großes weißes Blatt mit groß geschriebenen französischen Worten und einem Riesenstempel, der unleserlich, und einer Unterschrift, die leserlich war. Er war ein Baron und Offizier. Dieses Blatt war kostbar, es gab keine Belästigungen mehr. Überhaupt halfen alle gefangenen Franzosen, wo sie nur konnten. Die meisten von ihnen kamen viele Jahre später noch zu Besuch. Unvergessen aber ist die erste Nacht im Keller, die Nacht vom 6. auf den 7. April. Sie war ringsum angefüllt vom Schreien vergewaltigter Frauen und Mädchen, vom Gepolter plündernder Soldaten. Doch unser Beschützer war immer rechtzeitig zur Stelle.

Am Morgen in aller Frühe war ich schon unterwegs. Es sah schlimm aus im Dorf. Unsere Straße war am meisten betroffen. Tote deutsche Soldaten und Ausrüstungsgegenstände lagen umher. Dann löste ein Arbeiter von der Ölfabrik eine Lawine der Plünderung aus, als er ein volles 200 Liter-Ölfaß nach Hause rollte. Zu Haufen rannte alles, was Beine hatte, mit Kanne, Eimern, Schüsseln stoßend und schlagend zur Ölfabrik. Wir nicht, wir hatten nichts, kein Gefäß, so hatten wir das Nachsehen. Nun wurde auch die Blechhalle in unserer Straße geöffnet. Hier gab es Schippen, Spaten, Pickel, Nägel, Draht und vieles andere. Die Leute rannten wie besessen mit Karren und Körben, selbst über die Leichen gefallener Soldaten. Vor lauter Ekel kam ich so spät, daß ich nur noch eine Schippe, einen Spaten und zwei Pakete Nägel erwischte. Diese Kostbarkeiten stahl man mir noch aus dem ausgebrannten Schweinestall. Zum ersten Mal in diesen Tagen weinte ich. Mit den Händen begann ich, die Trümmer vom Kellereingang wegzuräumen. Brandblasen und die Splitter in meinem Körper ließen mich bald aufhören. Leer und ausgebrannt schlief ich in der Wärme der Trümmer ein. Mit knurrendem Magen wachte ich auf. Den Kopf auf die Hände gestützt, überlegte ich und wußte sofort, jetzt geht es ums Überleben. Die Zeit war vorbei, wo wir alles besaßen und keine Not kannten. Dabei hatten wir so vorgesorgt, da wir einen Acker mit Kartoffeln, einen mit Weizen und einen mit Gerste bebauten. Einen Kleeacker hatte ich für die Hasen, von denen ich über zweihundert besaß. Außerdem hatten wir drei Schweine gehabt, eines davon schwarz. Das letzte hatten wir Ende Februar geschlachtet. Tage später traf ich Roland Kraus, einen Nachbarsjungen, der auch nichts zu essen hatte. Er half mir trotzdem jeden Tag, Trümmer zu beseitigen. Er war's, der zuerst einen nicht verkohlten Hasenschlegel fand, den wir uns teilten. Ekel? Nein, hatten wir nicht, Hunger hatten wir. Wir aßen auch noch, als wir Konkurrenz durch Maden bekamen, wir zupften sie ab, doch dann war diese Quelle auch versiegt. Derweilen war meine Schwester stark abgemagert, dazu hatte sie noch Angina bekommen, da gab's keine Tabus mehr. Roland und ich gingen organisieren. Wir klauten bei den Franzosen, was nicht niet- und nagelfest war. Wir reiften zu Profis. Zu essen hatten die im Überfluß, und wir jetzt auch. Doch meiner Schwester ging es gar nicht gut. Da kam überraschend Hilfe von dem früheren französischen Gefangenen, der immer noch bei seinem Bauern war. Er brachte Medikamente, die bald wirkten. Das war Hilfe in letzter Minute. Inzwischen kamen wir bei Verwandten unter. Wir schliefen auf Strohsäcken, doch wir hatten jetzt wieder eine Tür zum Abschließen.

Nebenan war das Schulgebäude. Im Hof erspähte ich drei Schafe, die die einquartierten Marokkaner irgendwo geklaut hatten. Natürlich wollte ich eins davon haben. Sofort unterrichtete ich Roland. Wir planten und verwarfen. Durch das Schulgebäude konnten wir nicht, weil die Franzosen drinnen waren, zum einen – zum anderen, weil das hohe Holztor neben unserer Wohnung verschlossen war. Roland hatte die rettende Idee. Er raste nach Hause und brachte einen großen Bund Schlüssel. Wir probierten und hatten Erfolg. Dann die große Enttäuschung: die Maroks hatten schon die Messer geschärft. Als wir sachte die Tür öffneten, rasten die Schafe schon blutend mit aufgeschnittenem Hals im Hof herum, bis sie tot niedersanken. Danach machten die Maroks einen kleinen Schnitt in den Hinterfuß, steckten ein Röhrchen durch und bliesen

Solche Soldatenschicksale gab es noch viele im Kraichgau im April 1945.
(ECPA Terre 10359 L18 322101)

so lange hinein, bis sich das Fell vom Rumpf gelöst hatte. Nun zogen sie das Fell bis zum Kopf und schnitten ihn ab. Mit den unausgenommenen Tieren verschwanden sie. Wir schlichen hin, packten die Felle, schleuderten sie über die Mauer und verschwanden auch. Danach pulten wir die Köpfe aus den Fellen. Jetzt war der Hunger wieder für Tage gestillt.

Am 18. Mai kam überraschend Vater auf einem Bäckerrad ohne Bereifung zurück. Er war bei Sonthofen in Gefangenschaft geraten, konnte sich aber mit einem Kameraden davonmachen. Dieser, ein schwäbischer Nudelfabrikant, konnte französisch sprechen, ging kurz vor Ulm frech zu einer Militärbehörde und besorgte Entlassungspapiere. Nun konnten sie sich frei bewegen und brauchten sich nicht, wie viele andere, zu verstecken. In Königsbach wurden mehrere Heimkehrer denunziert, einige starben, andere waren lange in französischer Gefangenschaft.

Nun bauten wir wieder auf. Entschädigung haben wir nicht bekommen, weil wir 1948 schon wieder notdürftig wohnen konnten. Die großen Splitter in meinem Kopf und im linken Arm bereiten mir heute noch Schmerzen, 1994 habe ich wieder einen kleinen am Oberschenkel rausgekratzt. Ein halbes Jahr nach dem Kampf erfuhr ich, warum es mich beim Lauf zum Stollen von den Beinen gerissen hatte: Ein Leuchtspurgeschoß traf meinen rechten Schuhabsatz und brannte darin aus. Schuhmachermeister August Bauer übergab mir das Geschoß, das ich heute noch besitze.

Carlo Jung (1995)

Der Tag X in Sulzfeld – 6. April 1945

Die Besetzung des Unterdorfes durch die alliierten Streitkräfte aus der Sicht eines damals Zwölfjährigen:

In den letzten Tagen war viel – und doch wenig passiert: Staubwolken von Truppenbewegungen nordwestlich von Rohrbach; das Pfeifen von Kanonenkugeln über uns; von Zeit zu Zeit feuerndes Geschütz in Franz Maiers Heuhalle; Durchzug vieler deutscher Soldaten und Arbeitsdienstler in Richtung Württemberg; desertierender Soldat, der sein Gewehr auf den Bodenplatten unseres Hofes zusammenschlug; Artillerieeinschläge früh morgens im 'Dörfle'; Pak-Geschütz am Krautgartenweg, gerichtet auf den Rohrbacher Weg; niedrig fliegender Ari-Beobachtungsflieger; Bleyle-Ausverkauf im Ochsenhof; Sprengung der Steinernen Brücke – und vieles mehr. Gemessen an den Ereignissen der damaligen Zeit waren die Tage vor dem 'Tag X', dem Einmarsch der Alliierten, verhältnismäßig ruhig. Am 6. April 1945 war es dann soweit: Der besonders von der älteren Generation befürchtete Einmarsch kam. Der Tag begann wie die vorangegangenen Tage ruhig. Also nichts Besonderes.

Dann gegen 10 Uhr sahen wir Leute auf dem Kamm des Gießhübelweges. Zunächst wenige, dann wurden es immer mehr. Erst suchten sie noch Schutz hinter den dicken Birnbäumen, bald jedoch bewegten sie sich ohne Deckung. Sie formierten sich und gingen zur Gießhübel-Hohle Richtung Sulzfeld. Karl-Onkel hatte ein Fernglas, mit dem wir von unserem Schöpfle aus alles ziemlich genau beobachten konnten. Es waren feindliche Soldaten. Sie gingen, mit den Gewehren im Anschlag, vom unteren Ende des Hohlweges zur Dreschhalle. Dort hielten sie sich kurze Zeit auf.

Offenbar hatte man das in der Halle eingerichtete Panzer-Ersatzteillager der Deutschen entdeckt. Vorsichtig, in geduckter Haltung gingen sie dann im Gänsemarsch über den Sportplatzgraben, den Kohlbach, die Wiese von August Kern, durch die Krautgärten zum Eisenbahnrain. Nachdem alle Soldaten den Böschungsrand erreicht hatten, blieben sie kurz im Schutz der Gleise liegen, die Gewehre auf das Dorf gerichtet. Dann erhob sich der Anführer der Truppe und überquerte die Gleise. Die anderen folgten. (Kleine Bemerkung am Rand: Der Anführer zog vor dem Überqueren der Gleise seinen Mantel aus, den er kurzerhand über die Signaldrähte warf. Offenbar war es ihm doch ein wenig warm geworden. Nachdem der Mantel am Abend noch hing, brachte Karl-Onkel ihn in Sicherheit – Textil war sehr gefragt!) Die Soldaten verschwanden über den Bahndamm in Richtung Bachgäßle – Tuchbuckel. Während wir dies beobachteten, bewegte sich ein anderer Teil der Truppe über die Hauptstraße dorfeinwärts.

Meine Mutter, Berta-Tante, Luis-Tante und die Cousinen hielten sich in unserem gewölbten Keller auf. Wir drei Männer (!), Karl-Onkel, mein Bruder Fritz und ich, standen im Kellerhals. Karl-Onkels Haus war also leer und deshalb verschlossen. Plötzlich hörten wir, wie jemand gegen die hintere Haustür von Karl-Onkels Haus polterte. Karl-Onkel ging dorthin, um nachzusehen – meine jugendliche Neugier ließ mich natürlich hinterhergehen. An der Tür stand ein dunkelhäutiger Soldat und schlug mit dem Gewehr gegen die verschlossene Tür. Er hörte uns offenbar kommen, drehte sich schnell um und richtete sein Gewehr auf Karl-Onkel. Der hob die Hände und sagte scheinbar gelassen: „Nix schieß, Kamerad!" Der Soldat ließ das Gewehr langsam sinken und forderte Karl-Onkel auf, die Tür zu öffnen. Er trat vorsichtig ins Haus, kam jedoch nach kurzer Zeit wieder heraus. Dann bewegte er sich durch unseren Garten auf unser Haus zu. Er ging hinein, durch den Flur und dann in den Keller runter. Es brannte nur dürftiges Licht. Er sah sich im Keller um: In der hinteren Ecke, zwischen Kohle- und Kartoffelhaufen, saßen meine sonst recht ordentlich aussehenden Cousinen, in Großmutters (oder Urgroßmutters) schwarze Kleider gehüllt, bedeckt mit häßlichen Kopftüchern. Wie alte Weiber! Bleich, – verängstigt. Ein Anblick, den ich nicht vergesse. Ich verstand die Welt nicht mehr. Der Soldat schaute sich, das Gewehr natürlich noch immer im Anschlag, die geisterhafte Szene an und ging dann langsam wieder die Kellertreppe rauf. Er sah noch in die einzelnen Räume und ließ sich die Schranktüren öffnen, unter anderem auch die an dem Schränkchen, in dem unsere Spielsachen untergebracht waren. Diese stöberte er durch und fand ein aus Holz ausgesägtes Kamel. Das nahm er in die Hand. Seine bis dahin strengen Gesichtszüge hellten sich sichtlich auf. Mit einem Lächeln im Gesicht ging er. Das war also die Besetzung unseres Hauses.

Bald darauf kamen drei amerikanische Panzer mit französischen Hoheitszeichen und französischer Besatzung den Rohrbacher Weg herunter. Was mag sich wohl der führende französische Offizier gedacht haben, zuerst die Infanterie und dann erst die Panzer einzusetzen? Die Panzerwagen versuchten, die gesprengte Steinerne Brücke durch die Wiesen zu umfahren. Der erste Panzer kam ohne Probleme über den Bach, der zweite blieb jedoch im Bachbett stecken. Und je mehr er von seinen PS Gebrauch macht, desto tiefer sank er in den morastigen Boden. Der erste Panzer versuchte nun, den steckengebliebenen mit einem Drahtseil herauszuziehen, jedoch ein in die Abschleppöse eingeführtes Metallstück riß. Um Hilfe zu holen, fuhr nun der erste Panzer ins Dorf, von wo er alsbald mit dem Schmiedemeister Jakob Brüssel, der einen Pickel mitbrachte, wieder zurückkam. Nun wurde der spitze Teil des Pickels zwischen Drahtseil und Öse eingesteckt. Jedoch auch das deutsche Eisen war der alliierten Übermacht nicht gewachsen: der Pickel verformte sich zunächst stimmgabelähnlich, ehe er auch riß. Erst der Kettenbolzen eines deutschen 'Panthers', den man aus dem Ersatzteillager in der Dreschhalle geholt hatte, hielt den Zug aus, und so kam das Fahrzeug wieder auf festen Grund. Schmied Brüssel wurde wieder nach Hause gebracht. Er fuhr wie ein Triumphator, oben auf dem Panzer sitzend, dorfeinwärts.

Kurz nach Mittag wurden dann die arbeitsfähigen männlichen Personen des Unterdorfes zusammengetrommelt. Dazu gehörten auch wir. Der Trupp setzte sich aus den altgedienten Volkssturmmännern Otto Heinle, Wilhelm Mayer, Otto Schadt und uns Buben zusammen. Der Übergang über den Kohlbach bei der gesprengten Steinernen Brücke sollte wieder befahrbar gemacht werden. Durch Einebnen der durch die Sprengung entstandenen steilen Böschung sollte eine Art Furt hergestellt werden. Zur seitlichen Befestigung mußten kräftige Balken aus dem Lager in der Dreschhalle herangeschafft werden. Dies geschah auf den Schultern des Arbeitskommandos. Die Balken waren teils lang und sehr schwer, so daß mehrere Personen jeweils einen Balken tragen mußten. Dazu wurden zunächst alle eingespannt. Man hat jedoch bald gemerkt, daß die Schultern der Kleinen nicht zum Balken, der auf den Schultern der Großen lag, hinaufreichten. Uns Kleinen wurden dann andere Aufgaben zugewiesen. Offenbar hatte ich bei der Zuweisung Glück: ich bekam ein blaues Fähnchen, wurde bei der Linde postiert und mußte den pausenlos anrollenden Nachschubverkehr der Truppen zur Neuhöfer Straße umleiten. Dabei hat sich bald gezeigt, daß die Besatzer so unfreundlich gar nicht waren. Immer wieder wurden mir aus Fahrzeugen Süßigkeiten entgegengestreckt, die dann langsam meine Kitteltaschen füllten. Die Balkenträger hatten dies jedoch bald gemerkt, und so mußte ich, immer wenn diese auf dem Rückweg zur Dreschhalle waren, einen Anteil an sie abgeben. Nachdem die Furt fertiggestellt war und der Verkehr darüber durch die Hauptstraße ging, war ich meinen einträglichen ersten Job unter fremder Herrschaft los. Wir wurden entlassen.

Im Dorf hatte sich in der Zwischenzeit offenbar einiges getan. In Karl-Onkels Vorgarten, unter dem Birnbaum, war ein schweres, auf drei Beinen stehendes MG aufgebaut worden. Dunkelhäutige Soldaten lehnten sich gelangweilt aus dem Stubenfenster. Drinnen herrschte eine gewisse Fröhlichkeit. Offenbar hat den französischen Kolonialsoldaten Karl-Onkels Most geschmeckt. Das Zweite, an das ich mich noch sehr gut erinnere, ist, daß die ganze Bahnhofstraße voller Geflügelfedern lag. Beim Fleischverzehr wurden anscheinend, anders als beim Durststillen, die religiösen Vorschriften der Besatzer eingehalten. Das unterdörfliche Federvieh mußte darunter leiden.

Indes wurden die Tiere nicht etwa entwendet, sondern gekauft. Bezahlt wurde mit Geld, das natürlich niemand kannte. Die Geflügelbesitzer hielten es für wertloses Papier und nahmen es offensichtlich nicht an, denn zwischen den Hühnerfedern lagen bündelweise Geldscheine in den Pfützen der Bahnhofstraße. Auf den Geldscheinen stand: „In Umlauf gesetzt in Deutschland Eine Mark" (oder mehr). Leider haben auch wir nicht gewußt, daß dies unser künftiges Zahlungsmittel sein würde. Das Geld lag eben auch damals schon auf der Straße.

Zu den ersten Opfern des Einmarsches gehörten wohl drei von fünf Gänsen der Familie Holz. Elsa hatte sie kurz vor Beginn der Besetzung ins Wiesle getrieben. Drei davon landeten mit etwas deformierten Hälsen auf dem Rücksitz eines Jeep. Die beiden anderen konnten sich auf dem Luftweg in Sicherheit bringen.

Ansonsten wußten wir nicht, was im Dorf noch alles passierte. Aber offenbar nichts Schlimmes. In meinem Tagebuch steht denn auch am 6. April 1945 lapidar: „Sulzfeld ohne einen Schuß gefallen."

Hans Weiß (1995)

Französischer Angriff auf die Festung Stetten – 4.–8. April 1945

4. April 1945. Am Heuchelberg, als natürlichem Riegel, soll der alliierte Vormarsch gestoppt werden. Die Marschrichtung war Süden. Nach den Rheinübergängen bei Worms (Amerikaner) und Speyer (Franzosen) geht der Vormarsch rasch voran. Die deutsche Infanterie hat sich an der HKL eingegraben. Die verläuft im Bogen vom Hardtwald über den Sonnenberg, Breitelter Feld bis zum Härenwald. Das Dorf selbst hat drei Panzersperren: an der Gemminger Straße, an der Kleingartacher Straße (Rohrbrunnen), an der Bahnhofstraße (Schieferhaus); an der Schwaigerner Straße sind beide Brücken zum Sprengen vorbereitet. Im Gänsgarten steht schon seit Tagen eine 10,5 cm-Kanone, weil man einen Panzerangriff aus Richtung Heilbronn erwartet hat. In der Schafhohle lauert eine Pak (7,5 cm) Richtung Gemminger Straße. Eine weitere Pak liegt auf der Höhe in Stellung, eine weitere in der Geigershälde zur Sicherung der Brackenheimer Straße.

Französische Soldaten tauschen den "Adolf-Hitler-Platz" gegen einen französischen Straßennamen aus. (ECPA Terre 10248 R2 322106)

Die Artilleriestellungen verteilen sich so:
Steinbruch: Batterie 15 cm
Heumaden Haberschlacht: Batterie 10,5 cm
Kleingartach – Schillerplatz und Gärrenweg: Batterie 15 cm
Niederhofen – am Dachsbach (Kreuzberg): Batterie 7,5 cm
(Weitere Stellungen:
Nachtrag Mai 1995; Zeugen Gustav Döbler und Feuerwehrkommandant Kohler
Brackenheim, östlich Haberschlacht-Wald: Batterie 8,8 cm
Brackenheim, Lehmgrube Ziegelei: 2 Geschütze 8,8 cm
Stetten im Brühltal – Weißenberg: mehrere Infanteriegeschütze 4,5 cm
Stetten, Brühltal und Gemminger Wäldle: 2 Granatwerfer 8 cm.)

Die B-Stelle befindet sich im Streitwald auf einer Baumkrone, knapp 1000 m von Stetten entfernt. Alle wichtigen Straßen und Feldwege sind vermint (Stebbacher Weg, Mohrhälde, Gemminger Straße, Schwaigerner Straße; nach Brackenheim und Niederhofen ist Verminung vorgetäuscht).

Die Bereitstellung der Alliierten befindet sich im Langen Grund bei Stebbach. Ihre Panzer haben Mühe, in den feuchten Wiesen nicht zu versinken. Auf den Unsinn des Kampfes aufmerksam gemacht, antwortet ein deutscher Generalmajor lapidar: „Was liegt mir an dem Nest?"

5. April, Donnerstag. Als die Alliierten im Morgengrauen mit Panzern zum Angriff übergehen, werden sie von der deutschen Artillerie mit Sperrfeuer empfangen. Trotzdem erreichen sie um 5 Uhr früh die Bahnhofstraße, über die Röt kommend. Drei Panzer wenden am Bahnhof wieder um, um im Dorf Deckung zu suchen. Erst später erreichen andere Panzer den Ort über die Gemminger Straße. An der Panzersperre wird kurz angehalten, als Vergeltung werden Häuser in Brand geschossen, und dann fahren sie ohne viel Mühe weiter. Durch Minen gibt es einige Ausfälle an Panzern, deshalb verlassen sie die Feldwege und scheren nach Süden aus, Richtung Küchenwiese. Als sie dort im Schlamm stecken bleiben, schießen sie aus allen Rohren, bis der Ortsrand in Flammen steht. An der Panzersperre beim Rohrbrunnen können französische Zwangsarbeiter verhindern, daß ihr 'Depot', das Gasthaus 'Krone', in Brand geschossen wird; dafür richtet man die Rohre auf die andere Straßenseite, bis die Gebäude auch dort brennen.

In der Friedensstraße will ein junger Leutnant noch den Krieg gewinnen und schießt wie wahnsinnig mit seinem MG hinter einer Hausstaffel hervor. Als Vergeltung sollen alle Häuser der Straße gesprengt werden. Mit Mühe kann das der französische Gefangene René verhindern. Überhaupt war dieser Mann ein Glück für Stetten. Er war vier Jahre als Landarbeiter zwangsbeschäftigt und ist nun den ganzen Tag unterwegs, um zu schlichten und auf seine Landsleute einzureden. Den französischen Gefangenen war es in Stetten nicht schlecht gegangen.

Um 7 Uhr morgens erreicht ein Panzer den östlichen Ortsrand. Er hält vor der ungesprengten Mühlkanalbrücke an; die deutsche Mannschaft (etwa 15 Mann) im Gänsgarten wird gefangen genommen, ohne Kampf – ihre Schußrichtung war genau entgegengesetzt.

Obwohl nun das ganze Dorf besetzt ist, geht das Schießen bis zum Abend weiter. Die deutsche Artillerie belegt das Dorf mit Sperrfeuer. Ironie des Schicksals – den meisten Schaden richten also deutsche Granaten an. In der Schafhohle bleibt ein Panzer mit Kettenschaden liegen (Mine?). Er nimmt aber weiter am Kampf teil und schießt in Richtung Heuchelberg. Ein hindernder großer Apfelbaum wird einfach weggesprengt.

Um 6 Uhr früh werden wir im Keller durch Kampflärm geweckt. Einige Zeit später durchsiebt eine MG-Garbe unser Haus. Mittlerweile ist es 7 Uhr geworden. Von der Haustüre her hören wir auf deutsch die Aufforderung „Alles raus". Als wir nach oben kommen, starren uns im

Türspalt Gewehrläufe entgegen. Im Dorf bei der Eulenberggasse liegen dicke Rauchschwaden über der Straße, die Feldscheune beim Friedhof ist bereits heruntergebrannt. Die feindlichen Soldaten durchsuchen jeden Winkel im Haus. Überall schlagen Granaten ein. Die Soldaten, die wir immer noch für Amis halten, sagen auf deutsch: „Wenn der Beschuß so weiter geht, kommen wir zu euch in den Keller! Wir wollen nicht sterben für nichts." Jetzt erst erfahren wir, daß sie Franzosen sind, darunter viele Elsässer. Mein Vater wird gefragt, ob die beiden Brücken geladen sind. Obwohl er es nicht weiß, muß er die Sprenglöcher frei graben. „Wenn du dich regst," sagt sein Bewacher, „schlag' ich dich tot", und hebt den Gewehrkolben. Mit Erleichterung wird festgestellt, daß die Brücken keine Sprengladungen enthalten. Die französischen Soldaten sind vom Kampf gezeichnet und sehr zurückhaltend. „Das war das Schlimmste, seit wir den Rhein überschritten haben."

Im 'Badischen Hof' beginnt es zu brennen. Johann Walter (*1870) und seine Tochter (*1913) holen das brüllende Vieh aus dem Nachbarhaus. Als das Feuer auf das eigene Haus zuläuft, beginnen sie, es auszuräumen. Im Wechsel bringen sie Kleider und Weißzeug in den Garten, in Sicherheit. Ein Blindgänger vom Kaliber 15 cm saust an Johann Walter vorbei und zerbricht vor ihm in zwei Teile. Er springt ins Haus zurück, auf halbem Wege sieht er seine Tochter leblos auf dem Boden liegen. Es war eine deutsche Werfergranate, deren Splitter sie durchsiebten. Auf dem Handwagen transportiert er die Tote mitten durch das brennende Dorf zu uns, seinen Verwandten. Als er später nach seinem Haus schaut, steht er vor einer rauchenden Ruine.

Als Stettens Westrand in Flammen steht, fliehen auch die Bewohner ins Freie. Jan, ein polnischer Zwangsarbeiter, will sich über das Stauwehr ins Wiesental retten. Man findet ihn später tot im Wasser. Vielleicht wurde ihm der alte Soldatenmantel, den er trug, zum Verhängnis.

Als die Franzosen den Kirchturm besteigen wollen, ist die Falltür verrammelt. Im Pfarrhauskeller bedrohen sie Pfarrer Lechler (*1872) mit der Waffe. Aber er weiß wirklich nicht, was da oben los ist. Nachdem sie ihm seine goldene Uhr abgenommen haben, drohen sie mit Erschießen, falls sich irgend etwas ereignet. Tatsächlich verstecken sich zu diesem Zeitpunkt vier deutsche Landser auf dem Kirchturm. Tage später gelingt ihnen nachts die Flucht.

Heinrich Hatz (*1921), Kampfflieger bei der Luftwaffe (Ju 88), befindet sich zu Hause. Ostern hat er sich im Schwarzwald verlobt und erreicht gerade noch mit seinem Fahrrad Stetten. „Versteck' dich in der Scheune, du bist ja jetzt daheim." Zunächst befolgt er diesen Rat. Als die Franzosen bekannt machen, jeden zu erschießen, der einen Soldaten versteckt hält, und im Hinblick auf den Fahneneid stellt er sich freiwillig. Er trägt noch seine Fliegeruniform, Marschgepäck und seine Auszeichnungen. Als erstes reißt man ihm das EK I von der Brust, dann bringt man ihn zum Kommandanten in die Post. Später wird er auf einem Panzer sitzend beim Rathaus gesehen. Hatz stirbt als Gefangener beim Minenräumen im Saargebiet.

Im Keller der Familie Kern in der Hauptstraße werden die deutschen Gefangenen festgehalten, darunter auch Gerhard Walter (*1926) als Zivilgefangener und Heinrich Hatz. Mittags um 15 Uhr werden die etwa zwanzig Gefangenen nach Stebbach abgeführt. Als Weg benutzen die Gefangenen eine Panzerspur über den vorderen Berg wegen der Minengefahr. Übernachtet wird auf einem Dachboden in Richen, bevor sie anderntags ins Gefangenenlager bei Odenheim kommen. Wilhelm Bleiß (*1911) ist Kanonier bei der Batterie, die von Kleingartach nach Stetten schießt. Er bittet seinen Vorgesetzten, nicht auf sein Heimatdorf zu schießen. Darauf erlaubt ihm dieser, die Treibladung so zu verändern, daß das Ziel entweder nicht erreicht oder überschossen wird. „Denn schießen müssen wir."

Friedrich Haag, Weingärtner aus Heilbronn (*1912) kommt vom Bombenurlaub zurück zu seiner Batterie, die in Haberschlacht Stellung bezieht. Von ihrer Stellung beim Hexenhäusle beschießen sie Stetten einen Tag lang. Ohne Munition ziehen sie weiter nach Ochsenbach, schwenken ab nach Pleidelsheim und weiter nach Neuhütten. Erst im Allgäu endet für sie der Krieg.

So sah es direkt nach Kriegsende auf vielen Straßen deutscher Städte und Dörfer aus. (Credit National Archives III-SC-3353311)

Am Abend des 5. April bauen die Franzosen unser Haus als MG-Stellung aus. Doch erlauben sie uns, im Keller zu schlafen. Am nächsten Tag muß die Mutter für sie Petersilienkartoffeln kochen. Sie bestehen darauf, daß auch wir mitessen. Um 11 Uhr kommt unvermittelt ein Marschbefehl. Wegen gesprengter Brücke und Straßensperren müssen sie zu Fuß über den Heuchelberg.

Am 6. April wird Hans Kümmerle (*1928) schon morgens um 7 Uhr aus dem Keller geholt. Zusammen mit dem Eisenbahner Ernst Rupp (*1912) wird er gezwungen, als Geisel vor der französischen Infanterie herzugehen. Bei Rupp im Bahnwärterhaus Hasengrund fand man eine Parteiuniform. Ein Arbeitskollege hatte ihn gebeten, einen Kleiderschrank für ihn aufzubewahren, in dem jener seine NSDAP-Uniform versteckt hatte. Für diese Gefälligkeit wurde Rupp jetzt als Geisel genommen. Die beiden Männer schweben in Lebensgefahr, denn die Straße ist 'getarnt', das bedeutet: Sie ist mit Erde überworfen, damit man Minenverstecke nicht sehen kann. Hinter ihnen laufen zwei Minensucher mit ihren Geräten. Erst in weitem Abstand folgt die Truppe. Sie kommen ohne Zwischenfall in Niederhofen an. Minen gab es keine.

Fast gibt es in Niederhofen noch einen Toten. Auf der Höhe des Schafhauses springt eine Frau beim Anblick der Franzosen ins Haus und schließt ab. „Frau," schreit Hans Kümmerle, „laß die Tür auf!" Aber es ist schon zu spät. Mit einer MP-Salve wird das Türschloß aufgesprengt. Vor der 'Rose' treffen die Franzosen mit den bärtigen Marokkanern zusammen, die von Stebbach her über das Pfläster-Steigle kommen. Bei diesem Durcheinander können die Geiseln fliehen. Beim Horckgraben begegnen sie drei Panzern. Von der Besatzung werden sie gefilzt, wobei Ernst Rupp seine Taschenuhr verliert.

Bilanz der Schlacht um Stetten: über 60 Gebäude sind abgebrannt, die übrigen beschädigt. Acht deutsche Soldaten sind gefallen, dazu zwei Zivilisten. Die Verluste der Franzosen sind nicht genau bekannt, doch sollen sie hoch gewesen sein. Viele Kühe, Pferde und Schweine erstickten in den Flammen.

8. April, Sonntag. An diesem Tag will man die beiden Ziviltoten begraben. Pausenlos rollen Schützenpanzer und Panzer durch die Straßen nach Schwaigern. Auf den Stahlkolossen steht mit weißer Kreide als Spott auf unsere V-Waffen: V1, V2, V3 usw. Einigen Geschützrohren sind HJ-Armbinden übergestülpt. Der Trauerzug muß lange auf eine Lücke in den Marschkolonnen warten, um in den Friedhof zu gelangen. Während dieser Zeit geschieht etwas Eindrucksvolles. Von jedem vorbeikommenden Fahrzeug wird vor dem Sarg am Straßenrand salutiert. Wir sind tief berührt.

Die Minen fordern weitere Todesopfer. Nachdem ein französischer Plünderer beim Gänsgarten nur Sachschaden erlitt (er hatte einen Rot-Kreuz-Schützenpanzer mit Wäsche vollgeladen), gab es beim nächsten Unfall Verletzte. Beim Brüchle fuhr der Landwirt Hermann Kümmerle mit seinem Kuhgespann auf eine Panzermine. Die Rübenladung samt ihm flog in die Luft, die Kühe rannten mit abgesprengter Deichsel ins Dorf zurück. Kümmerle wurde von Splittern am Fuß verletzt und kam ins Eppinger Krankenhaus. Der nächste Unfall ereignet sich am Stebbacher Weg. Friedrich Krieg (*1896) und sein Sohn Fritz (*1929) sind auf dem Weg zum Kartoffelstecken, als ihr Pferdefuhrwerk auf eine Mine fährt. Beide sterben an ihren schweren Verletzungen.

Im Kriegsgefangenenlager sagt ein Mitgefangener zu Willi Schweizer: „Wenn du nach Hause kommst, schaue nach der Mine zwischen den beiden Bäumen, aber paß auf, es ist eine Ankermine." Als er nach Hause kommt, ist das Unglück jedoch schon geschehen. Kaum hundert Meter von dieser Stelle entfernt fährt Helmut Schilling (*1928) mit seinem Kuhfuhrwerk am 23. Juni auf eine Mine und stirbt noch an der Unfallstelle.

Günter Walter (1995)

Die Evakuierung Neuenbürgs im Frühjahr 1945

Mitte April glaubte man in Neuenbürg, die furchtbaren Schrecken des Krieges überwunden zu haben, als der Ort von einer außerordentlichen Katastrophe heimgesucht wurde. Am 13. April mußte die gesamte Ortschaft auf Befehl der französischen Besatzungsmacht zwischen 19 und 20 Uhr vollständig geräumt werden. Wie ein Lauffeuer verbreitete sich diese Hiobsbotschaft im Dorf und stieß zunächst auf Unverständnis und Empörung, doch Proteste und Widerstand waren fruchtlos, denn mit unerbittlicher Härte erzwangen die französischen Soldaten die überstürzte Flucht der Einwohner und der im Ort Evakuierten (ca. 500 Personen).

Am Ortsrand, von Bruchsal kommend, warteten bereits Lastkraftwagen mit 500 meist kranken ehemaligen KZ-Häftlingen des Konzentrationslagers Vaihingen/Enz, die in Neuenbürg untergebracht werden sollten, und 70 Mann Wachpersonal, überwiegend Marokkaner.

Fast kopflos traf man die Vorbereitungen zur Flucht. Auf dem Feld arbeitende Angehörige mußte man heimholen. Kleider, Bettzeug und Lebensmittel wurden in aller Eile auf Handwägelchen oder Fuhrwerken verstaut, Kranke, Alte, Kinder und Säuglinge auf die Wagen geladen, und innerhalb kurzer Zeit bewegten sich Wagenkolonnen aus dem Dorf. [...]

Zwei betagte Frauen weigerten sich standhaft, wegzuziehen. Sie durften einige Tage bleiben, mußten aber schließlich doch ihren Heimatort verlassen.

Der Friedhof in Neuenbürg. (Teuschl)

Aufnahme fanden die von Haus und Hof vertriebenen Neuenbürger bei Freunden, Verwandten und Bekannten in den umliegenden Ortschaften, vor allem in Oberöwisheim, Odenheim, Münzesheim, Menzingen und Tiefenbach. Eine Großfamilie von über zwanzig Personen, die mit ihrem Kuhgespann Rohrbach bei Eppingen erreichen wollte, verbrachte die erste Nacht bei wildfremden guten Menschen in Menzingen, ehe sie anderntags weiterziehen konnte.

Der Gedanke, anderen Menschen zur Last zu fallen, war für viele Neuenbürger bitter und drückte schwer auf das Gemüt. Hinzu kam, daß es an Lebensmitteln und Futter für das Vieh fehlte. Auf wichtige Utensilien, die man dringend benötigte, beim überstürzten Aufbruch aber vergessen hatte, mußte man verzichten, denn Neuenbürg durfte von den ehemaligen Einwohnern nicht mehr betreten werden. Ein Landwirt, der zur Feldbestellung etwas aus dem abgeriegelten Dorf holen wollte, wurde gefangengenommen und drei Tage in einen Schweinestall gesperrt. Wer sich dem Ort näherte, wurde mit dem Gewehr bedroht. Lediglich die Insassen der Russenlager in Münzesheim und Odenheim hatten Zutritt zum Ort.

Nach zwei langen, bangen Monaten – nachdem die Amerikaner die Franzosen abgelöst hatten – durften die Evakuierten am 14. und 15. Juni 1945 endlich wieder zurückkehren. Doch was die Heimkehrenden erwartete, übertraf die schlimmsten Befürchtungen. Die meisten Wohnungen waren total verwüstet, das zurückgelassene Vieh abgeschlachtet und die Eingeweide lagen in Haus und Hof umher. Ungeziefer umschwärmte das ganze Dorf.

Die Mahlzeiten konnte man in den ersten Tagen nur im Freien zu sich nehmen, denn die Häuser waren so verdreckt, daß man mit Krankheiten rechnen mußte. Wohl waren vor dem Wiedereinzug zwölf deutsche Häftlinge beauftragt worden, den Ort zu säubern, doch diese fuhren lediglich zerschlagene Möbel an den Ortsrand und zündeten sie an. Die Häuser, die sie vor Gestank und Dreck nicht betreten konnten, nagelten sie kurzerhand zu.

In den Apotheken der umliegenden Orte besorgten sich die Hausbesitzer Chlorkalk, um die Wohnungen zu desinfizieren. Tatsächlich erkrankte auch niemand.

Ergebnislos verlief die Suche nach den schon vor der Besetzung versteckten oder vergrabenen Wertsachen. Es war alles verschwunden. Man hatte Mauern aufgebrochen, Grundstücke umgegraben, und dabei blieb nichts unentdeckt.

Bis die Häuser wieder einigermaßen in Ordnung waren, dauerte es Wochen, und bis man mit dem Notdürftigsten eingerichtet war, vergingen Monate [...].

Siebenundzwanzig Gräber erinnern auf dem Neuenbürger Friedhof an die Schreckenszeit, denn von den 500 ehemaligen KZ-Häftlingen starben 28 an Typhus. Sieben waren Juden.

Warum ausgerechnet Neuenbürg die Kranken aus Vaihingen aufnehmen mußte, ist bis heute nicht geklärt. Immer wieder hört man, daß das Kraichgaudorf mit Neuenbürg bei Pforzheim verwechselt wurde. [...] Näher liegt aber, daß die Franzosen für die Typhus-Kranken wegen der Seuchengefahr einen völlig isolierten Ort ohne Bahnanschluß suchten. Dies traf auf Neuenbürg im Kraichgau zu. In der abgeschiedenen Gemeinde sollten die ehemaligen Häftlinge wieder gesund gepflegt werden, doch dürfte die medizinische Betreuung ungenügend gewesen sein, was die hohe Zahl der Toten in nur neun Wochen dokumentiert.

Wohin die Überlebenden schließlich kamen, ist unbekannt. Ihre Spur verliert sich im Sand der Geschichte.
Jörg Teuschl (1995)

FINIS: Bekanntmachung des Eppinger Bürgermeisters zum Waffenstillstand.

```
                    Bekanntmachung.
         ===================================

  "Der Waffenstillstand ist geschlossen.
   Es finden s̶t̶a̶t̶t̶ morgen an Himmelfahrt statt:
      Vormittags 9 Uhr Gottesdienst in beiden Stadtkirchen.
               11 Uhr Parade französischer Truppen vor dem Rathaus
               11 Uhr bis 11 Uhr 15 Glockengeläute.
   Ausgang an diesem Tag bis 12 Uhr nachts. Öffentliche Vergnügen werden
untersagt.
    Der Tag ist mit Würde zu begehen.
    Die Hauptstrassen sind mit Baumgrün, die Fenster mit Blumen zu
schmücken. Material wird angefahren.

2. Verdunkelung fällt für immer weg.

3. Die Strassen sind heute Abend gründlich zu reinigen. Dies gilt auch für
   Gärten innerhalb der Stadt.

4. Jm Lagerhaus können vormittags unentgeltlich Steckzwiebel abgeholt
   werden.
                                 Eppingen, den 9. Mai 1945.

                    Der Bürgermeister:
```

Reflexion 1995

»Bitteres Erwachen!«

Ein Stück über eine betrogene Jugend
von Holger Friedrich

Eine Inszenierung des Stadtmuseums
Sinsheim
zum 50. Jahrestag des Kriegsendes

Titelblatt des Theaterstücks 'Bitteres Erwachen – ein Stück über eine betrogene Jugend'.
Autor: Holger Friedrich.

Szenenfoto aus dem Theaterstück.

Die Arbeiten an diesen Büchern zum Kriegsende waren längst begonnen, als im Zusammenhang mit einer Ausstellung des Stadtmuseums Sinsheim und des Heimatvereins Kraichgau zu diesem Thema zu einer Theateraufführung geladen wurde: 'Bitteres Erwachen – ein Stück über eine betrogene Jugend'. Autor: Holger Friedrich.

Der Museumsleiter ist in der ehemaligen DDR aufgewachsen. Er kennt totalitäre Strukturen. Glaube an Doktrinen wurde täglich verlangt, wenn auch der Vorhang gegen nicht-regimekonforme Informationen nicht so dicht sein konnte wie damals. Eigene Erfahrungen haben die Intensität des Konzepts gefördert.

Im fünfzigsten Jahr nach Kriegsende gab es viele Versuche, sich der Zeit, den Ereignissen zu nähern, ohne sich das Verständnis durch veränderte Sehweise nach einem halben Jahrhundert verstellen zu lassen, junge Menschen überhaupt für die Auseinandersetzung mit dieser Zeit zu öffnen. So gab es in Eppingen eine Ausstellung, die Schüler des Gymnasiums erarbeiteten.

Der Inhalt des Sinsheimer Stückes ist rasch beschrieben. Vier junge Männer sehen die Schule fast nur noch als Hindernis vor der wesentlicheren Aufgabe, das Vaterland zu verteidigen. „Opfer müssen gebracht werden, wenn die Gemeinschaft gewinnen soll." Ihr Umfeld: bürgerliche Eltern, ein zackiger Studienrat, der immerhin Zivil trägt, ein kritischer Pfarrer, den seine Unerschrockenheit ins KZ bringt. Erinnerung an den Eppinger Stadtpfarrer Thoma drängt sich auf.

Die Zeit wurde massiv gegenwärtig durch Filmeinblendungen aus Wochenschauen und unverwechselbare Lieder aus den Wunschkonzerten, die Front und Heimat am Radio vereinen sollten ('Wovon kann der Landser denn schon träumen ...', 'Lili Marleen', 'Davon geht die Welt nicht unter ...'), schon das ein Programm. Unverkennbar, 'unvergeßlich': Goebbels-Spuren.

Davor die Entwicklung der vier Jungen. Kein Hurra-Patriotismus. Glaube. Idealismus. „Es kommt auf jeden an." Bei dem einen auch Skepsis, doch er läßt sich gewinnen. Dann die grauenvolle Erfahrung Rußland. Fragen. „Das kann nicht sein!" „Das weiß der Führer nicht." Schließlich das Begreifen, daß alles, woran sie geglaubt hatten, Trug und Täuschung war.

Der Tod.

Wer mit eigenem Erleben kam, hatte doch Mühe, Fassung zu gewinnen. Junge Leute hatten unendlich viele Fragen. Eine Annäherung?

Doris Ebert

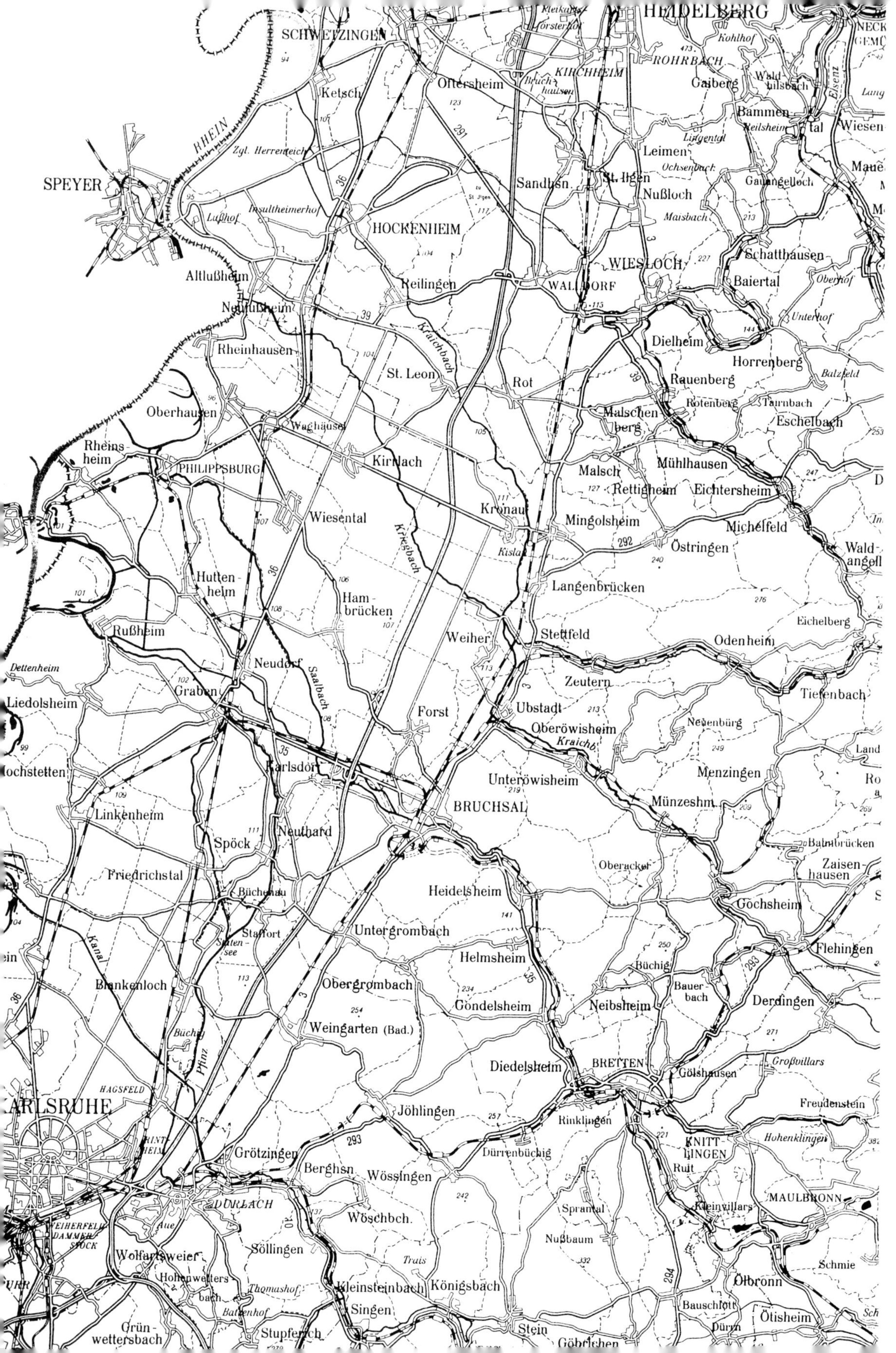
HEIDELBERG
SCHWETZINGEN
Förster
ROHRBACH
KIRCHHEIM
Kohlhof
Gaiberg
Wald-hilsbach
Oftersheim
Bruchhausen
Ketsch
Bammental
Reilsheim
Wiesen
Elsenz
RHEIN
Zgl. Herrenteich
Lingental
Leimen
Ochsenbach
SPEYER
Sandhsn.
St. Ilgen
Nußloch
Gauangelloch
Insultheimerhof
Lußhof
HOCKENHEIM
Maisbach
Schatthausen
WIESLOCH
Altlußheim
Reilingen
WALLDORF
Baiertal
Oberhof
Neulußheim
Unterhof
Kraichbach
Dielheim
Rheinhausen
Horrenberg
St. Leon
Rauenberg
Balzfeld
Rot
Rotenberg
Tairnbach
Oberhausen
Waghäusel
Malschenberg
Eschelbach
Rheinsheim
PHILIPPSBURG
Kirrlach
Mühlhausen
Malsch
Rettigheim
Eichtersheim
Kronau
Mingolsheim
Michelfeld
Wiesental
Kislau
Östringen
Waldangelloch
Kriegbach
Huttenheim
Langenbrücken
Hambrücken
Eichelberg
Rußheim
Weiher
Stettfeld
Odenheim
Dettenheim
Neudorf
Saalbach
Zeutern
Graben
Liedolsheim
Forst
Ubstadt
Tiefenbach
Oberöwisheim
Kraich
Neuenbürg
Hochstetten
Karlsdorf
Unteröwisheim
Menzingen
BRUCHSAL
Linkenheim
Münzeshm.
Neuthard
Spöck
Bahnbrücken
Friedrichstal
Oberacker
Zaisenhausen
Heidelsheim
Büchenau
Gochsheim
Staffort
Untergrombach
Kanal
Flehingen
Helmsheim
Büchig
Blankenloch
Obergrombach
Bauerbach
Neibsheim
Derdingen
Gondelsheim
Weingarten (Bad.)
Pfinz
Diedelsheim
BRETTEN
Großvillars
Gölshausen
HAGSFELD
KARLSRUHE
Jöhlingen
Freudenstein
Rinklingen
Grötzingen
KNITTLINGEN
Hohenklingen
Dürrenbüchig
Berghsn.
Wössingen
Ruit
DURLACH
MAULBRONN
Sprantal
Kleinvillars
Wöschbch.
Nußbaum
Söllingen
Wolfartsweier
Schmie
Trais
Hohenwettersbach
Thomashof
Kleinsteinbach
Königsbach
Ölbronn
Bauschlott
Batzenhof
Singen
Grünwettersbach
Stupferich
Stein
Göbrichen
Dürrn
Ötisheim

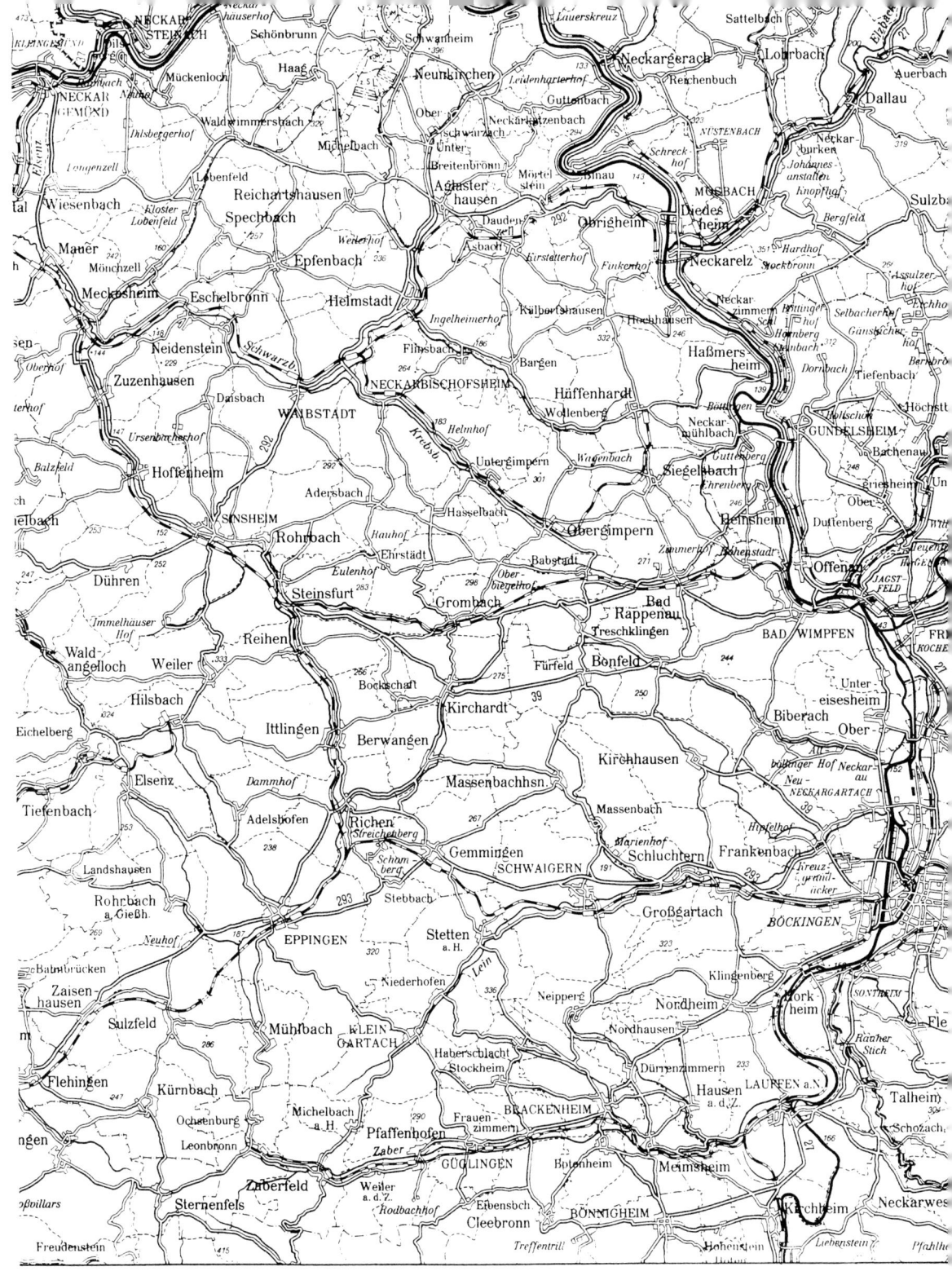

Kraichgau – Kartenausschnitt aus der Verwaltungs- und Verkehrskarte Baden-Württemberg, 1958. (Landesvermessungsamt Baden-Württemberg)

Ortsregister

Adersbach 178, 199
Asbach 94

Babstadt 30, 173
Bad Rappenau 30, 94, 173, 206, 207, 211
Bad Wimpfen 173
Bahnbrücken 149, 159, 235
Bargen 204
Bauschlott *27*
Berghausen 113, 114, 121, 123
Berwangen 22, 208, 209
Böckingen 173
Bonfeld 30, 211
Bretten *13*, 62, 63, 64, 65, 91, 114, 116, 121, 122, 131, 182, 214, 230, 232
Bruchsal 5, 48, 89, 114, 122, 131, 132, 135, 149, 160, 162, 169, 171, 178, 212, 214, 220, 226, 227, 228, 252
Buchen 49
Büchenau 114, 132, 220, 221
Büchig 234

Daisbach 126, 149, 165
Diedelsheim 214, 229, 230
Dillweisenstein *31*
Dühren 39, 126, 173, 178, 179, 184, 185, 186, 192
Durlach 49
Dürrenbüchig 114, 122

Eberbach 49
Eggenstein 49, 121
Eichelberg 17, 82, 197
Eichtersheim 129, 153, 173, 178, 179, 180
Elsenz 114, 123, 124, 196, 197, 236
Eppingen 16, *33*, 45, *55*, *56*, 69, 70, 77, 78, 85, 90, *103*, *104*, *107*, 114, 116, 130, *134*, 137, 148, *149*, 174, 179, 192, 198, 222, 228, 238, 239, 240, *254*
Eschelbach 149, 172, 179, 182, 185
Eschelbronn 90, 114
Ettlingen *66*, *67*
Ettlingenweier 121

Feldrennach 27
Flehingen 121, 125, 228, 234, 235
Forchheim 121
Frankenbach 30, 210
Friedrichstal 132
Fürfeld *19*, *27*, 30, *81*, 173

Gauangelloch 49
Gemmingen 238

Germersheim *148*, 149, 173, 174
Gondelsheim 5, 88, 114, 131, 132, 174, 214, 228, 229, 230, 232, 234
Graben 114, 121, 122, 138, *139*
Grombach *13*, 14, 30, 59, 128
Großgartach 30
Grötzingen 114, 149
Guttenbach 49

Haag 187, 189
Hamberg *27*
Hasselbach 178, 203
Heidelberg *24*, 34, 40, 41, 43, 44, 48, 49, 65, 78, 93, 96, 99, 126, 127, 147, 149, 158, 159, 162, 173, 175, 182, 183, 188, 190, 191, 212, 222, 238
Heidelsheim 174, 226, *227*, 228, 233
Heilbronn 5, 114, 121, 130, 166, 168, 173, 180, 187, 189, 198, 199, 209, 214, 228, 230, 247, 250
Heinsheim 30
Helmhof 173, 200, 203
Helmsheim 174, 228, 229
Helmstadt 156, 207
Hilsbach *13*, 49, 160, 180, 196, 197
Hoffenheim 17, 43, *68*, 114, 126, 127, 128, 178, 182, 183, 184, 185, 191, 192, 196
Horrenberg 178
Hüffenhardt 173, 202, 205, 206

Ittlingen 17

Jöhlingen 114, 132, 140, 169, 170, 221, 225, 236

Karlsdorf 133, 221
Karlsruhe 34, 39, 41, 45, 48, 49, 60, 61, 113, 117, 121, 122, 123, 128, 132, 140, 148, *149*, 168, 169, 209, 224, 225, 230, 233, 242
Kirchardt 173
Kirchhausen 30, 210
Kirrlach 114, 132
Kleingartach 30, 209
Königsbach 5, *59*, 174, 240, 243, 245
Kraichtal 114, 128

Leintal 30, 209
Lobenfeld 34, *57*, 141, 143, 144, 149, 155, 162, 186, 187, 188, 190

Malsch 49, 153
Malschenberg 170
Mannheim 12, 20, *28*, 39, 44, 45, 66, 77, *79*, 113,

260

115, 121, 126, 129, 137, 138, 149, 158, 162, 171, 173, 177, 191, 196, 201, 203, 238
Massenbach 30, 210
Massenbachhausen 30, 210
Meckesheim 191
Menzingen 146, 147, 160, 228, 253
Michelfeld 49, 179, 180, 222
Mingolsheim 49
Mönchzell 149, 158, 159, 162, 187
Mosbach 49, 94
Mückenloch 187, 190
Mühlbach 17
Mühlhausen 115, 129, 149, 152, 153, 178, 179, 180, 216
Münzesheim 228, 253

Neckarbischofsheim 91, 93, 94, 95, 96, 97, 100, 202, 203, 204
Neckarelz 12, 93, 94, 95, 96, 97, 183
Neckargemünd 34, 114, 143, 149, 155, 158, 159, 162, 183, 187, 190
Neckargerach 12, 94, 97
Neibsheim 132, 229
Neudorf 114, 138, *139*
Neuenbürg 174, 252, 253, 254
Neulußheim 49
Neureut 121
Neuthard 132, 221
Niederhofe 209
Niederhofen 30

Oberacker 228
Obereisesheim 30, 211
Obergimpern 30, 99, 173, 178, 200, 201, 202, 204, 205
Obergrombach 169, 214, 221, 228, 236
Oberöwisheim 253
Odenheim 5, 98, 160, 167, 174, 222, 250, 253
Östringen 49, 178

Pforzheim 5, 26, *27*, 49, 106, 114, 158, 167, 168, 169, 170, 174, 214, *216*, 217, 233, 254

Rauenberg 129, 153, 179
Reichartshausen 49
Richen 208, 238, 250
Rohrbach a.G. 45, 149, 228, 236, 238, 239, 245, 253
Rohrbach bei Sinsheim 41, 43, *118*, 173, 178
Rot 49
Rotenberg 129, 153
Rußheim 49

Schellbronn *27*
Schluchtern 30, *57*
Schwabenheim 189

Schwaigern 30
Schwanheim 49
Siegelsbach 12, 85, 95, 96, 99, 100, 114, 133, *134*, 173, 202, 205, 206, 207
Sinsheim *14*, 17, 18, 20, 29, *32*, *36*, *37*, *39*, 40, 41, 43, 44, 46, 47, 49, *58*, 59, 69, 75, 76, *80*, 82, *118*, *119*, *120*, 126, 127, 128, 137, 148, 149, 155, 156, 178, 185, 191, 192, 193, *195*, 196, 198, 199, 202, 222
Spechbach 189
Speyer 49, 173, 174
Spöck 49, 132, 221
St.Leon 49
Staffort 132
Stebbach 238
Stein 49, 214, 240
Steinsfurt 17, 29, *118*, 126, *149*, 166, 173, 198, 199, 200
Stetten am Heuchelberg 5, *20*, 30, 129, 130, 157, 168, 174, 209, 210, 247, 249, 250, 252
Stettfeld 178
Stupferich 49
Stuttgart 89, 98, 113
Sulzfeld 17, 116, 133, 135, 174, 238, 245, 247

Tairnbach 129, 173, 177, 178, 179, 180
Tiefenbach 83, 253
Treschklingen 30

Ubstadt 133, 167, 212, 217, 218, 237
Untereisesheim 30, 211
Untergimpern 173, 200, 202, 203, 205
Untergrombach 169, 170, 214, 220, 221, 228
Unteröwisheim 133, 237

Waghäusel 82, 114
Waibstadt 15, 77, 78, 91, 97, 202, 205
Waldangelloch *21*, 179, 180, 196, 197
Waldwimmersbach 34, 69, 71, 145, 165, 187, 189, 190, 191
Walldorf 153, 171, 180, 212
Weiler 126, 180, 192, 199, 214
Weingarten 114, 145, 146, 162, 169, 170, 174, 220, 223, 224, 225, 226, 228
Weinheim 49, 149
Wiesenbach 162
Wiesental 114
Wiesloch 156, 173, 175, 176, 177, 224, 238
Wilferdingen *27*, 114, 140, 240
Wollenberg 30
Wössingen 114, 169, 170, 214, 236, 240

Zaisenhausen 86, 125, 128, 235
Zeutern 222
Zimmerhof 30
Zuzenhausen 114, 183, 184, 191

Quellennachweis

Autoren

Christian Adler ✝, Sinsheim
Hans Appenzeller, Sinsheim-Steinsfurt
Wilhelm Bauer, Sinsheim
Peter Beisel, Neckarbischofsheim
Edgar Berberich, Lobenfeld
Günter Beuse, Odenheim
Rita Beuse, Odenheim
Manfred Biedert, Fahrenbach
Doris Biehl, Lobenfeld
Bernd Breitkopf-Lippik, Karlsruhe
Margarete Dagies ✝, Eschelbach
Hanna Dauth, Sinsheim
Christina Dick, Ubstadt-Weiher
Rosa Dick, Lobenfeld
Marliese Echner-Klingmann, Eschelbronn
Emil Ehrler, Berghausen
Kurt Emmerich, Eichelberg
Linus Engster, Neuthard
Oda Ertz, Bretten
Kurt Fay, Odenheim
Otto Fouquet, Waldwimmersbach
Winfried Glasbrenner, Waibstadt-Daisbach
Dietrich Hendel, Bruchsal
Heimatkundlicher Arbeitskreis Odenheim
(Günter Beuse, Kurt Fay)
Heimatverein Gondelsheim (Horst Münz)
Heinrich Heißler, Waldwimmersbach
Hilde Holdermann ✝, Lobenfeld
Fritz Jakob, Grootfontein/SW-Afrika
Peter Jann, Sinsheim
Carlo Jung, Königsbach
Katholisches Pfarrarchiv, Heidelsheim
Heribert Kemmer, Eppelheim
Edmund Kiehnle, Eppingen
Gustav Knauber, Heidelberg-Rohrbach
Friedrich Krämer, Lobenfeld
Rudi Kramer, Mühlhausen

Franz Kresser, Waldwimmersbach
Toni Kugler, Sinsheim
Emma Kuhmann, Rohrbach a.G.
Thomas Liebscher, Hockenheim
Josef Mafael, Untergrombach
Reinhold Maier, Elsenz
Jörg Uwe Meller, Stutensee
Karl Maria Meyrink, früher Bruchsal
Georg Molitor ✝, Waldangelloch
Berthold Moos, Bruchsal
Horst Münz, Untereisesheim
Fotostudio Ohler, Bruchsal
Christoph Peerenboom, Wiesloch
Manfred Pfefferle, Eppingen
Walter Pfefferle, Sulzfeld
Hartmut Riehl, Hoffenheim
Adolf Saueressig, Waldwimmersbach
Lotte Schenck, Kirchheim/Teck
Robert Schick, Sinsheim
Pfr. Wendelin Schimmel ✝, Obergimpern
Otto Schlegel, Wilferdingen-Singen
Roland Schleihauf, Helmstadt
Luise Schmitt, Mannheim
Pfr. Wilhelm Schmitt ✝, Heidelsheim
Robert Schwartz, Eggenstein
Laura Seemann, Kornwestheim
Reinhard Stuhlmüller, Berwangen
Volker Teichert, Mosbach
Jörg Teuschl, Unteröwisheim
Karl Tubach ✝, Sulzfeld
Arndt Waidelich, Jöhlingen
Günter Walter, Stetten a.H.
Rudolf Weber, Eichelberg
Hans Weiß, Sulzfeld
Berthold Wetzel, Wilferdingen
Elisabeth Wurth, Sinsheim
Rolf Zeller, Menzingen

Dokumente

Für Bild- und Textdokumente sind wir folgenden Leihgebern zu Dank verpflichtet:

Alexander Alte, Osnabrück
Frank Andros, 100th US Infantry Div., USA
Harald Baumann, Sinsheim-Adersbach
Stud. Prof. Günther Beck, Beilstein
Robert Breunig, Bad Rappenau-Grombach
Axel Beuttenmüller, Bretten
Bundesarchiv – Militärarchiv, Freiburg i.Br.
Dr. Ute Ebert, Leiden, NL
Dr. Hermann Ehmer, Stuttgart
Richard Eiermann, Sinsheim-Rohrbach
S. Fischer Verlag, Frankfurt/M., für die Erlaubnis, das Gedicht von Wolfgang Bächler abzudrucken.
Willy Fretz, Sinsheim
Holger und Christine Friedrich, Sinsheim
Generallandesarchiv Karlsruhe
Heinz Glaunsinger, Wiesenbach
Mathäus Jehle, Eppingen
Edmund Kiehnle, Eppingen
Michael Konnerth, Bad Rappenau
Friedrich Krämer, Lobbach-Lobenfeld
Reinhold Maier, Eppingen-Elsenz
Steffen Maisch, Bruchsal-Heidelsheim
Larry Mills, 100th US Infantry Div., USA
Regierungspräsidium Stuttgart, Kampfmittelbeseitigungsdienst
Anna Riess, Gauangelloch
Herbert Riffel, Sinsheim
Lotte Schenck, Kirchheim/Teck
SIRPA–ECPA, Fort d'Ivry, Ivry sur Seine/F
Stadtarchiv Bruchsal
Stadtarchiv Eppingen
Stadtmuseum und Stadtarchiv Sinsheim (Ausstellung 1995)
Hans Stöhr ✝, Karlsruhe
Jörg Teuschl, Kraichtal- Unteröwisheim
University of Keele, England
US National Archives, Washington, DC /USA
Verein für Friedenspädagogik Göttingen e.V., Göttingen
Ruth Zwickel, Kirchardt-Berwangen

Literatur

Vorbemerkung: Ein vollständiges Verzeichnis der ortsgeschichtlichen Literatur, die auf den 2. Weltkrieg und die ersten Nachkriegsjahre in den einzelnen Kraichgaugemeinden eingeht, wird im Anhang von Kriegsende im Kraichgau, Bd.III, abgedruckt.

Barrau, Jaques: Dessins d'un Camp – Zeichnungen aus einem Lager. Le Camp de Neckarelz (Französisch-Deutsch). Karlsruhe, 1992.

Bickel, Otto: Rinklingen, 1969. Ders.: Remchingen, 1993.

Bläsi, Hubert: Stadt im Inferno – Bruchsal im Luftkrieg 1939/45. – 4. überarb. und wesentlich erw. Auflage. Ubstadt-Weiher, 1995. (Veröffentlichungen der Historischen Kommission der Stadt Bruchsal; 11)

Bläsi, Hubert: Leben und Sterben einer Stadt. Heilbronn: Stadtarchiv, 1995.

Böckle, Bärbel: Das SS-Arbeits- und -Krankenlager Vaihingen/Enz. In: H. Vorländer (Hrsg): Nationalsozialistische Konzentrationslager im Dienste der totalen Kriegführung : Sieben Württembergische Außenkommandos des Konzentrationslagers Natzweiler/Elsaß. Stuttgart, 1978. (Veröffentlichungen der Kommission für geschichtliche Landeskunde in Baden-Württemberg, Reihe B, Forschungen, 91. Band) S.143–222.

Borgmeyer, W.: 1200 Jahre Hoffenheim. Hoffenheim, 1973.

Dokumente aus den Militärarchiven / Richard Eiermann/Patrick Remm (Bearb.). Ubstadt-Weiher, 1995. (Kraichgau 1945; Bd.I; Heimatverein Kraichgau e.V., Sonderveröffentlichung Nr.12)

Ehmer, Hermann: Die Besetzung Badens im April 1945. In: Landesgeschichte und Zeitgeschichte: Kriegsende 1945 und demokratischer Neubeginn am Oberrhein. Hrsg. Hansmartin Schwarzmaier. Karlsruhe, 1980. (Oberrheinische Studien, Bd.V) S.35-59.

Eitner, Hans-Jürgen: Hitlers Deutsche – Das Ende eines Tabus. Gernsbach, 1990.

Günther, Helmuth: Die Sturmflut und das Ende. München, 1991. (Geschichte der 17. SS-Panzergrenadierdivision 'Götz von Berlichingen'; Bd. III)

Harder, Hans-Joachim: Militärgeschichtliches Handbuch Baden-Württemberg. Hrsg. Militärgeschichtliches Forschungsamt Freiburg i.Br. / Stuttgart, 1987. (v.a. S.115 ff)

Helmstadt 782–1990. Helmstadt-Bargen, 1990. (v. a. S. 171 ff. u. 183 ff)

Höflin, Gerhard: Historische Streiflichter aus Tairnbach und seiner Umgebung. Tairnbach, 1995. (Darin: S.120ff: Dicke Autos in Theodor-Siegfried 8 und S.94ff: Als die Amerikaner kamen)

Huber, Peter: Vor 50 Jahren – 1945 in Zeitzeugenberichten und Dokumenten. Bruchsal, 1995.

Kelch, Wilhelm: 1000 Jahre Weingarten/Baden – 985–1985. Weingarten, 1985.

Kiehnle, Edmund: Eppinger Geschichte III: 1933–1955. Manuskript, 1985.

Kurowski, Franz: Der Luftkrieg über Deutschland. Düsseldorf, 1977.

KZ Kochendorf: Vernichtung durch Arbeit. Hrsg. Arbeitsgruppe zum KZ Kochendorf (Volker Braun, Detlef Ernst, Klaus Riexinger, Klaus Spieler). Bad Friedrichshall, 1993.

de Lattre de Tassigny, Jean: Histoire de la Première Armée Française 'Rhin et Danube'. Paris, 1949.

Unser Leintal. Heilbronn: Pädagogische Arbeitsgemeinschaft Leintal (Leitung F. Ruland), 1951

Müller, Ludwine: Die ald Schdaffel. Malschenberg, 1987.

Neuwirth, Gustav: Geschichte der Stadt Bad Rappenau. Bad Rappenau, 1978.

Petzold, Rudolf: Siegelsbach – ein Heimatbuch. Siegelsbach, 1986.

Schmalacker-Wyrich, E.: 23. Februar 1945: Augenzeugenberichte vom Fliegerangriff auf Pforzheim. Pforzheim, 1963.

Schwarzmaier, Hansmartin (Bearb.) u. a.: Der deutsche Südwesten zur Stunde Null – Zusammenbruch und Neuanfang im Jahr 1945 in Dokumenten und Bildern. Hrsg. Generallandesarchiv Karlsruhe. Karlsruhe, 1975.

Stolzenberg, Walter/Klaus Stecher/Hubert Bläsi: Bruchsal 1945 – Ende und Anfang. Karlsruhe, 1971. (Heimatgeschichtliche Veröffentlichungen des Archivs der Stadt Bruchsal)

Vögele, Wolfgang: Dühren – Geschichte eines Kraichgauer Dorfes. Sinsheim, 1988.

Werner, Josef: Karlsruhe 1945: Unter Hakenkreuz, Trikolore und Sternenbanner. 2. Auflage. Karlsruhe, 1986.

Zusammenbruch 1945 und Aufbruch. Heidelberg, 1995.

Zeitungen nach 1945

Badische Neueste Nachrichten, Karlsruhe

Pforzheimer Zeitung, Pforzheim

Rhein-Neckar-Zeitung, Heidelberg

Stadtanzeiger Eppingen

Weingartener Heimatblätter